JN322391

EUROPEAN SOCIAL DEMOCRACY,
TRANSFORMATION IN PROGRESS

EU時代の到来

ヨーロッパ・福祉社会・社会民主主義

ルネ・クーペルス｜ヨハネス・カンデル＝編
René Cuperus and Johannes Kandel
田中 浩｜柴田寿子＝監訳

未來社

EUROPEAN SOCIAL DEMOCRACY, TRANSFORMATION IN PROGRESS
by René Cuperus and Johannes Kandel
Copyright ©1998 Wiardi Beckman Stichting/Friedrich Ebert Stiftung

Japanese translation published by arrangement with Wiardi Beckman Stichting
through The English Agency (Japan) Ltd.

ＥＵ時代の到来――ヨーロッパ・福祉社会・社会民主主義★目次

第2部　国別レポート

360

凡例

1 本書は René Cuperus and Johannes Kandel, *European Social Democracy, Transformation in Progress*, Amsterdam: Wiardi Beckman Stichting/Friedrich Ebert Stifung,1998 の抄訳である。

2 原文中で強調を示すイタリック体は傍点を付し、書名を示すイタリック体は『 』で括った。

3 原註は（ ）で註番号を示し、原則として論文末に掲載した。ただし、読みやすさを考慮し本文中に挿入した場合もある。

4 訳者による補註および原語の挿入は〔 〕で括った。

ＥＵ時代の到来

――ヨーロッパ・福祉社会・社会民主主義

装幀——岸顯樹郎

序文

ヨーロッパの社会民主主義は、〔二〇〇〇年を迎えようとする〕だれにとってもそうであるように新世紀の入口にさしかかっているので、本書の追求する基本的な問題は、社会民主主義がこれから迎える新しい挑戦に適切な準備をしているかどうかというものである。かつて社会民主主義が享受した戦後「黄金期」ははっきりと終わってしまったものの、一九八〇年代と九〇年代に社会民主主義運動が迎えた危機も終わったと言っていいだろう。トニー・ブレア率いるニュー・レイバーの圧倒的勝利が明らかになり、フランスではリオネール・ジョスパンらの社会主義者が近年台頭した。ドイツでは社会民主党が政権に復帰し、オランダでは社会民主主義者の主導のもとで社会主義と自由主義を接合する試み〔オランダ・モデル〕がなされた。スウェーデンでは社会民主主義政権、イタリアではオリーブの木連合による社会民主主義政権が復活した。これらは「社会民主主義の終焉」という考えかたが誤りであったことをはっきりと示している。

一九九七年に、フリードリッヒ・エーベルト財団グスタフ・ハイネマン・アカデミー（オランダの労働党ＰｖｄＡのシンクタンク）とヴィアーディ・ベックマン財団のもとで、われわれは社会民主主義の綱領と政治行動とを改革しようとしていた各国ごとの、または国際的な試みを比較検討した。われわれは社会民主主義にかかわってきた学者、政治顧問、政治家を九七年十月終りに、ドイツのフロイデンベルグで開催された会合に招いた。加わったのは、公共政策研究所（ロンドン）、カール・レンナー研究所（ウィーン）、ジャン・ジョレス財団（パリ）、パブロ・イグレシアス財団（マドリッド）、エミール・ファンデルヴェルデ研究所（ブリュッセル）、スウェーデンの社会民主主義の理論誌「時代」およびスウェーデン社会民主労働党の綱領委員会の代表者、そしてギリシア社会党の代表者である。

フロイデンベルグでは、われわれは自己批判と自由討論の精神にもとづいて、ヨーロッパ全体のさまざまな社会民主主義政党の政策を分析した。そのさいわれわれは典型的かつ新しい社会民主主義のモデルが創造と発展を重ねている姿を目撃しえたであろうか。それとも共通した社会民主主義的計画などすでに木っ端微塵に破壊されたと主張するポストモダン理論が正しいのだろうか。会合での中心的なテーマは以下のとおりであった。ヨーロッパ〔統合〕、国際主義と国民国家の問題、グローバリゼーションと福祉社会主義・労働の将来、市民社会およびメディアと政治の複雑な関係、社会文化的要因、ポストモダン、社会民主主義にたいする挑戦としての個人主義と多文化主義、党綱領の内容の変化、連合形成におけるパートナーの選択と選挙戦略などのテーマが論議され、ヨーロッパ各国の社会民主主義の強さと弱さについて報告がなされた。

本書は、そこで行なわれたわれわれの議論と意見交換の結果を示すものである。われわれが用いた「比較」の観点が、多様な社会民主主義にかんする理論と実践についての思考を刺激し、ヨーロッパ全般に共通した社会民主主義綱領の可能性（と限界）についての議論が進むことを切望する。もちろん、これがたんなるはじまりにすぎないことをわれわれは十分に承知している。実際にいくつかの主題（「危険《リスク》社会〔ウルリッヒ・ベックによる、現代社会における人びとの連帯の危機を示す用語〕」や環境に配慮した近代化、政治の「拡散〔多元化〕」など）は予期できない状況であるため、個々に扱うことしかできなかった。また出席できなかった国の代表もいくつかあった。今後イタリア、デンマークやノルウェー、そして東欧諸国など他国の社会民主主義政党の経験からも学ぶことができれば幸いである。われわれはこれからの年月同じような出会いを組織化しようとしている。それをつうじてヨーロッパの社会民主主義系シンクタンクの代表とのあいだで綱領についての対話を進めていきたい。

この計画に加わってくださったすべての方々にお礼を申し上げたい。先に記したいくつもの研究所、報告者と執筆者たち、フロイデンベルグのグスタフ・ハイネマン学術協会スタッフの方々、そしてエーリッヒ・フレーシュル、ユルーン・ホーエンデルカンプ、トマス・シールマンスとアルヴァロ・ピント＝ショルトバッハの各氏、最後にとくに本書の編者であるルネ・クーペルスとヨハネス・カンデルの両氏に感謝する。

われわれは本書をマールテン・ファン・トロー氏に捧げたい。氏はかつてのオランダ労働党の議員兼国際事務局長であったが、フロイデンベルグ会議の前日に交通事故で天に召された。氏はそのたぐいまれなる国際主義をもって、ヨーロッパ全体の社会民主主義を鼓舞した開拓者であった。

ポール・カルマ（ヴィアールディ・ベックマン財団）
トマス・マイヤー（フリードリッヒ・エーベルト財団）

第1部　総論

序論　社会民主主義の驚くべき復調

ルネ・クーペルス／ヨハネス・カンデル

今日の政治課題は、脱工業化社会にふさわしい社会権〔個人的自由を主張する自由権に対比される公共的権利を重視する考え〕的市民権と平等主義のモデルを新たに提示し、その実現に向けての連携をいかに創り出すかという点にある。（エスピン・アンデルセン）

Ⅰ　悲観主義を乗り越えて

社会民主主義はヨーロッパのいたるところで大きく勢力を挽回し、ふたたび活気づいてきている。社会民主主義者は、万年野党に甘んじるかにみえた時期にみせていたしかめっ面やジリ貧の運命に別れを告げて、いまや選挙で勝利するまでになった。かれらは、政権をとるか、あるいは有力政党として連立政権に参加するまでにその地位を向上させた。イギリス労働党は、トニー・ブレアのリーダーシップのもとで徹底的な分解修理《オーバーホール》をやりとげ、リオネール・ジョスパン率いるフランス社会党とともに、現在〔一九九八年〕その復調がいちじるしい。オランダにおける社会民主主義（労働党）主導のもとでの「社会＝自由」連合の試み、またスウェーデン社会民主党の政権復帰やイタリアの中道左派連合の試み、そしてより最近では、ドイツのニーダーザクセン州選挙におけるゲルハルト・シュレーダーの圧勝〔一九九八年〕なども、こうした例に加えることができよう。なお、われわれは、のちに述べるように、ドイツ連邦議会の次期総選挙で社会民主党が勝利するであろうことに楽観的な見通しをもっている。ヘルムート・コールが容易ならざる挑戦に直面するであろうことは間違いない。

これまで政治学者たちによって論じられてきたあらゆる予測や、きわめて悲観的なシナリオに反して、社会民主主義は、この二〇世紀末の時点で、選挙においても政権内部の影響力という点でも、いちじるしい台頭をみせている。

社会民主主義があっという間に復調した時期は、じつは、市場万能主義者の唱える福音のほうが、もう一方の、規制主義的政策や公共サービスを強調する国家介入主義者の主張よりも説得力があり魅力的であると考えられ、一般に新自由主義《ネオ・リベラリズム》〔福祉国家と政府による市場介入に反対して、市場の自由を主張するハイエクらの自由主義思想〕という呼び名で特徴づけられた時期であった。われわれはこのことをどう説明すればよいか。社会民主主義がいちじるしく伸長してきた背景には、いったいどのような理念、綱領、構想、政策の提示があったのだろうか。われわれがここで議論しようとしている社会民主主義は、いったいどのようなタイプのものなのだろうか。近年の選挙における社会民主主義の勝利は、ヨーロッパの一般的な動向と相互にどのような関連をもっているのだろうか。このような勝利を、われわれは、「古き良き」社会民主主義の再来として解釈すべきなのか。あるいは、灰のなかから甦って変身した不死鳥なのか。もしそうだとすれば、そうした新しい装いのもとに登場した社会民主主義の特徴を、われわれはどのようにとらえ、解釈すべきなのか。トニー・ブレアは、かれが構想する「ラディカルな中道左派の政治」や、保守と旧式左翼とのあいだの「第三の道」について、納得できるような説明を与えてくれるだろうか。本書『EU時代の到来——ヨーロッパ・福祉社会・社会民主主義』は、以上のような諸問題に答えをだすために編まれたものである。

一九八〇年代から九〇年代初頭にかけての不振

社会民主主義の驚くべき復活について語る場合、われわれは、戦後の数年間に北欧や西欧でみられた社会民主主義の黄金期や栄光の時代の思考の枠組み《パラダイム》を焼き直して引き合いにだすことはしない。なぜなら、戦後の社会民主主義は、（男子の）完全雇用や社会権の拡張などをめざすケインズ主義的福祉国家と、労資の「フォード主義的」均衡にその基礎をおいていたが、そうした時代はもはや過ぎ去り、決して再来することはないだろうと思われるからである。われわれが「思いがけぬ」復調という言いかたをするのは、多くの人びとが社会民主主義のカムバックはありえないと思っていたこの約十年間に、そうした復調が起こっていたからにほかならない。実際、このような復調の動きが生じていることはすっかり見過ごされていた。それどころか、本書のなかでドナルド・サスーンが述べているように、そうした事態の進展とは逆に、社会民主主義の死亡記事さえ書かれていたのである。ごく最近まで、社会民主主義の退潮傾向は動かしがたい事実であるという認識が広くいきわたっていた。したがって、社会民主主義が多くのヨーロッパ諸国で政権に復帰したことは、むしろ不思議なことであるといわざるをえない[1]。

ながいこと、ラルフ・ダーレンドルフによる「社会民主主義の世紀の終焉」〔R. Dahrendorf, *Life Chances: Approaches to Social and Political Theory*, The University of Chicago Press, 1979.（ラルフ・ダーレンドルフ、増補版『政治・社会論集――重要論文選』加藤秀治郎・檜山雅人訳、晃洋書房、二〇〇六年）〕という決まり文句が、社会民主主義にかんする論争のなかで決定的な影響力を与えてきた。たしかに、社会民主主義の伝統的な思考の枠組み《パラダイム》や支持基盤が構造的にそこなわれざるをえない理由はいくつかあった。ある人びとは、社会民主主義退潮の要因を、社会民主主義が促進した再分配政策の成功それ自体のなかにある、と述べている。また、伝統的な福祉社会主義は、福祉国家の財政危機や管理面での危機を招かざるをえないような問題点をもともとかかえていた、と信じる人びともいた。また、社会民主主義の支持層は、つねに分裂した状況にあると考える人びともいた。なぜなら、労働者階級の大部分は中産階級と提携してしまい、かれらは、福祉の恩恵に浴していて「社会的上昇志向のない者たち」を置き去りにしてきたからである。さらに、脱工業化社会では、エコロジー、多文化主義、ライフスタイルをめぐる問題に集約されるような脱物質主義的な諸価値がクローズアップされ、そうした新しい時代に対応する政治的動員が要請されるようになった。社会民主主義の支持層はたえず変化し、政治的、経済的、社会的、そして文化的な利害・関心や、社会民主主義に期待する内容のちがいに応じて、さまざまな社会集団に分裂するようにみえた。社会民主主義の支持層のなかでも、階級、階層、経歴、各人のライフスタイルやサブカルチャーなど広範囲にわたる多様化が進展し、そのプロセスは、もはやどれが主流派かがわからなくなるほど複雑なものとなった。合理的選択の理論を唱える人びとは、もはや社会民主主義は、決してその綱領にしがみつくことはできず、また支持者を増やすこともできないであろうと予言した[2]。

しかしながら、われわれは、以上に指摘したことを、社会民主主義が終焉しつつあるという分析や否定的な見解に結びつく偏見としてすべてしりぞけることはできない。それらは、たしかに「現実の世界」で進行する何かを表明していたのである。過去一五年間に、ヨーロッパのほとんどすべての社会民主主義政党は、みずからの位置づけやアイデンティティの見直しを迫られた。社会民主主義者がヨーロッパの大部分の地域で福祉国家の建設をめざした「戦後の黄金時代」が過ぎ去ると、次には社会民主主義自身が政治的に急進化する傾向をみせる「革新的な」六〇年代と七〇年代がつづき、その当時の潮流は社会民主主義にとって有利に作用した。しかし、こうした社会民主主義的な改良主義を成功させる基盤となった社会的・経済的諸条件も、しだいに崩れていった。大量失業の発生、ケインズ主義からサプライサイド経済学〔需要側よりも供給側を重視する経済学〕への経済学のパラダイム転換、八〇年代初頭のフランスにおけるリフレーション政策〔景気刺激のためにインフレにならない程度に通貨を増やす政策〕の失敗、スウェーデン・モデルの行き詰まり（モデルとしての価値の低下）、また国家の介入主義的政策が全般的に危機に陥っていると断定する声の高まりなどが、社会民主主義を守勢に立たせることになった。福祉国家にかんする戦後のコンセンサスは、新自由主義者によってすっかり解体され、サッチャリズムやレーガニズム（「政府は、それ自体が改革を要する課題であって、事態の解決には役立たない」）に代表される保守陣営からの攻撃に見舞われた。民営化その他の市場圧力が、社会民主主義者の牙城であった国家にたいする戦いに利用された。

経済的次元の問題に加えて、エコロジー、少数民族による社会的差別の撤廃運動、「再国営化」を求める趨勢、犯罪の増加と治安の悪化、そして「リスク社会」・「メディア社会」のような新しいテーマが出現した。結局そうした新たな事態は、社会民主主義の危機を物語っているとみなされた。左派はその信用を失墜させた。理論や政策の面におけると同様に、選挙においても社会民主主義は不振に陥った。東欧におけるいわゆる「現存する社会主義の見本」が崩壊したことは、いくつかの社会民主主義政党がますます混迷の度を深める要因として作用した。とくにドイツ社会民主党の場合は、同党が東欧の全体主義的なモデルを容認してこなかったことが歴史的に明らかであったにもかかわらず、ダメージは大きかった。

以上のような悲観的分析は、選挙のたびごとに、ヨーロッパの二大社会民主主義政党、すなわちイギリス労働党とドイツ社会民主党が、政権獲得の見込みのまったくない野党に甘んじてきた時代があまりにも長くつづいたことによって、確認または立証された。それらの政党の政治的な手詰まり状態は、社会民主主義が危機に瀕していることのなによりの明白な証拠であった。他方、南欧においては、社会民主主義は、民主主義と福祉社会を推進させる主役として、熱狂的な支持を獲得した。しかしながら、九〇年代に入ると、そこでの社会民主主義の成功も、さまざまな社会民主主義政党の内部における腐敗やスキャンダルによって傷つけられた。このことが、ヨーロッパの社会民主主義を沈滞させる社会的雰囲気を助長したことは否定できない(3)。

そこにトニーが登場した！

トニー・ブレアのお手柄ともいえる労働党の地滑り的勝利（一九九七年五月）が、ふたたび潮流を逆転させることになった。率直にいって、一九九二年にクリントンとゴアが選出されたことは、左派に有利な転換が起きていることを示す初期の合図であった。かれらは、新自由主義のレーガニズムをおさえて勝利をおさめると、強い経済を支持する綱領「経済が肝心なのさ、おバカさん！〔It's the economy, stupid!〕」を掲げて、中産階級に的をしぼった「ニュー・レフト」として調整をはかった。しかしながら、ヨーロッパの場合に限っていえば、新生労働党がイギリス保守党に歴史的敗北を与えたことで、一九八〇年代から九〇年代初頭にかけての社会民主主義のみじめな守勢の時代に決定的な終止符が打たれたといえよう。イギリス労働党の勝利の直後に、リオネール・ジョスパン率いるフランス社会党が（シラクの仕掛けた）解散総選挙に勝利して〔一九九七年六月〕、かなりの人びとを驚かせた。小国の例はあまり知られていないが、オランダ労働党党首ウィム・コックが、その数年前に、オランダ・キリスト教民主党が総選挙で敗北したあとをうけて、首相になっている〔一九九四年五月に、民主党と自民党との保革三党連立政権が成立した〕。ブレア、ジョスパン、コックの三人を、綱領や政策の点で同列に語れるかどうかは別として、かれらは少なくともダーレンドルフの「社会民主主義の世紀の終焉」で示されたきわめて悲観的な分析に待ったをかけたことになる。さらに、かれらはウォルフガング・メルケルの分析が正しかったことを立証した。というのは、このドイツの政治学者は、いわゆる「左派の大幅な後退」のまっただなかにおいて、「社会民主主義の世紀の終焉」というテーゼに反論するかたちで、論争を巻き起こす本を著したからである。(4) この本のなかで、かれは、社会民主主義は凋落の一途をたどりつつあるという主張に異議を唱えている。かれは、選挙においても政権内部においても社会民主主義勢力が衰えることなく持続していることを実証してみせた。かれはまた、「市場にたいする規制が新たに要請される」場合には、社会民主主義がふたたび勢いを盛り返すであろうと説いている。

実際、社会民主主義が政権参加の状況からみても選挙結果からみても優勢になっているという事態と、非情な新自由主義が後退を余儀なくされているようにみえる事態とが同時に起こっていることは、たんなる偶然の一致とはいえない。レーガンとサッチャー、およびかれらの後継者が威勢のよかった時代は、とっくに過ぎ去ってしまった。かれらが説くような、国家介入主義を排する市場イデオロギーはしだいに弱まってきていた。そうこうするうちに、意外にも、新しい中道左派の動きが、時代精神であるかのように語られはじめた。福祉国家にたいする自由（市場）主義者の攻撃は、終わってしまったようだ。八〇年代の極端な個人主義は、甚大なる社会的犠牲をもたらし、人びとがモラルを逸脱して行動する潜在的危険をもたらしたことが、広く認識されるようになった(5)。介入主義〔社会民主主義〕的国家は、現実の政治日程のうえに復帰を果たした。実際、現在では自由（市場）主義者といえども、少なくとも市場のプロセスにおける規制の主体ないし審判者としての国家の意義を認めている。このような潮流の転換が、社会民主主義の復調を明らかに促進しているのである。

　しかし復調しつつある社会民主主義とは、どのようなタイプのものなのか。新自由主義の影響がまだ残存しているなかで、社会民主主義が、かつてのそれと同じものではありえない。福祉社会主義の古典的な処方箋をそのままそんなりと再利用できるはずもない。こうした今日的状況について、政治学者のＨ・キッチェルトは、次のように的確に述べている。すなわち、「伝統的な社会民主主義の政策は、もはやそのまま踏襲されるべきではない。なぜなら、それらの政策は、先進資本主義の社会的、経済的および文化的な環境のなかではうまく実行できないからである(6)」。

　その結果、われわれはいま、グローバリゼーション・個人主義化・脱工業化など、変化する社会環境のなかにあって、社会民主主義の政治が、どのような新しい構想を示し、みずからをどのように方向づけ、どのような展開をとげていくのか、という新たな探求の過程に立ち会っているのである。この過程は、新しい首尾一貫した綱領を起草することでもなければ、また明確に定義された新しい思考の枠組《パラダイム》みにもとづくものでもない。われわれが確認しておかなければならないのは、ただ、今日の〔各国における〕社会民主主義のあいだでは〔政策の〕統一性が欠けているということであり、そのことを理解するためにも、現在の社会・経済問題を分析する必要があるということである。たとえば、ドイツ、フランス、スペインあるいはイギリスは、大量失業の問題にそれぞれ異なるやりかたで取り組んでいる。それというのも、それらの国々は、未熟練労働分野での〔外国人労働者の増大など〕グローバリゼーションが与えるインパクトについて、それぞれ異なる見通しをもっているからである。

新たに開かれた党へ

ここでわれわれが述べておきたいことは、社会民主主義は現在、これまでの守りの姿勢や悲観主義を乗り越えたかにみえるということである。今日の社会民主主義は、政策のうえである種の柔軟性を新たにみせるようになり、社会民主主義政党の内部や周囲にいる思想家や研究者たちのあいだで、そして政策立案者や政治家たちのあいだで、新鮮な知的・理論的好奇心が生まれつつあるということである。

以下において、わたしは、このような新しい動向を、できるだけ厳密かつ簡潔な言葉を用いながら明らかにしていきたい。その新しい動きの最良の例は、いうまでもなく、イギリス新生労働党と、その党首でありスポークスマンでもあるトニー・ブレアである。かれは最近、九〇年代の社会主義を、右派の自由競争市場にもとづく個人主義と旧式左派の国家介入主義とのあいだの中道左派、つまり「第三の道」として位置づけた。「第三の道は、左派がこれまで追求してきた人間的諸価値、すなわち、正義・連帯・自由の追求に立ち戻るが、われわれがそれらの諸価値をどういう手段で生き返らせるかについては再考を要する（……）。われわれは、左派が歴史的にその実現を公約してきた諸価値、すなわち公正、民主主義、自由についての公約を継承するが、同時にわれわれは、それらの諸価値を、われわれが現在組み込まれている新しいダイナミックな市場の世界に適用していく。目標は、より結束力のある、より幸福で、より豊かなコミュニティの実現にある[7]」。

ドイツ社会民主党は、最近、「革新（イノベーション）と公正（正義）」というスローガンをその政治原則として採択した。オランダでは、労働党党首であるウィム・コック首相が、みずからの綱領を「競争力の強さと社会的保護」という言葉で特徴づけた。コックによれば、オランダの社会民主主義は、市場と国家、柔軟性と保障、経済的強さと社会的公正の実現とのあいだの新しいバランスを模索している。

新しい社会民主主義の行動計画《アジェンダ》を検討していくうえで、われわれは、すべての西欧諸国が、国家介入と市場とのあいだでさまざまなバランスをとっている混合経済体制であることを頭に入れておく必要がある。社会民主主義政党が新自由主義の方向へと動いていること（社会民主主義がどの程度「市場志向」であるかということ）は、批判的に検討されるべきであるし、また注意深く分析されなければならない。社会民主主義が福祉国家的政策を削減する方針をとるにしても、そのやりかたはじつにさまざまである。「逆説的」な言いかたをすれば、市場原理に立った社会民主主義的な保障といえども、新自由主義を覆すことが不可能だという印であるわけではなく、国を挙げての福祉政策をさらに強めようとする試みであるにすぎない(8)。

以上に述べてきたことが、最近の社会民主主義の、新たなしかしまだ十分に固まってはいない行動計画の概要であり、この行動計画が主に政府のあれこれの試行錯誤から生まれてきたということがきわめて重要である。そして決定的に重要なのは次のことである。たとえば現在すすめられている「左派のサプライサイド政治学」は、その焦点が主に職業教育や職業技能訓練にあてられており、イギリス新生労働党によって主唱されたものである。しかしそれは、じつはクリントン政権の労働長官ロバート・ライシュの創案になるものであり、部分的にはクリントン政権におけるかれの経験にもとづいている(9)。このことは現在、たとえばイギリス、オランダ、デンマークなどでも推進されている、参加型で「情報処理能力をもった《インテリジェント》」福祉国家に向けての基盤整備および技術にたいする公共投資や、創造的な福祉改革政策にもあてはまる。これらの国々で進められている福祉国家の漸進的革新のなかには、現代的な介護のありかたや労働形態に適応していくための改革が含まれているだけでなく、社会保障と労働市場の弾力性とのあいだで新たなバランスを図っていくことも含まれている。スウェーデンにおいても、政権内部にいる社会民主主義者が環境政策の具体的目標を社会政策のなかに統合しようと努めている。さらに重要なことは、社会民主主義者が今日、（政府）権力に参画した結果、人びとの心のなかに古典的な「改革者たちを動かした良心の呵責の念」を引き起こすだけではなく、革新的でかつ大胆な社会民主主義の政治を鼓吹する役割を果たしているということである。〔この「改革者たちの良心の呵責の念」という言葉は、二〇世紀初頭（一九〇五―一四年）のイギリス自由党による社会改革（リベラル・リフォーム）を念頭においたものと思われる。ロウントリーの『貧困——都市生活の一研究』(B. S. Rowntree, *Poverty: A Study of Town Life*, 1911.) では、「この富裕な国において、おそらく全人口の四分の一以上の者が、貧困にあえぐ生活をしているということは、良心のきびしい呵責を引き起こさずにはおかない事実だ」と述べられている。モーリス・ブルース『福祉国家への歩み——イギリスの辿った途』秋田成就訳、法政大学出版局、一九八四年、二五七頁を参照(M. Bruce, *The coming of the welfare state*, B. T. Batsford, 1961.)〕。

イギリスの論争は誤解をまねくか?

イギリスの新生労働党は、綱領の面でも基本理念《コンセプト》の面でも、新しく興味深い、きわめて顕著な事例である。それは同時に、他に例をみないものでもある。今日では、ロンドンそれ自体がヨーロッパ大陸のどの場所よりも豊富に、社会的・政治的な刺激剤《アドレナリン》を供給するひとつの巨大なシンクタンクの役割を果たしているように思われる。新しい〔政策の〕柔軟性は、本書のなかでイギリスのシンクタンクのひとつである公共政策調査研究所(IPPR)出身のジェラルド・ホルサムとロザリーン・ヒューズが指摘しているように、既存の考えにとらわれない結果、「左派・右派を超えて」という発想にまでいきついている。ほかの章では、トマス・マイヤーが「新しい状況のもとでの新しい政治」にかんする討論について興味深いやりかたで論じている。

イギリスにおける政治論議は、現在、ヨーロッパでおおいに注目を集めている。しかしながら、その論議が主として理念をめぐるものであることを指摘しておくことも重要である。イギリスの政治論議がヨーロッパに与える影響力は、たしかに新生労働党の「カリスマ的」勝利や、英語という言語の近づきやすさ、そして「オックスブリッジ」〔オックスフォード大学とケンブリッジ大学〕の政治思想の水準の高さといった点によるところが大きい。にもかかわらず、われわれは、現時点におけるこのイギリスの議論の影響力は、社会民主主義の将来にかんする討論を、政治のうえでも学問のうえでも誤った方向に導くものだと考える。結局は、イギリスの論議は、〔社会民主主義を〕「超国家的《トランスナショナル》に」、よりよく理解する可能性を潰してしまうことになるやもしれない。

イギリスがきわめて特殊なケースであることを忘れないようにしよう。トニー・ブレアの勝利は、一九八〇年代における社会民主主義の危機をまさに象徴していたサッチャー流保守主義を乗り越えたという点で、想像力をおおいにかきたてるものがある。旧労働党から新生労働党への変身ぶりもまた、海峡の反対側にいる社会民主主義の仲間たちに大きな影響を与えた。無遠慮な言いかたが許されるならば、われわれは次のどの立場をとるべきなのか。純粋で古風な老・労働党か、あるいはおしゃべりで魅力的な新・労働党をとるのか。

繰り返すようだが、イギリスのケースはかなり例外的である。大陸諸国のいったいどこに、政党内部にせよその外部にせよ、このようなタイプの政治的分極化が見出せるだろうか。ヨーロッパのいったいどこに、第二のマーガレット・サッチャーが存在したというのだろうか。ヨーロッパのどこに、水道事業にいたるまで民営化を断行したサッチャリズムのような新自由主義的変革を行なった国があっただろうか。そして、イギリス以外のいったいどこに、ニューライトが社会民主主義者の手で圧倒的な敗北を喫した国があっただろうか。

大陸諸国では、イギリスのような徹底的な転換や変化はみられなかったし、いまもみられない。その理由は、おそらく大陸諸国ではキリスト教民主主義と穏健な性格のリベラリズムが優勢であったこと、選挙制度に相違があり、連立政権が存在したことなどに求めることができよう。「選挙で勝利した政党が、政権を完全に掌握する」という筋書きは、主としてイギリスにだけあてはまる。二大政党制をとるイギリスでみられるような、大がかりで劇的な政権交代は、ヨーロッパのどこにおいても見られない。

しかしながら、このように比較的特殊なイギリスのケースが、社会民主主義の将来にかんする理論的な論議のなかで、意識的にせよ無意識的にせよ、過度に一般化されて論じられてきたのである。すなわち、イギリスでの出来事はたんに新自由主義の敗北をあらわしているだけでなく、同時にまた、伝統的な社会民主主義との最終的な決別をも示しているのだ、と。たとえばジョン・グレイは、サッチャー革命は〔新旧あらゆる〕社会民主主義に回帰する可能性をひとつ残らず締め出した、と論じている。「サッチャリズムは、同時に、かつてその政敵が取り組んでいた政治的プロジェクトを実現不可能なものにした。」社会民主主義は「破綻したプロジェクト」になった。[10]

非党派のシンクタンク、デーモス〔Demos〕の所長でトニー・ブレアの顧問でもあるジェフ・マルガンはよりいっそう論争的である。「イギリスは、他のいくつかの西欧社会と同様に、現在、二つの衰退した政治的プロジェクトのあとをうけて、新たな方向を見出そうと苦闘している最中である。二つのプロジェクトのうち、第一のものは社会民主主義の実践であり、政府への信頼、穏健な平等主義にもとづく福祉、そして混合経済の組合せからなっている。(……)それに取って代わったのがサッチャリズムであり、国家を再建するための大胆なプロジェクトを進めて、多くのむずかしい構造上の問題と正面から取り組んだが、もはやその勢いは燃え尽きてしまった(……)。いまではどちらのプロジェクトもみずからを再生させる力をもっていないようにみえる。すなわち、どちらのプロジェクトも信頼を取り戻すことはできず、また〔そうしたプロジェクトを推進する〕組織の正統性を回復することもできないように思われる。物事が崩壊直前に硬化する、といったことはよくある。イギリスでは、左派がベン主義的政策〔アンソニー・ベン(一九二五—)産業相の名に由来する、私企業の国営化や国家介入の拡大政策〕に固執しようとしたのは、そうしたベン主義的政策が破綻する直前でのことであった。また、右派がサッチャリズムに固執したのは、サッチャリズムが時勢に追い越される直前のことであった。[11]」

以上のことがイギリスを魅力的な知的実験室にし、また左右の立場を超えて、あるいは政治から生活へ、といった標語があらわれるような風潮をイギリスにもたらした要因である。しかしながら、イギリスの経験を大陸諸国の実状にそのままあてはめて考えることには、おおいに問題がある。われわれは、左右に二極分化したアングロサクソン(英米)の政治状況を、オランダの社会民主主義者の協調的な合意追求型政治に、どうやってあてはめることができようか。またフランス共和政治の遺産や伝統に、どうやってあてはめることができようか。あるいは、スペインの政治における「第三の道」は、どのように定義づければよいのか。そしてドイツにおける「中道左派」とはいったい何か。さらに、ベルギーはいうまでもなく、スウェーデンやイタリアにおけるマーガレット・サッチャーといえる人物はいるのか。

イギリスにおける論議が、もし国境を越えて他の事例研究とあわせて比較検討されるならば、その質は向上し、ヴァラエティに富みその色彩も豊かなものになるであろう。さまざまな資本主義のあいだにみられる相違は実際には何に由来しているのか。たとえばラインラント州〔ドイツ〕の資本主義モデル〔政労使の協議を軸にして雇用の安定や結果の平等などをめざす、福祉国家の視点にたった資本主義〕とアングロサクソンの資本主義モデルとは、どの点が異なっているのか。ヨーロッパのさまざまな福祉制度や福祉政策の実態はそれぞれどうなっているのか。基本理念をあらわす語句がさまざまな用法で使われていることに、われわれはどのようにして対処したらよいのか。

にもかかわらず、「ベン主義」と「サッチャリズム」とは考えかたにたいへんなへだたりがある。いま、われわれがやるべきことは、われわれ自身の見解と経験にもとづいて討論することである。われわれは、「左右の立場を超えて」というテーゼや、新生労働党と旧労働党とのあいだの意見の相違を、ヨーロッパ全体の政治状況を視野に入れて考えてみる必要がある。

II　ヨーロッパ型社会民主主義という虚構

本書は、ヨーロッパの社会民主主義の凋落という「悲観主義ののち」にあらわれた〔理念や政策の〕柔軟性について探求しようという最初の試みである。本書には、新しい状況のもとでの社会民主主義についての新しい理解のしかたを提示したり、社会民主主義が追求する基本的な諸価値は維持しながらも、新しく登場した基本理念《コンセプト》の内容を解明しようとする多彩な論文が収められている。

本書では、各国でその刷新が試みられている社会民主主義政党の綱領や実践について各国ごとに評価する。その結果、ヨーロッパの社会民主主義政党それぞれの内部で、綱領のうえでもイデオロギーのうえでもさまざまな方向転換や再編成が進んでいることについて、興味深い対比が示されることになろう。同時にまた本書は、社会民主主義とその綱領、および実施に移された政策について、国境を越えた意見交換の場を提供することになろう。

以上のような試みは、きわめて残念なことではあるが、ヨーロッパの社会民主主義運動のなかでは、各政党においても、また党関係の研究機関ないしシンクタンクにおいても、これまでみられなかったユニークなものである。過去十年間の経験は、さまざまな社会民主主義政党の方向転換が、それぞれ独自に行なわれたという側面が強いことを教えてくれる。たとえば、欧州社会民主党のような「社会民主主義政党の連合組織」のなかでは、各国の政党がそれぞれの構想や教訓について意見を交換しあうのが当然だが、実際にはそのようなことがほとんどなかった。この点からみれば、ヨーロッパの社会民主主義政党のあいだでは、お互いに啓発しあうということがあまりなかったように思われる。今日では、どこの国の社会民主主義政党も、ドイツ社会民主党の「バート・ゴーデスベルク綱領」〔一九五九年〕やスウェーデン・モデル〔普遍主義的な福祉国家モデル〕がかつてそうであったような中心的モデルや共通の立脚点をもたない。このことに関連して、リチャード・ギルスピーは、『ヨーロッパ社会民主主義を再考する』のなかで次のように述べている。「ヨーロッパ共同体（EC）というありかたに対応して、各国が相互に組織面で協力する機会が増えているにもかかわらず、各国の社会民主主義政党は、その社会主義的イデオロギー〔インターナショナリズム〕が示唆するところとは異なって、むしろ個々バラバラである。それら諸政党のあいだには、一九八〇年代に綱領の刷新にたいする関心が広まったが、そうした関心は、他の国々の〔社会民主主義〕政党から新しい理念を学ぼうとする動機にもとづくものではなく、ヨーロッパの一般的な潮流に乗り遅れまいとする動機や国内的な諸契機から起こったものである。[12]」同じことは一九九〇年代についても言える。社会民主主義的な理念が、新たな挑戦やジレンマとの対決を迫られているという事態は、各国ごとに個別的なかたちで起こった。そして新たな現実に直面すると、各国それぞれの（政策的）伝統にそった考えかたで処理した。またヨーロッパ各国は、新たな政治状況にたいしてそれぞれ異なったやりかたで対応した。そうした〔社会民主主義にたいする〕挑戦にみられる共通の領域は、経済のグローバリゼーション、個人主義志向、労働および生産過程における構造的な変化、情報化社会の進展などであり、それらの事態が社会民主主義政党のアイデンティティや綱領に反省をうながすことになった。こうした新しい現実との対決を迫られる事態は今日ますます進展しつつある。

以上のような意味では、近年のイギリス労働党が新しいモデルになったという人がいるかもしれない。しかしながら、これまでのところ、ブレアの新生労働党は主として選挙運動のやりかたや政治的マーケティング〔市場調査・市場開拓〕のモデルでしかなかった。つまりこのモデルを取り上げるさいの主要な関心事は、社会民主主義者が、どうすればメディア社会の法則にうまく乗ることができるか、ということであった。より将来的に有望なアプローチとしては、そのようなことではなく、国境を越えた（各国の相互比較という）視野のもとでイギリス労働党の革新的な理念・綱領・政権の実績について議論し、分析することにある。

「情報の交換と蓄積に欠ける」ヨーロッパ

H・キッチェルトは、その比較研究のなかで、国家単位の社会民主主義には、政策転換のための戦略を練る必要性が十分にあると論じた[13]。戦略的になされるそうした選択は、各国の社会民主主義が活路を開くにあたって決定的なものである。それらの選択は、選挙運動のゆくえや勝敗、さらに政策の成否を左右する。各国の社会民主主義は、共通の挑戦や制約にさらされているとはいえ、それらに対処するやりかたは、選挙の舞台、競争相手、国家の制度的な枠組みなどに応じて、じつにさまざまである。われわれは、各国ごとの独自の対策を取り上げるだけではなく各国に共通する問題や課題を取り上げているので、各国ごとの対策が採用されるにいたる過程を国際的に比較することがきわめて重要であると考えている。

したがってわれわれの関心は、各国の社会民主主義政党ごとに異なるさまざまな政策転換がもつ性格や方向性に向けられている。社会民主主義を取り巻く諸条件は変化しつつあるが、その変化はどのように分析され、またそうした分析から、綱領にかかわるどのような種類の結論が得られるのか。そして各国それぞれに異なる政党システムや選挙の展開および社会問題の進展などが、前述のような政策転換の過程にどのようなしかたで影響をおよぼしているのか。またわれわれは、ある国々が他の国々よりも政策転換が実行しやすいという事実を、どうすれば説明できるのか。さらにそうした政策転換はどのように行なわれるべきであり、その責任はだれが負うべきなのか。また新しい現実への適応は、各国の社会民主主義の伝統およびヨーロッパ共通の社会民主主義の伝統と、どのようなしかたでかかわりをもつのか。本書では以上のような問題の解明が中心的役割を演じることになる。

本書は、現在のヨーロッパ諸国の協力体制に呼応した、ヨーロッパの社会民主主義者による独自の協力体制について、とくに検討することになるだろう。しかしいまのところ、ヨーロッパ諸国の協力体制によって、かれらが政治的な理念や意見、あるいは政策上の経験などを国境を越えて交換しあうというような状況が生まれたわけではないし、一部に偶然そうした動きが生じたということさえない。理想としては、ヨーロッパ諸国の協力体制の確立や共通の意志決定に先立って、基本理念《コンセプト》や政策が国境を越えて比較分析され意見の交換がなされるべきである。実際、このようなことはヨーロッパの共同体レベルや政府間組織においてもなされてしかるべきだが、しかしそうした協議や意志決定が、EUの官僚機構や各国の官僚機構の枠を越えて広がるということはほとんどない。いま流行の、いわゆるベンチ・マーキング〔生産性や効率にかんする「最高基準設定」〕は例外だが、それもほとんどは国内での利用にかぎられる。「オランダ・モデル」、「オーストラリア・モデル」、「モナコ・モデル」などの、さまざまな「国別モデル」にかんする政治的マーケティングは経費削減政策にむけての圧力に利用される。したがってベンチ・マーキングが、真面目な比較分析や国境を越えた討論につながることはまれである。

加盟諸国が相互に他国の政治思想や政策的経験を生かして、自国の政治的論議や綱領にかかわる討論を行なったり公けの場で語ったりした例は、これまでほとんどない。たとえば、ヨーロッパにおけるジョスパン政権の位置づけが、イギリスで真剣な討論のまとになるとか、あるいは、欧州経済通貨統合（EMU〔Economic and Monetary Union：一九八九年に発表された金融政策の統一、為替レートの固定、単一通貨の発行、財政政策の協調強化を内容とするEUの経済統合構想〕）にかんするPSOE（スペイン社会労働党〔ゴンザレス率いる社会労働党政権は一九九六年の総選挙で敗北し、一三年半におよぶ社会民主主義政権が幕を閉じた〕）の見解がデンマークにおいて真剣に議論されるといった状況にはなかなかなりえないだろう。われわれは、本書におさめられたスウェーデンについての国別報告《カントリー・レポート》のなかできわめて率直に表明されているようなタイプの、これまでのヨーロッパにおける社会民主主義を再考するための真剣な討論をどこに見つけ出すことができようか。ドイツ社会民主党の環境問題についての基本理念や、フランドル地方の社会主義者の倫理思想についての討論を、われわれはどこかで聞くことができようか。そのような場はどこにもない！　国内的な討論の舞台とヨーロッパの討論の舞台とを結びつけるような、そうしたタイプの討論のための公開の場《フォーラム》は、ひとつもない。この点で、ヨーロッパは「情報の交換と蓄積の不足」という欠点に悩まされている。

このように、国内政治とEUの政治的舞台とのあいだに大きなへだたりがあることは重大な問題である。ジョー・ドゥ・ボーは、その論文のなかで「国家の枠を超えた望ましい協同がなされても、多国籍民主主義《マルチナショナル・デモクラシー》の成立は不可能になるという緊張関係」について述べている。もしわれわれが、ヨーロッパの冒険的な試みを長期的にみて結局は正当化すべきであると考えるならば、そしてもしわれわれがジョー・ドゥ・ボーの示した意欲的かつきわめて重要な提案に賛同するならば、このような緊張関係について議論をし、かつ分析する必要がある。かれは、真の多国籍的な政治運動を起こし、「国家に基盤をおく伝統的な社会主義の再生版」というべきヨーロッパの社会民主主義を出発点として、そこから「創造的な政治プロジェクト」を生み出したいと望んでいる。かれは、社会民主主義の諸政党にたいし、二つの重要なヨーロッパ・レベルの政治運動《キャンペーン》の準備をするよう提案する。そのひとつは、ヨーロッパの根本的な民主化（新しい社会契約）を進めるための欧州憲法策定にかかわる運動であり、もうひとつは、ヨーロッパの社会民主主義がEMUの改革の主導権を握るための運動である。

われわれの見解では、ヨーロッパ・レベルにおけるこの種の重大かつ野心的な企ては、逆説的に聞こえるかもしれないが、国境を越えた討論と対決とを促進し、ヨーロッパの（制度的な）協同の面でのいわば「あともどり」を選び取る必要を高めていくことになる。たとえ話で言えば、ヨーロッパは、「エクターナッハの行進」のように進むことになろう。エクターナッハは、ルクセンブルクにある村で、「一歩後退、二歩前進」という独特のパレードで有名な年中行事の舞台となるところである。多くの人びとは、ヨーロッパの協同が、それ自身の原動力と論理によって、金融制度の面でも法律の面でも、「国家的な意識」を越えて進んでいくと感じている。このような考えについては、本書のなかで、アンネ＝マリー・リンドグレンが論じている〔「移行期にあるスウェーデンの社会民主主義」、本書二六一頁〕。彼女は、スウェーデンの政治とEUの機構とのあいだには、政治文化の面で大きな差異があると述べている。

われわれの意見では、迷宮のようなブリュッセル〔EU本部〕におけるヨーロッパについての議論と並んで、市民レベルのヨーロッパについての議論においても、超国家的な規模のさまざまな政治団体のあいだで、相互に影響を与えたり対抗しあったりするような主張のやりとりがあってしかるべきだと考える。とくに社会問題については、さまざまな国内的論議がかわされる舞台でそうした超国家レベルでの主張の応酬が行なわれれば、相互の知識と経験が深まり、みのりのある議論が生まれてくるにちがいない。このことは、いわゆる「共通の」ヨーロッパ・レベルにかんする議論から各国ごとの差異や類似性というレベルの議論へと、議論を一歩後退させる必要があることを示唆している。われわれは、ヨーロッパ〔統合〕のプロジェクトは、このようなタイプの超国家的な学習過程を抜きにしては継続できないだろうと感じている。これと同じような政治運動を、真の意味でのヨーロッパ社会民主主義を形成するために役立てようという企てがジョー・ドゥ・ボーによってなされている。

以上のような国家の枠を超えた討論は、たしかに、欧州議会によっても、また欧州社会党（ＰＥＳ）のようなヨーロッパを基盤とする政党によっても、これまで行なわれたためしがない。ヨーロッパ・レベルでの政党の形成過程はいまだ揺籃期にある。それらヨーロッパ・レベルの政党は、各国ごとに、お互いのあいだで綱領上の実質的な交渉をほとんどもたない国内諸政党に依存しているので、それ自体の資金と権力を欠いている(14)。そこで、こうした寄合い所帯のヨーロッパ社会民主党によって生み出される共同の宣言や決議は、どれもこれも意味不明瞭で実質をともなわない高度に抽象的なものとならざるをえない。この点にかんしても、「エクターナッハの行進」のたとえを当てはめる必要があろう。すなわち、各国ごとの差異や相互の理解（または誤解）についての議論へと一歩後退することは、長期的にはわれわれのすべてにまちがいなく利益をもたらすであろう。

III　ヨーロッパの社会民主主義変容の過程

本書は、国家を超えた視野にもとづいて構成され、各国ごとの社会民主主義のなかで起こっている「変容の過程」について検討する。そのさい、各国ごとの社会民主主義が適応や革新をとげていく過程における、いくつかの差異や類似性を分析していく。また、新しい政治状況にかんする分析や理解のしかたにみられる差異や類似性について調べてみることもきわめて重要である。どのようなタイプの新しい環境や社会的条件のもとに適応が進められているのであろうか。

本書では、二つのアプローチを採用する。ひとつは、いわゆる「国別報告《カントリー・レポート》」のアプローチである。そこでは社会民主主義の危機、再生の過程、そしてさまざまな国民政党によって採用されたあれこれの試行錯誤についてくわしく論じていく。これらの「イデオロギーや綱領の面での詳細な報告《ポートレート》」は過去十年のあいだの討論や実施された政策にもとづくものであり、ヨーロッパの社会民主主義にかんする多くのきわめて興味深い内部情報が明らかにされる。

国別報告は、社会民主主義政党系の研究所やシンクタンクにやとわれたスタッフ、あるいは社会民主主義政党の基本政策《プラットホーム》を理論化したり策定したりする仕事に従事しているその他の研究者たちによって書かれたものである。これらの報告が本書の土台をなしている。かれらは、国境を越えた分析視点《アプローチ》をとりつつ、各国の政党、伝統、そして論争のなかで生じている進行中の変容について説明している。

これらの報告は、本書におさめられた、どちらかというとテーマ別に書かれた傾向が強い寄稿論文を補う役割を果たし、また社会民主主義が直面している新しい状況を分析している。そうした状況を理解するうえでの鍵となる主題は、グローバリゼーションとそれが福祉国家に与える影響、平等主義が直面している雇用情勢の危機、ヨーロッパ統合と国民国家との緊張関係、メディアに左右される社会を生み出している新しい情報化時代、そして、従来の左翼のありかたにたいする挑戦としての文化多元主義、生態系の危機をはらんだ「リスク社会」、そして伝統的な国家介入主義や民主政治の問題などである。

ここでわれわれは、社会民主主義のなかで現在進行している変容にかんして、本書で扱われるいくつかの主要な問題やジレンマ、そして各論文のポイントについて、よりくわしくみておきたい。

多くの顔をもつ社会民主主義

まずはじめに、なによりも注目すべきことは、社会民主主義または社会主義という言葉がじつにさまざまな定義のもとに用いられているということである。それらの定義は、どちらかといえば暗黙のうちにではあるが、さまざまな社会民主主義政党ごとに固有の歴史的な状況や伝統に裏打ちされている。たしかに一方では、社会民主主義は理論と実践の両面で収斂するようになり、マドリッドからストックホルムにいたる南欧と北欧の社会民主主義が相互に似かよったものになるという状況がもたらされた。ベルリンの壁崩壊後は、そのような収斂が、西欧と東欧とのあいだでさえ起きていると論じることができるようになった。実際、たとえばドナルド・サスーンは、「左派諸政党のあいだの、先例のない、全ヨーロッパ的規模での収斂と、新しい汎ヨーロッパ的左派」について論じている。しかしながら他方では、社会民主主義の定義はいぜんとしてさまざまであり、そのことが、ヨーロッパ社会民主主義の内部で、いざ何かをやるための具体的な決定を下そうというときになると、無視できぬ役割を果たすことになる。結局、現在進行しつつある変容過程の性格や本質をどのように評価するかという場合に、決定的な評価の指針となるのは、〔各国の〕社会民主主義の定義のしかたいかんにあるということになる。そして、それらの定義こそ、どのようなタイプの社会民主主義が将来の革新につながるような力を内に秘めているのか、ということを決定づけるのである。

　以上の事実は、さまざまな寄稿者によって、たとえばドナルド・サスーンやジェラール・グリュンベールによって明らかにされている。かれらは、第二インターナショナル時代の社会主義と現在のヨーロッパ社会民主主義にみられる変転とは、歴史上、連続性があると解釈している。かれらの分析によれば、社会主義とは、定義上では資本主義にかわる選択肢《オルターナティヴ》でありそれに代わるものとみなされる。〔ところが〕サスーンによれば、「左派の諸政党による一連の政策は、現在、かつてそれらが前提としていた根本的な見通し、すなわち資本主義が終焉するという見通しをとらなくなってしまった」。さらにかれが述べるところによれば、「資本主義が勝利したかにみえる時代、左派の目標は過去に達成した成果を守り、資本主義を前提としたうえでひきつづき社会生活を改善していくという、守勢にまわるものとなった……」。また、他の箇所でかれは次のようにも述べている。すなわち、「左派は、その基本的な立場として、市場の力は規制することはできても除去することはできないということを受け入れている……」[15]。また、グリュンベールの場合は、リベラリズムと社会主義とのあいだの複雑な関係を分析している。かれの見解によれば、リベラリズムにたいする社会主義の側の適応のしかたをみるかぎり、経済、政治、文化のどの側面を取り上げても、社会主義としての独自性《アイデンティティ》をまったく見失ってしまっている。そしてこのような適応の代償はきわめて高いものについた。すなわち、社会主義は社会リベラリズムへと転向した結果、いまや不平等の是正という緊急の課題にかんして無力になってしまったのである。

　他方では「改良主義的な〔社会主義の〕定義」というものが存在し、それは直接には「もっとも純粋なかたち」の社会民主主義ともいえる第二次世界大戦後の福祉社会主義のことを指している。その定義のなかには、たとえばドイツ社会民主党のバート・ゴーデスベルク綱領のなかで表明されたような、あるいはアンソニー・クロスランドが『社会主義の将来』（一九五六年）のなかで述べたような、再定義された社会主義の独自性《アイデンティティ》をみることができる。この現代的な社会民主主義を支える基本的な価値は、自由民主主義、混合経済、ケインズ主義的福祉国家、そして平等主義的な性格の所得再分配であった。このような定義の範囲内では、社会民主主義のプロジェクトは、社会主義、自由民主主義的な政治体制、そして資本主義ないし自由な企業活動にもとづく経済体制と調和するとみなしうるものであった[16]。

たとえばマリオ・テロは、一九九〇年代に「受動的革命」（この用語はアントニオ・グラムシに由来する）が起こったと述べている。かれは、社会民主主義が新自由主義の風潮を取り込むことによって、みずからの独自性を失う危機を乗り切った、と主張している。社会民主主義はいまや新しい社会民主主義的な諸価値と新自由主義の潮流とのあいだの妥協の産物と考えることができる。早くも一九八〇年代には、社会民主主義は「ポスト・ケインズ主義的な経済政策と雇用政策」へと転換していたのである。

トマス・マイヤーは、その論文のなかで「左派・右派を超えて」という周知のテーゼに挑戦している。そのテーゼとはすなわち、古典的な右派・左派といった政治的な方向づけを念頭におくのは時代遅れであり、今日の政治においては、もはや政治的な意見の相違や選択肢《オルターナティヴ》を的確にあらわすことができない、というものである。かれは、このような脱近代的《ポスト・モダン》な発想に反論し、左派・右派という区別は、経済のグローバリゼーションやメディア社会が進展している今日でもなお、政治的なものの見方《メンタリティ》のちがいをいいあらわすさいに役立つと主張している。「右派の政治的思考が、現状や伝統、エリート、そして現実世界を作り上げてきた社会的英知を根本的な原理とするのにたいし、左派の政治的思考は、社会状況を理解、評価し、その結果をふまえて、万人のためにそれを改善する、良識ある代案を伝達しうる人間の能力に信頼をおく」。

これとは別の視角から、ケイン・レースは、社会民主主義をイデオロギーないし理論という観点からは定義せず、方法ないし「プラグマティックな実践」という観点から定義している。かれは、社会民主主義を全般的にみて「過去二〇年間におけるイデオロギー闘争の勝利者」と呼ぶことさえためらわない。社会民主主義が、社会問題や政治問題にたいして、社会立法に準拠しながら行なうアプローチや解決のしかたは、結局のところもっとも成果のあがるものであったというのである。

以上のような社会民主主義の定義の核となる部分は、社会民主主義の適応過程を検討し、また評価していこうとするさいに決定的な要素となる。またそれは、一九世紀の社会主義が本来もっていた理念や野心がいちじるしく修正されていく歴史を理解するうえで、さらには、成功をおさめた社会民主主義的プロジェクトの現代的で具体的な姿としての福祉国家を理解するうえで、きわめて重要である。こうした観点から、国際経済や市場の圧力の面で一般的に進行している変化にたいし、社会民主主義がどのような態度をとるかということは決定的に重要である。それによって、各国によるグローバリゼーションの受け止めかたの相違や、自国経済による対処のちがいといった次なる主題が導き出されるのである。

グローバリゼーションと社会民主主義

グローバリゼーションへの対応のしかたという点でみると、ジョスパン・モデルとブレア・モデルとの相違が〔一般に〕誇張されているようだが、たしかに両者はじつに対照的である。グローバリゼーションや、市場と国家との関係について両者の見方はきわめて異なっている。

フランク・ファンデンブルックによる膨大な量の調査研究論文は、その冒頭で、ジョスパンとブレアがグローバリゼーションについてかなり異なる見解をもっていることを示す二つの文章を引用している。その引用文のひとつで、ジョスパンは、〔所得再分配のための〕連帯や、〔公共投資をつうじた資源配分の〕調整や〔市場にたいする各種の〕規制によって押しとどめなければならないような「資本主義の変化」が起こっていると論じている。「経済管理《グヴルマン・エコノミーク》」〔介入主義的経済政策〕を重視するフランスの基本姿勢はよく知られている。他方、ブレアは、このような公共投資や〔市場への〕規制を柱とするアプローチにたいし、「旧式左翼《オールド・レフト》」というレッテルを貼っている。かれは、新しいグローバル経済のことを新しい市場《ニュー・マーケット・プレイス》と呼び、そこでの国家の役割は、〔教育や技能訓練のような〕公共サービスを提供する政策にかぎられるべきであるとしている。

ジョスパンとブレアの政策がこのように注目すべき対照的な方向性をもっていることは、本書のなかでくりかえし取り上げられるテーマである。まさにそれこそが重大なテーマなのだ。さまざまな立場の社会民主主義者が国際経済の変化をどのように認識しているかを知ることは、国内およびヨーロッパ・レベルにおけるかれらの政策目標がどこにあるかを知るうえで決定的に重要である。このような観点からすれば、ジョスパンは、かつてのＥＣ〔ヨーロッパ共同体〕委員長ジャック・ドロールの真の後継者であると考えることができよう。ヨーロッパ〔統合〕にかんするドロール構想は、ドイツの「社会的市場経済」モデル〔市場機構本来の働きを侵害しないで社会的公正をはかろうとするモデル〕とフランスの介入主義モデル〔市場経済の構造そのものにたいする積極的介入によって資源配分の調整と所得再分配を図ろうとするモデル〕とを混合したものであった。すなわち、かれの見解では、ヨーロッパ統合は、グローバリゼーションと新自由主義の潮流に対抗して、混合経済体制と社会的防護〔フランスでは「社会保障（セキュリテ・ソシアール）」という語は主として社会保険のことを指し、社会保険・公的扶助などを統合した語としては「社会的防護（プロテクシオン・ソシアール）」が用いられる〕からなるヨーロッパ社会モデルを守るための好機と考えられた。

ブレアが提唱するのはより古典的なイギリス的アプローチであって、その主眼はグローバルな競争のもとで自国の国際競争力の強化をめざすことにおかれている。したがってヨーロッパ統合はむしろそのための手段であると考えられている。こうしたブレアの考えかたは、グローバリゼーションと世界的競争にたいする受け止めかたや、社会民主主義の役割をそうした状況にどのように適応させるべきかという点で、他の諸国とのあいだにかなり興味深い差異がみられる。ドイツでは、社会民主党の内部でこの問題をめぐり意見が分かれている。社会民主党のふたりの指導的政治家であるゲルハルト・シュレーダーとオスカル・ラフォンテーヌのあいだにも大きな見解の差がある。シュレーダーはより競争的な立場を支持する（かれは、ドイツの立場としてドイツは世界経済における競争に適応していかなければならないと主張する）。しかし、オスカル・ラフォンテーヌとかれの妻は、最近『グローバリゼーションを恐れるな——すべての人に繁栄と雇用を』〔Oskar Lafontaine and Christa Müller, *Keine Angst vor der Globalisierung - Wohlstand und Arbeit für alle*, Dietz Verlag, Bonn, 1998.〕と題する本を書き、そこで、グローバリゼーションにかんして一般に唱えられているような宿命論的な見解にたいして攻撃するとともに、新ケインズ主義に回帰しようという主張を展開している。

社会民主主義者たちはヨーロッパのどこの国においても福祉国家の建設者であった。いくつかの国々では、かれらは特定の宗派に属する政党あるいはキリスト教民主党とともに共同歩調をとった。かれらはともに、社会的資本主義の形態を「創案した」[17]。社会民主主義的な政策の主目的は、資本主義経済の枠内で社会的な安全網《セーフティ・ネット》を作り出していくことであった。このような政策を実施するにあたっては、労働者階級と、科学技術および社会の急速な変化についていけないすべての人びとのために、さまざまに異なる考えかたの調整が必要とされた。一九七〇年代末においてもなお実際に採用された経済戦略（新ケインズ主義的なマクロ経済調整政策）は、深刻化する失業、貧困、経済成長の鈍化などの諸問題に取り組むうえで、その効果がますます減少してきていることが証明された。こうした事態が進展した原因については、これまでにきわめて多数の研究者によって幅広く分析されているから、ここで繰り返す必要はないであろう[18]。

「グローバリゼーションと社会民主主義」の章で、フランク・ファンデンブルックは、次のような重要な論点について、きわめて詳細に述べている。かれはまず、グローバリゼーションという概念を、福祉国家の再編や社会民主主義の平等主義哲学との関連でくわしく検討している。また、ファンデンブルックは、その寄稿論文のなかでグローバリゼーションについて論じるさいに、グローバリゼーションが「平等主義的な雇用政策」の追求をさまたげる可能性について焦点をあてている。かれは、平等主義的な雇用政策こそ、社会民主主義的な福祉改革を進めるうえで最重要の論点であると考えている。

さらにかれは、貿易、対外直接投資、金融市場、そして労働市場などの側面からもグローバリゼーションについてくわしく論じ、ハーストとトンプソンが指摘した「グローバリゼーション」と「国際化《インターナショナリゼーション》」とを区別することの重要性にも言及している。かれは、グローバリゼーションのさまざまな側面を明確に理解するためには、経済、金融、通信システム、そして「生態学的な認識〔地球環境問題〕」など、さまざまな分野で現在すすみつつある「国際化《インターナショナリゼーション》」のプロセスを、それぞれ個別の問題として詳細に分析する必要があるという。また、かれは、真のグローバルな経済などは存在せず、むしろ、ヨーロッパにおいてみられるような「地域的なグローバリゼーション」が存在するにすぎないとも述べている。またファンデンブルックは、グローバリゼーションが進展する現状に関連して、「国民国家は（……）、もはや国民国家として独自の戦略のもとに行動したり事態に対処する能力を失ない、国内の経済的・社会的戦略を独自に遂行することもできなくなっている」という主張をくつがえすような、興味深い結論を導き出している。

さらにまた、社会民主主義がヨーロッパ・レベルで有効に機能するためには、経済政策、財政政策、社会政策、それぞれの分野で基本的な共通基準を明確に打ち出した立案が必要である、ということも明らかである。ファンデンブルックが示唆しているように、「地域主義化《リージョナリゼーション》」は、とくに貿易の領域においては、「国際化《インターナショナリゼーション》」やグローバリゼーションよりも適切で、事態の特徴をよくとらえた概念であるとさえいえよう。そうであるからこそ、ヨーロッパ統合の発展は、国内の経済政策や金融政策に、また有利な企業立地のための調査や東ヨーロッパから仕掛けられる（価格、生産費、品質などにかんする）競争の激化をめぐる調査に測りしれないほど多くの影響をもたらすであろうし、ヨーロッパ統合の発展こそが行動計画の最上位におかれることになるのである。

以上のような主張はペルヴァンシュ・ブレによって補強されている。女史によれば、ヨーロッパは「主要な経済的論争については、首尾一貫した共通の立場から意志表明ができるように、ひとつの声ではっきりとものをいう必要があり、そのためにも意志決定の手続きを有効なものにすべきである」と述べている。マッツ・ヘルシュトレームは、生産活動や市場取引の面でのグローバリゼーションが新たな現実味を帯びてきたと力説する。かれは、世間で騒がれているような大量「失業」はむしろ「作り話」であると主張し、「保護主義者たちの誘惑」にたいして警告を発している。しかしながら、かれはある種のグローバルな水準における調整を実施することには賛成しており、またそのような調整は、金融市場を自由に動き回る資本がもたらす有害な影響を軽減するためのもっとも有効な手段であると考えている。たとえば、カール・レンナー研究所が作成したオーストリアにかんする国別レポートを読むと、オーストリアをEUに加盟させる必要があるという圧力が強まるなかで、オーストリア国内における議論を決定的に左右したのはほかならぬグローバリゼーションであったことがわかる。

ヨーロッパ統合は「(神慮にもひとしいような) 急転直下の解決策 (デウスエクスマキナ)」か

ヨーロッパ統一の最終目的、方向性、構造などにかんする討論では、グローバリゼーションが中心的な争点となっている。では、社会民主主義者たちは、ヨーロッパをどのような基本理念のもとに、あるいはどのような企図のもとに構想しているのだろうか。われわれの目のまえには、すでにジャック・ドロールが示したヨーロッパ統合の基本理念があるが、それは、グローバリゼーションの脅威に対抗するための、いわばヨーロッパ社会防衛モデルとでもいうべきものであった。この構想は、欧州委員会主導の産業政策、所得の再分配機能、市場の力にたいする規制など、ヨーロッパの介入主義的な政治権力を前提とするものであった。このような構想は、フランス流の「経済管理《グヴルマン・エコノミーク》」〔三五頁に既出〕とよく似ている。ただし、それとは対照的に、ドロール構想の出発点は、政治的規制どころか、マネタリストの優勢を反映したEMUをヨーロッパが実現することにあった。しかしながら長期的な目標である欧州政治統合(EPU)は、政治的理由からいちども欧州統合の日程表からはずされたことがなかった。

　われわれは、ここで、ヨーロッパ社会民主主義の将来のありかたに影響を与えるであろうようなヨーロッパ社会民主主義にとっての最大のジレンマについて言及しておきたい。それは、ドナルド・サスーンの言う「左派の将来は、欧州統合の成否にかかっている」という問題である。「ヨーロッパ社会民主主義は、ヨーロッパ統合〔EU〕的なものになるべきか否か」というテーマをめぐるさまざまな議論は、本書のいたるところに登場するが、それらの議論は、いまのところ総じてどっちつかず《アンビヴァレント》の立場をとっている。

ヨーロッパの統一は、理論的には、社会民主主義の理念にそったプロジェクトと一致する。もしも、各国政府が社会経済〔的な領域〕にたいする操作能力を喪失してしまい、商業資本や金融資本がまさに国際的な規模で活動しているというのが事実であれば、当然なことだが、規制や市場の補正・介入などすべては改良されて、ますます国際的にも通用するようになるべきであろう。いいかえれば、それは、福祉国家の基本理念をヨーロッパ・レベルで実行に移すということにほかならない。このようなやりかたで、ヨーロッパは「弱体化しつつある国家主権」や国境を越えた競争といった問題などについての解決策を講じていくことになるだろう。

また、このことは、理論的には、新ケインズ主義的な混合経済の理念を統一ヨーロッパにおいて超国家的な規模で全面的に復活させることを意味している。この点にかんしてマリオ・テロは、現在も、また過去においても、「社会民主主義とEUは同一視されている」とまで主張している。

このようなヨーロッパ福祉国家の構想についていえば、それは実際に追求されてきたものにはちがいないが、現在では複雑化した新しい事態に直面している。一九八九年以降、ベルリンの壁が崩壊し、冷戦が終結し、ドイツが再統一したことで、「福祉と環境との楽園の島」としてのヨーロッパという観念は根本的に改められた。米ソ二極構造の世界秩序が消滅し、ヨーロッパの主要国には新たな国際的責任が生じ、東欧諸国がEUに編入されるのが当然のなりゆきとなり、調整と規制を強化するドロールのプロジェクトが提出されたものの、それはかえって深刻なまでに事態を紛糾させ、混乱をまねくとともにその実施は延期された。

しかし、超国家的なヨーロッパ福祉国家という理念そのものは、八九年に起こった一連の事件とはかかわりなく、むしろそれ自体として難題をかかえるようになった。ヨーロッパ・レベルの民主主義と経済の規模が拡大したことは、結局、事態をきわめて複雑なものにし、ブリュッセル〔EU本部〕の意志決定過程は迷走したまま結論をえず、「民主的な手続きの欠如」と〔権力の〕正当性をめぐる問題に悩まされている。より大きくより複雑になるヨーロッパでは、国民国家と政府間組織ないし超国家的ヨーロッパとのあいだの緊張がますます増幅されることになるだろう。古き良き時代の欧州連邦主義の理想が、主としてEU加盟国の増加という理由から、多少なりとも放棄されてきて以来、きわめて重要な問題が浮上してきた。それは、一方に連邦主義があり、他方に抑制のきかない国家的エゴイズムがあるという板挟みの状況のもとで、ヨーロッパは今後どのような基本理念を打ち出すのかという問題である。

国民国家とヨーロッパ統合とのあいだの関係がますますぎくしゃくしているという状況にかんしては本書の国別レポートでもテーマとされ、具体的に描写されている。たとえば、いま社会民主主義者が対決しようとしているのは、ネオ・ナショナリズム的な風潮を反映して、反ヨーロッパ統合の気分を巧みに利用しつつ台頭したポピュリストの運動〔右派勢力による権威主義的・民族主義的な大衆迎合型政治運動〕である。この状況は、とくにオーストリア、フランドル地方、オランダにおいて顕著である。アクセル・ケヴァルは、フランス社会党にかんする報告のなかで、フランスにおけるヨーロッパ統合推進派の先頭に立っている社会党は統合推進の立場をとるがゆえに「選挙で敗北する危険」にさらされているとしている。

社会民主主義運動の国際主義と、近年みられる国民国家重視の風潮との対立をめぐる論争は、ライムント・ザイデルマンとジョー・ド・ボーによって取り上げられている。

すでに述べたように、ジョー・ド・ボーは、ヨーロッパ社会民主主義が、ヨーロッパの政治のなかで決定的に重要な、新しい集合的な行為主体《アクター》としての位置を占めるようになるための魅力的な提案をいくつか行なっている。かれの分析によれば「近年みられる国民国家の変容は、社会民主主義の権力基盤、一連の政策手段、基本理念の枠組みに影響をおよぼしている。（……）真の多国籍的な政治運動としてのヨーロッパ社会民主主義がかかえている信頼性や正当性の欠如という問題は、ヨーロッパ（統合）という問題それ自体にとっても本質的な問題である」。ヨーロッパのいたるところで政権を担っている社会民主主義者は、現在、「もはや郷愁にすぎなくなった福祉国家による生活防衛主義と、いざというときにまったく頼りにならないポスト社会主義のリベラリズム〔自助自立主義〕のどちらとも異なる代替策を創案する仕事に取り組んでいる」。この代替策は、ジョー・ド・ボーによれば、「脱国民国家主義をつうじた現代化」の戦略として位置づけられるが、これはいわば「隙間をうめる社会民主主義」という基本理念に立っており、要するに「EU内での多面的かつ首尾一貫した施策をつうじて、社会保障政策と対外開放政策とを相互に補完しあう」ことをめざす戦略である。

さらにライムント・ザイデルマンは、新しい国際主義の基本理念は、国民国家というものの時代遅れの性格や「制度的な限界」を考慮することはもちろん、それに加えて、国民国家の内部における社会民主主義の経験を考慮すべきであると考えている。またかれは「多国間自由貿易主義、地域主義《リージョナリズム》および超国家主義」などに代わるべき基本理念についてくわしく述べている。社会民主主義者はヨーロッパ統合をめざす運動や政策の推進力となってきたし、共産圏の崩壊以来、その結果生じた〔旧共産圏と非共産圏とのあいだの〕「収斂」をさらに推し進める原動力〔サスーン〕ともなってきたが、国家主権とヨーロッパ〔連合〕の権能とのあいだの関係がいまだに不明確である。こうした状況のもとで、欧州経済通貨統合（EMU）は、もっとも重要な役割を演じている。社会民主主義者は、ヨーロッパ統合に向けてのEMUの役割をどうしたら明確に評価できるか、またそれと同時に、ヨーロッパ統合の基本理念をめぐるさまざまな意見の食い違いをどのように調整するか、というジレンマに直面している。マリオ・テロはきわめて重要な論点を提示している。すなわち、社会民主主義者にとって必要なことは「国民的要因と国内的制約がもつ重み」を十分に考慮しながら、誰もが納得し従わざるをえないような解決策を見出すことである。

EUの諸制度（たとえば、欧州議会選挙に参加する投票者の数）に〔民主主義的な〕正当性があるかどうかという問題、またヨーロッパで起こる事件を広範囲に報道するメディアの欠如、全ヨーロッパ的規模での政治的討論が存在していないなどの諸問題は、ある程度までコミュニケーションの問題として考察することができよう。ヨーロッパおよびヨーロッパ政治のコミュニケーションをはかるにはどうしたらよいか。ヨーロッパ政治のコミュニケーションはどのようなかたちをとるのが望ましいのか。どのようなメディアが利用され、どのような言語が用いられるべきなのか。このことは、社会民主主義を取り巻く状況変化を理解するうえで重要なもうひとつの柱、すなわちメディア社会〔情報化社会〕の問題をわれわれに提起する。

メディアに左右される社会のなかでの社会民主主義

一九八〇年代に社会民主主義が選挙での敗北を重ねていった要因は、急激な社会の変化という観点からだけではなく、浮動票や棄権者の数が増えたこと、あるいは綱領に宣伝効果が乏しかったことなどからも説明がつく。社会民主主義者は、「説得の技法」に革命的ともいえる変化が起こりつつあること、とくに視聴覚メディアの影響力が決定的に重要なものとなっていることを過小評価していた。政治的なコミュニケーションの方法は根本的に変化した。イメージ作り、候補者の個性的な役作り、行動計画の段取りの重要性が増大した結果、今日では選挙運動は高度の専門性を要求されるようになっている。

現代の選挙運動は政治的マーケティング〔市場調査・市場開拓〕に含まれる戦略の一部といってよい。このことはアメリカ合衆国やイギリスの選挙運動のやりかたが成功を左右したことからも立証された。ジャック・モナッシュの指摘によれば、社会民主主義者は、政党指導者の役割、主要な争点、選挙民へのメッセージなどに焦点をあてながら、みずからの選挙運動のやりかたを徹底的に分析する作業を避けてとおることができない。ジェラルド・ホルサムとロザリーン・ヒューズは、その論文のなかで、このような観点から、イギリスの新生労働党が行なった疑問の余地あるアヴァンギャルド・アプローチ〔元来アヴァンギャルドとは第一次世界大戦頃にヨーロッパで始まった芸術運動で、既成の概念や流派を否定し破壊して新しいものを建設しようとした革新的芸術の総称〕を分析している。

トマス・リーフは「第四の権力」としてのメディアがもつ巨大な影響力について警鐘を鳴らしている。かれは、今日、もし社会がメディアによってコントロールされたらどうなるか、と問いかける。かれは、とくに商業メディアの権力が過小評価されていると考える。トマス・マイヤーは、トニー・ブレアのメディア戦略を取り上げて、社会民主主義政党が活用すべきコミュニケーションにかんする諸政策について、いくつかの結論をひきだしている。かれは、基本となる道徳的な諸価値についての表現方法やコミュニケーションのとりかたと、民主的な政党組織にとっての必要性とのあいだの緊張関係に焦点をあてている。

悲観主義から脱皮した社会民主主義に課せられた九つの使命

フランク・ファンデンブルックは、その論文のなかで、「福祉国家の将来にかんして、少なくとも実際的な福祉政策にたいする一般的なガイドラインのレベルでは、社会民主主義者のあいだの合意が〔福祉の拡充をめざすという点で〕きわめて前向きのものであることに」強い印象を受けた、と述べている。さらにかれは、社会民主主義の戦略の核となる九つの方針を列挙している。

それらを要約すれば次のようになる。(一)男女の完全雇用を、社会的な努力目標とし、貧困を解決する手段としても位置づけること。(二)福祉国家は、単親家庭や長期失業のような新しい社会的危険にも対処すべきであること。(三)積極的で予防的な役割を果たすという特徴をもち、「社会資本への投資」にも従事する「情報処理能力《インテリジェント》をもった福祉国家」を作ること。(四)積極的な労働市場政策を再評価すること。(五)新たな再分配の対象として未熟練労働者を援助すること。(六)「貧困の罠」を防ぐこと。(七)競争的な民間サービス部門を発展させること。(八)負担と給付の公正な配分について教条主義的ではない取り組みかたを見つけ出すこと。(九)平均賃金水準の上昇にかんして節度を保つこと。ヨーロッパは、EMUとの関連で、マクロ経済政策の調整が必要だということ。

ファンデンブルックは、さらに、社会民主主義が追求する諸価値にかんして次のように重要なアドバイスを与えている。「政治運動〔にたずさわる者〕は、社会規範に影響をおよぼすみずからの能力について過大評価してはならない。

しかし政治運動〔にたずさわる者〕は、その活動や議論が長期的には社会規範に反響を与えることを過小評価してはならない。」どのような新しい状況が出現したとしても、「社会の全成員にかかわる平等」という中心的価値が社会民主主義にとってもっとも決定的な、全力を傾注すべき目標であることにかわりはあるまい。

ファンデンブルックは、新しい条件や環境をめぐって生じた混乱が、価値についての混乱と混同されてはならない、と適切にも述べている。ヨーロッパの社会民主主義の力は、ヨーロッパの知的文化の一部として、その基盤となる諸価値と関連づけながら社会を分析し、政治的・社会的な変革の戦略を練る能力であったし、そのようにありつづけている。ヨーロッパ統合プロジェクト自体は、本書で論証するように、ヨーロッパの社会民主主義者によるこのようなタイプの戦略的分析にとって、もっとも差し迫った、かつ骨の折れる課題のひとつである。

結論を述べれば、ヨーロッパの社会民主主義は魅力的な新しい段階に入ったといえよう。ヨーロッパの社会民主主義は、いまや過去の伝統や思考・行動様式に縛られる奴隷ではない。またヨーロッパの社会民主主義はもはやレーガン／サッチャー流の新自由主義や新保守主義のお遊び相手《プレイ・メイト》でもない。ヨーロッパの社会民主主義は以前の守勢の立場を乗り越えて、新しい争点、新しい問題、新しい地平で満たされた世界の挑戦と向きあっている。そういうわけで、ヨーロッパの社会民主主義の内部では、お互いの思考と経験を国境を越えて交換しようとする気運が高まっている。

思想家や学者だけではなく、さまざまな社会民主主義的シンクタンクや研究機関、そして日頃は政治からは離れている人びとも含めて、こうした課題に取り組むべきときがきている。ヘラクレスほどの怪力はいらないだろうが、新しい黄金時代の前夜にやるべき仕事はじつにたくさんある。ヨーロッパの社会民主主義は変化のまっただなかにある。

原　註

（1）　たとえば、一九九一年に、S・パジェットとW・E・パターソンは、共著『戦後ヨーロッパ社会民主主義史』のなかで、「近い将来ないしはそう遠くない時期、社会民主主義の伝統が劇的な復活をとげるであろうと想像することは、理論的な面からも政治的な面からもむずかしい」と結論している。Cf. S. Padget and W. E. Paterson, *A History of Social Democracy in postwar Europe*, 1991, p. 262.

（2） たとえば次の文献を参照。A. Przeworski and J. Sprague, *Paper stones. A history of electoral socialism*, Chicago, 1986.

（3） この点について、ペリー・アンダースンは「西欧左派の主要な組織はより広範囲にわたって倫理面でのアイデンティティ危機に陥っている」とさえ述べている。次の文献におけるアンダーソンの序文を参照。P. Anderson and P. Camiller (eds.), *Mapping the West Europian Left* (New Left Review), London/New York, 1994, p. 2.

（4） Wolfgang Merkel, *Ende der Sozialdemokracie? Machtressourcen und Regierungspolitik im westeuropäischen Vergleich*, Frankfurt, 1993.

（5） 次の文献を参照。F. Vandenbroucke. *De nieuwe tijdgeest en zijn grenzen*, Brussels, 1997. および本書におけるかれの論文〔「グローバリゼーション、不平等と社会民主主義」九〇頁〕。さらに、John Gray, *After Social Democracy*, in: G. Mulgan, *Life After Politics, New Thinking For the Twenty-First Century*, London, 1997, pp. 325-339.

（6） H. Kitschelt, *The transformation of European social democracy*, Cambridge, 1994, p. 7.

（7） Tony Blair, "Europe's left-of-centre parties have discovered the 'third way'", *The Independent*, 7 April 1998.

（8） 次の文献を参照。P. Pennings, *European Social Democracy between Planning and Market: A Comparative Exploration of Recent Trends and Variations*. Paper (unpublished), Vrije Universiteit Amsterdam, Department of Political Science and Public Administration.

（9） R. B. Reich, *The Work of Nations, Preparing Ourselves for 21st-Century Capitalism*, New York, 1992. 9., G. Mulgan, Introduction, p. xviii, in: G. Mulgan (ed.), *Life After Politics. New Thinking For The Twenty-First Century*, London, 1997.

（10） John Gray, *ibid*., p. 327.

（11） G. Mulgan, Introduction, p. xviii, in: G. Mulgan (ed.), *Life After Politics, New Thinking For The Twenty-First Century*, London, 1997.

（12） R. Gillespie and W. E. Paterson (eds.), *Rethinking Social Democracy in Western Europe*, London, 1993.

（13） Cf. H. Kitschelt, *The Transformation of European Social Democracy*, Cambridge University Press, 1994 and F. W. Scharpf, *Crisis and choice in European social democracy*, Ithaca/London, 1991.

（14） このようなヨーロッパ・レベルの政党という枠組みのなかでの各党の協力に関連して、オランダ労働党の元議長フェリックス・ロッテンベルフは、ある会合でのスピーチで次のように述べている。すなわち、「欧州社会党〔ＰＥＳ〕のような国家の枠を超えた政党を結成しようとする試みは現状ではなはだ真剣味を欠いており、その試みが、週末にたまたま集まって協力の体裁だけとりつくろおうとする政府のリーダーたちに主導されているのをみるにつけ、とまどいを禁じえない。実際、欧州社会党は現実味のない欠点だらけの構想であり、あたかも保護者のいない孤児のように放置されている。そこには支持者を動員するための綱領もなく、今日的な課題にこたえようとする目標はなにもない」。*Socialisme & Democratie* (theoretical monthly Wiardi Beckman Stichting), 1997, nr. 3, p. 113, 'Mijn-laatste bericht als voorzitter van de PvdA'.

（15）　なお次の文献におけるサスーンの序文も参照。Sassoon (ed.), *Looking Left*, p. 16.

（16）　S. Padget and W. E. Paterson, *A history of social democracy in postwar Europe*, London/New York, 1991, p. 1.

（17）　このことに関連し、ドイツ、イタリア、オランダのキリスト教民主主義の役割が過小評価されてきている点については、次の文献を参照。K. Van Kersbergen, *Social Capitalism, A study of Christian democracy and the welfare state*, Routledge, London/New York, 1995.

（18）　とくに次の文献を参照。F. W. Scharpf, *Crisis and choice in European social democracy*, Ithaca/London, 1991.

（神谷直樹訳）

二〇世紀末の社会民主主義：歴史的考察

ドナルド・サスーン

社会主義政党が選挙では成功をおさめているにもかかわらず、社会主義〔体制〕の自己崩壊をなげく記事、いやむしろこちらのほうが数多く見受けられるのだが、その崩壊を喜ぶ記事がくりかえし書かれてきた。しかしEUのほとんどの国々では社会主義政党が政権についている。ＥＵ以外の〔ヨーロッパの〕あらゆる国々でも、社会主義政党はいぜんとして選挙で支持を受けている中心勢力である。たとえば、東・中欧においては、旧共産党は、社会民主主義の思想を受け入れることによって、政権政党あるいは指導的な野党として強力な地位を確立することができるようになった。だが社会主義の死亡宣告記事、すなわち社会主義は死んだあるいは死に瀕していると主張する記事が、その説得力の点では多種多様であるが、あいも変わらず書かれている。そうした記事は、現代の社会民主主義者はポスト資本主義社会の最終目標を断念したばかりか、公的セクターを削減し福祉国家を合理化すべきであるという考えかたや、インフレは失業よりも大きな脅威であるという考えかたなど、現代のネオ・リベラリズムの中心的な考えかたの多くを採用している、と指摘しているが、その議論にはかなりの説得力がある。また、それらの記事は納得のいく実例を示しながら、現代の社会民主主義政党は自己防衛に精一杯で、社会主義の中身について論じることはおろか、実際に社会主義という言葉さえ用いることを避けようとしていると主張する。社会党、社会民主党、労働党はたしかに生存してはいるが、社会主義は権威主義的な共産主義の形態としてだけではなく——これにかんしては疑問の余地はほとんどあるまい——、民主的な西欧型の形態としても死んだも同然の状態にある。

この問題を考察するためには、より広い歴史的文脈のなかで考察することが有益であると思われるが、二〇世紀末においては、そうした歴史的分析を行なうためのさまざまな素材が見出されるであろう。

第二インターナショナル

一九世紀末に、第二インターナショナルとして知られるゆるやかな連合組織〔国際労働者協会〕を形成した社会主義諸政党は、一般に〔次のような〕収斂が生じることを想定していた。すなわち、

（1）かれらは、当時の資本主義諸国は、ますますひとつの方向に収斂していく特徴をもつものとみなしていた。産業化の絶えざる進展の結果、財産を所有する少数の資本家集団と膨大な数のプロレタリア大衆とに分裂した階級社会があらゆるところで形成される、と。

（2）その結果、かれらはみな〔資本主義崩壊までの〕中期的プログラムを採用した。すなわち、一八八九年に採択された第二インターナショナルのプログラムや、それにつづいて採択されたドイツ社会民主党のエルフルト綱領〔一八九一年、エルフルト大会で採択された綱領〕では、共通の中期的目標がはっきりと定められ、政治的民主主義（参政権）の拡大、福祉国家（医療、教育、社会保障と年金）の確立、そして労働市場の規制（八時間労働制）のために闘うことがすべての参加政党に求められた。

かれらはすべて共通の戦術的・戦略的原則を有しており、それは、ブルジョワ政党とは決して協力しないということ、資本主義は不可避的に崩壊するであろう（崩壊理論）という期待感、および国際主義、反植民地主義、平和主義というほぼ共通の考えかたにもとづく「対外政策」であった。

（3）この〔資本主義諸国の〕収斂という仮定は、たんにイデオロギーとして仮定されたものではなく、実際に地球上い

たるところで、収斂という事実、すなわち帝国の成長、植民地の獲得、相互依存の進展——今日われわれがグローバリゼーション的傾向と呼ぶもの——がみられた。また、ロシアやイタリアといった「先進国とはまだ呼べないような」国々で使われた「近代化」イデオロギーがはっきり示すように、収斂の欲求はほとんどいたるところでみられた。

この収斂への動きは、第一次世界大戦によって急に中断され、その後、第二次世界大戦が始まるまでの約二〇年間は停滞を余儀なくされた。この二〇年間は今日では二〇世紀ヨーロッパで起こった長い内戦の期間とみなされているが、おそらくそれは、それまでのヨーロッパの歴史のなかでは、もっとも災厄をもたらした、残酷かつ破壊的な期間であった。この間に、社会主義運動は、ソヴィエト社会主義革命とコミンテルンの誕生という衝撃的な出来事によって分解するまえにすでに、第一次世界大戦中に対立した立場をとって分裂していた。〔社会主義政党の〕ブルジョワ政党との非協力という戦術は放棄された。実際、あらゆる場合において、社会主義政党は他政党と連合してのみ、はじめて政権につくことができた（スウェーデン、ヴァイマル期のドイツ、フランス、イギリスなど）。国際経済は、ナショナリズムと保護主義が進むにつれて、とりわけ一九二九年の世界恐慌以降いくつかのブロックに分断されていった。〔一九〕世紀末に主張されていた見解に反して、資本主義の危機は社会主義の進展を加速させるどころか後退させ（イギリス）、または他のほとんどすべての国々では、社会主義は決定的な敗北を喫した。一九三九年までにヨーロッパのほとんどの国々は、さまざまな形態の権威主義体制へと移行していった。

ヨーロッパは、二〇世紀前半と後半とではまったく正反対なほどその様相を異にしていた。前半は長い内戦〔の時代〕であり、後半にはまれにみるほどの長い平和の時代がつづいた。前半期が資本主義の危機の時代であったにもかかわらず、後半期には歴史上もっとも長期にわたるいちじるしい〔社会経済的〕発展がみられた。東・中欧にはソヴィエト共産主義が浸透した。しかし、ヨーロッパでは——ポルトガルとスペインでの権威主義体制の持続と、ギリシアにおける内戦から半民主主義体制へ、そして軍人統治への移行という特筆すべき例外はあるものの——、第二インターナショナルが最初に主張した中期的プログラムの大半が実行された。こうした成功は、社会民主主義政党によって直接達成されたか〔ドイツとイタリア〕、両者の混合によるものか〔オーストリア〕、または資本主義的な政策を積極的に採用するのをひかえた政党によって達成された〔フランス〕。ここでもっとも重要なことは、第二次世界大戦後のヨーロッパでは、親資本主義的な立場を明確に掲げた政党が大政党となって権力の座につくことはなかったという点である。保守主義者でさえ完全雇用と福祉国家の発展を優先させた。他方、社会主義者のあいだでも、対外政策〔NATO、ヨーロッパ〔統合〕〕にかんしては不一致がみられたし、国有化にかんしても同様であった。社会主義政党に共通の特徴は資本主義との共生関係を強化することであった。すなわち、いわゆる社会民主主義的妥協〔政策をとること〕であった。

ヨーロッパ左翼の三つのグループ

一九八九年以前には、ヨーロッパの左翼政党を三つの大きな「グループ」に分けることにはなんの問題もなかったであろう。第一のグループは、他の二つとはまったく異なるものであるが、東・中欧のいわゆる社会主義陣営の共産主義政党で、西ヨーロッパの左翼とはいくつかの点で一般的に共通する特徴を有していた。それは、社会的平等への積極的関与、市場のもつ力の軽視、医療と教育の分野ではとくに、市場よりも国家のほうがよりよく機能するという仮定である。

とりわけ民主主義と市民的自由の分野における〔第一のグループとその他のグループとのあいだの〕相違はきわめて明白であったし、またこれまでさまざまなところで書かれているので、ここではこれ以上詳述する必要はないであろう。

第二の「グループ」は、「北欧的」社会民主主義政党であるが、スカンジナヴィア諸国の社会民主主義政党がそのもっとも代表的な例である。さらに、「北欧」という観点を広げすぎるといわれるかもしれないが——政治学的には、地理的要因はあまり重大に受け取られるべきではない——、北欧モデルには、オーストリアとドイツの社会民主主義政党、オランダとイギリスの労働党、そしておそらくベルギーの社会主義政党なども含めることができよう。これらの政党はすべて、十分に発展した資本主義国において政権——たいてい連立ではあるが——についている。かれらの役割は資本主義の近代化ではなく、資本主義を制御することであり、その成長から得た富を適切に配分することであった。かれらのほとんど、とくにスウェーデン、ドイツ、オーストリアの政党は強力で、労働者階級を基盤とする政党であり、多くの党員をかかえていた。かれらの根本的な目標は完全雇用と安定した福祉国家の確立であった。

第三の分類に入るものには、南欧の社会主義政党がある。このグループはさらに二つのグループに分けられる。共産党が長らく主要な勢力であったフランスとイタリアのグループと、スペイン、ポルトガル、ギリシアのグループである。後者の三ヵ国では、それぞれ権威主義体制期には、共産党がその体制の主要な対抗勢力であった。そしてそれらの体制が崩壊したのちには、社会主義政党が急速に左翼の主要勢力になった。とくにスペイン、ポルトガル、ギリシアの場合に明白であるが、「南欧」政党の主な特徴は、かれらの主要目標が、近代化の達成と、かつてはまったくみられなかったかあるいはわずかしかみられなかった福祉政策を発展させることであった。長期にわたる独裁（スペイン、ポルトガル）あるいは半民主主義体制とその後の軍人統治（ギリシア）のあとに、これらの社会主義政党は権力の地位についたので、かれらはまた民主主義を強化させる点においても重要な役割を果たした。かれらは、戦後の資本主義発展の「栄光の三〇年」が終わった一九七〇年代後半から政府に参加したために、資本主義の繁栄による果実を完全には享受できなかったばかりか、経済発展を最優先させなければならなかった。

フランスはつねにヨーロッパのなかでももっとも豊かな国のうちのひとつであり、イタリアも六〇年頃にその仲間に加わったが、共産党が社会主義政党よりも強力であったこれら両国において近代化というテーマはやはり重要であった。

これら二つの国では、「共産党という異色の陣営《アノーマリィ》」が力を失ったとき、すなわちフランス共産党がもはや左翼の主要勢力ではなくなり（一九八一年）、またイタリア共産党がみずから左翼民主党に転換したときにはじめて、左翼が政府の支配的な勢力として権力を獲得することができたのである。

ヨーロッパ全体に広がる収斂

分類とはそもそもそうしたものだが、東欧の「国家社会主義」、北欧の「古典的な」社会民主主義、南欧の「近代化社会主義」という区別は、そのおのおのの内部にかなりの相違をかかえている。たとえば〔おなじ南欧モデルとして分類されるスペインとギリシアであっても〕、スペインと比較してギリシアではナショナリズムとポピュリズムがはるかに大きな重要性をもっているし、また〔おなじ北欧モデルのなかであっても〕、イギリス労働党が一七年間（戦後から一九九七年までのうち）、ドイツ社会民主党が一六年間政権の座にあったことと比べて、戦争の終結から共産主義の終焉までの四五年間、ほとんどつねに反対派をおさえて政権についていた戦後のスウェーデンとオーストリアにおける社会民主主義政党は圧倒的に優位な地位を占めていた。だが、こうした〔東欧、北欧、南欧の社会主義という〕区別は、それ自体完全に有効性を失ったわけではないが、それよりも今日では、ヨーロッパ全体に広がるこれまでにはみられなかった左翼政党の収斂というきわだった傾向にいっそうの注意をむけることのほうが重要である。

東欧の国家社会主義政党は消滅した。それらに代わって、それぞれの国で多かれ少なかれどうにか生き残ったポスト共産主義政党がみずからを社会民主主義政党であると再定義している。ポーランド、ハンガリー、ブルガリア、スロヴァキアのポスト共産主義政党は、一方では市場の力を規制し、雇用を維持し、福祉国家を擁護しようとしつつも、他方では、国によって力点のおきかたに相違があるとはいえ、いずれも新しい市場経済を採用している。対外政策においては、かれらはみな、見通しはさまざまであるが、EUとNATOへの加入をめざしている。それによってどれほど信用できるかは別として、かれらは共産主義を過去のものとして追いやり、西欧モデルの社会民主主義にいっそう接近している。わずか数年のあいだに、ソヴィエト・システムの崩壊という衝撃に後押しされて、かつては中央計画経済と事実上の一党制国家をかたくなに支持していた人びとも、歴史上レーニンによっていちどは裏切り者・修正主義者として非難された第二インターナショナルの立場を継承することになった。

西欧では、とくにポルトガル、スペイン、ギリシアが近代的な西欧政治の世界に加わったため、南欧社会主義と北欧社会主義のあいだにあった相違はさほど重要なものではなくなった。こうした収斂をもたらす大きな原動力となったとみられる出来事が、次の二つの時期に起こった。第一の時期は一九七〇年代半ばごろで、この時期ヨーロッパ〔ポルトガル、スペイン、ギリシア〕に残存した右翼的権威主義体制が消滅するが、社会不安を引き起こすことが危惧されるような組織的過激主義政党がそのあとに残ることもなかった。それにつづく第二の時期に、前記の三ヵ国における主たる社会主義政党は与党となった（ポルトガルでは七〇年代に、ギリシアとスペインでは八〇年代に）。同時に、フランスでは左翼政権がフランス史上はじめて権力の座につき、これまでにないほどの長期にわたってその地位を維持した（一九五〇年代のモレ政権〔五六年二月—五七年五月〕とマンデス゠フランス政権〔五四年六月—五五年二月〕は短命に終わり、左翼の中軸勢力——フランス共産党——は野党のままであった。一九四四年から四七年までの挙国一致内閣は、中道あるいは中道右派勢力によって率いられた。三六年の人民戦線政府は、一年も政権の座になかった）。

フランス共産党を中軸の立場から追い出し、社会党を左翼の主流政党として確立したのはミッテランの偉大な功績であった（かれを社会主義者と呼ぶのにはおおいに議論の余地があるので、このような評価には驚かれるかもしれないが）。

イタリアは、この収斂へと向かう競争においては遅れをとった。クラクシ〔イタリア社会党員、一九八三年から八七年まで首相〕は、ミッテランとはまったく異なる選択をした。かれは、社会民主主義へと急速に変わりつつあったイタリア共産党と力を合わせることよりも、打開困難な危機状況にあったキリスト教民主党を支えるほうを選んだ。イタリアの特異な状況に終止符が打たれるにはイタリア社会党の解体が必要であった。〔ミラノの〕検事〔による活発な汚職摘発とその結果としてのクラクシの失脚〕と北部の分離主義者〔イタリア北部の独立とイタリアの連邦制を主張するウンベルト・ボッシ（北部同盟党首）に率いられた北部同盟〕の勢力拡大という予測しなかった出来事が重なって、いったんイタリア社会党が解体してしまうと、精巧な織物をつむぐような各政党間の取引と協定の複雑なシステムを媒介として、イタリアではじめて左翼が最大の比重を占める政府を作ることが可能になった〔一九九六年四月の総選挙で中道左派ブロック（「オリーブの木」）が勝利し、プローディ政権が成立〕。

北欧の社会民主主義政党——社会民主主義のなかではもっとも強い影響力をもち、確実な成果をあげていることを誇りに思っている——もまた、同様な収斂のプロセスを経験した。かれらの政治的成果のうちでもっとも重要なものと思われていた完全雇用は北欧においても破綻した。社会民主主義のスウェーデンでは、一九九〇年においては三％という失業水準ですらきわめて恥ずべきことと思われていたのであるが、九六年末の時点では、数字のうえでは、保守党政権下のイギリスよりも失業率が高くなった。かれらがなしとげてきた福祉国家の持続的発展は停止した。現状維持というのが左翼の合い言葉となった。

このことは、北欧と南欧のあいだにあった福祉水準のギャップを減少させた。その相違はいぜんとしてきわめて大きいが、ゴンザレス政権下のスペインと全ギリシア社会主義運動（ＰＡＳＯＫ）政権下のギリシアにおいて福祉給付が改善されたことは間違いない。

ヨーロッパの統合

「ヨーロッパ化」というテーマのもとにさらに収斂は進んだ。一九八〇年代初頭までは、パパンドレウ政権〔全ギリシア社会主義運動（PASOK）政権〕下のギリシアは、自国をヨーロッパの端っこにある反帝国主義の国であるとみなしていた。PASOKの社会主義イデオロギーは、EUやNATOとは激しく敵対するナショナリズムとポピュリズムの混合物であった。コスタス・シミティス〔PASOK政権下で産業相などを歴任。パパンドレウのあとを継いで、一九九六年より首相〕のもとで（もっともかれ以前にすでに変化が生じていたのだが）、PASOKは、ギリシアがヨーロッパを離れてはなんの役割も果たしえないことをはっきりと自覚した。より一般的にいえば、EUはヨーロッパ左翼の政策がかつてないほど接近しつつあることをもっとも如実に示す事例である。東・中欧の共産党から生まれ変わった社会主義政党はすべて、安全と豊かな未来展望を与えてくれると思われるEUに加わることを望んでいる。西欧では、長いあいだEUというプロジェクトに協力することに気乗りしなかった社会主義政党も、その立場を変え参加を申し出た。そしてオーストリア、フィンランド、スウェーデンは参加できたが、ノルウェーでは〔支持が得られず〕参加に失敗した。また、長いあいだヨーロッパ主義とは距離をとってきたイギリス労働党も、積極的なEU待望論をとる政党というにはいぜんとしてほど遠いが、少なくとも国内的にはみずからの立場をヨーロッパ統合論へと変えてきている。

主流を占める社会主義政党が、左翼陣営内でよりラディカルな競争相手――それがつねに共産党だとはいえないのだが――と対峙してきた諸国において、社会主義政党と他の左翼政党間の対立関係が弱まったことによって、ヨーロッパ大陸全体では収斂がよりいっそう容易になり、左翼政党のあいだでの協力がより頻繁に行なわれるようになった。社会民主主義者は、デンマークとノルウェーでは社会主義人民党〔ノルウェーは社会主義左翼党〕と、スウェーデンとフィンランドではポスト共産主義政党と、そしてドイツでは緑の党としばしば協力している。

一九八〇年代初頭まではイギリス労働党はかなり左翼的で、広範囲にわたって国有化政策を採用し、他方では中立主義と平和主義の立場をとり、ECときびしく対立していた。そしてこのような戦略的枠組みは進展するヨーロッパ統合や地球規模の相互依存関係からイギリスが孤立することを意味していた。トニー・ブレアのもとで（キノックがそのプロセスを開始していたのだが）、イギリス労働党はみずからの立場を中道左翼政党へと変更した。イギリスは、長いあいだ左翼政党が、組織とイメージの点で労働組合運動と密接に政治的に結びついていたヨーロッパで唯一の国であった。このことはもはや実情に合わなくなった。ブレアは、「フィナンシャル・タイムズ」（一九九七年一月十六日付）とのインタビューのなかで、労働党は「親資本家的」政党になったと公言した。またイギリス労働党は、たとえたんに言葉のうえのことではあれ、共同所有という目標を党の最終目的として保持してきた唯一のヨーロッパの政党であったが、これも終りを迎えた。

共産主義システムの終焉以来十年たらずのうちに、東欧から西欧にいたるまで、ヨーロッパ左翼はその歴史上かつてないほどにほぼ同じ言葉と調子《トーン》で語っている。こうした事態は、共産主義政党の創設から一九八九年以降に崩壊するまでの時期と比べると、その相違はきわめて明白である。しかも、一九一七年以前においてでさえ、左翼の数々の組織政党のあいだにはまぎれもない相違があった。当時、イギリスの強力な労働組合運動は、いぜんとして、改革主義の自由党を支える側とようやく最初の第一歩を踏み出しつつあった労働党を支える側とに引き裂かれていた。ドイツでは、強力なきわめてよく組織されたマルクス主義的な社会民主主義政党が、資本主義の末期的危機を期待しながらも、体制内政党として国家の政権を担っていた。バルカン諸国の多くでは、少数の活動家たちだけからなる、大衆の支持をまだ得られていない〔社会主義的〕組織がかろうじて存在する程度で、いぜんとして主に農業社会であったそれらの国々で、かれらは頭角をあらわそうと苦闘していた。スペインと、スペインほど強くはなかったがイタリアでは、アナーキズムの名残りが労働者階級の有力なグループにいぜんとして影響力を保持していた。フランスでは、一九〇五年になってようやく社会党が登場した。しかし、それは名前のうえでは社会党としてひとつの党を形作っていたが、その内部では、ジュール・ゲードのジャコバン主義活動家グループとジャン・ジョレスの漸進主義グループとのあいだに深い亀裂が入っていた。

冷戦の終結とグローバリゼーション

現在の収斂が共産主義システムの崩壊から受けた影響はほんのわずかでしかない。〔ベルリンの〕壁の倒壊が直接に社会主義政党に影響をおよぼした、あるいはかれらの政策の正当性を失わせるのにおおいに貢献したという証拠はほとんどない。旧共産主義政党をのぞいて、共産主義システムの崩壊から重大な影響を受けた唯一の社会民主主義政党はドイツ社会民主党であった。ギリシア〔全ギリシア社会主義運動（PASOK）〕も大きな影響を受けた。しかし、それはイデオロギー的理由というよりもむしろ地政学的理由によるものであった。バルカン地域の政治変動がギリシアにその立場を見直すことを強いたのである。ギリシアはもはやバルカン地域唯一の資本主義国ではないし、またトルコの影響は、バルカン諸国にたいしてだけでなく、旧ソ連南部の共和国にたいしても拡大するものと考えられる。

したがって冷戦の終結——それは、現代史上における複合的かつ大きな転換点である——が、ヨーロッパ大陸の政治に複雑でさまざまな影響をおよぼしているのである。冷戦の終結が、収斂、とくに東欧の左翼と西欧の左翼とのあいだの収斂を推進したことは過小評価されるべきではない。にもかかわらず、この側面にのみ焦点を当てるのもかたよったものといえるだろう。グローバリゼーションは、それが現実のものであれ机上のものであれ、収斂へと向かわせるもうひとつの大きな力であった。資本主義のグローバルな進展が、ヨーロッパの左翼を、福祉国家と完全雇用にもとづく「一国主義的《ナショナル》な」社会民主主義という伝統的な形態から脱却させ、再編成を実行させるうえで重要な役割を果たしたことは否定できない。

新しいヨーロッパ全体をおおう左翼は、〔世紀末にむけて顕著になった〕この新たに進展する資本主義のグローバリゼーションを、〔社会民主主義政策を再編成するさいの〕制約条件として受け入れた。資本主義のグローバリゼーションが課すこの制約をどこまで考慮に入れるべきであるかは、まちがいなく今後の議論の中心となるだろう。実際に、事実上すべての社会主義政党は資本主義のグローバリゼーションがもたらす制約のなかで活動せざるをえないのであり、かれらはそのグローバリゼーションの思想を動員して、そうした制約を説明し、おそらくそれを受け入れたことを正当化するだろう。

グローバリゼーションという認識は、左翼のあいだの収斂だけでなく、左翼と右翼のあいだにもまた収斂をもたらしている。そしてそれは、たいていの場合必然的に右翼の側の主張にたった項目〔たとえば市場の重視など〕にかんする収斂であった。実際、左翼と右翼の収斂という現象は以前にも存在した。一九五〇年代と六〇年代のほとんどの時期、左翼と右翼（極右ではなく民主的で立憲主義的な右翼）は、完全雇用と福祉国家という共通の価値を共有していた。

左翼と資本主義とのあいだに新しい妥協は可能か？

一九九〇年代、状況は根本的に変化してしまった。左翼の側のムードはより悲観的になっており、その苦境のさまは一九三〇年代にとられた自己防衛的な戦略をかすかに思い出させるものがある。東欧では、ポスト共産主義政党は、規制解除、自由主義市場経済、グローバリズムというもはや避けてはとおれない現実にたいする最良の保護策を人びとに提供するものとみなされた。

かれらは成功するかもしれないし、しないかもしれない。しかし、要点はかれらがジレンマに直面して苦しんでいるということである。一方で福祉国家を擁護し、産業の成長を新たに進めながら、他方で国際社会によって要求される財政的リストラを追求することは可能なのであろうか。

ヨーロッパ統合は左翼に大きな希望を抱かせたかもしれない。しかし、マーストリヒト条約の収斂基準は、かなりの難問を〔ＥＵ参加国に〕課すものであり、そのために、〔ＥＵ統合への反発といった〕ヨーロッパ主義にとっては好ましくない揺りもどしが生じ、参加国の左翼にダメージを与えるかもしれない。ヨーロッパ大陸におけるナショナリズムの復活は、左翼よりも右翼をはるかに喜ばせるであろう。ＥＵ統合政策を好むヨーロッパ資本主義と国際資本主義の主要〔産業〕部門は、右翼のナショナリズム〔の台頭〕とヨーロッパ〔統合〕への消極的態度にたいしては失望の色を濃くしている。こうした失望感がイタリアにおいてほど明白となったところはない。イタリアでは、一九九六年の〔選挙における〕左翼の勝利にたいして、「市場」は大きな安堵のため息とともに大歓迎の意向を示した。すなわち、イタリア・リラはドイツ・マルクにたいして反発し、ミラノの証券取引所ではリラが急騰した。ギリシアでは、銀行家や経営者によって、シミティス〔を首班とするＰＡＳＯＫ政権誕生〕にたいする歓迎が、用心深くではあるが表明された。イギリスとスペインでは、企業家たちが、左翼に対抗するためにあたりまえのように結集すると想定することはもはや不可能である。イタリアでは、旧共産主義諸国におけると同様、イタリアを安定させようと努力しているのはまさにポスト共産主義者〔社会民主主義化したかつての共産主義者〕たちである。すなわち不安定なのは右翼のほうなのである。このことが左翼と資本主義とのあいだの新しい妥協の合図となるのかどうかはまだ結論をだすには早すぎる。

したがって、左翼内部での収斂は、左翼と右翼とのあいだの収斂と並行して起こっているのである。ある程度、これは広範囲におよぶ相互依存の進展の不可避的結果である。もし国内政治が、グローバル化した経済によってますます制限をうけるようになるとすれば、たとえそうした制限が〔左翼と右翼の〕両者を似かよった政策へと導くとしても、ほとんど驚くべきことではないだろう。失業の拡大は財政危機を常態化させている。金融市場の膨張は、それが左翼であろうと右翼であろうと、かれらが〔自国通貨の〕為替レートをコントロールする力を弱めている。

最後に、収斂は、コミュニケーション・システムのいっそうの均質化によって、とりわけマス・メディアによってもまた促進される。ラジオやテレビが影響力をいまほどもたなかったときには、左翼政党は自己のメッセージを伝えるうえで、みずからの組織とみずから組織したサブカルチャーに頼っていた。選挙キャンペーンの期間中でさえも、比較的高度で複雑なメッセージはまず指導者からその支持者に示され、こんどはかれら支持者がそのメッセージを、〔それぞれが受け持った〕聴衆のレベルに合わせながら近所や職場に伝えていった。一九五〇年代に、社会主義と共産主義のリーダーたちは、街角や大きなホールでかれらに忠実な支持者たちによる大きな集会で直接演説することができたし、適切な言葉を用いながら党の政策を長々と説明することができた。今日ではたいていの政治的メッセージはコミュニケーション・システムをとおして伝えられる。指導者たちはその忠実な支持者たちに直接話しかけるのではなく、〔自分の話に〕注意深く耳を傾けてくれるとはかぎらない、より多くの聴衆にたいして話しかけるのである。かれらはテレビのホーム・コメディや映画やメロドラマと競い合っているのだ。不利な点は、「サウンド・バイト」〔くりかえし流される短くて印象的なコメント〕と呼ばれる〔ニュース・メディアで用いられる〕手法と同様に、政治家のメッセージは短く簡潔でなければならないということである。それは商業広告の様式をおびている。すなわち、政治的な製品を売るスローガンとなるのである。その政治的な製品は類似している（繁栄、インフレ抑制、税負担の抑制、公共サービスの充実など）ので、政治家の言うことはみな同じように聞こえてしまう傾向がある。トップ・リーダーほどメディアに登場する機会を入手しやすいので、明らかにリーダーの個性に興味が集中することになる。逆にリーダーは、しばしばテレビで十分なパフォーマンスができるかどうかの能力にもとづいて選ばれる。政治的決定がただちになされる必要があるときには、一般党員を含めた民主的な議論を行なう時間などないのである。対立候補者の政策にたいする反応は即座になされなければならない。これは意志決定権力のリーダーへの極端な集中をもたらす。かつてならば、しばしば党の幹部たちが議論していたような重要政策は、今日ではまずテレビでリーダーによって公表される。その結果、実際には、党員はリーダーによって党の新しい方針を受け入れるよう強制されることになる。党名を変更するというオケット〔アキレ・オケット、イタリア共産党第七代書記長、左翼民主党初代書記長〕の提案や、〔市場と競争を保証するために〕党規約から第四条〔公有化条項〕を事実上削除するためのキャンペーンを行なうというブレアの決定は、正式に党の活動家たちに伝えられたとしても、実際には、メディアで先に公表されてしまったことであった。指導者の決定に党員が同意しなければ、それは今日では党全体を弱体化させることになり、選挙での大敗という危険をもたらしかねないのである。

それゆえ、いまやイメージづくりが大切であるという強迫観念が横行している。〔しかし〕いくらコストをかけようとも、それがすぐに利益をもたらすということにはならないだろう。幅広い分野にわたって起こっていることを描き出したひとつのシナリオをあげるとすれば、われわれは、長いあいだ進まなかったヨーロッパのアメリカ化を目撃しているということである。もしわれわれがそれを長期的な視点から見るならば、ヨーロッパのアメリカ化、すなわち底辺層のための最低限の安全ネットにまで引き下げられた福祉国家、富の不平等の顕著な拡大、国有の公共事業の終焉、市場を媒介とした資源分配手段の発展といった、長いあいだ恐れられていたがまた待望されてもいたプロセスにおいて、ヨーロッパの社会主義はたんなる脚注〔補足物〕にすぎなかったと主張する人もいるかもしれない。

収斂のさらなる側面は、左翼政党を導きかれらに刺激を与えた知的枠組みが事実上その役割を終えたことである。ヨーロッパ左翼は、マルクス主義やケインズ主義といった、かれらに現状の行き詰まりを打開する方法を示してくれる理論的手段にもはや頼ることはできない。説明理論としてはきわめて有益であるが、公共政策の指針としてはほとんど役に立たないマルクス主義は事実上見捨てられた。さらに重要なことは、ケインズ主義が、政権についた西欧社会主義者の実質的な道しるべとしての地位から転落したことである。ケインズ主義は資本主義の分析としては不十分であったが、資本主義を運営するうえでは長いあいだきわめて効果的であった。

左翼政党は、マルクスやケインズが役に立たなくなるや、多かれ少なかれ公然と防御的な戦略を採用した。その基本的な内容は、市場の力は規制しうるが市場そのものをなくしてしまうことはできないということの承認である。左翼政党は次のことを承認する。市場の規制はしばしば他国とのあいだで調整されねばならない。公的支出の増大は抑制されねばならない。福祉国家は擁護されるが、これ以上拡大することはできない。民営化は不可避であり、独占を根絶させるために好ましいものである。平等はいぜんとして目標として訴えつづけるものの、刺激《インセンティヴ》と競争を保持しうる程度に調整する必要があるだろう。国際金融組織の力、とりわけ金融市場の力は、かりにそれを抑制しうるとして、その抑制は国際的な合意によってのみ実現されるのであり、一国家の政策によっては実現できない。さらに、政治的な収斂を示すことがらとして、次の点をあげることができる。すなわち、〔第一に〕ＥＵ統合にたいして、左翼は一般に積極的な態度を示している――少なくとも右翼政治家の多くにみられる立場とくらべて。〔第二に〕左翼は以前もっていた国家中央集権主義への関心をうすめている。〔第三に〕その結果として、左翼は政権交代には価値があると認めるにいたった。資本主義が勝利したかに見え、世界中に資本主義に対抗するものが存在せず、そして、資本主義が「世界市場の網の中にすべての人びとを」（マルクス）巻き込む状況がととのっているような時代に、以上のような守勢にまわる野心を抱くことは、いっけん低姿勢にみえてじつはそうではないのである。

（岡本和彦訳）

綱領の内実はいかに変容しつつあるのか

マリオ・テロ

わたしは、社会民主主義政党の綱領の変容について論文を書くことを引き受けたさいに、きわめて単純な問い——政党研究にとって綱領を研究することは実際に重要なのだろうか——を自分自身に投げかけてみた。わたしは二〇歳ごろから社会民主主義の研究をつづけてきた。その結果わたしは十分に経験をつみ、いまでは「現実」政治は綱領や理念といったものではなく、利益や権力関係によって強く影響されていることがわかってきた。しかし、こうした三〇年間の経験にもとづいて、他の政治学者がすでに語ったことをただたんに記述したり確認したりするだけであるならば、このわたしの作業は新しいものでも意義あるものでもないであろう。

三〇年以上まえにオットー・キルヒハイマーは、西欧において「綱領政党」はすでに過去のものになってしまったという結論を導き出している。かれは、すべての政党がそもそも綱領を重視しない包括政党〔ある特定の階級利益に従った綱領をもたない政党、つまりあらゆる階級から支持を獲得しようとする政党〕になっていくであろうと論じた。それ以降、何百冊もの本が書かれ、そのなかで政党の綱領のうえでの独自性を求めることは、政党そのものが多元化し複雑化した今日の社会や、アメリカ化してしまった公共領域にそぐわないために無益だと主張されていた。たとえばニクラス・ルーマンが主張する、政治とは純粋なる行政機能であるといった考えかたが、新しい基本的な綱領を作り上げようとする西欧社会民主主義政党になおいっそう困難な課題をつきつけた（社会保障などの公的サービスの制度化が進むことによって、政党〔＝政治〕とは別の官僚〔＝行政〕機能が重要になり官僚主導による「行政」国家が登場する。官僚主導の政策決定が重要になれば相対的に政党の重要性は低下する〔ニクラス・ルーマン著、改訳版『法と社会システム――社会学的啓蒙』土方昭監訳、新泉社、一九八三年、二〇一頁〕。ドイツのように仲裁委員会〔労資同数の代表者からなる機関〕の報告にもとづいて新しい綱領が検討されるような場合はとくにそうである。

こうした類《たぐい》の一般化は、特定の時期において綱領が変化したことの重要性をほとんど説明していない。政党は時期によって異なる政策分野を綱領のなかで強調する。さらに政党とくに社会民主主義政党の場合には、強調する政策分野が党によってまったく異なっているのである。

綱領が党内で議論され変更されていく過程においては、リーダー、活動家、専門職という三つの主体が中心となる。トマス・マイヤーが記しているように、その過程はときには結果的に表明された綱領そのものよりも重要である。いわゆる「綱領政党」（デュヴェルジェ）は、決して静的な政治体ではなく綱領のねらいをたえず新たにする動的な政治体である。もしそうでないのなら、政党はもはや「綱領政党」とは呼ぶことはできず、「選挙政党」と呼ばれるべきであろう。

綱領草案が党内で広く議論されている場合、党綱領の目標や姿勢に明らかな変化があったとみなされる場合は、政治文化、とりわけ活動家たちによって形成される中層の政治文化〔大政党においては、党エリートたちがしばしば性急な改革を好まず、穏健な政策をとることでみずからの地位の安泰を求める場合がある。それにたいして、下位に位置する活動家たちはエリートを批判し改革を求める文化があることを言う〕の状況に注目する必要がある。もちろん現代のマス・メディア社会においては、ほとんどの大衆は政党から送られてくるメッセージには耳を傾けない。ヴァイマル期のドイツ社会民主党のように、政党が下位文化をもつような状況は現在では見出すことができない。しかし、女性解放運動や、（とりわけ東欧で、しかし西欧でも生じている）権威主義にたいする民主化運動などでみられたように、ここ数十年、政党と大衆運動との密接な結びつきを示すケースはいくつかあった。

もし新しくできあがった綱領の内容が党内エリートだけによって決定されているのであれば、その綱領が表現しているものは政党リーダーの望んでいることだけである。それは政党の望む行動を正確にはあらわしていない。実際にはそれは綱領のほんの一部にすぎない。われわれはここ二〇年間、この点での劇的な変化を経験してきた。野党と与党とのあいだにはしばしばちがいはあるが、わたしはフリッツ・シャルプフの『危機の社会民主主義』（一九八六年）におけるかれの次のような主張に賛成である。それぞれの社会民主主義政党が達成してきた成果は異なっている。そしてその相違は、それぞれの政党が綱領をつうじて、失業、インフレ、環境、社会福祉など、強調する争点のちがいから生じている。つまり、綱領で強調する分野を主体的に選択し優先順位を決定するから成果の相違が生じるのである。

ここでこの導入部をまとめておこう。今日のマス・メディア社会においてでさえ、綱領を詳細に検討することが政党の進展と成果とを理解するためには不可欠である。

一九八〇年代の受動的革命

われわれは、一九八〇年代から九〇年代にかけての、社会民主主義の伝統にたいする新自由主義思想の影響を考慮する必要がある。八〇年代に、ドイツ社会民主党（八六年のイルゼー草案と八九年のベルリン綱領〔ドイツ社会民主党は、六六年以降ゴーデスベルク綱領を採択していたが、八三年の連邦議会選挙で大敗してから綱領改正に着手した。その過程で、八六年に新しい第一次綱領草案「イルゼー草案」、八九年に第二次綱領草案「ブレーメン草案」を作成し、さらに同年十二月のベルリン大会で「ベルリン綱領」を採択した。その内容は、先進諸国共通の安全保障の確立／欧州レベルの政治の重視／産業社会を環境重視型社会へと革新すること／女性の社会的平等／労働時間の短縮と生産力向上至上主義の見直し〕）をはじめとして、社会主義インターナショナル、イタリア共産党とイタリア左翼民主党とを含むヨーロッパの社会民主主義諸政党のなかで綱領の内容に大きな変化が生じた。ある種のヨーロッパ左派のあいだでの「エスペラント（共通語）」がこのときに生まれた。概して新しい綱領は以下を目的としていた。

一　産業主義、物質主義的成長志向イデオロギーから、環境重視政策と新技術を統制する必要性とのあいだの新しい妥協へ
一　脱産業主義・脱物質主義的社会運動（女性解放運動、文化運動など）との対話の維持
一　ポスト・ケインズ主義的な、経済政策と労働時間の短縮を含む雇用政策の模索
一　伝統的な国家中心戦略から、新しい民主主義的な政治文化への志向
一　国民国家単位で施行される革新政策から、ポスト国民国家的権威によって実行されるであろう共通のヨーロッパ政策へ
一　共通の安全保障政策と新しい南北問題政策（冷戦のあいだ、東西いずれかの陣営に属することで支援を受けていた国家が、その終結により自立を余儀なくされることで生じる南北問題への対応）

以上のような変化の帰結を過小評価してはならない。実際に社会民主主義政党は、おしなべて中道右派のライバルたちよりも環境問題を重視し、ジェンダー問題に敏感であり、またヨーロッパ統合の推進派である。近年のヨーロッパ一二カ国における社会民主主義政府の登場と「新しい中道左派的な『時代精神』」（ファンデンブルック、一九九七年およびベッカー／クーペルス、一九九七年）の登場は、新保守主義攻勢の終焉という文脈で受け止めるべきである。この種の刷新は、もちろん社会民主主義の重要な伝統である。七〇年代から八〇年代にかけて、伝統的な社会民主主義の価値と規範に革命が生じていた。われわれは九〇年代になって、それがある種の「受動的革命」（アントニオ・グラムシ〔「受動的革命」とは、ブルジョアジーなどの支配勢力が「下からの要求をある程度受け入れながら、労働者階級の革命的動きを無力化して経済的協調の方向へと追いやり、そうした生産面の変化を既存の社会編成の内で調整可能にする長期的な政治戦略である。これが進歩勢力の綱領に反映されるときこそが闘争破棄の決定的瞬間である」〕）であり、それは当時登場しつつあった新しい考えかたに、潜在的で漸進的だが深く根を張った影響を与えていたことに気づいたのである。

社会民主主義の将来についての研究者たちの議論をみるかぎり、かれらは社会民主主義のアイデンティティが危機

に瀕していると次のような立場から断定的に語る人びとの議論を歯牙にもかけなかった。

ひとつは経済学的な観点から断定する人びと、すなわちネオ・マルクス主義者は社会民主主義とケインズ主義的成長主義をほとんど同一のものとみなしていた（アルトファーターなど）。

しかし社会民主主義政党は、国際的にマネタリスト的傾向が支配し、長期に新保守主義革命が生じ、マーストリヒト条約のポスト・ケインズ主義的基準による外的制約が加わったにもかかわらず、九〇年代にふたたび政権政党になった（周知のドイツ語でいえば、政権担当可能な〔Regierungsjähig〕）。

また社会学的な観点から断定する人びと、すなわち新自由主義者は社会民主主義とネオ・コーポラティズムとをほとんど同一のものとみなしていた（ダーレンドルフ）。

こうした社会民主主義の終焉を説く理論とは逆に、主要な社会民主主義政党（ドイツ社会民主党、スウェーデン社会民主党など）は社会の複雑化をうながす脱工業化、つまりポスト産業化社会の到来にもかかわらず九〇年代末に「多数派」になった。このことは、社会民主主義政党がよりいっそう「環境重視」の政党になり、また環境派や自由主義政党との政治連合に成功した結果である（フランス、イタリア、ドイツ）。

九〇年代のヨーロッパの社会民主主義を、たんに社会主義的伝統と新自由主義とのあいだの妥協の産物としてみなすことはあやまりであろう。いうまでもないが、新自由主義の政策はすべての社会民主主義政党に影響を与えた。新自由主義にたいして防衛策をとること（サスーン）も、そこから積極的に学ぶこと（ベッカー／クーペルス）もとりわけ重要であったし、これらは〔新自由主義が〕いきすぎた個人主義と国家介入への極度の不信を示すことにたいする反応とみなされるべきである。

私的セクターの圧倒的な影響力によって新しい中道左派勢力が多数派へと成長した。しかし概してその新しい社会民主主義の政策は、経済政策にかんするかぎりきわめて慎重かつ保守的な予算編成の手法に特徴づけられている。社会民主主義者は、いまやケインズ主義政策の黄金期に提示していたような福祉がもはや維持できず、民営化も避けられなくなったことに気づくようになった。平等が重要だと主張されてはきたが、競争や経済パフォーマンスを犠牲にしてまで追求することはないし、党が組合と完全に一体化しようとすることもすでに時代遅れになっている。自由化が、保護主義の拒絶と同様に各国社会民主主義政党に共通の信条となっている。

かの有名なイルゼー草案から一一年後の一九九七年になって、わたしは現在の社会民主主義政党の綱領が新しい社会民主主義的価値観と新自由主義思想との妥協に依存していると感じはじめている。しかし、こうした妥協は一時しのぎの戦略の寄せ集め以上のもの、つまり「新しいパラダイム〔思考の枠組み〕」になるのだろうか。わたしの答えは否である。少なくともいまのところパラダイムにまではなっていない。

ヨーロッパ統合

社会民主主義政党の綱領の国際的な政策面と同様に、国内改革の実行という点からもヨーロッパ統合は決定的に重要である。ヨーロッパは、中心的な社会的・政治的勢力との連携の場という点からみればひとつの資源である。社会民主主義勢力が欧州議会の最大勢力であるだけでなく、国民国家レベルにおいてもマーストリヒト収斂基準〔一九九六年三月三十一日のマーストリヒト条約において定められた通貨統合にかんする取決め。とくに統合深化の柱となる単一通貨「ユーロ」導入にかんしては、インフレ率や累積政府債務などの基準を満たした加盟国を対象に九九年一月までに導入すると定めた〕を実行する主要な政治勢力であるという驚くべき事実を過小評価すべきではない。「ケインズ主義的妥協」をつづけていた過去数十年間、このような大規模な綱領の変化、つまり社会民主主義政党がヨーロッパ安定化条約や単一通貨の主要な支持者へと変わることを想像した者はだれひとりとしていなかったであろう。八〇年代に生じた改革は、社会民主主義政党の政治文化を現代化・ヨーロッパ化し、その結果、中道左派有権者の信任をふたたび獲得するには有効であった。さらにはアムステルダム条約（平和維持活動にかんする、いわゆる「ペテルスブルグ決定〔現在、EUが東欧諸国へ拡大されていく計画、いわゆる拡大EUが進められ、それと同時にEUの財政上、安全保障上の大きな課題となっているが、これは西欧同盟による欧州の危機管理システムとそのイニシアティヴを定めたこの取決めによるもの〕」を含む、雇用と社会憲章など）に影響を与えた点でも有効だった。

他方、社会民主主義政党の将来とヨーロッパの将来とが直接的に結びついていることが大きな弱点ともなる。なぜなら、EUが有する域内における改革政策および国際的な政策のむずかしさが、選挙において社会民主主義政党に悪影響をおよぼしかねないからである。ヨーロッパが統合を進展させればさせるほど、さまざまなむずかしい問題も噴出してくるだろう。とくにEU拡大にともなう財政問題、失業、外交政策、社会問題と国際的競合との調和、民主主義の赤字〔ヨーロッパ統合の進展にともない、国民国家とくに各国議会の権限が空洞化すること〕などの問題が重要である。いまや、かつてないほど社会民主主義とEUは同一視されている。しかし、このために社会民主主義政党は大きな責務を背負うことになる。以上が綱領と実践とのギャップの拡大という問題を解決することが重要であることの理由である。

綱領上の弱点

近年の綱領をめぐる議論は、一九九〇年代に生じた新しいタイプの問題への対応をめぐって、きわめて困難な状況にある。その新しい問題とは、（新自由主義的対応をもってしてもおよばない）グローバリゼーションへの対応、ならびに東欧へのEU拡大や新しい外交政策を要求する冷戦終結後の対応をさす。綱領改革が八〇年代中盤に進められたときには、総じて国際的環境の劇的な変化は予期できなかった。現在でも綱領のなかで、とくに国際的な政策を論じる部分が問題となる。それはこうした問題についての議論がこれまで規範的な観点でしか取り組まれてこなかったことに起因する。「全ヨーロッパ」という要素とグローバリゼーションとが進行するにつれ、〔かれらが進めてきた〕「ヨーロッパ型の環境重視改革・社会改革」の威信は低下することになった。というのも、「環境と福祉」の楽園を打ち出してきたかれらの戦略は、むしろ〔冷戦という〕国際的な二極対立の枠組みによって逆説的に保護されていた、ヨーロッパ内部の閉鎖的な戦略にすぎなかったことが露呈したからである。この結果、社会民主主義政党はより信頼される政権党になるために、綱領で新自由主義的対応をせざるをえなくなった。

グローバリゼーションとそれにともなう新しい全ヨーロッパの形成という課題に対応するために、社会民主主義の綱領は独自性を欠いたものになっていくが、そこにはより中短期の政治的要因がからんでくることもしばしばある。

われわれは左派がしばしば政権についていることを知っているが、それが中道右派政党の生じた結集力の弱さないしは欠如によるものであるということを忘れるべきではない。政治の場におけるトップの役割は決定的であり、それは政治的左派がもはや多数派を形成していないフランス、イタリアなどの国々における現在の状況をみればわかる。といっても近年の選挙での社会民主主義政党の成功や、政権を担っているときの社会民主主義政党の成功を否定しているわけではない。しかし左派の勝利は、「左派である」という自覚を有した有権者が増加したり、左派的な「時代精神」が主流になったりしたことを意味してはいない。それはひとえにリーダーの説得力の成果によるものである。

大衆迎合主義者の脅威

ヨーロッパの社会民主主義政党はある分野において二つに分裂している。ある国々での中道左派は、一貫して既存の権威にたいして反体制的役割を果たしているのにたいし、別の国々では左派内部に分裂が生じ、それが体制支持側と反体制側との分裂になろうとしている。中道右派は反重税運動の支持を受け、中道の有力政党という地位を脱し、新自由主義的政策の強力な提唱者という役割を前面に押し出して、有力な私的セクター（マイヤーの言うメディア政治）を代弁しようという傾向にある。換言すれば、全般的な反体制的傾向が存在するのである。

国家権威の解体と脱国境化とは、加速するグローバリゼーションによって生じた決定的な側面である。これは過去十年間過小評価されてきた。

一九八〇年代の社会民主主義の綱領における欠点のひとつは、私見だが、国民国家を脱したいわばヨーロッパ・レベルでの「新共和主義」〔移民などのマイノリティをも含め、諸国家間で共和政の価値を共有することによって共生が実現するという考え。移民たちがみずからのアイデンティティを過激な方法で求めることに批判的でもある〕の強調にあったと思われる。この種の超国家は、EU拡大にともなうヨーロッパ規模での諸制度を具体的に展開しえず、また徐々に複雑になる政策決定や、国民的アイデンティティの分断といった諸問題を処理することができない。

国民国家の衰退は事実である。国内・国際、また経済・財政問題について、財政・市場のグローバリゼーションの結果として権力分散が進んでいる。しかし、グローバリゼーションは多くの国民のあいだに恐怖や不確実性、国民的アイデンティティの分裂といった感情を喚起することとなった。国民的帰属意識を単一の超国家へと帰属させることは不可能であろう。これは市民の個人的意識の次元だけではなく、ヨーロッパ規模での制度構築を進めるときにもいえることである。

現実に、解体にむけての傾向が強まりつつある。それぞれの国民国家の内部で繁栄している地域（カタロニア、フラマン、ロンバルディアとヴェニス）では、〔国家から独立をめざそうとする〕分離主義が台頭している。また新共和主義は外国人にたいする不寛容と排斥主義というかたちに姿を変えているが、これは解体の別の兆候である。極右政党は無視できるような勢力ではない。さらに驚くべきことは、スペイン、ポルトガル、イタリア、フランス、ギリシアにおいて共産主義政党が復活していることである（七％から一〇％程度の得票率を獲得している）。これは、労働者階級内部において周辺に位置する人びとが抱いている急進主義と共同体主義的なアイデンティティへの要求とをあらわしている。われわれは西欧コミュニズムの復活とこの種の社会的潮流を代弁するかれらの能力を軽視していた。

主要な問題

以上のような問題を単純に超国家的枠組みの次元だけで扱おうとすることは大きな間違いであろう。来たるべき十年のためにより効果的なガイドラインは、三つの次元、国民国家レベルの民主政体、地方レベルでの民主政体、そして超国家レベルの民主政体、という三つの民主的政府のあいだに新しい連携が機能する必要があろう。

国民国家レベルの民主主義という点にかんしての主要な問題点は以下のとおりである。

一　国民国家は、それがヨーロッパ政治体に統合されたさいに、どのようにしてその信用と責任能力を増大させるか。

一　マーストリヒト収斂基準と、〔国民国家内での〕社会的再分配政策との妥協をいかに実行するか。税制改革と福祉国家改革が重要な問題である。

一　「反政治〔従来の政治における習慣・行動・姿勢といった政治そのものにたいして反発・拒否すること〕的」反応は政治腐敗の結果である。社会民主主義政党は、正義をめぐる問題の重要性と行政官の中立的立場について適切な考慮を行なうべきである。

一　公正と公的倫理について。左派政党は個人主義的自由主義者としてふるまい、道徳・倫理問題を、右派政党や宗派運動にゆだねているが、それで満足できるか。

一　反政治的運動の台頭は政策の非有効性、非効率性の結果である。われわれは、国民国家レベルの政策決定過程においてどのようにしてその有効性を取り戻せるのか、また政治にたいする説明責任をどのように回復させるか。いくつかのヨーロッパ諸国のなかでは現在、憲法改正が議事日程にのぼり、比例制と多数決制、国家の連邦化にかんする重大な議論が始まっている。

ユーロ・リアリズム？

次に、ヨーロッパ構築の将来について考えるかぎり、ヨーロッパ連邦化をめざす強硬派とヨーロッパ統合懐疑派のあいだに裂け目が生じているが、それを解消しながら、おそらくある種の「ユーロ・リアリズム」が生まれ、ヨーロッパの社会主義を統合しはじめるであろう。まさしくその第一歩がいま始まりつつある。国民国家と超国家的次元のあいだの新しい政治的均衡と新しい制度的枠組み、つまりアムステルダム条約と欧州経済通貨統合（ＥＭＵ）が、それに含まれる。しかし、テクノクラートや共通の手続きを確保するまえに、超国家レベルでの民主主義が必要とされる。すなわち共通の価値観と共通の公共圏とが必要とされているのである。ヨーロッパの公共圏は形成されつつある。これはきわめて新しい。こうした視点は、ハーバーマスがはじめて言い出したころ（一九九〇年〔『公共性の構造転換』第二版をさすと思われるが、初版は一九六二年〕）には夢物語にすぎなかった。〔しかし〕ごく最近の政治的発展が公共圏の変容をうながしたのである。こうした発展にかんする問題点は以下のとおりである。

ＥＭＵはしだいに政治的連邦化の重要な推進力となりつつある。ヨーロッパ・レベルの新しい権力〔通貨同盟、欧州閣僚理事会や欧州委員会、欧州議会〕は、直接・間接を問わず、各国の予算政策、マクロ経済政策、雇用政策、環境政策、社会政策に影響を与えていくであろう。〔しかし〕ＥＭＵは、政治的にも社会的にもまだ結束していないために、多くの国家の一般大衆からは認められないであろうし、受け入れられないであろう。アムステルダム条約とルクセンブルグ会議〔一九九七年開催。欧州共通の農業政策の方針を定めた〕はソーシャル・ヨーロッパ〔ヨーロッパ共通の社会政策。雇用保険、健康、安全にかんする労働者の個別的・集団的な権利保護、また一般的な社会問題対策のためにＥＵレベルで実施される一連の社会政策をいう〕への傾向を強くした。しかし、その推進のために、マネタリー主義と対抗する唯一の綱領案は、ヨーロッパ社会党ではなく、ジャック・ドロールが長をつとめる委員会が一九九三年十二月に提出した「ドロール白書」〔正式名「成長、競争力、雇用──二一世紀にむけての挑戦と方途」。労働市場の硬直性を構造的失業の原因とみなして、労働市場の柔軟性を高め、企業の競争力を高めるための措置を提言した〕なのである。

ヨーロッパの諸政党、とりわけヨーロッパの左派は、いまだ新しいポスト・ケインズ主義的雇用政策やEMUの影響について対策の準備を進めてはいない。われわれはどのようにして欧州中央銀行のテクノクラートの権力と政治的・社会的な対抗利益とを調整することができるだろうか。また、どのようにしてEMUの第三段階〔一九九九年一月ユーロが共通の通貨となった段階〕が不可避的に生み出す波及効果〔国家間のある領域における機能的協力が、他の領域へと波及するダイナミズムを内在化させているとする仮説〕に対応するのか。どのように単一通貨の有する巨大な国際的意義を、換言すれば国際的にも主役となったEUの近未来における発展を扱うことができるのだろうか。

ルノー・ヴィルヴォルド工場閉鎖〔一九九七年三月のフランス・ルノー社、ベルギー・ヴィルヴォルド工場閉鎖のこと。これを不満とした労働者がいっせいにストライキを起こし、それがスペイン、フランスなどのルノー工場労働者に広がった〕は大きなインパクトをヨーロッパに与えた。これはソーシャル・ヨーロッパの進展をめざして国家を超えた社会運動が動員される原因となり、欧州委員会による中央集権的な法の制定や労資間の直接交渉の強化がもくろまれた。アムステルダム条約はこの運動に影響され、またヨーロッパ労連（ならびに「ヨーロッパ産業経営者連盟」）は以前よりはるかに強力なものになった〔ヨーロッパ労連（各国のナショナルセンターが加盟）とヨーロッパ産業経営者連盟（各国の経営者団体が加盟）との対話による労使協議と労使協定そのものが、EUの労働社会政策として合意され法制化された〕。この新しい条約が社会福祉と雇用の分野に新しい可能性を広げることになった。われわれは、どのようにして、組織された社会集団間の超国家的パートナーシップを、より強力に、またより効果的に結ぶことができるだろうか。ヨーロッパ・レベルならびに国民国家レベルでそれぞれ何がなされるべきだろうか。

「狂牛病」問題をつうじて、消費者権利についての国際的な世論が高まり、ヨーロッパ委員会およびヨーロッパ外相会議にたいするヨーロッパ議会の政治的影響力を増大させる必要性が高まった。アムステルダム条約はヨーロッパ議会の影響力を高めたが、すみやかに東欧に拡大するといった制度改革には失敗した。EUの制度改革にかんして、社会民主主義はどのような選択をするべきなのか。

このような数々の収斂に向かう傾向は、政治そのものが国民国家の次元にとどまっているため、いまだ挿話的なものにすぎず、むしろ弱い。しかしこうした傾向は各国の社会民主主義政党が綱領の将来図を描くうえできわめて重要である。

二つの対極的傾向

グローバリゼーションの進む世界におけるヨーロッパの果たす役割という点では、意見の対立がしだいに明らかになっている。もちろん社会民主主義政党間の相違は、主として国民的要因と国内的制約によって生じている。しかし西欧の社会民主主義に、再度ある程度のまとまりある傾向が生じつつある。主として以下のような〔一と二の〕二つの対極的な立場が、その中間〔三〕を見出そうとする多くの政党とともに、登場しつつある。

一、イギリスの修正主義。グローバリゼーション、規制緩和、社会的公正にたいする「開かれた地域主義」としての対応をヨーロッパに期待する。またこの立場は、労働市場の柔軟性が雇用確保のためには必要と考える。防衛と安全保障についてはEUは平和維持業務に従事すべきであり、NATO〔北大西洋条約機構〕が軍事行動についての責任を果たすべきだと考える。スカンジナヴィア諸国も（NATOに加盟していない国でさえも）分離を望み、基本的には国民国家主権を維持し、ヨーロッパの社会政策を拡充すべきであると考える。中央―東ヨーロッパに存在するかつての共産党は、多少なりとも同じ路線を支持している。

二、フランスの（共産党との連合によって左派政権を形成している）急進的で自発的な経済調整主義。古典的な社会民主主義的綱領（公共セクターによる雇用創出、福祉国家）と、民営化にたいする疑念をあわせもつ。かれらにとっての新しい問題は以下のようなものである。週労働日数の削減、ヨーロッパ規模での防衛の強調と、グローバリゼーションにたいする「（慈悲深い）重商主義〔経済的ナショナリズム〕」的対応。

三、イタリアの左派政党、ドイツの社会民主主義政党、その他の政党（オランダのポルダーモデル〔ポルダーとは、オランダ語では「干拓地」という意味。政労使のあいだで、賃上げを抑えるかわりに雇用の創出をはかるなどの合意をもとに行なわれた経済改革〕を含む）。かれらは、社会的規制と社会福祉の（社会的パートナーシップと中央集権的交渉にもとづく）漸進的改革を支持する。EUについては、かれらは「開かれた地域主義」と「（慈悲深い）重商主義」との妥協が可能であると信じている。つまり、ヨーロッパは市民の権力としてあるべきとの立場である。この種の妥協がアムステルダム条約にも強く影響を与えていた。この戦略が国際的な諸課題に対応可能か否かという問いに答えをだすのは、時期尚早であろう。

結論として、いかなる変化がヨーロッパ社会民主主義政党の綱領に生じていくかという問いは、以下の問いに置き換えて考えてみるべきである。つまり、グローバリゼーションが進む二一世紀の国際的枠組みにおいて、ヨーロッパはいかなる役割を果たしうるだろうか。

参考文献

Becker, F. & Cuperus, R., *Dutch Social Democracy between New Labour and SPD*; Paper Political-academic Conference 'European Social Democracy': *Transformation in Progress*, Freudengerg, Germany, 1997. また改訂版が「オランダの社会民主主義――ブレアとジョスパンのはざまで」として本書に掲載されている。

Delwit, P., Les partis socialistes et l'intégration européenne, ULB Bruxelles, 1995.

Habermas, J., Citizenship and National Identity. Some Reflection on the Future of Europe, *Praxis International*, vol. 12, n. 1 (1992), pp. 1-19.

Hobsbawm, E. *The Age of Extremes*, London, 1995.
Meyer, Th., *Was bleibt vom Sozialismus?*, Hamburg, 1991.
Meyer, Th., *Die Inszenierung des Scheins*, Frankfurt, 1992.
Milward, A., *The Rescue of Nationstate*, London, 1993.
Sassoon, D. (ed.), "La sinistra in Europa dop 1989", *Europa-Europe*, n. 1, 1997.
Sassoon, D., *One Hundred Years of Socialism*, Tauris, London 1996.
Scharpf, F. W., *Crisis and Choice in European Social Democracy*, Cornell 1991 (Sozial-demokratische Krisenpolitik, 1985).
Telo, M. (ed.), *De la nation en Europe. Paradoxes et dilemmes de la social democratie européenne*, Bruylant, Bruxelles 1993.
Therborn, G., *European Modernity and Beyond*, London sage, 1995.
Vandenbroucke, F., *De Nieuwe Tijdgeest en zijn Grenzen*, SEVI, 5, 1997, Brussel.

（松尾秀哉訳）

近・現代《モダニティ》——左派と右派を越えて

トマス・マイヤー

一九九〇年代になって、経済的グローバリゼーションの影響とメディア社会の進展のもとで、右派対左派という古典的な政治的対立は二〇世紀のうちに明確な輪郭を失い、いまや時代遅れになり、今日の政治の世界においては両者の政治的な相違を論じたり、また両者が二者択一の関係にあるということを論じたりすることはできないと広く考えられるようになった。こうした考えかたは、研究者や政治家たち——左派であれ右派であれ——のあいだでもいまや一般的に支持されている。

かなり長期間にわたって、研究者や政治家は西欧の大衆民主主義国家において左派と右派が接近しつづけ、なぜその逆はありえないのかについてあれこれ論じてきた。こうした理由のひとつとして、主要政党間の競合という点があげられる。この議論によれば、政党間競合のなかでかれらが〔政権獲得を第一の目的としたために〕中道志向へと駆り立てられ、結果的には明確に左派的傾向ないし右派的傾向を打ち出した綱領を放棄せざるをえなくなったためとされる。他方、現代の産業化・情報化社会の到来にともない社会が複雑となったため、そうした社会を再構成するような根本的改革案を提示することが不可能となり、その結果、旧来の左・右の綱領が終焉したと説く者もいる。第三に、福祉〔水準の向上〕と福祉国家による保障〔範囲〕の拡大によって、かつての右派が伝統的「左派」の立場〔社会保障と福祉国家を擁護する立場〕をある程度採用しないわけにはいかなくなり、他方、かつての左派の側は改革一本やりの「左派」の綱領を主張しつづける根拠を失ったという議論もある。

実際――いささか誇張されてはいるが――こうした理由は、第二次世界大戦後の、ほとんどの西欧社会の様相をそれなりにいいあらわしている。一九世紀から戦前の政治の世界に存在していたような「右派」の政治的営為と、「左派」のそれとのあいだの基本的対立関係はたしかに過去のものとなっている。「左派」と「右派」のそれぞれの政治にたいする考えかたには重複する分野がしばしばある。問題はもはや市場経済と計画経済のいずれかを決定するということではなく、両者の混合形態を適切な規制システムとともに見出すことになった。さらに問題は、自由な私的資本を所有するか、公共財を共有するかを選択することではなくなり、少しでも望ましい方向に経済を導くために、どの程度私的資本が規制されるべきか、どうやって公共財を民主的に管理するかが問題になっているのである。また、下層階級による支配か、それともエリートによる支配かを決めるのではなく、エリートを統御し、下層階級を活性化することが求められている。さらに教育についても、エリートの再生産か、それとも機会均等かという問題ではなく、機会均等教育が個々人の才能を伸ばす役割を果たしていくことが重視されている。西欧民主主義国家では、「福祉国家か脱福祉国家か」が問題になっているのではなく、福祉国家〔の財政規模や保障範囲〕の程度、財源、組織が問題になっている。「左」と「右」との政治的見解が重複するような分野は、とくに第二次世界大戦後から数十年間の経過のなかでいっそう数多く登場するようになった。こうした点からみてダーレンドルフが言う、二〇世紀における社会民主主義的政策哲学の勝利という主張は的を射ており、西欧の大衆民主主義国において政党間の相違が目立たなくなっているのは、じつのところ諸党派が基本的に社会民主主義的方向性に抗しえなかったからなのである。

しかし、右派と左派が綱領や政治行動において共通している点はまだ明らかに一部にかぎられている。いくつかの中心的問題について根本的に合意するには、いぜんとして二者択一の関係にある問題や、相互の力点や態度が異なる問題を残しているからである。すなわち、私的所有権がグローバルに支配される状況をいかに経済的に規制するかといった議論の場合のように、政治綱領のちがいがいまなお顕著であり、そのためそれにかんする社会的・経済的利益をどう考えるかが大きく異なるという問題がある。現在の「左」対「右」という構図は、もはや社会、経済、国家の基本的なありかたをめぐって二者択一をせまる従来の対立モデルとしては存在せず、より細分化された合意と対立の関係に置き換えられたのである。

経済のグローバリゼーション

旧来型の左・右対立をめぐる議論に、一九八〇年代、九〇年代の経験にもとづいたいくつかの新しい論点が加わるようになってきた。こうした論点のなかではとくに次の二点に留意すべきであろう。第一は経済のグローバリゼーションである。先進産業国家間に不可避的に生じた、低賃金・低コストならびに低税率を求める競合の影響によって、国家自体の生き残りをかけて、すべての政党は従来の政治的主張がなんであれ、経済競争力を改善する必要に迫られた。そのため、社会給付や官僚機構の削減と縮小、経済的・社会的規制メカニズムの緩和、低賃金の容認と労働関連コスト削減政策など、全般的な供給志向政策が試みられた。こうして個々人の労働条件は、地球規模で流動化した資本のつごうに見合ったものとなるため、今日、このような「左派」とか「右派」といった極端な政治的立場を選択しえない事態に陥っている。その結果、重要な直面する諸問題について右派・左派といった方向性の相違を生み出す余地がなくなってしまったのである。こうしたなかで、道徳主義的な理論家のたんなる希望的観測ではなく、現実においても成功する社会民主主義の政策とは、新しいグローバル社会の到来という避けられない現実にそれぞれ独自のやりかたで対応できる国家をつくりあげていくために、現代的〔ブレア、シュレーダーが、一九九九年六月に発表した「第三の道・新しい中道」という共同声明によれば、「社会民主主義の現代化」が強調されている。すなわち、従来の社会民主主義的価値を引き継ぎながらも、時代・環境に応じた修正が必要であるという意味〕でなければならないと論じられるようになっている。従来の左派がいまなお未練を残す、平等主義的感情、国家の社会化を望む感情を排して、幻想なき供給志向の政策をとることこそが、政権を望む社会民主主義政党にとってもっとも必要なことなのである。ドイツ社会民主党のリーダーであり、経済スポークスマンでもあるゲルハルト・シュレーダーが、一九九五年にもはやおきまりの社会民主主義的経済政策を追求する余地などなく、多少なりとも現代的な政策を追求するのみであると述べたのは象徴的であった。

新しい政治的問題

従来の左―右論争に変化をうながす第二の側面は「新しい政治的問題」にかんするものである。これは一九七〇年代以降、ヨーロッパ社会における重要課題としてしだいに注目されるようになってきた諸問題のことをいう。核エネルギーの受入れにかんする問題、新しいコミュニケーション技術、労資関係の多様化、エコロジー問題、それぞれの社会内部や民族間に存在する文化的差異〔エスニシティ問題やフェミニズムなど〕への対処といった問題は、伝統的な左派と右派の二極対立の時代には存在せず、その意味ではそれらの問題は古典的な左派対右派というシェーマには含まれていなかった。七〇年代と八〇年代における議論でもわかるように、こうした問題については、左派の論議に限ってみても多様な解答が提示された。そのため、ここ二〇年間に、左派全般の組織的分裂や、社会民主主義政党内部に緊張が生じることになった。つまり、この種の問題は、進歩という概念を適切に理解しようとしたり、相互の連帯と個人〔の独立〕という相反する理念を確固とした調和のもとに適切に把握しようとする問題と同様に、根本的に新しい解決方法が必要であり、「左派」と「右派」という古典的区分はここでは無意味であるから、従来のパターンのままの議論をしつづけるならば、その結果は実りのないものになってしまうであろう。

異なった政治感覚

このような議論の基盤を観察してみると、どれも現実味をおびていることは疑いない。だが議論の視野が少し狭すぎる。つまり左派と右派との対抗関係は、一九世紀に生じた大きな政治思想の対立以前にさかのぼるほど根が深いからである。左右両派は、政治、道徳、精神、感情いずれの面でも異なる態度を育んできたが、それらは、啓蒙主義時代の思想に端を発し、政治的な近代化をとげる過程で形成されたものである。こうした左右両派の感性《メンタリティ》の違いは、社会的にことごとく利害が対立する「不利な立場にある者たち」と「有利な立場にある者たち」のうち、どちらの肩をもつかによるのだが、現実政治の舞台では、こうした立場の選択はたんなる利害の表明というレベルにとどまらないのがつねである。

右派の政治的思考が、現状や伝統、エリート、そして現実世界を作り上げてきた社会的英知を根本的な原理とするのにたいし、左派の政治思想は、社会状況を理解、評価し、その結果をふまえて、万人のためにそれを改善する良識ある代案を伝達しうる人間の能力に信頼をおく。右派はとりわけ社会と文化の「有機的」成長を主張し、正統性という厳格な基準のもとでの変化のみに力をそそぐ。なぜなら右派は、経験と議論とによって伝統的行動様式を勝手に裁断する人間や集団の批判的理性よりも古くからある、既に時代遅れとなった、あるいは由緒あると言うべきかもしれない、英知の積み重ねを信頼するものだからである。他方、左派は人間にはゆずることのできない自己決定の権利と能力があると主張するが、右派は人びとがみずからにたいしても共同体にたいしても責任を果たすことができ、民主的な政策決定を進めることができるという点には懐疑的である。生活の形態としての平等と民主主義という考えがつねに左派の政治思想の発想の源となっているが、右派がつねに宣伝文句のひとつにしているのは社会的不正の防止という考えかたである。

ノルベルト・ボッビオは、右派と左派の相違は政治的な意味をもちつづけるだろうと述べた。なぜなら、歴史的には、万人の完全な平等が望まれたわけではなく、左派と右派の区別とはつねに相対的な区別として存在しつづけているからである〔ボッビオは、その著書『右と左――政治的区別の理由と意味』（片桐薫・片桐圭子訳、御茶の水書房、一九九八年）のなかで、右派と左派を明確に区別する基準として「平等主義」を掲げている。つまり、「人びとを不平等にすることよりも、平等にすることを賞揚し、（……）不平等をより平等にすることめざす政策」（前掲書、一〇二―一〇三頁）を追い求めてきたのが左翼だと論じている〕。そしてなによりも、実践のうえでは「平等には賛成」だが、「だれとのあいだで」、「何についての」、「どんな基準にもとづいての」平等であるかが問題である。しかし、この三つの問いとそれらの関係にたいしてどのような政治的実践をもって答えるかによって、必ずとはいえないまでも確実に、社会的不正や社会的平等の度合が異なってくるであろう。これが、以上の用語についての理解のすべてである。たとえ個人が平等主義的政治を好もうと好むまいと、左派と右派の区別には少しも関係がない。この現代世界において多くの人びとの生活に影響をおよぼす政治行動に選択の余地があるかぎり、左派と右派は対抗しあうものとして存在しているだけではなく、将来的な方向づけを行なううえで政治的に不可欠な役割を果たしている。

以下のこと、すなわち左派と右派とのあいだの異なった政治的思考は、さまざまな社会的立場にある人びとを支持基盤とし、それらの人びとの声をそれぞれ反映している、ということは明らかである。人びとの変化にたいする欲求が、変化を進めていく過程で生じる恐怖心にまさり、人間の能力と責任にたいする信頼が強くなった状況では、左派の政治的思考はより現実的な意味をもち、支持を得る可能性がある。現状維持のほうがつごうがよく、また変化を進めるよりも現状を維持することが容易であるような状況では、右派が支持を集める。また社会的、経済的な動機に加えて、それぞれの状況における文化的、心理的動機も影響するだろう。

政治綱領、政治スタイル、政治文化は概して、右派と左派それぞれに異なる精神構造《メンタリティ》にもとづいて発展し、ここ二世紀のあいだに、さまざまな西欧諸国において、それぞれの発展段階に応じて多様な結果を生み出した。こうした各国ごとの歴史的多様性自体のなかに、〔右派と左派〕それぞれの精神構造の違いの起源を明確に跡づけることができる。そして「左派」と「右派」それぞれの自己評価と、いくつかの項目について今日の投票時に行なわれる世論調査の回答が明らかにしているのは、そこになんらかの判断基準の一貫性が存在していることである。平等〔な社会〕をどの程度支持するのか、民主主義についてはどうか、社会的正義や社会保障はどうかといったことがらである。もちろん、これらの志向の決定が特定の状況における政治行動にどういう具体的意味をもつのか、という問いに答えることはきわめてむずかしい。しかし、こうした争点は今日の政治においてだれもが興味をもち確信をもつことがらである。

ピーター・グロッツは、左派についてより具体的な定義を求めて以下のように提言した。すなわち、「わたしは左派を、市場の論理の限界を求める権力、よりくわしくいえば、社会問題にたいする自覚を創り出し、福祉国家と民主的制度を支持し、自由な諸権利のために時代を転換し、女性の平等を実行し、生命と自然とを守り、ナショナリズムと戦いながら、市場経済と両立する合理性を追求する権力であると定義した」と。

近・現代化

近・現代化という語は意味が曖昧なまま用いられている。一九世紀ならびに二〇世紀初頭には、人類が獲得した技術的、経済的、政治的手段という意味とともに、自由と正義、自己決定と人格の成熟、人間愛と社会的責任という文化的価値を含んでおり、前者は後者をうまく達成するための手段にすぎなかった。しかし第二次世界大戦後からは、近・現代化という語の狭義の意味のみが流布してきた。この見方によれば、近・現代化とは主として経済的、技術的、文化的発展の手段と方法つまり手段的側面だけを意味し、当初の近代化という概念によれば、これらの手段と方法が従属してきたはずの目的は視界からまったく失われてしまっている。

九〇年代の近・現代化にかんする政治的な議論を規定したのは後者の手段のみを問題にする狭義の意味であった。そして経済的グローバリゼーションによって、実際はどうであれこの語はよりいっそうその意味を限定されることになった。その結果、近・現代化という語は、グローバルな経済競争を必然とみなし、〔左右の〕立場に関係なく政治的社会的行動をそれに適応させるべきだと考える人びとが前提とする合言葉となっている。いまやこの語は一種の流行語となり、人間性を喪失した技術革新を実行すること、そして労働を保護して資本を社会的に統制し環境を配慮するような規制をすべて消滅させることを意味しているにすぎない。また、経済的自立以外のすべてのことは、旧い慣習のせいで人びとが固執している時代遅れの障害物とみなす、経済優先主義的な世界観以外のなにものでもない。実際かれらにとって重要なのは資本や投資にとっての障害をすべて取り除くことであり、狭義の近代的なものを追求することなのだ。

こうした近・現代化や近・現代化という用語の狭義の意味内容は、五〇年代、六〇年代の社会発展論における議論ですでに明らかであったが、基本的に矛盾しており、そして左派の政策にたいする反駁でもあった。なぜなら、左派の政策とはつねに既存の条件にたいする価値優先的な対抗策を示し、既成の社会的条件を変え、よりいっそうの平等を達成しようとしてきたからである。この狭義の「近・現代」観のほうこそが自己弁護を迫られており、われわれが納得できる目的を提示しなければならない。

再帰的近代《モダニティ》

主としてウルリッヒ・ベックによって唱えられたように、現代が「第二の」ないし「再帰的近代〔reflexive modernity

（産業化やグローバリゼーションの進んできた近・現代社会においては、社会自体の存在条件が規範を含めて解体・破壊、再創造されること、またそれを認識しうることをいう。ウルリッヒ・ベック、アンソニー・ギデンズ、スコット・ラッシュ著『再帰的近代化――近現代における政治、伝統、美的原理』松尾精文、小幡正敏、叶堂隆三訳、而立書房、一九九七年）〕という段階にあることはたしかである。しかしながら、近・現代化の過程において、たえまなく規範の形成が繰り返されるという点〔再帰的近代についての論点のひとつ〕を強調するならば、近・現代という語を賢明に理解するうえで、近代文化の基本的価値、つまり人間の尊厳、成長、平等、人権、人類愛を切り離してしまうことはできない。近代が登場した初期と同様に、近代という語は近代文化の第一義的目的と、そしてそれを達成するための基礎的な技術的、制度的、経済的ならびに科学的手段とをともに包含しなければならない。どのようなものであれ、生活条件を破壊するもの、人間的生活を破壊し、そして人間を取り巻く世界を破壊するものを近・現代化と呼ぶことは馬鹿げている。こうした近代化の理解は、それがもっている歴史や真意を欠落させている。そのような意味で、そして明らかに政治的意図をもってこの語をもちいる人びとが存在してはいるが。

近・現代化という概念によって「左派」や「右派」という政治用語が不要になってしまったということはない。左派的近・現代論と同様に、かたちを変えた右派的近・現代論がある。エルハルト・エップラーの言う「構造的保守性」論がほぼそれにあたる。これは、近代化が伝統的にたどってきた経路の構造や過程に固執するあまり、その方向性が近代化の基本的な価値や目的に矛盾する場合でも、それを反省・訂正するつもりがない場合である。この構造的保守性という考えかたによって近・現代化を理解する人は、短・中期的に利益を得る人びとの利益ばかりを念頭に行動しているため、手段や方法を考えなおして自己変革しようとはしない。すなわち、環境や文化にたいする責任を果たす政策から経済的利益を得ることができるとは期待しておらず、その結果、平等、人間の生活条件、社会的連帯や環境一般といった基本的価値をたやすく軽視する。伝統的な穏健右派〔の政策〕は、現代社会の社会的・経済的な変動、そしておおくの場合、技術上の変化をおしとどめる方向に向けられたが、右派の本流は社会や環境の変化を和らげる政策よりも、経済的、社会的、技術的発展の速度を維持することを主張し、それを可能にする〔社会〕構造や過程を擁護している。右派の近代化政策がかつては古い現状維持に固執していたのに、いまでは責任ある規制メカニズムを拒絶していることは矛盾である。静態的な既存の構造を擁護していたものが、いまや動態的過程を構造的に維持していくことに必死になっている。

急速な近・現代化の結果、環境問題や社会問題が国民国家に巨大な脅威を与え、またグローバルな共同社会が出現した。こうした現在の状況において、近・現代化を社会的にも環境的にも改善していく必要性を否定する右派の政策は、言葉のうえでも、また実際にもほとんど力をもたない。しかし、それでも実のところ、右派の政策には、こうした問題について最小限の行動をとるという選択肢もある。つまり目下のところ「右」か「左」かは相対的に決まるのであり、固定された立場を示す指標ではない。そう考えるならば、右派の近代化政策をもっとも端的に示しているのは、新自由主義《ネオ・リベラリズム》〔序論一四頁参照〕である。新自由主義は、経済的・技術的発展を政治の責任とはせずに自由にまかせ、それを文化や安全の面で権威ある風紀の回復という問題と結びつけようとするが、しかし経済政策の点からみればその矛盾は明らかである。環境破壊や社会における統合の失敗が進展することによって経済の威力が抑制されないまま放置され、新自由主義者たちが結局のところ擁護しようとしている〔近代化がもつ〕基本的価値と、それに結びついている社会的統合とを体系的に破壊していく。

今日では、左派の近・現代化政策には、高度に複雑化した社会や経済システムの論理とが必然的にもつ発展方向を阻止しない傾向を有するけれども、いまなお民主化という政治目標や、経済変動にたいする社会的・環境的・社会的統制、そして正義にかなった社会統合という道徳的観点を重視しつづけており、それゆえ平等主義的政策を継続している。もっとも、よりいっそう複雑化した社会、またこれまで以上にグローバルなネットワークが進展している世界では、その目的を達成するための政策選択の余地は、従来、左派がヨーロッパにおいて許されていたよりも制限される。しかし、いまだその余地があることは確かである。経済発展、民主的参加、そして最低限の社会的正義の基準について国際レベルの枠組みを責任をもって作り上げ、技術的・経済的発展にたいする包括的な政治的・道徳的規制などの枠組みを作り上げていくこと、こうした確信にもとづいた政治理念こそが、自由放任主義に代わっていまなお左派の政治という名称で呼ばれるに値するものである。左派の政策は、市場の重要性を否定はしないが、市場のもつ最終決定権は認めないからである。

一九七〇年代以来、左派内部において、伝統を固守するグループとそれとは異なる政策を支持するグループとのあいだに亀裂の兆候があった。伝統主義的左派は、経済成長の促進、技術的進歩にたいする楽観主義、物質主義的福祉の志向などにそった優先目標を掲げる点で右派と政策を共有したが、これに反対する左派は環境と社会にたいする新たな責任を果たすべきであると考え、伝統主義者が考える発展モデルの改良を要求した。二〇年間の新しい経験とそれをめぐってかわされたはげしい論争をへて、その後、対立はかなり沈静化した。それでも左派は環境（緑）政党と社会民主主義政党へと分裂した。しかし概して左派は七〇年代初頭の強固な伝統主義から解放されており、さらに少なくとも相対的には、近・現代化と社会的公平、そして責任あるグローバリゼーションを政治綱領に掲げるという手段によって、右派の政治的立場とは決定的に異なっているのである。

（松尾秀哉訳）

グローバリゼーション、不平等と社会民主主義

フランク・ファンデンブルック

グローバリゼーションについての議論は、いささか曖昧な概念と結びついたさまざまな争点や論点を内包している。この論文(1)においてわたしは、グローバリゼーションが社会民主主義の政治に影響をおよぼすのかどうか、およぼすとすればどのようなものかについて検討したい。

スウェーデンで開催された欧州社会党の最近の党大会で、リオネール・ジョスパンとトニー・ブレアはともにグローバリゼーションを重要な論点としてあげている。ジョスパンはこう述べた。「われわれの経済におそいかかる資本主義の変容とグローバリゼーションは制御されなければならない。経済のグローバリゼーションにたいして、そして〔市場の影響〕力が地球規模で自由化されることにたいして、われわれは連帯し、〔異なる利害を〕調整し、経済的・社会的・政治的な共同の枠組みを構築し、そして〔市場の力を〕規制しようという確固たる意志をもってたちむかわなければならない。さもないと市場の力はいかなる規制をもまぬがれ、われわれの文明の概念さえもおびやかすことになるであろう。」(Lionel Jospin, Intervention de L. Jospin au Congrès du PSE à Malmö, 6 juin 1997, pp. 1-2.)〔一方〕ブレアは聴衆にむかってこう述べた。「とりわけ問題なのは新しい地球規模の経済である。ヨーロッパ諸国はたんに相互に競争しあったり、アメリカと競争したりしているだけではない。南アメリカともアジアとも競争し、ひいては世界全体と競争しているのである(……)かつての左翼は、政府の歳出を拡大するか規制さえ行なえば問題は解決すると考えていた。右翼は、市場の荒波を泳ぎきることができなければ溺れるだけであるという。われわれは、政府にはなお果たすべき役割があ

ると考える。市場の力は新たな神ではないのである。しかし政府の役割は変わった。今日、その役割とは、新しい市場環境において人びとが企業を繁盛させ才能を開花させるのに必要な教育、職業訓練、技術指導を行なうことである。」（Tony Blair, Speech to the Party of European Socialists' Congress, Malmö, 6 June 1997, p. 3.）ひかえめにいっても、グローバリゼーションについて議論すれば、社会民主主義者のあいだで一致した結論に到達する保証はない。それでも事実と明確に定義された概念に着目しさえすれば、この論点についていくらかの進展があるものとわたしは信じている。

理論的分析が政治に役立つためには、なによりもまず政治運動の目標と運動が直面する諸制約とをはっきりと区別しなければならない。社会民主主義の目的はいくつかの価値観にもとづいている。大まかにいえば、その価値観の核心は社会のすべての人びとが平等に処遇され尊重されることである。社会民主主義はまた実用主義的《プラグマティック》な政治実践でもある。実用主義《プラグマティズム》は、政治活動の道義的な正当化と矛盾しない。現に存在する経済的・社会的・文化的制約がきわめて大きいことを思えば、実用主義も十分に正当化されうるのである。価値観、現実の諸制約、そして正当化された実用主義との相関関係は、政治にとってきわめて重要なものであり、これらの三つは明確に区別されなければならない。〔しかし〕グローバリゼーションと社会民主主義についての議論はしばしばこの区別に失敗しているのである。

左翼および中道左派の有力な見解はつぎのようなものである。すなわち政府が社会的目標を実現するために従来の制度や政策手法を使うこと、たとえば雇用を増やすためにケインズ主義的な総需要管理政策をとること、あるいは不平等を緩和するために課税と給付をつうじて再分配政策をとることが、グローバリゼーションによって困難となるというのである。アンソニー・ギデンズの著書『左派と右派を超えて――ラディカルな政治の未来像』（Anthony Giddens, *Beyond Left and Right: The Future of Radical Politics*, Cambridge: Polity Press, 1994, p. 8.）における新しい急進主義の議論は、従来の左翼や右翼といった観念を捨て、グローバリゼーション、脱伝統化、社会的再帰性という三つの主要な条件に依拠している〔ギデンズの再帰（reflection）の概念については、原註48にくわしい解説がある〕。かれが「社会主義の苦悩」と呼ぶもの、すなわち（東側における）「ソ連型共産主義」と（西側における）ケインズ主義的な「福祉国家という妥協」の二つながらの崩壊を、かれはまさにそれら三つの変化によって説明するのである。

「ケインズ主義は、グローバリゼーションの深化と日常生活の変質という二つの相互に関連した変化の影響をうけて、効果のないものになってしまった。経済的競争の国際化はもちろん重要ではあるが、グローバリゼーションはそれよりもさらに広い意味をもっている。（……）地球をひとつのまとまりにしようとするさまざまな力は、社会生活のすみずみにまで起こっている広範囲な変化と直接結びついてきているのである。これらの力は、日々の社会活動から伝統的な性格を奪う強力な作用を助長する。そしてこの脱伝統化は、一般の人びとの再帰的な傾向を促進するのである。ケインズ主義は、単純に近代化される世界ではかなりの程度有効であった。しかしケインズ主義は、再帰的に近代化される世界——社会的に〔近代化が進むと近代化された社会の存在条件自体が人びとの規範意識をも含め解体され再構築されるプロセスに入る〕——では生き残れるものではなかった。再帰的近代が進行するなかで市民は、世界的規模での不確実性という新しい社会環境に反応し、経済的動機が自分たちの行動の大部分を強く規定するであろうことを感知し、なんとかその傾向を押しとどめようとするかもしれない。〔しかし〕ケインズ主義は、福祉国家を構築するのに役立ついくつかの政策に似て、より安定した生活様式をもつ市民を前提にしたものであり、グローバリズムがあまねく浸透した結果、高度に再帰的性格をもつにいたった世界にはそぐわない。」（*ibid.*, p. 42.）

ジョン・グレイも同じ脈絡で論じている。「今日の社会民主主義は、経済のグローバリゼーション〔という現実〕と、平等主義的な共同体〔という目標〕との解決不能な矛盾に直面している。（……）新自由主義的な規制緩和政策の継承と、進行するグローバリゼーションとによって（……）社会民主主義の〔再〕分配についての目標は、少なくとも従来の社会民主主義的政策手法では達成不能となる。」（John Gray, *After Social Democracy: Politics, Capitalism and the Common Life*, London: Demos, 1996, p. 32.）この引用の終りの部分には「少なくとも従来の社会民主主義的政策手法では」とあるが、グレイによると、社会民主主義が直面している矛盾の性格は「〔いかなる政策手法をもってしても〕解決不能」なのであるから、いささか奇妙ではある。この謎は、社会民主主義にかんするグレイの評論の他の部分を読んでも結局は解けない。グレイは平等主義的な目標の達成を可能とするような「新しい」社会民主主義的政策手法を明示していないのである。じつのところ、かれは平等主義的な正義の概念を誤った野心にもとづく政策として拒否するのである。つまりここでは、価値観と現実の諸制約がともにグローバリゼーションの影響を受けたようである。

ギデンズは、経済的事象に影響を与える能力や、社会正義を実現するための政策を遂行する能力が国民国家にあるかということについてきわめて懐疑的である（Anthony Giddens, "Government's Last Gasp?", *The Observer*, Sunday 9 July 1995, p. 25.）。ギデンズの大ざっぱな議論と、思ったことをはっきりと言い影響力が大きいグローバリゼーションの擁護者ロバート・ライシュのより軽妙な分析には、いくつかの類似点がある。[2] しかしながらライシュは問題の核心は道義的なものであると考えており、ギデンズやグレイよりもはるかに強く意志の力を認める結論を提示する。[3] かれは、国民国家の政府が市民のために社会的目標を追求しうる能力をつよく信じており、われわれの行動しようとする意志に、より明確にいえば再分配政策を実行しようとする意志に訴える。ライシュは、教育政策の限界と政府歳出の必要性を強調し、富裕層から貧困層へのより直接的な再分配政策への支持をあえて表明するのである。

この論文では「平等主義的な完全雇用政策」の概念にもとづく諸目標の追求にとって障害になるものとしてグローバリゼーションを取り上げる。雇用は、社会的な団結と個人の尊厳という原理的な理由からも、経済的な持続可能性という理由からも、福祉国家の将来にとってもっとも重要な政策課題である。しかしながら「雇用」だけでは社会正義の目標とするには十分ではない。就業率を高めることは必要ではあるが、社会における機会、あるいは社会に参入する機会の公正な平等の条件としては不十分なのである。このことは生産年齢人口の貧困（社会的排除の実態を知るための有効な尺度のひとつ）にかんする数値の国際比較によってしめされている。アメリカでは、他国とくらべて生産年齢人口のはるかに高い割合の人びとがひとつ以上の職をもっているにもかかわらず、生産年齢人口の相対的貧困率はドイツやフランスのほぼ二倍、ベルギーのほぼ四倍である。同様に、オーストラリア、カナダ、イギリスにおいても生産年齢人口により広範に貧困が見出されるが、これらの国々はみなほとんどのヨーロッパ大陸諸国よりはるかにましな雇用状況にあるのである（Ive Marx and Gerre Verbist, *Low-paid Work, the Household Income Package and Poverty*, paper presented at the LOWER Conference, 12-13 December 1997, London, p. 5, Fig. 2 and Table 1.）。社会に復帰し尊厳を取り戻すためには仕事において十分に報われる必要があるということは、エドマンド・フェルプスが説得的に論じたとおりである（Edmund S. Phelps, *Rewarding Work. How to Restore Participation and Self-support to Free Enterprise*, Cambridge, Mass.: Harvard University Press, 1997.）。フェルプスの見解において、十分な報酬というのは相対的な概念である。つまりそれは地位の平等という理想に貢献し、受け入れがたい不平等に反対するものでなければならないのである。これが、完全雇用という一般的な目標が社会における平等といういささか特殊な概念によって基礎づけられなければならない第一の理由である。

さらにそのほかにも、「雇用」といった不明確な概念では、社会正義という目標を明確にするには十分でない理由が三点ある。まず就業可能な機会は世帯間にきわめて不公平に分配されるかもしれず、それによって人びとが豊かな勤労家庭と貧しい勤労家庭とに明瞭に分断されるであろうことは、今日のイギリスの例にみられるとおりである。つぎに雇用政策は、仕事と家庭生活を両立できるように、また年代に応じておこる家庭内および職場内での変化に対処できるように男性と女性の要求に平等にこたえなければならない。そして最後に軽視できない点として、人口のうちのかなりの部分の人びと、たとえば年金生活者やある種の障害者のような人びとは雇用されえないという事実がある。したがって福祉政策はたんに雇用政策のみに単純化できないのである。ある種の妥協的犠牲《トレード・オフ》（たとえば雇用創出政策の財源を確保するために、雇用されえない人びとが必要としている給付金を削減するような政策）は考慮されるべきではないのである。

とはいえ、やはり雇用は福祉改革の重要な政策課題である。福祉改革は、貧困から脱出する実質的な方策を提供し、すべての世帯で男女がともに仕事と家庭生活を両立できるようにし、自分ではどうすることもできない理由で仕事につくことができない人びとに不利益を与えないような雇用政策を必要としている。雇用政策は、前述のように「社会のすべての人びとへの平等な処遇」を動機としている。したがって、わたしは福祉国家の将来を視野に入れた社会民主主義の野心的政策の核心を「平等主義的雇用政策」と定義する。[4]

本論文の構成

第1節において、わたしは四つの概念上の区別を取り上げる。これら四つの概念がしめす変化の過程や状況は、まったく異なったものであるにもかかわらず、「グローバリゼーション」という言葉のもとに混同されている。資本主義的生産関係が世界中に普及することと、世界の経済システムにおいて国家間の相互依存が深化することとは同じではない。同様に、経済的覇権をにぎる勢力が存在しないことと経済的グローバリゼーションとは別の現象であり、両者を混同すべきではない。さらに「世界経済《グローバル・エコノミー》」と「国際経済《インターナショナル・エコノミー》」とは二つの有用な理念型として区別しうるのである。そして最後に、これらの変容がどのような範囲にあらわれているのかを明確にしなければならない。すなわち、それらは「地域的な」ものにとどまるのか、それとも真に「地球規模の」ものなのか、という問題である。

第2節ではいくつかの重要な事実がきわめて簡潔に要約される。第1節と第2節で取り上げた事態の進展は社会民主主義にさまざまな問題を提起する。第一の問題群は、グローバリゼーションがわれわれの経済とわれわれの政府の行動能力に直接およぼす影響に関連している。第二の問題群は、「グローバル・ガバナンス〔地球規模の統治〕」にかかわる。すなわち国境を越える経済・社会活動や環境への影響にたいして、われわれはどうすれば効果的かつ民主的な制御を行ないうるのか、という問題である。ただし本論文では、わたしは第一の問題群、すなわち、われわれの社会への〔グローバリゼーションの〕経済的・政治的影響に考察を限定する。社会民主主義者はなによりもまず、（a）われわれの社会において、構造的に「勝者」と「敗者」が生み出され、それによって不平等が助長されるような圧力が実際的傾向としてあるのかどうかという問題と、（b）そうした傾向によって、政府も不平等を緩和し勝者と敗者の溝を埋めるために考案されてきた従来の政策手法のいくつかを遂行する能力を失うのかどうかという問題を、考察しなければならないとわたしは信じている。

第3節では、「勝者」と「敗者」の問題に焦点を合わせる。この問題は、経済学の専門家たちのあいだでここ数年おこなわれている活発な論争を引き起こしたものである。低賃金国との貿易が、いくつかの先進国における不平等拡大の原因なのであろうか、それとも技術的な変化が不平等を拡大させているのであろうか。わたしはさらに、多機能化する国家制度がどのような影響をあたえるのかについての研究を検討することで、不平等の原因についての論争に第三の視点を加えたい。国家制度の役割を検討することで、国家介入主義〔national voluntarism（不平等緩和のため市場経済に介入すべしとの明確な意志にもとづく政策）〕の限界をも知ることができよう。

第4節では、第1節と第2節で説明された傾向によって、先進諸国の平等主義的雇用政策が新しい困難に直面することになったのかどうかを検討する。

第5節では、グローバリゼーションによって平等という価値観は原理的にまちがったものとして捨てさられることになるとの見解に異議を唱える。

第6節において、わたしはいくつかの結論を述べたい。

1　グローバリゼーション：四つの概念的区別

1—1

第一の概念上の区別はグリンとサトクリフによって提示された（Andrew Glyn and Bob Sutcliffe, "Global but Leaderless: The New Capitalist Order", R. Millibànd (ed.), *The Socialist Register*, 1992, pp. 76-77.）。資本主義のグローバリゼーションとは、（i）資本主義的生産関係の地域的拡大か、（ii）世界の経済システムにおける国際的な相互依存の深化かのいずれかを意味している。

一九八〇年代初頭からの国営企業民営化の流行、中欧および東欧における中央集権的計画経済体制の崩壊、そして中国における市場経済メカニズムの導入。これらの変化はグローバリゼーションという言葉を「資本主義的生産関係の地域的拡大」という意味に解する好例となっている。資本主義的生産関係が地域的に拡大しているということは、こうした関係にもとづく経済が地球上のますます多くの部分を占めるようになっていることを意味する。これは「国際的な相互依存の深化」が意味するものとは対照的なものである。「相互依存」とは諸国民の経済のあいだの関係について使われる言葉である。A国経済とB国経済の相互依存の度合が増しているということは、A国経済の展開がB国経済の展開におよぼす影響がますます大きくなっているということ、そしてまたその逆もいえるということを意味している。[5]

「〔資本主義的生産関係の〕地域的拡大」と「国際的な相互依存の深化」とは概念上は別個の変化であるが、この二つの変化が同時に進行することもありうる。たとえば、グローバリゼーションについての議論に火をつけるうえでもっとも重要な役割をはたした変化、すなわち「国家主導の工業化」から「輸出指向の成長戦略」への政策転換について考えてみよ。このことは、かつては〔通商・投資に保護主義的な障壁をもうけることによって〕国外経済と弱いつながりしかもたなかった国が、いまや強固な結びつきをもつようになるということを意味する。この変化は、市場経済の地域的拡大と世界経済における相互依存の深化との双方をともなっているのである。

ただしこの時点では、われわれが議論しているのは、ただ経済的な相互依存についてのみであって国民国家の行動能力についてではない、ということは強調しておきたい。国民国家の行動能力は、関連はあるもののいささか異なる問題であり、1—3項で「国際化《インターナショナリゼーション》」と「グローバリゼーション」との区別を行なうさいに取り上げられる。

1—2

グリンとサトクリフはつぎのような第二の概念的区別を取り上げている。過去二〇〇年間のいくつかの時点において、世界の経済の根本的な様相は、グローバリゼーションの深化の度合という点においても、キンドルバーガーがいうような覇権を一国がどの程度もっているかという点においても変化した（Charles Kindleberger, *The World in Depression 1929-39*, London: Allen Lane, 1973.）。このような二次元の分類にもとづくと、原理的には四つの対照的な事例を想定することができる。まず覇権国が存在する世界において諸国家の経済体制が比較的開放的であるか、あるいは閉鎖的であるかの二つ、そして覇権国が存在しない世界において諸国家の経済体制が比較的開放的であるか、あるいは閉鎖的であるかの二つの場合である。この体制においては、「きわめて図式的に示すならば、まず（イギリス支配下の）覇権体制が基本的な判断基準となる。この体制においては、イギリスの政策や言動が決定的な影響力をもってはいたが、国際市場自体のもつ作用のほうが、諸国家に比較的開放的な経済体制をとることを強制していたのであった。一九二〇年代および三〇年代は覇権国が存在せず、各国がブロック経済政策を追求したために比較的閉鎖的な経済体制が存在した時期であった。一九五〇年代および六〇年代にはアメリカが覇権国となり、比較的閉鎖的な経済体制をもつ世界を支配した。自由市場の規律は、市場それ自体をつうじてのみならず、アメリカの影響力を行使するためのIMFその他の市場外の機構をつうじて諸国家に強制された。そして一九七〇年代および八〇年代にはアメリカの覇権は凋落し、世界経済は指導者を失なった。世界経済は、特定の中心をもたないまま市場の力のみに支配され、ますます開放的なものとなっていった。」（Glyn and Sutcliffe, *op. cit.*, pp. 78-79.）

ハーストとトンプソンは、前記の二次元的な分類をそのまま規則的にあてはめてはいないが、この問題に関連する論点を指摘している（Paul Hirst and Graham Thompson, *Globalization in Questoin*, Cambridge: Polity Press, 1996.）。かれらは、（変動為替相場制への移行や国際通貨制度の動揺などといった）アメリカの覇権の凋落が直接もたらした重大な変化と、世界経済の形成にむかう構造的な変化とを混同しないよう警告している。「アメリカの覇権の弱体化が直接的にもたらしたのは、世界をひとつの自由市場とする経済の成立を可能にする条件の一部にすぎない。（……）要するに、これら二つの変化はその影響と規模において重要なものではあるが、〔直接的な因果関係で結ばれるものではなく〕あくまでも条件つきの関連であり、少なくとも部分的には政策によって追求されることではじめて成立する関連であったのである。きわめて不安定で混乱した時期は長くは続かなかったが、（……）第二次世界大戦直後の多国間の古き秩序が復活したわけでもなかった。世界は規制されざる市場経済の力に押し流されるか、あるいはいくつかの経済ブロックにわかれて足をひっぱりあうかの、二つにひとつを選ばなければならなかったのである。」（*ibid*., pp. 14-15.）国際通貨・金融制度の規制緩和とアメリカの覇権の凋落が「一定の条件のもとでの関連」しかもたないのか、それとも「構造的な因果関係」をもっているのかとの問いには、わたしは答えられない。しかしこの問いに答えられなくとも、前記の二次元的な分類をもちいて、今日の世界の状態を「ひとつの自由市場と化し」かつ「覇権国不在である」と表現することはいぜんとして妥当であろう。

しかしながら、覇権国が存在しない「指導者なき」世界においては、各国の政府が国内で社会的政策を遂行する能力が落ちるということには注意しなければならない。覇権国の指導力は、国民国家間の意図的な協力をうながすことができるが、こうした協力関係はそのような指導力なしでは実現困難である。国際的協力体制、安定そして予測可能性は各国国内の政策の前提となる状況をかたちづくる重要な条件である。西欧社会民主主義諸国は、第二次世界大戦直後にアメリカの経済的覇権の影響力のもとで発展してきた。したがって、今日の西欧社会民主主義諸国の苦境を理解するには、覇権国なき世界とひとつの自由市場と化した世界とを区別することが重要なのである。指導者なき世界において経済・金融協力を実現することは――たとえＥＵ域内だけでも――より骨の折れる努力が必要となるであろう。

1―3

経済的な相互依存の深化によって各国政府が特定の経済的・社会的政策を遂行することが困難となるのかどうかは、いぜんとしてむずかしい問題である。この問題の考察には、ハーストとトンプソンによる「世界経済《グローバル・エコノミー》」と

「国際経済《インターナショナル・エコノミー》」の区別が役立つ。かれらは、「グローバリゼーション」が何を意味するのかについて、つぎのような総括的な説明をしている。論者のほとんどはこの説明を全面的には支持しないであろう（たとえば、ギデンズは支持しないであろう）が、わたしはこの説明が議論の本質の大部分を的確にとらえていると思う。[6]「われわれは、社会生活のますます多くの局面がグローバルな規模で進行する変化によって規定される時代に生きている、としばしば言われている。グローバルな変化とは、文化的な民族の枠組み、他国から分離された国民経済、そして国境で仕切られた国家が解体しつつあるということである。この認識の核心には、最近急速に進みつつある経済のグローバリゼーションについての理解のしかたがある。すなわち、外界から区別された国民経済の存在がますます薄れてゆき、そのため国民経済を管理するための国内政策の有効性が低下していくような、真の意味での世界経済が成立した、あるいは成立しつつあるとの主張がなされているのである。世界経済は、根本的に国境の垣根が取り払われ、なにものにも規制されない市場の力によって支配されている。この世界経済における主要な行動主体であり、かつ変化を推進しているのは、真の意味の脱国籍企業であり、かれらはいかなる国民国家への忠誠心ももっておらず、市場で優位が獲得できるなら地球上のどこへでも行くのである。」（*ibid.*, p. 1.）

　このような見解をもつ者は、「世界経済とはどのようなものであり、なぜそれが多国間の経済のまったく新たな局面であり、かつ一国内の経済主体をとりかこむ環境の根本的な変化であると言えるのかという問題についての比較的明瞭で確固たる認識」を必要とする（*ibid.*, p. 7.）。そこでハーストとトンプソンは、完全な〔競争状態にある〕世界規模の経済《グローバライズド・エコノミー》と開放的な国際経済という多国間の経済のありかたについての二つの対照的な理念型を打ち出した。「国際経済においては、主要な構成要素は各国の国民経済なのである。貿易と投資は、いぜんとして個々別々の国民経済同士の交流を強めはするであろう。（……）しかしながら、国家間の相互依存の様相はあくまで「戦略的な」ものにとどまる。すなわち、政策を決定するうえでも経済的事象を管理しようとするうえでも、国内経済と国外経済はいぜんとして比較的はっきり区別されているものとみなすことができるし、経済的な影響がおよぶ範囲についても、国内と国外は比較的分離されたものでありつづける。」（*ibid*., p. 8.）「世界規模の〔経済〕システムにおいては、各国の国民経済は世界全体の変化と相互作用によってひとつのシステムにのみこまれ、再編されていく。（……）多国間の経済システムは自律的で社会から遊離したものとなり、市場と生産はまさに世界的規模をもつようになる。いまや民間企業であれ公的機関であれ、一国内部で経営方針や政策を決定する場合にも、国外からの圧倒的な影響力がみずからの活動領域におよんでいることをつねに考慮しなければならないのである。」（*ibid*., p. 10.）

それゆえ、グローバリゼーションという言葉は、「世界のマクロ経済的一体化」という概念を含んでいなければならない。グリンとサトクリフの言葉でいえば、「グローバリゼーションとは、マクロ経済的な意味で世界がいまやひとつのまとまりとなっているという考えかたを意味している。すなわち、所得と雇用を決定するおもな要因は、もはや個々の国家レベルではとらえることができず、いまや世界全体でのみ理解しうるものとなっているのである（Glyn and Sutcliffe, *op. cit*., p. 77.）。(7)

ハーストとトンプソンは、記述的・数量的データにもとづき、グローバリゼーションは、もしそれが国際化《インターナショナリゼーション》とはまったく別のこと〔すなわち世界のマクロ経済的一体化〕を意味するものであるなら、現実にはおこっていないと結論づける。わたしが検討したように、二つの概念の区別は、ひとつの世界でおこっているさまざまな変化の方向性を区別するためではなく、むしろ二つの異なる世界のありかたを理解するのにきわめて有益なものである。この理論的枠組みにおいて「グローバリゼーション」という言葉は、われわれが真の意味での世界国家にむかって歩み出しているということを意味している。わたしは、ハーストとトンプソンの理念型による区別にも、かれらの結論にも同意するものである。しかしながらわたしは、関連する概念である「世界のマクロ経済的一体化」は程度の問題であることを強調しておきたい。（増大する貿易、国際投資、多国間金融移動によって）国際化が進展すれば、高度のマクロ経済的相互依存、たとえばケインズ主義的総需要管理政策に輸入がおよぼす負の影響の増大や、金融市場の統合などがもたらされるのである（ハーストとトンプソンも関連する点を指摘している）。すなわち、世界は、マクロ経済的にさまざまな度合で国外と結びついた国家群によって構成されており、一国内の経済政策手法がその国の経済にたいしてもつ有効性も、国外との結びつきの度合におうじて国により異なる影響をうけているのである。

1—4

最後に、これまで説明したような変化が、世界全体でではなく、より限定された地域（たとえばヨーロッパ、北アメリカ、アジア太平洋地域など……のなかでのみ起こることもありうる。それゆえ、地域統合《リージョナリゼーション》とグローバリゼーションとが区別される場合もある。1—3項で展開した概念的枠組みとの整合性を保つために、つぎのような区別をもちいるのがよいであろう。（一）地域的に限定された「グローバリゼーション」、（二）世界規模の「グローバリゼーション」、（三）地域的に限定された「国際化」、（四）世界規模の「国際化」。

貿易という点からみれば、ヨーロッパ諸国が地域的な国際化の過程にあることは明白であるが、ひとつのものとしてのヨーロッパ経済が世界市場にたいして開かれている度合は、それほど大きくなってはいない（これは、アメリカ経済がここ三〇年間で世界貿易にたいしてより開放的になったのとは対照的である）。ヨーロッパにおいては「地域的なグローバリゼーション」が進展しているとさえ論じる者もいる。というのも、ヨーロッパの国民国家は従来の経済政策手法のいくつかを遂行する能力を失ったからである。こうしたヨーロッパ諸国の苦難を考えれば、「世界規模のグローバリゼーション」が起こっているなどとはとうてい言えないであろう。この点について事態はさらに複雑になるのであるが、ベルギーのような小国からみれば、伝統的な需要管理政策や為替管理政策を遂行するうえでヨーロッパはすでに単一の政治的共同体であるとみなさざるをえないものであり、他方ドイツのような国からみればそうでもないともいえるのである。「相互依存」と同様に、「グローバリゼーション」も必ずしも多くの国で同じ程度で進行する概念とはかぎらない。わたしがヨーロッパの状況について展開しうるこのようなさまざまな議論に言及するのは、性急に結論にむかうことなく、取り上げるべき論点の複雑さと、世界のさまざまな地域のさまざまな国民経済が直面している個々の現実を綿密に考察する必要とを強調するためなのである。

2　いくつかの重要な事実の要約

2―1

以下の引用が取り上げている事実について考えてみよ。「一九七八年には、世界全体の労働者の三分の一が中央集権的計画経済のもと〔社会主義圏〕で暮らしていた。さらに少なくとも三分の一は、貿易と国際投資にたいする保護主義的障壁をもうけた国際経済と弱い結びつきしかもたない国々で暮らしていた。これとは対照的に、今日では世界の人口の大部分が世界の経済に高度に統合されたか急速に統合されようとしている国々に住んでいる。中国、インド、そして旧ソ連を合わせれば、世界全体の労働者の半分ちかくを占めることになるのである。」（Marina Wes, *Globalization: Winners and Losers*, Commission on Public Policy and British Business: Issue Paper No. 3, London: IPPR, 1996, pp. 1-2.）「世界の労働者のうち国際経済の影響力から保護されている者の割合は一九七〇年代後半には三分の二であったが、九〇年代の終りまでには十分の一に減るであろう。」（Ishac Diwan and Michael Walton, "How International Exchange, Technology, and Institutions Affect Workers: An Introduction", *The World Bank Economic Review*, Vol. 11, No. 1, January 1997, p. 2.）

これらの引用は資本主義的生産関係がますます拡大し、同時に相互依存が深化していることを示唆している。資本主義的市場の拡大はたしかに冷徹な事実であり、革命的な変化である。グローバリゼーションという現象のなかで、ただ「拡大」という側面のみが重視されざるをえないのは、まずなによりもイデオロギー的な観点から（国家計画経済体制の崩壊や第三世界の国家主導型工業化体制の崩壊）であり、さらにそれが将来もたらすであろう経済的な影響が懸念されるからである。「相互依存の深化」はすでに大きく進展しているとの、グローバリゼーションを喧伝する論者の主張についてわれわれは懐疑的である。しかしそうした意味でのグローバリゼーションに懐疑的であるとしても、今日「拡大」しつづけるグローバリゼーションについて考察することで、将来一〇―二〇年間には進展するであろう「相互依存の深化」についても、われわれはなんらかの知見を得ることができるかもしれない。

2―2

多くの論者が指摘するように、そのような〔世界資本主義の〕発展〔グローバリゼーション〕に先例がないわけではない[8]。サックスとワーナーはこの変動の二つの側面をつぎのように巧みに要約している。まず一方で「一九七〇年から九五年にかけて、とくにその最後の十年間に、諸国家は世界史上他に類をみないほど緊密に制度的調整機構に組み込まれ、経済的に統合された。この経済的統合は七〇年代から八〇年代をつうじて着実に深化していたのであるが、八九年に共産主義体制が崩壊してはじめて、人びとはその統合の度合の強さに注目することとなった。そして九五年には単一の支配的な世界経済システムが成立した」(Jeffery D. Sachs and Andrew Warner, *"Economic Reform and the Process of Global Integration", Brooking Papers on Economic Activity*, 1, 1995, p. 1.)。他方、かれらはつぎのようにも指摘している。「一九八九年以降の共産主義体制の崩壊という大事件に目を奪われるために、世界資本主義体制は二〇世紀終りにはじめて成立したわけではなく、一九世紀終りにもいちど成立していたということが今日しばしば見過ごされている。最初の世界資本主義システムは一九一〇年ごろに最盛期を迎えたが、二〇世紀の前半、すなわち第一次世界大戦の勃発から第二次世界大戦の終結にいたる時期に解体した。一九五〇年以降、世界規模の資本主義的市場経済がふたたび姿をあらわし、とくに八〇年代中葉以降、一〇〇年前に存在した世界市場経済が再建されたのである。『一〇〇年前に存在したものの再建』という事実は重要である。」(*ibid.*, p. 5.)

2—3

相互依存については、つぎの三つの論点が重要である。

貿易　第一次世界大戦勃発直前、のちのＯＥＣＤ〔経済協力開発機構〕加盟国〔すなわち先進国〕では、（サービスをのぞく）商品輸出額はＧＤＰ〔国内総生産〕の一二・九％を占めていた。一九五〇年までに、この割合は七・一％にまで下落した。世界全体でみたＧＤＰに占める貿易額の割合が一九一三年の水準を回復するのは、七〇年代中葉のことである。それ以降この割合はおおむね一貫して増加し、今日では一七・一％に達している。[9]

賃金水準が低い国々は、おもな輸出品目をまったく別のものに変えて新興工業経済地域（Ｎｉｅｓ）と呼ばれるようになり、その輸出額を未曾有のスピードで増大させている。一九六〇年代、これらの国々による工業産品の輸出が、国際的な分業体制のありかたを大きく変えていった。それ以前は、発展途上国は主に原料を輸出していたのである。

グローバリゼーションの進展度をどう見るかについての混乱の多くは、つぎの二つの命題から生じたのであるが、これらはともに正しいのである。（一）現在、新興工業経済地域からの輸出が爆発的に増大しているが、このような現象は二五年前にはまったく存在しなかった。（二）ＯＥＣＤ加盟国の総支出額に占める新興工業経済地域からの輸出額の割合はいぜんとして小さい。先進国において、ＧＤＰにたいする新興工業経済地域からの工業産品輸出額の割合は、一九七〇年には〇・二四％であった。九〇年、この割合は一・六一％までしか増加していない（Paul Krugman, "Growing World Trade: Causes and Consequences", *Brookings Papers on Economic Activity*, 1, 1995. Table 4.）。

グローバリゼーションという言葉は、国外との相互依存の深化という意味でいえば、ＥＵの出来事ではなく、最近のアメリカの経験をうまくいいあらわしている。過去三〇年間に、ＥＵでは（域内貿易をのぞく）域外むけ輸出額の比重はわずかに増加したにすぎないが、アメリカではそれは倍増した。アメリカの輸入額はさらに急速に増大した。

このことは輸入全般でみても、非ＯＥＣＤ加盟国からの輸入のみについてみてもいえることである。[10]

ＥＵでは域内貿易が急増した。一般的にも、世界の経済のおもな趨勢は地域的経済圏《リージョナリゼーション》の形成にあるといえよう。その顕著な例が、ヨーロッパ経済共同体による各国経済の「欧州化〔europeanisation（全加盟国が政策を共通の指針に合わせること）〕」である。

今日の世界の貿易の総量は、世界経済が過去のありかたから質的に変化したといえるほど増加してはいない。しかし、クルーグマン（Krugman, *ibid.*, pp. 331-337.）によれば、現代の世界貿易は少なくとも四つの新しい——過去の〔一九世紀イギリス覇権下の〕自由貿易の黄金時代には見出せない——様相を呈している。すなわち、〔第一に〕域内貿易の増大、しかも似かよった国同士の同種の財の取引の増大、〔第二に〕価値連鎖《バリュー・チェーン》〔企業活動の一連のプロセスのこと。生産・流通・マーケティング・販売・サービス、および人材管理・技術開発・調達などからなる〕を細分化し、生産工程を遠隔地へ分割配置する生産者の能力の向上、〔第三に〕これらの結果として、ＧＤＰの大部分を貿易が占める貿易立国の登場、〔第四に〕賃金水準の低い国々から高い国々への大量の工業製品輸出の発生である。

貿易額を単純に合算するだけでは、先進国の工業部門が貿易からこうむる競争圧力を過小評価することになるかもしれない。というのも、いまや工業製品は輸入額において五〇—一〇〇年前より、より大きな比重を占めているからである。またＯＥＣＤ加盟国の幾つかの産業部門の雇用が、他の諸外国の変化にたいしてもつ脆弱性も過小評価されているかもしれない。たとえば、価値連鎖の細分化によって生産過程の一部を外国に移転することが容易になる。このため、外国への移転が可能となった産業部門においては、外国との相対賃金格差が国内の労働需要におよぼす影響が増大する。賃金が増加すれば、産業の外国への移転の脅威はますます現実的となり、以前より多くの雇用が失われることになる。[11] 以上がロドリックの論旨である（Dani Rodrik, *Has Globalization gone too far?*, Washington: Institute of International Economics, 1997.）。わたしも３—３項でこの点を検討する。

資金移動　一九八〇年代に対外直接投資が急増した。それは先進国同士においてもみられたし、先進国から多くの発展途上国にたいしても——とくに八〇年代後半から九〇年代初頭にかけて——多額の直接投資が行なわれるようになった。しかしながら第一次世界大戦前にまでさかのぼって、より長期的な歴史的推移をみれば今日の多国間資金移動の総量が過去に例をみないほど多いとはいえない。そのうえ、先進国からの資本の純流出は、先進国内の資本金をわずかに〇・五％減らす効果しかなかったとクルーグマンは推測する（Paul Krugman, “Does Third World Growth Hurt First World Property?”, *Harvard Business Review*, July-August 1994, p. 119.）。

国際金融市場においては、（i）量的拡大、（ii）規制緩和、（iii）国際的統合という三つの変化が顕著にみられる。国際金融市場の爆発的成長と規制緩和についてはすでによく知られている。一九七〇年代から八〇年代に資本の国際的移動にたいする統制は徐々に撤廃され、いまではかつてないほど膨大な資金が国境を越えて移動している。われわれは本当に金融市場が完全に統合された世界に生きているのかどうかという問題は、くりかえし議論されてきており、わたしはここではこれ以上立ち入らない。ただ〔国際金融市場の急成長と規制緩和という〕疑う余地のない変化によって、各国政府が財政の健全性について市場からの信頼を得ることが三〇年前より重要になったのではないか、との問いへの答えはおそらくイエスであろう。なぜなら三〇年前にはまだブレトンウッズ体制が存在していたから、各国政府は、少なくとも短期的には通貨の動向について無関心でいられたり、自国通貨を意のままに操作したりすることができたのである。しかしながら長期的にみれば、実際の国民経済の実力がともなわないレベルに為替レートを維持することなど、いかなる国家にも不可能であった。それは、一九六〇年代から七〇年代のイギリスの例にみられるとおりである（Paul Hirst, “The Global Economy - Myth and Realities”, *International Affairs*, 73, 3, 1997, pp. 420-421 を参照）。第4節（1—3）において、わたしは総需要管理のための財政政策と金融政策を「経済学の教科書」どおりに切り離して考えることが、資本の国際移動にたいする統制を廃止したことによってできなくなり、また政策を維持することも困難になった、ということを議論する。ただしわたしは資本移動が総需要管理政策を不可能にした、との広く流布された見解には反対である。

労働市場　ある種の高い熟練度を要する職種については、世界規模の労働市場が存在する。原子物理学者、航空機のパイロット、外科医などは、自分の好きな国に住むことができる（Glyn and Sutcliffe, *op. cit.*, p. 86.）。しかし適度の熟練しか要しない職種や非熟練労働については、市場はまったく世界的統合にむかっておらず、むしろ国境の敷居がますます高くなっているのである。これは〔グローバリゼーションにむかう〕これからの時代の初期における重要な特徴である（*ibid.*, p. 86; Hirst and Thompson, *op. cit.*, pp. 22-26.）。

労働市場については次のような重要な問題が提起されている。貿易の増加は、労働力の国境を越える移動と同様の効果〔すなわち多国間の相対的賃金水準格差を縮小させる作用〕をもっているのであろうか。いいかえると、〔労働力の国際移動がまったくなくても、〕貿易だけで相対的賃金水準格差は平準化していくのであろうか。経済学の古典であるヘクシャー－オーリンの定理〔この定理によれば、資本より労働が豊富なA国は労働集約的なX財の生産に比較優位をもち、労働より資本が豊富なB国は資本集約的なY財の生産に比較優位をもつ。したがって両国間で貿易が始まると、A国はX財を輸出しY財を輸入することになる〕やストルパー－サミュエルソンの定理〔国と国のあいだで資本や労働が移動しなくても、貿易によって財が移動するだけで、資本や労働の価格は国と国で完全に同一になる。これを要素価格均等化定理という〕によれば、たしかにそのような効果がもたらされるのである。これらの定理によれば、ある一定の条件のもとでは、財が世界中を自由に移動することができれば、たとえ労働力が移動しなくても賃金水準は世界中で同一になるであろうという。ライシュのような論者が「グローバルな労働市場」について語るときに示唆しているといると思われるのは、まさにこの点である（Robert B. Reich, *The Work of Nations. Preparing Ourselves for 21st Century Capitalism*, New York: Alfred A. Knopf, 1991.）。わたしは、この論点を第3節で分析する。

2—3項の議論から導き出されるいくつかの結論　先進国の観点からみれば、一九五〇年代以降、貿易、対外直接投資、金融市場などをつうじて相互依存が深化した。

今日の世界貿易の様相は、たしかにかつての自由貿易の黄金時代とはちがったものである。しかし、そのような貿易の様相の変化や相互依存の深化を、常識的な観念としての「国際経済《インターナショナル・エコノミー》」とは根本的に異なる「世界経済《グローバル・エコノミー》」の成立によるものであると断定する明確な論拠は、いまのところない。たしかに、国民国家は経済的相互依存のゆっくりとした深化の過程に直面しているが、そのために、国民国家が戦略的に行動する能力や国内において経済的・社会的目標を追求する能力を失ったときめつけることは、いかなるデータによってもできないのである。わたしはさきほど「いまのところ」という限定をつけたが、政府の行動能力の限界という論点については、第4節でより明確な問題に焦点をあてつつふたたび検討するつもりである。

程度の問題ではあれ、「国際化《インターナショナリゼーション》」より「地域的経済圏の形成《リージョナリゼーション》」のほうが、とくに貿易について論じるさいにはより現実に即した概念である。ヨーロッパにおいて重要なのは経済政策の「欧州化」である。ベルギー、アイルランド、そしておそらくオランダも含まれるであろうが、[12]これらの小さな貿易立国からみれば、その変化は「ヨーロッパ域内でのグローバリゼーション」の過程であるとみなすことができるであろう。これらの国々の人びとがヨーロッパの域内で直面しているにすぎない事態を、グローバリゼーションの喧伝者は世界中で起こっていると決めつけているのである。もし、（「国際化」ではなく）「グローバリゼーション」という概念を、真の意味で世界規模の貿易による相互依存の深化をいいあらわすのにどうしても使いたいというのであれば、それはヨーロッパではなく、なんといっても最近のアメリカの事例に適している。

EU内部で今日達成された経済統合の度合は史上前例がないほど高いが、〔世界全体でみた〕相互依存の度合はそれほど高くはない。

しかしながら貿易の増大にともなって、世界全体の相互依存は確実に深化しているのである。もしこの世界の経済の傾向が予測しえない政治的・経済的な衝撃によって妨げられることがなければ、相互依存の度合は史上最高の水準に徐々に近づいていくであろう。

2—4

最近二〇年間のもっとも重要な変化のひとつは、経済的なグローバリゼーションではなく、マス・メディアやマス・コミュニケーションの分野におけるグローバリゼーションの進展である。政治的な行動や倫理的な思考に新たな活動の場を提供しているのは、まさにこの文化的・政治的・経済的情報（金融情報はそのごく一部にすぎない）が超高速で世界全体に伝播することを可能にする、史上前例のない技術革新なのである。倫理と政治は人間のコミュニケーション能力に深く結びついている。地球規模のマス・コミュニケーションの登場によって、「グローバルな市民社会」が成立する可能性が生まれる（もっとも、それがすでに存在していると言うにはほど遠い状況である）。しかし同時にそれは、世界のなかでの自分の地位や安全について無用の不安をたきつけるかもしれず、それにより偏狭な民族主義や排外主義の復活を助長するかもしれない。

グローバリゼーションの一般的様相とみなしうるもののなかに、「地縁的《ローカル》な共同体、さらには個人の社会的存在様式の変容」というべきものもある、とのギデンズの言葉は正しいとわたしは信じる（Anthony Giddens, *Beyond Left and Right*, p. 5.）。しかしながら、このような一般的な直感が得られたとしても、では政治的にどのように対処すべきかということはいぜんとしてわからない。たしかに、今日世界のますます多くの地域を覆いつつある制度や社会現象は、ただ競争的市場や資本主義のみにかぎられるものではない。民主主義的な制度や文化的慣行も明らかに多くの国々に広まっている。したがって、1—1項で紹介された概念的二分法〔すなわち、グローバリゼーションとは、資本主義的生産関係の地域的拡大か、国際的な相互依存の深化かのいずれかであるとの解釈〕はきわめて狭い範囲のことしか考慮されていない。今日、世界中に拡大し、あるいはまた相互依存をもたらしているものは、経済的な諸制度のみではなく近代の多様な特質なのである（Anthony Giddens, *The Consequences of Modernity*, Cambridge: Polity Press, 1990.）。しかしながら、われわれの研究目的にひきつけて考えれば、ここで問題となるのはそれらグローバリゼーションのさまざまな特質と、先進福祉国家の社会民主主義が直面している諸制約とのあいだになんらかの関連が存在するか否かということである。わたしは第4節で、価値観や信念を社会民主主義の制約条件として強調する。もしも、グローバリゼーションの文化的な特質により、どのような価値観や信念が受け入れられるかが左右される――たとえば、「報酬の市場原理による決定」という考えかたがより強く支持されるようになる――とすれば、そのような関連は存在するということになろう。しかしながら実際には、この問題についてはそうした関連がありそうであるとの憶測の域をでることはないのである。

2―5

地球規模の環境問題について、公衆のあいだでますます意識が高まりつつあることも重要な事実として適切に考慮しなければならない。もし国民国家が正統性の危機に直面しているとすれば、それは国民国家が地球規模の環境問題に対処する能力を疑われているためでもあるのである（John Dunn, "Foreword to Contemporary Crisis of the Nation State?", *Political Studies*, Vol. 42, Special Issue, 1994, pp. 5-6.）。人びとは――幸運なことに――かつては理解しなかった問題の因果関係を、いまや理解しているのである。

3　先進国における勝者と敗者

ＯＥＣＤ加盟国の労働市場では、熟練度の高い労働者ほど勝者となる可能性が高く、熟練度の低い労働者ほど敗者となる可能性が高い。これは所得についても雇用機会についてもいえることである。ほとんどすべての人びとはつぎの命題に同意するであろう。すなわち、ほとんどすべての先進国で非熟練労働者は――所得のうえでも雇用機会のうえでも——ますます不利な立場に追いやられており、この変化はイギリスとアメリカでもっとも劇的に起こったということである。(13)〔ところが〕この持続的傾向の原因の説明については、意見がわかれてくる。その原因とは、(a)第三世界の新興工業経済地域との貿易であろうか、(b)技術的変化がさまざまなかたちで非熟練労働者に不利に作用するためであろうか、あるいは(c)制度上の変化(労働組合の衰退、最低賃金などにかんする規制の変化、労資交渉の様式の変化)であろうか。論争のほとんどは、貿易による説明と技術による説明とのいずれをとるかに焦点をあててきた。(14)いまひとつの制度による説明は、この「貿易対技術」論争とそれに関連する調査の陰にかくれて無視されることもある。(15)

わたしはこの複雑で現在進行中の議論について判断をくだすことはできないが、3―1項において、貿易と技術にかんする文献のなかから、おおむね合意が成立した論点であるとみなすことができる五つの「命題」を提示し、いくつかのコメントを付け加えたい。

3―1　貿易、技術、および熟練にたいする金銭的報酬：五つの命題

熟練・非熟練労働力需要の格差の増大　ほとんどの先進国において、非熟練労働者が雇用機会のうえでも賃金のうえでもますます不利な立場に追いやられている理由は、ここ二、三〇年のうちに熟練労働への需要と比較して非熟練労働への需要が下落したためである、ということについてはおおかたの合意が成立している。こうした需要の変化は、供給との関連からも分析される。(16)「貿易」による説明も「技術」による説明もともに、この議論を出発点としている。

ここで二つの留意事項を指摘すべきであろう。第一に、ニッケルとベルは熟練度のちがう労働者グループのあいだの相対的な労働需要の格差と失業率の差とに関連があると結論づけるのには慎重になるべきであるという(Stephen Nickell and Brain Bell, "The Collapse in Demand for the Unskilled and Unemployed Across the OECD", *Oxford Review of Economic Policy*, Vol. 11, No. 1, 1995, pp. 40-62.)。もっとも熟練度の低いグループでより大幅な失業率の絶対的増加がみられるとしても、それは、

熟練度を問わない全体的な労働需要の低下にたいする、労働市場の複雑な調整過程の一局面としても生じうるのであって、必ずしも熟練度の低いグループのみにたいする労働需要の下落のためであるとはいいきれないのである。それゆえ、労働市場において不利な立場にあることと、労働需要の不均等な変化にさらされることとは、必ずしも同じことではないのである。第二に、不平等の拡大の多くは、熟練度のちがうグループのあいだでではなく、熟練度の同じグループの内部で生じている。この重要な論点は3—2項で取り上げよう。

不平等と雇用との二者択一《トレードオフ》の関係〔先進国の非熟練労働者は、雇用にありつくためには不平等（熟練労働者と比較してきわめて低い賃金）を受け入れなければならず、それを拒絶すれば雇用を失う、という命題〕　非熟練労働への需要の下落の原因について、経済学者たちの意見はわかれている。すなわちこの原因は、大量の非熟練労働者を低賃金で雇用しうる国々との貿易の増大によって説明されるのか、それとも非熟練労働を必要としなくなるような技術上の変化によって説明されるのかという問題である。しかしながらウッドによれば、この貿易対技術論争の参加者のほとんどが、つぎのような見解では一致しているという。すなわち「この需要の変化（つまり非熟練労働への需要の減少）が賃金の不平等を拡大してきた」ということ、あるいは「ヨーロッパのように、非熟練労働者の賃金が労働市場制度によってある水準を下まわらないよう保障されているところでは、非熟練労働者の失業が増加した」ということである（Adrian Wood, "How Trade Hurt Unskilled Workers", *Journal of Economic Perspectives*, Vol. 9, No. 3, Summer 1995, p. 58.）。このように不平等と雇用とが、一方が他方を犠牲にせざるをえない二者択一の関係にあるということについては、事実（ほとんどの）経済学者によっておおむね受け入れられており、政治学の分野でもますます受け入れられるようになっている。

〔しかしながら〕実際には、この一五年の間、この二者択一の関係は明瞭には認められないのである。二者択一の関係を否定する二つの例をあげるとすれば、まずイギリスでは、この一五年間のほとんどの期間、失業率が高いままであり、しかも熟練労働者と比較して非熟練労働者の失業がより増加し、賃金の不平等も拡大した。これとは対照的に、オランダではこの一五年間のかなりの期間、賃金の平等についても雇用の増大についても良好な成績をおさめてきた。〔この論点については〕他に少なくともつぎの二つの要素が考慮されるべきである。ひとつはマクロ経済政策であり、それは経済成長の度合を決める重要な要素である。もうひとつは平均賃金水準の動向であり、[17] それは、成長が雇用を増大させる度合と、成長の持続可能性いかんを決める重要な要素である。平等と雇用とのあいだに明瞭な二者択一の関係は存在しないとの総括的な論証は、フランツマイヤー、リンドラー、トラボルドによって説得的に行なわれている (Fritz Franzmeyer, Ludger Lindlar and Harald Trabold, *Employment and Social Policies under International Constraints. A Study for the Ministerie van Sociale Zaken en Werkgelegenheid (SZW) of the Netherlands by the Deutsches Institut für Wirtschaftsforschung in Berlin*, November 1996.)。この研究は、オランダが最近ＥＵ議長国をつとめる準備の一環として実施されたものである。[18] かれらは、一九八〇年代から九〇年代初頭のＯＥＣＤ加盟国の経済的実績を比較し、つぎのような表にまとめた (*ibid.*, p. 143.)。

	不平等の拡大	不平等の抑制
失業の増大	イギリス	ヨーロッパ大陸諸国〔フランス、ドイツ〕
失業の抑制	アメリカ	日本、オランダ

この表に示された事実のかなりの部分は、マクロ経済的な財政・通貨政策の多様性と、平均賃金水準の動向のちがいによって説明されうる。一九九〇年代初頭以降には、この比較表が必ずしも妥当しないことに留意すべきである。しかし、それ以降の変化（たとえば、フランスやドイツでは失業率が高いまま推移しているのにたいして、イギリスでは失業率が低下してきたこと）についても、やはりマクロ経済の展開によってかなりの部分が説明できるのかもし

れない。

非熟練労働者にとって、税引き前の賃金の平等度と雇用とのあいだに二者択一《トレードオフ》の関係が存在するということは、他の諸要素が不変であるという厳密な条件のもとでは、適切な命題であるといえそうである。すなわち平均賃金水準、マクロ経済政策、積極的な労働市場政策、職業訓練・教育政策が変化せず、労働への需要がいかなる影響も受けていなければ、という条件である。ローソンは、このような条件下での貿易、雇用および不平等についての簡易なモデルを提示している（Robert Rowthorn, *A Simulation Model of North-South Trade*, UNCTAD Discussion Papers, No. 104, September 1995.）。このモデルによる説明では、非熟練労働者の税引き前の賃金の不平等と雇用機会との二者択一の関係が決定的な役割を果たしている。さらにこのモデルは、賃金への補助と課税によっていかに税引き後の所得の平等が実現しうるかも示しているのである。

それゆえ、他の諸要素が不変であれば非熟練労働者の税引き前の賃金の平等度と雇用とのあいだに二者択一の関係があることを認めたとしても、社会民主主義が、税引き後の平等と雇用の維持を同時に達成できないという解決不能のジレンマに陥っているということには決してならないのである。現実の世界ではあらゆる要素が変化し、マクロ経済政策も積極的労働市場政策も賃金補助も職業訓練・教育政策も、それぞれ固有の役割を果たしうるのだから。

ヘクシャー＝オーリン貿易モデルの復活　非熟練労働者に不利なかたちで労働需要が変化してきたということを認めるとしても、そのことはいかにして貿易と関連づけられるのか。この点では、ヘクシャー＝オーリン貿易モデルというささか古風な経済理論が援用される。

ヘクシャー＝オーリン貿易モデルによれば、多国間の貿易のありかたは、それぞれの国が国内の生産要素を財の交換をつうじて間接的に供給しあう結果として定まるという。それぞれの国が他国に供給しうる生産要素とは、すなわち「比較優位」をもつ生産要素ということである。いいかえると、それぞれの国は大量に供給しうる生産要素を集約的に投入して生産される財を輸出するのである。ヘクシャー－オーリン貿易モデルは、財の生産に熟練労働がどれだけ集約的に投入されるかにもとづいて、先進国と発展途上国のあいだの貿易のありかたを解明するモデルとして劇的な復活をとげた。資本という生産要素が国境をこえて移動する今日の条件のもとでは、世界の国々は主に労働力の熟練度の高さによって選別されることになる。

ウッドおよびサックスとシャッツは、熟練を異なる方法で定義しているが、先進国と発展途上国のあいだの貿易の実態が、ヘクシャー－オーリン貿易モデルの説明とほぼ一致する〔すなわち、先進国は熟練労働力を集約的に投入する財を輸出し、発展途上国は非熟練労働力を集約的に投入する財を輸出する〕ことをしめしている（Adrian Wood, *North-South Trade, Employment and Inequality. Changing Fortunes in a Skill-Driven World*, Oxford: Clarendon Press, 1994, Chapter 3; Jeffery D. Sachs and Howard Shatz, "Trade and Jobs in U. S. Manufacturing", *Brooking Papers on Economic Activity*, 1, 1994, pp. 1-84.）。もっともこれだけでは、貿易と賃金の不平等や失業とのあいだに関連があると証明するには不十分である。この関連の分析は、ストルパー－サミュエルソンの定理によって行なわれる。ストルパーとサミュエルソンは、一連の前提条件のもとで貿易が自由化されると、比較的希少な生産要素の実質価値が明らかに下落する（ここでの論点にそっていえば、先進国の非熟練労働者の実質賃金が下落する）ということを理論的に示した〔2―3項の訳注参照〕。労働の熟練度に焦点をあててヘクシャー－オーリン貿易モデルとストルパー－サミュエルソンの定理を援用することによって、「勝者」と「敗者」や「貿易が生む利益〔をだれが得るのかという問題〕」について、それらが必然的にもたらす政治的帰結とともに考察するための理論的枠組みが得られる。ウッドがいうように、「もしも、南北間貿易の様相が資本ではなく熟練労働の利用可能性によって決まるとすれば、たとえ発展途上国との貿易が増加しても先進国で平均的な実質賃金が低下することにはならないであろうし、労働者の取り分を犠牲にして資本家の利潤が増えることもないであろうし、労働者がいちように失業に追いやられるということもないであろう。実際におこることは、熟練労働者と非熟練労働者との経済的格差が拡大するということなのである」（Wood, *op. cit.*, p. 5）。いいかえると、今日の社会においては、分配をめぐるもっとも重要な紛争は、〔資本家と労働者とのあいだではなく〕熟練労働者と非熟練労働者とのあいだで起こっているのである。

経済学者のなかには、労働市場における不平等を分析するうえでの、ストルパー＝サミュエルソンの定理の理論的・経験的妥当性を否定する者もいる。ストルパー＝サミュエルソンの定理から得られるいくつかの重要な予測は、経験的事実と合致しないというのである。しかしながら、クラインがその長大な著作で詳細な調査をもとに説得的に論じているように、貿易が労働市場になんらかの影響をおよぼすということを主張するさいに、ヘクシャー＝オーリン貿易モデルやストルパー＝サミュエルソンの定理の教科書的な解釈にとらわれる必要はあるまい（William R. Cline, *Trade and Income Distribution*, Washington: Institute for International Economics, 1997.）。クラインは、アメリカにおける賃金の不平等に主として焦点をあて三〇件以上の研究を検討している。そして、個々の研究において貿易、移民およびグローバリゼーションが、それぞれどれほど熟練労働者と非熟練労働者との賃金格差の拡大をもたらしたと推測されているかを報告している。クラインによれば、ほとんどの研究において貿易による格差拡大の推測値は一〇％から一五％の範囲内におさまっているという。しかしながら重要な例外も存在する。もっとも極端な例外はウッドで、かれはここ二〇年間に貿易を原因として格差が一〇〇％拡大したと論じている（Wood, *op. cit.*）。これと正反対の例外は、バーマン、バウンドとグリリカス、バウンドとジョンソン、ローレンスとスローターらである（Eli Berman, John Bound and Zvi Griliches, "Changes in the Demand for Skilled Labor within US Manufacturing: Evidence from Annual Survey of Manufacturers", *Quarterly Journal of Economics*, 109, No. 2, May 1994; John Bound and George Johnson, "Changes in the Structure of Wages in the 1980s: An Evaluation of Alternative Explanations", *American Economic Review*, Vol. 82, No. 3, June 1992; Robert Z. Lawrence and Matthew J. Slaughter, "Trade and US Wages: Great Sucking Sound or Small Hiccup?", *Brooking Papers on Economic Activity*, 2, 1993.）。これらの文献は、格差が貿易によって拡大したとしてもわずかなものであり、むしろ技術上の変化こそ圧倒的な影響をおよぼしたと論じている（Cline, *op. cit.*, p. 139, Table 2. 3.）。クラインは、これらの文献から判断すれば、一九八〇年代アメリカにおける賃金の不平等の拡大のうち、二〇％を貿易に帰するのが妥当な推測であろうと述べている（*ibid.*, p. 144.）。もっともクライン自身の推測値はこれよりずっと高いのであるが。しかしながら、クラインはまた、アメリカの労働市場の供給面において賃金の平等化をもたらす顕著な変化が存在したことも強調している。それは、非熟練労働力と比較して熟練労働力の供給が増加しつづけたということである。それゆえ、もしも賃金の不平等を拡大させるすべての要因のうちで、貿易（および移民）がどの程度の比重を占めているかを検証したいのであれば、最終的な不平等の拡大度ではなく、これに熟練労働力の供給増加によって不平等が解消された度合をも考慮に入れて不平等の拡大にむかう影響力の総量を算出しなければならないであろう。クライン自身の推測によれば、不平等を拡大させる（実質最低賃金の下落、労働組合組織率の低下、非熟練労働者に不利な技術上の変化、その他説明不能な要因も含む）すべての要因が、過去二〇年間に引き起こした影響力の総量において貿易と移民が占める比重はおよそ十分の一にすぎないという。

アメリカにかんする主要な研究業績のひとつはサックスとシャッツのものである（Sachs and Shatz, *op. cit.*）。この研究は、クルーグマンのような貿易の影響力を少なく見つもる論者によっても、貿易の多大な影響力を信じる論者によっても、好意的に引用されるという栄誉に浴している（Krugman, "Growing World Trade", p. 344, note 13.）。（交易される財の相対的生産コストに着目した）サックスとシャッツの立論によれば、貿易によって賃金の不平等が拡大するとしてもそれほど顕著なものではありえない（Sachs and Shatz, *op. cit.*, p. 40.）。概していえば、かれらの結論はこうである。「過去一五年間における雇用パターンの変化と賃金の不平等の拡大はきわめて大きなものであり、貿易の様相や交易条件の変化だけではとても説明しきれない。国際化とは関係のない技術上の変化も、影響をおよぼしているようである。われわれは、この技術上の変化の大きさを正確に推測することはできないし、二つの要因――貿易と技術――のどちらがより重要かを正確に判断することもできない。ただし、われわれは、二つの要因のうちどちらかひとつだけを不平等の拡大の原因とする説明には同意しない。二つの要因は同時に作用しているのである（……）。」（*ibid.*, p. 4.）

貿易によって世界全体が得る利益と、その地域的配分：保護主義の否定　概して、先進国と発展途上国の双方が貿易から利益を得るということについては、ほとんどすべての論者が合意しており、[19] 失業や不平等に対処するために保護主義的政策をとることは否定されている〔たとえば、Cline, *op. cit.*, p. 271; Wood, *op. cit.*, p. 393.〕。ロドリックは、自由貿易と社会の一体性とのあいだに二者択一《トレードオフ》の関係が存在する〔自由貿易により各国内で熟練度の差による不平等が拡大する〕と指摘し、国際機構や貿易協定の変更を提案しているが、保護主義政策には強く反対している〔Rodrik, *op. cit.*, p. 75f.〕。

ローソンも、発展途上国産品の先進国向け輸出を相当量確保するとの条件つきで「世界統一の労働基準」の採用を提案している〔Rowthorn, *op. cit.*〕。この基準は、発展途上国の非熟練労働者の賃金が五〇%上昇するとの前提のもとに策定されている。[20] この理論モデルの想定によれば、世界全体の所得は減少するが、発展途上国の所得が増加するか減少するかは他の諸条件に依存しており、かならず所得を増加させる発展途上国があらわれるのと同時に所得を減少させる発展途上国もあらわれることになる。発展途上国同士の平等、そして発展途上国の非熟練労働者と先進国の非熟練労働者とのあいだの平等を達成できるような、地球全体にとって望ましい解決策には、発展途上国全体において所得再分配を行なう財政政策が不可欠である（*ibid.*, p. 16.〔先進国から発展途上国への直接的な再分配政策は、このモデルでは考慮されていない〕）。

貿易と技術のどちらが不平等を拡大するかという議論と、望ましい政策のありかたとは無関係である　ウッドは、貿易の〔雇用や平等に与える〕影響の度合をいささか誇張しすぎているように思われる。[21] しかしながら、政策提言の分析のためにかれが提示する理論枠組みは、いぜんとしておおむね妥当であり興味深いものである〔Wood, *op. cit.*, Chapter 10.〕。

失業と不平等に対処するために、ウッドはつぎの三つの政策を組み合わせて実施するよう提案している。（一）先進国においては、熟練労働力供給を増加させるための教育や職業訓練に投資する。これによって、熟練労働者と非熟練労働者とのあいだの賃金や雇用機会の格差が縮小されるだけでなく、経済全体の効率が高まる。（二）民間の雇用主への補助や政府部門の雇用制度を活用して、非熟練労働力への需要を増加させる。（三）熟練労働者から非熟練労働者に所得を再分配する。（一）の政策が効率と平等を同時に実現するという事実からして、この政策が先進国のほぼすべての政府によって支持されているのも容易に理解できる。しかしながらウッドは、この政策がもつ技術的・経済的限界についても分析しており、教育と職業訓練は――たしかに最良の政策ではあるが――それだけでは、非熟練労働への需要の減少がもたらす問題すべてを解決できそうにない、ということも強調しているのである（*ibid.*, Chapter 10; Wood, "How Trade Hurt Unskilled Workers", p. 78.）。

ウッドはさらに、失業や不平等の原因が貿易と技術のいずれによるものかについての判断がまちがっているときに、前記の政策提言を実施した場合の帰結についても考察しており、たとえわれわれがこの判断について絶対の確信がなくてもこれらの政策を実施したほうがよいと結論づけている。もし問題の原因が貿易と技術のどちらかのみに絞られるのであれば、どちらにせよ政策のもたらす帰結にさほどちがいはあるまい。バートレスがいうように、非熟練労働への需要の減少が、外国との競争によって引き起こされたものであろうが、技術上の変化によって引き起こされたものであろうが、これらの政策は同様に有益なのである（Gary Burtless, "International Trade and the Rise in Earnings Inequality", *Journal of Economic Literature*, Vol. XXXIII, June 1995, p. 815.）。この点について、ウッドの次のような総括は示唆に富む。「（保護主義政策が否定された以上）非熟練労働への需要の減少という問題が、貿易と技術のどちらによって引き起こされたものであろうが、その問題への適切な対応策は同じである。問題の原因については意見を異にする論者たちも、対応策についてはしばしば意見が一致するのである。しかし経済学者というものはいつでも論争の種をみつけてくるものである。たとえば提案されている政策のうち、補助金は非熟練労働者の苦境を緩和させるから〔非熟練労働の供給が下落し、熟練労働の供給が増加するという〕労働市場の調整を停滞させ、結局、問題を永続化させることになると批判する者がいる。しかしながら、非熟練労働者が低賃金と失業に甘んじなければならないという現実によって、人びとが熟練度を高めようという意欲をかき立てられることも確かではあるが〔そのための教育や職業訓練の費用を低賃金労働者や失業者が自分で負担するのは困難であるから〕、むしろ熟練度を高めるさいの障害ともなるのである。つまり補助金は熟練度の向上を妨害する効果と促進する効果の両面をもっているのであるが、おそらく促進効果のほうが大きいであろうし、とくに非熟練労働者の子どもの教育への補助金は熟練度を高めるのにきわめて有効であろう。〔補助金政策がはらむ〕より深刻な問題は政治的なものである。すなわち、非熟練労働者のための補助金の財源を確保するのに必要な税金を熟練労働者は払おうとしないのではないかという問題である（Wood, *op. cit.*, pp. 78-79.）。

ローソンは、これらの政策がおよぼす影響の大きさについて数量的分析を行なっている（Rowthorn, *op. cit.*）。かれは発展途上国との貿易を自由化した先進国において、非熟練労働者にとってきわめて深刻な事態が生じた（すなわち、相対賃金を不変に保てば失業率が一三・六ポイント上昇し、完全雇用を維持すれば実質賃金が一三％下落する）という理論的モデルをもとに政策を比較している。まず先進国が全体として貿易で得た利益を再分配する政策が考えられる（〔完全雇用維持を優先して〕賃金の変動を許容するという条件のもとでは、先進国の国民所得は八・一％増加するので、これを再分配する）。この再分配政策モデルでは賃金が変動するので、税制によって非熟練労働者がこうむる不利益を補償し、相対賃金を貿易開始以前の水準にもどすことが想定されている。この「理論モデル」における補償のためには、熟練労働者への平均課税率を八・七％引き上げなければならず、一方、非熟練労働者は所得の二三・二％を補助金として受け取る必要がある。ローソンの結論の注目すべき点は、この税制による再分配がパレート改善だということである〔資源配分を変えることによって、他の人の効用を犠牲にすることなく、ある人の効用を改善させることを「パレート改善」という〕。「前記のような数値〔で熟練労働者から非熟練労働者への再分配〕を実現するためには、所得水準のちがいによる限界税率の格差をきわめて大きくしなければならない。実際にも税の負担率はすでに累進的なものであろうが、この政策の結果、所得増加にともなう税率の上昇カーブはさらに急勾配となり、熟練労働者にとって限界税率はきわめて高くなり、そしておそらく非熟練労働者には負の所得税が課せられることになろう。このような状況は、熟練労働者にとっては受け入れがたいものかもしれない。われわれの理論モデルによる想定では失業手当を給付するより、完全雇用の維持を優先して再分配政策をとるほうが、たしかに税率は高くなってしまう。しかしこの再分配はまた国民所得全体を増加させ、熟練労働者の税引き前の賃金をも増加させるのである。この所得増大効果はきわめて大きいので、熟練労働者は、再分配のために高い税率を課されたとしても、最終的には暮らしむきはよくなるのである。しかしながら、熟練労働者は、より高い税負担という直接的な不利益と、〔再分配によって国民所得が増加し、最終的に〕熟練労働者自身への労働需要が増加することになるという間接的な利益とを比較しなければならず、この損得勘定はわかりにくいものである。多くの熟練労働者は、完全雇用維持政策の財源確保のために余計に税金を支払わなければならないということは敏感に察知するが、〔労働需要の増加という〕恩恵についてはそれほど魅力的なものとは思わないであろう。実際のところ、このために熟練労働者は最終的には自分たちの利益になるような税制や再分配に反対することになるかもしれない。」(*ibid.*, p. 13.) しかし、このような〔再分配政策は熟練労働者にとって最終的に利益になるという〕一連の計算には疑問の余地がある。前記の分析は、再分配するたびに皆が利益を得るような望ましい循環が、単純な税率の操作によって生じうるという確固たる証拠をきちんと提示してはいない。

ローソンは、〔非熟練労働者にとって雇用や賃金のうえでの〕深刻な問題が新しい技術によって引き起こされたとしても、前記のような理論モデル分析が有効であることを示している(*ibid.*, p. 18.)。アメリカの経済学者エドマンド・フェルプスは、最近出版した本のなかで、低賃金労働者を雇用する企業へ多額の補助金を恒常的に投入する制度の採用が望ましいということを説得的に論じている(Phelps, *op. cit.*)。ローソンと同様に、低賃金労働者の雇用を維持するための補助金政策を支持するフェルプスの議論は、多様な経済的要因が、アメリカにおいて賃金格差の拡大をもたらしたであろうことを認めているが、どの要因にせよ採用すべき対応策は結局同じであるというのである。フェルプスはまた、「勤労所得税額控除制度(Earned Income Tax Credit)」のかわりにかれの提案する補助金制度が実施されれば、それ自身で財源を生み出すであろうということを強調している〔勤労所得税額控除(ＥＩＴＣ)は、一九七五年アメリカで採用された低所得者支援制度。所得が一定水準以下の場合、納税額より還付額のほうが多くなる。この制度は、不労所得者(働かない理由が怠惰であろうが、老齢や障害のような本人にはどうにもならない事情であろうが)には恩恵がない(還付額は所得をもとに算出され、所得がゼロなら還付額もゼロだから)。つまりこの制度は、負の所得税とも福祉給付とも違うものである」。しかしながら、フェルプスの経済予測はきわめて大胆な仮定にもとづいており、（かれ自身も認めるように）「闇雲に矢を放つような不確実性をはらんでいる」（*ibid*., p. 127.）。わたしも、〔補助金制度が歳出をうわまわる歳入を生み出すという〕かれの予測は完璧に論証されたものというより、一種の賭けだと思う。そしてこの補助金制度がみずからの財源を生み出す能力が疑わしければそれだけ、この制度を断固支持する政治的主張が生まれる可能性も疑わしいものになろう。事実、熟練労働者にそれほど利益を供与しないまま、もっぱら非熟練労働者に有利なかたちで資源を再分配することに社会全体が同意しないかぎり、フェルプスが想定するようにことが運ぶことはなさそうである。少なくともそのような社会的投資が、たとえ長期的にみても財源を完全には自己調達できない状況が生じた場合に、「〔その不足分を負担する〕リスク」を熟練労働者が引き受ける意志がなければならない。ローソンは数量分析にまさにこのただし書きを付け加えている。

再分配政策を支持する論者たちが、みな古典的な左翼であるとか、グローバリゼーション理論の熱狂的信奉者であるというわけではない。グローバリゼーションにかんするカプスタインとの論争において、クルーグマンもまた、再分配政策を実施する意志の重要性を強調している。「わたしとカプスタインが合意できる重要な論点は、財政を危機に陥れることなく、（アメリカにおいて）低賃金労働者の所得を大幅に増加させたり、（ヨーロッパにおいて）非熟練労働者の雇用を大幅に増加させたりすることは可能だということである。アメリカでは、国全体があれだけ豊かであるにもかかわらず、そこに住む貧困者がいかに貧困であるかという重大な事実をわれわれは念頭におかなければならない。もしアメリカで、GDPのわずか二%だけでも貧困労働者の補助に振り向けることをいとわなければ、その効果は劇的なものになるであろう。（……）カプスタインは、アメリカにおいて貧困層を助ける唯一の方法は富裕層への課税を軽減することであると主張する著名な評論家にたいしてこそ、その怒りを向けるべきであろう。」（Paul Krugman, "First, Do No Harm", *Foreign Affairs*, Vol. 75, No. 4, July-August 1996, pp. 164-170, p. 167.）

ライシュは、グローバリゼーションに対処するために必要な政策について論じるさいには、再分配政策が必要であることを断固主張している。前アメリカ労働長官であるかれは、教育や職業訓練が費用のかからない政策であると考えている人びとにたいして、次のようなきわめて妥当な見解を表明している。「そのような政策を実施しようという政治的な合意をとりつけるのはきわめて困難なのである。良質の教育、職業訓練、医療、公共施設、これらを——すべてのアメリカ人が利用できるように——整備するには莫大な費用がかかる。（……）したがって、ここで懸念される重大な問題は、アメリカの暮らしむきのよい人びとに（……）この費用を負担する意志がどれほどあるか、ということなのである。」（Reich, *op. cit.*, p. 250.）

3—2　「市場原理」にもとづく報酬の決定：熟練度のおなじ労働者同士の不平等と制度の役割

拡大する不平等の原因を「貿易」によって説明する論者も「技術」によって説明する論者もともに、熟練労働と比較して非熟練労働への需要が減少したために非熟練労働者がますます不利な立場に追いやられている、ということを議論の出発点としている。つまり双方の論者ともに、熟練労働者と非熟練労働者とのあいだの不平等に注目している。しかし所得の不平等が拡大している今日の状況すべてを、この熟練度のちがうグループのあいだの不平等で説明しつくすことができるのであろうか。ゴスリングらはイギリスにおいて非熟練労働者グループや低学歴グループなど同じグループの内部で所得格差が拡大していることを示している（John Hills (ed.), *New Inequalities*, Cambridge: Cambridge University Press, 1996. Figure 6. 6, p. 149.）。概して〔熟練度や学歴などのちがいによる〕グループをどれだけ狭く定義しても、それぞれのグループ内部で所得格差の拡大が見出されるのである。所得の変動がますます激しくなっていることが、熟練度や学歴のおなじグループの人びとの不平等が拡大している原因の説明の一部になるかもしれない。短期的に賃金の上下変動が激しくなれば、年収をもとに計測した不平等の度合も拡大するであろう（Peter Gottschalk, "Inequality, Income Growth, and Mobility: The Basic Facts", *Journal of Economic Perspectives*, Vol. 11, No. 2, Spring 1997, pp. 32-33. アメリカのデータによる）。しかし、それでは熟練度の同じグループ内部の不平等を引き起こすそれ以外の原因を、われわれはどのように説明しうるのであろうか。それはやはり熟練度のちがいが原因なのであり、ただそのちがいを統計的にはそれ以上明らかにしえないために同じグループに分類されてしまっただけである、と論じる者もいる。他方、職種や学歴のちがいにより細分化されたグループ内部の所得格差の拡大は、別の説明を必要とするゆえんとなっていると論じる者もいる（Anthony B. Atkinson, "Bringing Income Distribution in from the Cold", *The Economic Journal*, 107, March 1997, pp. 308-309.）。ディナルド、フォルタン、レミュによれば、この〔グループ内部の不平等の拡大という〕事実は、制度的原因から不平等の拡大を説明しようとする論者にとって、格好の研究材料である（John DiNardo, Nicole M. Fortin and Thomas Lemieux, *Labour Market Institutions and the Distribution of Wages 1973-1992: A Semiparametric Approach*, National Bureau of Economic Research Working Paper No. 5093, Cambridge, Mass., April 1995, pp. 34-35.）。アメリカにおける熟練度のちがうグループのあいだの不平等の拡大についても、同じグループ内部の不平等の拡大についても、労働力の需要・供給動向の考察ではなく、かれらが考察した二つの制度——最低賃金保障制度と労働組合——のほうが明瞭で数量的に把握可能な影響をおよぼしている。アトキンソンは労働組合組織率の低下や賃金規制の変化といった制度上の要因だけでなく、社会的な慣行や規範にも言及している。「経済とは無関係の要因によって、同じ職場内部で賃金格差が拡大することが、社会的に容認されるようになったのかもしれない。」（Atkinson, *op. cit.*, pp. 309-311.）熟練度・学歴が同じグループ内部の不平等が拡大していることは重要な事実ではあるが、そのために社会政策における教育の重要性が低下するわけではない。しかし、高等教育を受け熟練度を上げれば高い所得を得られるはずだ、という広く受け入れられた認識の妥当性はおおいに疑われることになる。学歴や熟練度が高いほど金銭的な報酬が増えるという現象は、「市場原理」にもとづく労働報酬の決定というより大きな変化の一部分にすぎない〔つまり、労働市場における価格も需要量と供給量の関係により決定され、高学歴・高熟練を要する職種でも、労働者数が多く雇用機会が少なければ、賃金は下がる〕。この3—2項において、わたしは公的制度に焦点をあてた不平等の原因の説明を検討する。そのさい社会的慣行や規範、またそれらを規定する社会的価値観などは所得の決定要因として重要ではあるが、厳密にとらえることは不可能なので考慮しないことにする。

公的制度の役割　経済のグローバリゼーションという変化が、もし本当に個々の国民国家を圧倒してしまうような影響力をもっているのであれば、国民経済の状況がきわめて似かよっているイギリスとオランダ、あるいはカナダとアメリカとでその社会的帰結が異なる理由をどのように説明できるのであろうか。

オランダが平等の維持にも失業対策にも成功した理由の大部分は、労働組合と雇用者団体の全国連合が一九八二年に締結した「ワッセナール協定」〔キリスト教民主党・自由民主党連立政権の主導で結ばれた政労資合意。賃金上昇率の抑制、早期退職制度、ひとりあたり労働時間短縮を労働者側が受け入れるかわりに、職種間賃金格差の抑制、パートタイム雇用の増加がはかられた。この結果、失業率は五・七%（一九九七年）と隣国（ドイツやフランス）に比べて低率にとどまり、社会保障給付費は一九九六年以降減少している。（参考：矢野聡、大森正博「オランダの社会福祉」、栃本一三郎、矢野聡編著『世界の社会福祉8　ドイツ・オランダ』所収、三二三―三六二頁、旬報社、二〇〇〇年）〕と、その後一五年間にわたって平均賃金の上昇がきわめて低率に抑制されたことに帰することができる。イギリス社会とのちがいは「ハードウェア」と「ソフトウェア」の双方によって説明されるべきであろう。わたしは第4節でこの問題に立ち戻ることにしよう。

カナダとアメリカは、似かよった文化、同等の生活水準、同種の経済組織など多くの共通性を有している。一九八〇年代、両国ではまったく同じ経済的諸要因が作用していた（John DiNardo and Thomas Lemieux, "Diverging Male Wage Inequality in the United States and Canada, 1981-1988: Do Institutions Explain the Difference?", *Industrial and Labor Relations Review*, Vol. 50, No. 4, July 1997, pp. 632-635.）。さらに労働市場制度についても、（アメリカとヨーロッパ大陸諸国が大きく異なるのと比較すると）カナダとアメリカにそれほどのちがいはない。ところが、ルクセンブルク所得研究（LIS）プロジェクトによる可処分所得の不平等度のデータによれば、カナダでは八一年から八七年の間にほとんど変化がなかったのにたいして、アメリカでは七九年から八六年の間に不平等が大きく拡大したのである（Anthony B. Atkinson, Lee Rainwater and Timothy M. Smeeding, *Income Distribution in OECD Countries, Evidence from the Luxemburg Income Study*, Paris: OECD, 1995, p. 49, pp. 64-65を参照せよ）。制度上の比較的小さなちがいでも、不平等についてこのようなちがいを引き起こすほど重大なのである。[22]

ディナルドとレミュは、一九八一年から八八年についてカナダとアメリカにおける男性労働者の時給の動向を比較している。そのさい、たとえばすべての労働者が非組合員の賃金表の適用をうけていたとすれば賃金格差はどうなっていたかとか、最低賃金が不変であればどうなっていたか、といった現実とは反する仮定にもとづいた推計も行なっている。かれらによれば、アメリカにおける組合組織率の低下と最低賃金の下落は、カナダよりずっと深刻であり、両国の賃金の不平等度のちがいの三分の二についてはそのことが原因となっているという（DiNardo and Lemieux, *op. cit.*）。

ひとつの国の長期にわたる動向に焦点をあてた初期の研究にも、同様の分析手法がもちいられている。ディナルド、フォルタン、レミュは一九七三年から九二年について、アメリカにおける時給の格差のデータを利用して、最低賃金制度、労働組合組織率、個人的な諸条件[23]、労働力需給状況、その他の五つの要因が、一九七九年から八八年までの時給格差の変化にそれぞれどれだけの影響をおよぼしたかを算定している（DiNardo, Fortin and Lemieux, *op. cit.*）。かれらによれば組合組織率の変化、労働力の職種別分布の変化、そして労働力需給状況の変化が、この時期の賃金不平等度の変化を説明する重要な要因となっている。組合組織率の低下は男性賃金の格差を大幅に拡大したが、女性の賃金格差にはほとんど影響をおよぼさなかった。労働力需給状況は、一貫して熟練度の高い労働者により多くの報酬を与える方向で労働市場に影響をおよぼしたが、このことはアメリカにかんする他の多くの研究でもつとに指摘されているとおりである。しかしそれ以前の多くの調査とは異なり、かれらは一九七九年から八八年の実質最低賃金水準の下落が、賃金の格差に大きな影響をおよぼしたことを見出している。男性対数賃金の標準偏差の変化のうち二五％[24]、および女性対数賃金の標準偏差の変化のうち三〇％は実質最低賃金の下落によるものである。実質最低賃金の下落はまた、熟練度のちがう労働者グループのあいだの賃金の標準偏差の変化と、熟練度の同じグループ内部の賃金の標準偏差の変化との双方に、重大な影響をおよぼしている（前記論文参照）。かれらは、一九七九年から八八年のアメリカにおける賃金格差の変化を説明する要因として、労働市場制度が労働力需給動向と同様に重要であると結論づけている。[25]かれらはさらに、一九七三年から七九年に組合組織率が増加し、実質最低賃金水準も上昇したことがこの時期の賃金の不平等度を縮小させたことも見出している。

ベルとピットは、一九八二年から九三年のイギリスにおいて、組合組織率の変化が男性賃金の格差にどのような影響をおよぼしたかを分析するのに同じ手法をもちいている。かれらによれば、この時期の対数賃金格差の拡大幅のうちおよそ二〇%が組合組織率の変化に帰しうることを見出している（Brain D. Bell and Michael K. Pitt, *Trade Union Decline and the Distribution of Wages in the UK: Evidence from Kernel Density Estimation*, Nuffeld Collage Discussion Paper No. 107, November 1995.）。

これらの〔制度を重視する〕実証研究は貿易を重視する研究のほとんどがかかえていると以前われわれが指摘したのと同じ方法論的限界をかかえている。すなわち、これらの研究は労働者全体の賃金をより平等にしていく影響を見落しているのである。事実これらの研究では「労働者個人の諸条件が一九七九年のまま変化せずかつ労働者が八八年時点の賃金体系で賃金をうけとっている」との仮定のもとで想定される賃金格差と実際の賃金格差とのちがいを比較しているにすぎない（DiNardo, Fortin and Lemieux, *op. cit.*, p. 11.）。したがって、労働者個人の諸条件（たとえば個々の労働者が属する職種の組合組織率や組合の交渉能力など）の格差の変化が、労働者全体の賃金体系の平等度や就業可能な機会を変化させるという影響力をこれらの研究はとりこむことができないのである。わたしは（現時点では推測の域をでないけれども）これらの研究は、前記のような限界のために組合組織率や交渉能力の変化がもつ影響力を過小評価していると信じている。労働者全体の賃金をより平等にしていく要因についても同様の過小評価がなされている（たとえば最低賃金制度が雇用機会におよぼす影響力についての論争を参照せよ）。しかしわたしの推測は、個々の国々（たとえば、アメリカとカナダを比較した場合やイギリスとオランダを比較した場合）の不平等度の変化があまりにも大きく異なっているという事実にもとづいている。つまりこうしたちがいの多くの部分や、労働市場において見られる多くの現象は、それぞれの国の――主に制度的な――相違によって説明されなければならないと思われるのである。

ディナルドら、およびベルとピットの研究は、ひとつの国の時系列的変化を分析していた。〔対照的に〕ブローとカーンのきわめて興味深い研究は、ＯＥＣＤ加盟一〇カ国の〔一時点での〕不平等の度合のちがいを比較しており、（男性）賃金体系と不平等に制度的要因がどの程度影響をおよぼすかについて、より洗練された分析を行なっている（Francine Blau and Lawrence Kahn, "International Differences in Male Wage Inequality: Institutions versus Market Forces", *Journal of Political Economy*, Vol. 104, No. 4, August 1996.）。かれらによれば、労働市場の影響力については――労働者を熟練度に応じて三つのグループに分け、それぞれのグループの労働力需給動向の相対的な差を見ると、たしかにアメリカとその他のＯＥＣＤ加盟国では異なるのであるが――そのことが各国の不平等度のちがいの原因とはなっていない。ブローとカーンのデータによれば、アメリカよりも他の国々のほうにおいて、熟練労働者数が非熟練労働者数と比較してきわめて少ないにもかかわらず、アメリカでは、熟練労働者が非熟練労働者より高い賃金を得る度合が他のどの国よりも大きいのである（スイスは例外）。男性賃金の不平等度の国によるちがいをもっとも説得的に説明する要因は労働市場制度に見出される。すなわち、アメリカにおいては、賃金を決定する労資交渉制度が業種や地域などに応じてバラバラに分かれている度合が、他のＯＥＣＤ諸国とくらべて大きいのである。また、アメリカにおいて不平等の度合が大きいのは、他のＯＥＣＤ加盟国とくらべてとくに貧困層内部の格差がきわめて大きいからである。富裕層だけについて見ると、アメリカと他のＯＥＣＤ諸国との賃金の不平等の度合のちがいはずっと小さくなる。[26] ブローとカーンの結論によれば、給与体系の下位グループにたいしてより手厚い分配をしようとする労働組合の姿勢は、アメリカを含めすべての国に共通にみられるという。しかしながら、組合員内部の格差を縮小させ、さらにそうした恩恵が非組合員にもおよぶという点においては、アメリカの組合よりも他の国々の組合のほうがより大きな成功をおさめているようである。この結論は、ディナルドらが法定最低賃金の影響を時系列的に分析して得た結論と矛盾しないとわたしは信じている（DiNardo, Fortin and Lemieux, *op. cit.*）。

3—3 貿易、生産要素の流動と労働組合の交渉力

ロドリックは、（3—1項で検討した）労働市場における熟練度の重要性と、（3—2項で検討した）制度のありかたの重要性について、ある意味で双方にまたがる議論を展開している（Rodrik, *op. cit.*）。かれは、グローバリゼーションが労働市場に影響を与える二つの経路を指摘している。第一に熟練労働力と非熟練労働力への相対的需要におよぼす影響である（かれの著作において集中的に考察されてきた。3—1項参照）。つまり、貿易によって先進国における非熟練労働力の需要曲線は下方にシフトすると考えられている。これは、一定の賃金水準のもとでは非熟練労働力への需要量が「グローバル化していない」場合とくらべて少なくなるということを意味する。第二にロドリックが強調する点は、貿易（すなわち外国への生産の委託）または外国への直接投資をつうじて、一国内の労働者とくに非熟練労働者の雇用機会が他国の労働者に奪われてしまう可能性が大きくなったということと関連している。もしも、労働者Aを、熟練度の同じ労働者B、C、Dなどと交替させることがより容易になったとすると（……）B、C、Dなどの賃金と比較したAの賃金の上昇により、Aはたちまち失業の危機にさらされるであろう。このようにして貿易は労働需要の賃金弾力性を大きくし、国内での労働需要曲線を押し下げるのである。つまり非熟練労働者の賃金水準の変化が非熟練労働力への需要を変化させる度合は、「グローバル化していない」場合の変化よりも大きくなるのである。

ロドリックは「外国労働力による国内労働力の代替」がより容易になることにより三つの重大な結果が生じ、それが第二次大戦後の労資交渉の土台を掘り崩していると論じている。第一に、労働者はいまや労働条件の改善や賃上げのためのコストを以前より多く負担しなければならなくなった。第二に、労働需要や労働生産性の変化に応じて所得や労働時間の変動はより大きなものとなる。つまり労働条件はより不安定に変動しやすいものになるのであり、労働者はこうした不利益に甘んじなければならない（わたしがすでに示したように、この不安定性はアメリカにおける熟

練度の同じ労働者グループ内部で不平等が拡大している原因のひとつかもしれない。そしてこの不安定性は他の要因とあいまって、労働報酬が「市場原理で決定される」傾向を強める要因のひとつかもしれない）。第三に、労働者の交渉力は低下したのであるから、雇用条件が労資交渉によって決定される場合はいつでも、労働者が受け取る賃金や手当は少なくなる。ここで考慮されている一国経済の対外的開放度の大きさは、貿易や投資の数量的な大きさで測られるわけではない。貿易や投資を行なうことが容易になるだけで〔労働者から交渉力を奪うには〕十分なのである。

前記のような貿易や投資に関連する論点とは別に、ロドリックは経済的なグローバリゼーションが一定限度を超えて進めば、政府はもはや社会保障制度に必要な所得移転のための財源を確保できなくなってしまうとも主張している。なぜなら課税対象がきわめて容易に国外に逃避してしまうからである。

ロドリックの議論はかなりの説得力をもっている。もっともかれ自身も認めているように、これらの論点にかんする基礎的調査がいまだ行なわれていないために、貿易や投資が労働者の交渉力にもたらす影響の大きさを数量的に測定することはできないのであるが。かれが著書の最終章で打ち出している社会政策と貿易政策についての実際的な結論は別としても、かれの理論的概念構成は、もしもその有効性が実証研究によって確認されれば、ヨーロッパの観点から見てきわめて重要であるとわたしは信じている。低賃金国との貿易に焦点をおいた議論は、ドイツやフランスの非熟練労働者がイギリスやアメリカの非熟練労働者とも競争しているという事実を見落としている。しかもドイツやフランスの市場は、インドや中国の市場とよりもアメリカやイギリスの市場と緊密に結びついているのである。先進国同士の貿易をみても〔非熟練労働力による生産物が実際に大量に取引されているわけではないから〕それが非熟練労働の相対的需要に影響をおよぼしているということは察知しにくいかもしれないが、実際にはやはり関連するすべての先進国で非熟練労働力への需要はより弾力的になっているのである（*ibid*., p. 26.）。いいかえると、労働力需要の弾力性の増大は〔先進国と発展途上国とを緊密に結びつける〕「グローバリゼーション」についてのみでなく、〔先進国同士を結びつける〕「ヨーロッパ統合」についても妥当するより一般的な現象なのである。経済構造の相違や貿易相手国の性格にかかわりなく、多国間の経済統合の直接的結果として、労働力需要の賃金弾力性は大きくなるのである。資本への課税にかんするロドリックの議論も同様で、もしもそれがグローバリゼーションについて妥当するなら、ヨーロッパ域内についても妥当するにちがいあるまい[27]。

4 平等主義的雇用政策が直面する制約

ギデンズやグレイのようにグローバリゼーションを称揚する人びとは、この新しい政治経済〔システム〕において各国政府が正常に機能しているならば、ケインズ主義的総需要管理政策はもちろんのこと、再分配を志向する伝統的社会民主主義的政策のいくつかを実施するのは不可能であると強く主張している。ハーストとトンプソンは、積極的に賞賛するものであれ消極的に諦観するものであれ、グローバリゼーションを絶対視する論者に反駁するが、「きわめて積極的な財政出動や再分配政策を含む国民経済管理は、国内的にも対外的にもさまざまな制約に直面し、もはや実施は不可能である」ことは認めている（Hirst and Thompson, *op. cit.*, p. 2.）。そのうえでなおかれらは、一国政府が行動する余地がまだあることを強調しようとしているのである。「たとえそのような制約があったとしても、富裕層の側が政治的態度をほんの少し変えさえすれば、政府が国民経済を制御し比較的短期間で社会改善を達成しうる方策があるということを否定してはならないのである。」（*ibid.*, p. 7.）

この節においてわたしは、より多くの雇用機会を創出し税引き後の所得分配をより平等にしようとする政府が直面する対外的・国内的制約の特質について検討したいと思う。ここ二〇年間で、経済学の教科書は政府がマクロ経済運営を行なうさいに直面する対外的制約についてきわめて多くの分析を行なってきたし、ジャーナリストや政治家もこの点について多くのことを言ってきた。かれらがいう対外的制約とは、（一）国際収支を大幅に悪化させてはならないという制約、（二）金融市場において自国通貨の信用を維持しなければならないという義務、そして（三）国際競争力を維持しなければならないという義務、および資本や企業経営者層などの課税対象が容易に国外に移動しうることからもたらされる、徴税能力・社会保障財源調達能力の低下である。この小論でこれらの論点を網羅することは不可能なので、わたしは社会民主主義を取り巻く論争の理解に役立ついくつかの概念的論点を指摘するにとどめたい(28)。

第一にわれわれは、「社会民主主義的経済政策」はグローバリゼーションに起因する克服不能の対外的制約によって実施不可能になった、という主張の背後に隠された全体をあばきださなければならない。つまりこうした主張には、社会民主主義の観点から見た失業にたいする適切な方策は、つねに政府の財政・金融政策で需要を創出することだけであるとの前提が隠されているのである。この前提は明らかに誤りである。シャルプフは、『ヨーロッパ社会民主主義の危機と選択』と題する重要な著作において、財政・金融政策による需要管理では効果があがらない理由としてさまざまな「問題群」を手際よく分析している。コスト・プッシュ・インフレ〔生産コストの上昇によってもたらされる物価騰貴。とくに完全雇用政策にともなう拡張的財政金融政策が発生要因となった場合をいう〕が引き起こすスタグフレーション〔景気停滞（スタグネーション）と物価上昇（インフレーション）との共存現象〕もそのひとつである。所得政策はスタグフレーションへの対処に必要とされる重要な追加的措置であった。それゆえ、政府と労働組合の緊密な協力が不可欠であったのである（Fritz W. Scharpf, *Crisis and Choice in European Social Democracy*, Ithaca: Cornell University Press, 1991, pp. 25-37.）。そして、たとえ景気変動が順調に推移しているとしても、経済政策が成功するか否かは労働組合と雇用者の自発的協力にかかっていた。このように政府が直接実施可能な政策手法だけでは、たとえ世界と隔絶された国民経済のもとでも、問題群のすべてに対処するには不十分であったし、〔今日においても〕不十分なのである。

わたしはぜひこの点を強調したい。それは対外的制約が存在しないからではない。もちろん対外的制約は存在する。わたしがこの点を強調したいのは、社会主義の「黄金時代」――つまりグローバリゼーション以前の時期――には、いかなる問題群によって引き起こされたものにせよ、失業に対処するには財政・金融政策による総需要管理だけで十分であったなどという奇妙な主張を否定するためである。

4―1　総需要管理政策と再分配政策が直面する対外的制約

ケインズ主義的総需要管理政策が直面する対外的制約　開放経済体制下では、総需要管理政策は対外的な制約を受ける。しかしこの点については認識の混乱も存在する。資本市場がグローバル化したために一国内での総需要管理政策が不可能となったと論ずるのは誤りである。経済体制が異なれば総需要管理のための政策手法が異なるのも当然であるが、総需要管理の可能性そのものが否定されることはない。外国にたいして閉ざされた経済のもとでは、政府は需要を増大させるために財政政策と金融政策の双方をもちいることができる。しかし外国にたいして開かれた経済のもとでは、マクロ経済政策のルールも変わる。おおまかにいって、もし政府が為替レートを固定することを選択すれば閉鎖経済の場合とくらべて金融政策に依存する度合は減少し、財政政策に依存する度合が増加しよう。もし政府が為替レートの変動を許容するならば事態はまったく逆となり、財政政策に依存する度合は減少し、金融政策に依存する度合が増加しよう。[29] 資本が国境を越えて容易に移動し、資本にたいする政府の統制力が弱い世界においては、政府がいくら為替レートを安定させようとしてもその目的のみのための金融政策（すなわち需要安定化のためにもっぱら財政政策のみに依存すること）を放棄しないかぎり困難におちいることになろう。

ところで総需要管理政策が有効であるとしても、それは需要創出政策が国際収支の制約から自由であるということを意味するわけではない。たとえば為替レートが比較的安定し資本への統制が弱い経済体制のもとで、需要創出政策を実施する場合を考えてみよう。需要創出政策への対外的制約の性質を見きわめるためには、以下のような概念的区別が有益である。

（一）分析のもっとも基本的なレベルにおいては、政府の拡張的総需要管理政策が国内の生産と雇用におよぼす影響は、ケインズの言う乗数効果によってあらわされる。ただしこの効果は「輸入による供給」によって減殺される。一国の経済において「単独で」需要創出政策を実施しても、この経済における貿易の比重が大きければ大きいほど乗数効果の恩恵は減少する。しかしながら効果が減少するからといっても、それを阻害要因と同一視するわけにはいかないのである。

（二）需要創出によって引き起こされた輸入の増加が対外的阻害要因となるのは、それによって看過できない貿易赤字が生じた場合である。これもまた、ほとんどのヨーロッパ諸国のように高度に外国と統合された経済体制のもとで、一国単独で雇用創出政策を実施した場合に起こる典型的な問題である。このため社会民主主義者は、ヨーロッパにおいて「一国ケインズ主義」的な需要創出政策を実施するのはきわめて困難になった、と主張してきたのである。しかしもしひとつの通商圏〔EU〕全体にたいしてケインズ主義政策が実施されれば、三〇―四〇年前に一国単位で実施されたときと同様の成功をおさめるかもしれない。

（三）貿易赤字が増大すると――ときには貿易赤字が増大しそうであると予想されるだけで――金融市場がそれに反応し、阻害要因の影響がより深刻なものになるかもしれない。この種の問題の深刻化は、（i）国際通貨市場における取引量の増大、（ii）国際通貨市場を規制する制度の不在、そして、（iii）各国が為替レートの乱高下に協力して対処しようとする意志の欠如によってもたらされる。これらの要因に加えて、一九七〇年代から八〇年代にかけて通貨制度が動揺した時期に恐ろしい経験をしたために、各国政府は通貨市場の反応をますます警戒するようになり、マクロ経済運営についての伝統的概念を捨て、それぞれの国内の企業の競争力を維持するための経済環境整備にもっぱら腐心するようになったのである。(30)

しかしながら特定の国々を除けば、今日の中央銀行当局が総需要管理にたいして一般的に「慎重」な理由は、まずもって対外的要因のためであるということがそれほど自明なわけではない。ドイツ連邦中央銀行にとって、インフレへの懸念は国内問題である（原註34参照）。また、多くのヨーロッパ諸国やアメリカでは公的債務の増大がますます懸念されるようになり緊縮財政政策をとる動機となったが、これもそれぞれの国内の事情によるものである。(31) さらに、全世界でマクロ経済政策が緊縮的になったのは、われわれが金融規制緩和と各国の協調体制の欠如の時代に突入したからであるという見解も正しくない。アメリカの通貨政策は最近十年間のほとんどの時期において拡張的であったし、近年アメリカ経済が活況を呈している理由もまさにそこにあると多くの論者は見ている（たとえば、Franzmeyer, Lindlar and Trabold, *op. cit.*〔この文献は最近十年間のヨーロッパとアメリカの経済の展開のちがいが、マクロ経済政策のちがいに由来することを強調している〕）。これらすべての論点を考慮すれば、アメリカと比較してヨーロッパ諸国が一般的に総需要管理政策に消極的である理由を、（二）や（三）で指摘されているような対外的阻害要因では十分説明することはできないということになろう。

（四）ミュエは、ヨーロッパ諸国の中央銀行当局や政府が消極的である理由について、より巧妙な説明を展開している（Pierre-Alain Muet, *Deficit de Croissance et Chômage: Le Coût de la Non-Coopération, Groupement d'Etudes et de Recherche "Norte Europe"*, Etudes et Recherches, No. 1, April 1997.）。ＥＵでは為替レートの変動を一定限度におさえる制度が採用されたが、通貨・財政管理のための協調体制は欠如していた。そのため一九九〇年代のアメリカにおいて成功した通貨・財政政策をヨーロッパにおいて実施することは不可能となった。ミュエの分析によれば、協調体制の欠如（これ自体は「対外的阻害要因」）によって、（インフレや公的債務増大への懸念といった）複合的な「国内的」阻害要因が解決不可能となるのである。ミュエのマクロ経済分析は、ジャック・ドロールが長年にわたって主張してきた次のような命題を裏づけている。「ヨーロッパ諸国は、景気後退からすみやかに脱出するために経済を刺激するという政策をとることができなくなってしまったが、その原因は独立していた、否すでに緊密な相互依存関係にあった国々が連合したことに求められる。商品市場と資本市場の統合によってさまざまな経済政策は効果がなくなってしまったわけではないが、統合がもたらしたこの影響の度合は政策の種類によって大きく異なっている。協調体制がない場合、コストを切り詰めて競争力を維持しようとする政策は、各国が個別に行なえばますます効力が強まっていき、つねに過度になりやすい。（……）ヨーロッパ諸国がこのように政策手法を限定されてしまう理由の一部は〔むしろ〕ヨーロッパ統合に反する政策にあるのである。ヨーロッパ諸国は、アメリカ合衆国を構成する各州とほとんど同じぐらい相互依存の関係にあるが、アメリカ合衆国とはちがって、ヨーロッパはいまだにその統合された経済に見合った政治経済機構を確立していないのである。」（*ibid.*, p. 3.）ドロールの提案は、最近フランス政府によっても繰り返されたが、ヨーロッパ経済を統制するなんらかの管理機構によって欧州を補強しようとするものである。

これまでのところ、ヨーロッパ各国が協調して（現実にはきわめて控えめに）経済成長指向政策を実施するという考えは保守勢力の一致した努力によって阻止されてきた。しかし、今日それがいかに困難な政治闘争を意味するにせよ、ヨーロッパの社会民主主義勢力はドロールの言うヨーロッパ協調体制をめざすべきである。ドロールは最近の論文で、欧州経済通貨統合（EMU）のもとでの経済政策協調体制という提案をより明確なかたちで繰り返している（Jacques Delors, *Pacte pour la coordination des politiques économics, Groupement d'Etudes et de Recherches* "*Notre Europe*", 6 August 1997; Jacques Delors, Interview by Grant, Charles, "The Former Commission President Remains Supremacy Confident of the EU's Future: economic union, political democracy and twice the size", *New Statesman*, 2 January 1998 も参照せよ）。しかしながら、わたしは同時に「景気後退からすみやかに脱出するための」短期的調整政策は重要ではあるが、その有効性については、〔ヨーロッパ協調体制の有無を重視するドロールの分析ではなく、国内要因を重視する〕ミュエの経済的分析がもっとも説得的であることを強調しなければならない。総需要管理政策の成功を妨げるより根本的で長期的な要因は、国内的な問題、すなわち一国内部での分配をめぐる紛争であるとわたしは信じている。わたしはこの論点を4―2項以降で検討する。ヨーロッパにおいて中央銀行当局が需要創出政策についてそこまで徹底的に慎重になるのはこうした国内的問題〔への懸念〕のためなのである。

徴税能力や社会保障財源調達能力を阻害して再分配政策を不可能にする対外的要因　ここでは二つの論点が検討される。ひとつは産業の国際競争力であり、いまひとつはある種の生産要素が国境を越えて容易に移動することに起因するリスクである。

社会保障費用や税金は、賃金コストや資本コストを増大させ、国際競争力を維持すべしとの制約と対立することになる。しかしながら、再分配政策それ自体のみが対外的制約と対立すると考えるのは誤りである。対外的制約に直面するのは、政府によって実施される再分配政策と、そのなかで実質的な取り分の増加をはかろうとする（労働者、自営業者、投資家などの）経済主体の非妥協的要求がぶつかりあう政治過程全体なのである。わたしが思うに、この「対外的」制約は概念的には4―2項以降で検討される国内的制約の変種にすぎない。

生産要素、とくに資本と最高経営者層が国境を越えて容易に移動することは再分配政策を指向する政府にとって問題となる。わたしは、EU加盟国が一律の税制を実施する政策（自国に多くの生産要素を誘致しようとして税率引下げ競争をすることを回避するための方策）[32]を強く支持する。ただし経営者層が税率の低い国に容易に移動できるために個人に所得税を課すことが困難となっている、という議論はあまりに誇張されているとわたしは信じている。こうした主張は税率を引き上げる必要がもっとも高い国々において喧伝されている。たとえばイギリスの税制についての論争でこの主張を掲げるのはまったくの誤りである（Andrew Glyn, "No Escape from Tax", *New Economy*, Vol. 4, No. 2, Summer 1997.）。

4―2　総需要管理政策が直面する国内的制約

ヨーロッパの個々の国民国家のほとんどにとって、4―1項で取り上げられた対外的制約は、実際には政策決定に短期的な影響しか与えない。より長期的な視点からみれば、なぜ政府がケインズ主義的総需要管理政策をとろうとしないのかを「対外的阻害要因」によって説明することは、ヨーロッパのいくつかの小さな貿易立国以外には不可能であろう。労働者と雇用者が協力すればいつでも、賃金と物価の連鎖的上昇も公的債務の増加も引き起こさずに需要を増大させ、ひいては雇用を増大させる財政・金融政策を実施することが原則的には可能である[33]。ましてEU全体で労働者と雇用者との協力が実現すれば、そのような政策の可能性はなおのこと現実的となる。しかしながら雇用を増大させるような需要管理施策を実施するためには、長期的に平均賃金水準の上昇を抑制しなければならない（それゆえ政労資合意による所得統制がなんとしても実現されなければならない）。また政府の側は、マクロ経済の必要におうじて機能的に税制を調節し、必要であれば増税もあえて行なう意志をもたなければならない。そして労働者の側は、そうした税負担を企業に転嫁することなく進んで引き受ける意志をもたなければならない。

　こうした論点について理解を深めるためにも、わたしはふたたびシャープの業績を取り上げたい(34)（Sharpf, *op. cit.* とくに政府の行動能力の限界について論じた第一〇章をみよ）。グリンもまた、平等主義的雇用政策を成功させるための条件として所得分配をめぐる政争を解決することが重要であると強調している。「とりわけ、金融市場が国際化したために、信用のおけない政策を実施する政府を金融市場が罰するスピードはより迅速になり、効果はより劇的になり、被害はより深刻なものとなった。しかしこの信用性の問題を視野の狭い階級的先入観によってのみ理解すべきではないということは重要である(35)。平等主義にもとづくさまざまな政策手法を持続的に実施しようとすれば、国内にきわめて深い根をもつ障害を克服しなければならない。有権者はこれらの政策手法によって課されるコストを引き受け、投票によって支持しなければならない。そして持続的に雇用を増大させることによって生じるであろう政争をなんとしてもおさえこみ、雇用拡大政策の維持に人びとの支持を結集していかなければならない。」（Andrew Glyn, “Egalitarianism in a Global Economy” *Boston Review*, Vol. XXII, No. 6, December 1997/January 1998.）。グリンの分析は完全雇用の政治的側面にかんするカレツキーの有名な論文に言及している。雇用を増大させる政策を実施すれば必然的にコストが発生するが、そのコストは数量的に明確にされなければならず、そして賃金労働者や給与所得者はそのコストをすすんで負担しなければならない。もし社会民主主義がそのような政策への支持をとりつけることができなければ、分配をめぐる政争のしわよせとして大量の失業が発生しつづけることになるのである（Andrew Glyn, “Social Democracy and Full Employment” *New Left Review*, May-June 1995, p. 55.）。

4―3　平等主義的雇用政策が直面する国内的制約

雇用政策を成功させる条件　序論においてわたしは「完全雇用」の考えを社会正義の目標と位置づけることがなぜ必要であるかを説明した。そのうえでわたしは「平等主義的雇用政策」の概念を導入した。いまやわれわれは、3―1項と4―2項の分析をも考えあわせて、そのような雇用政策が成功するためには適切な総需要管理と非熟練労働を対象とする雇用支援政策の双方が必要であると考えることができるであろう。この非熟練労働者に対象をしぼった雇用支援政策は、税引き前のかれらの賃金の大幅な引上げを可能とするような賃金補助制度、政府が非熟練労働者を直接雇用するような事業、そして教育と職業訓練への予算割当増額などのかたちをとることができよう[36]。このさい前者（経済全体の需要管理）と後者（非熟練労働者のみを対象とする政策）のどちらがどれだけ重要であるかとか、後者の政策を必要とする厳密な論拠は何か（技術上の変化かそれとも貿易か）といった問題に決着をつける必要はない。総需要管理政策と選択的雇用拡大政策のバランスがどのようなものであれ、平等主義的雇用政策を成功させるためには、国内で以下のような人びとの意志を結集するという困難な問題を克服しなければならないことに変わりはないからである。

（a）富裕層（たいてい熟練労働者）から貧困層（たいてい非熟練労働者）に所得を再分配しようとする積極的な意志。それは（i）非熟練労働者を対象とする雇用政策の財源を調達するため、（ii）教育・職業訓練の財源を調達するため、そして（iii）これらの政策だけでは完全に解決できない極端な所得の不平等を緩和するために必要とされる。（b）不景気できびしい労働市場において、平均賃金水準の上昇をある程度抑制することを受け入れる積極的な意志（その結果として、この賃金統制を社会的・経済的に維持するために賃金の上昇や全体としての所得格差について政府が口を差し挟んでくることも正当であると承認する積極的な意志[37]）。

「再分配する積極的な意志」という表現については、第一に「再分配」の概念について、第二に「積極的な意志」という言葉の用法についていささか説明を要するであろう。

（a—i）や（a—ii）が意味する政策は、一般的には「社会投資」と表現される。それらの政策は直接的な現金や現物の給付は行なわないので、「社会支出」たとえば（a—iii）が示唆するような社会給付とははっきりと区別されることが多い。この投資と支出の区別は有益である。というのもそのことによって、賢明な福祉国家はたんに給付を行なうだけでなく人的資本や社会資本への投資も行なわなければならないということが明らかとなるからである（Commission on Social Justice, *Social Justice. Strategies for National Renewal*, London: Vintage, 1994 がこの点を強調している）。さらに直接的な社会給付が「再分配」を意味しているのにたいして、社会投資はそれとはまったく別のものであるということもしばしば指摘されている。このような区別を支持する直観的で政治的にも興味深い次のような主張がある。すなわち、社会投資はすべての人びとの暮らしむきをよくするが、社会支出は一部の人びとに費用をおしつけて他の一部の人びとの暮らしむきをよくするものである。したがって、後者は「再分配」であるが前者はそうではないというのである。この主張は政治的に簡便であり多くの場合適切であるかもしれないが、社会支出がつねにそのような再分配を意味しており、社会投資は決して再分配的とはならないなどと主張するのは厳密な分析には耐えられないようである。

なぜなら第一に、社会投資は決して安上がりなものではなく、とくに短期的に見れば高くつくものである。さらに長期的に見ても、多くの資源が社会投資に振り向けられることによって生活水準が恒常的に悪化する人びともでてくるかもしれない。このことを別の言葉でいえば、たとえ社会投資が経済的効率を十分に高め、マクロ経済的には利得が生まれたとしても、個々の市民すべてがその恩恵に浴する保証はどこにもないのである。（オックスフォード大学やケンブリッジ大学への政府助成を減額したり卒業者に「卒業税」を課したりして、他の教育への助成を増額することも、長期的にみれば再分配政策とみなしうるであろう。）

第二に、重要な政策のなかにはこの社会投資か社会支出かという区別のどちらか一方に分類するのは困難なものも存在する。たとえば賃金補助は、社会投資と直接的な再分配の双方の性格をあわせもっている（なぜならそれは、賃金補助のおかげで人びとが職業経験を得られるという意味では人的資本への投資であり、一部の人びとから徴税して他の一部の人びとの賃金を増加させるという意味では再分配的であるからである[38]。非熟練労働者への賃金補助が長期的にはそれ自身の財源を生み出し、すべての人びとの暮らしむきをよくすると論じるのがフェルプスひとりにとどまらないことは確かである（Phelps, *op. cit.*）。しかしその議論は厳密なものではなく、「つねに真の命題」であるとみなすわけにはいかない。したがって、もし長期的に見てこの非熟練労働者のための賃金補助政策が自身で財源を生み出しえず、不足分を負担させられるというリスクを熟練労働者が受け入れる覚悟がなければ、熟練労働者がそのような政策を喜んで支持するなどということはまずありそうにない。つまり実際には「社会支出」の多くについてだけでなく、われわれが「社会投資」と呼んでいるものの多くについても、熟練度が高く所得も高い人びとから、熟練度が低く所得も低い人びとへ資源を再分配する積極的な意志がわれわれにあるかどうかが問題となるのである。さらに政策の優先順位を決めるにあたって、われわれは再分配政策のこの二つの側面の二者択一《トレードオフ》の関係に直面することになる。より具体的にいえば、（老齢などの理由で）雇用によってはみずからの生活水準を改善させることができない貧困者への直接的な給付を増額するか、それとも雇用によって貧困から脱することができる人びとのために雇用創出や職業訓練への投資を増額するかの選択をせまられるのである[39]。

「積極的な意志」という表現については、社会政策への「道義的」支持のみを強調し、制度として社会政策が確立されることを軽視するものと理解されてはならない。むしろこの積極的な意志は（賃金交渉形態や課税・社会給付システムのような）制度や社会文化によってかたちづくられた複雑な社会システムの資質的特性を意味する。より正確にいえば、社会に広く受け入れられた信念や価値観にもとづいて行なわれる、既存の社会制度の枠内での選好様式を意味するのである。「積極的な意志」という言葉を用いることで、わたしはたんに公的な制度の考察にとどまるのではなく、社会の信念や価値観の重要性をも強調したいのである。もちろん公的制度のありかたは、賃金の増加より雇用の維持を優先し、資源を再分配するような「資質的特性」を形成するためにきわめて重要である。しかし、制度の構築それだけでは不十分のようである。

つぎのような事例がこの論点を明確にするかもしれない。団体交渉制度についての研究から生まれた理論によれば、ベルギーとオランダはしばしば同様の性格をもつとされる。(40) しかしながら、最近一五年間でオランダにおける団体交渉と雇用状況は、ベルギーとは大きく異なる展開を示したのである。欧州委員会統計局の定義による雇用の量、すなわち生産年齢人口ひとりあたりの総労働時間において、オランダはベルギーを上まわってはいない。おおかたの予想に反して、この点においてはベルギーのほうが北方の隣人よりわずかに良好な成績をおさめているのである。しかし過去十年間において、オランダの雇用の量は一貫して増加してきたのであり、その増加の速度はベルギーやヨーロッパの他のほとんどの国々よりも早かった。そしてオランダの雇用はいまも増加しつづけているのである。一九八二年から今日まで、雇用者団体と労働組合の合意により一貫して賃金抑制政策がとられたことがこの成功を支える大きな要因である。対照的にベルギーの実績は乏しいものである。一九八〇年代と九〇年代は、雇用者と労働組合が互いを信頼しなかった不幸な時代であった。そのうえ政府がときおり権威主義的に介入するので、比較的大幅な賃上げが行なわれる時期と、強制的な賃金凍結や切下げが行なわれる時期が交互に繰り返されたのであった。〔オランダとベルギーの運命を分けた〕第二の、そしてもっとも重要な要因は、オランダでは労働時間がパートタイム雇用というかたちでより多くの人びとに分配されたことにある。この政策もやはり社会の広範な合意のもとに実施された。オランダの経験は、雇用を創出するために労資交渉のありかたや基本的な労働市場制度を破壊する必要はなく、不平等の拡大を生み出す必然性もないということを証明している。社会全体の合意によって雇用は創出しうるのである。われわれはオランダのすべてを模倣する必要はない。オランダでも、非熟練労働力への需要の大幅な不足という問題は存続しており、これを解決する魔法はない。それでも、雇用者と労働組合の合意が全体的な雇用状況の改善に重要な役割を果したことは明らかであり、オランダ型「労資協調主義」はヨーロッパの社会政策の魅力的なモデルとなっている。少なくともアングロサクソン諸国のモデルよりは魅力的であろう。(41)

ベルギーとオランダという、他の点では似かよった二つの国がなぜこうもちがう歴史を歩んだのか。その理由をたんに団体交渉制度という「ハードウェア」のちがいのみに帰するのは容易ではない。理由の一部は、オランダにおいて過去一五年間に培われた団体交渉の「ソフトウェア」のうちに見出すべきであろう。ソフトウェアとは、雇用者と労働組合の、少なくとも幹部同士の信頼を支えた信念とイデオロギーであり、経済的・社会的に活動する人びとを突き動かした価値観である。マーカンドもイギリスの経験をラインラント・モデル〔二五頁を参照〕とは正反対のものとして説明するさいに本質的に同じ論点を強調している。社会民主主義的な政策の実施には、文化的にそれを求める傾向と「暗黙の相互理解と成文化されてはいない了解事項にもとづいた労資協調慣行が必要である。これはアングロサクソン的伝統のもとで培われた文化や慣行とはほとんど一致しないものである」(David Marquand, *The New Reckoning. Capitalism, States and Citizens*, Cambridge: Polity Press, 1997, p. 183. 同書四〇頁も参照せよ)。

賃金交渉の公的な制度を分析しつつ、ローソンは団体交渉に参加する労資双方の「主観的心情」の決定的重要性を明らかにしている(Robert Rowthorn, "Centralisation, Employment and Wage Disparison", *The Economic Journal*, Vol. 102, No. 412, May 1992.)。かれの刺激的な示唆によれば(ヨーロッパ大陸中部諸国のように)労資の協調的な個別交渉に頼る仕組みをとる場合、それは交渉過程の雰囲気の変化にきわめて影響を受けやすい。協調姿勢がひとたび崩れれば、交渉の経過もきわめて険悪になり、交渉当事者は近視眼的な損得勘定で頭がいっぱいになってしまう。これとは対照的に、もしも労働組合が長期的な自己利益への関心と誠実な利他主義を保持し、他者への適切な配慮を示すことができれば、団体交渉形態はマクロ経済の実績に思いがけない影響をおよぼす要因としてはほとんど重要でなくなるかもしれない。もちろん労働組合の交渉当事者の信念や価値観は無から生じるわけではなく、社会全体の信念や価値観を反映している。そしてより明確にいえば、雇用者団体の側に創造的に協調姿勢をとる積極的な意志があるか否かに対応して労働組合側の姿勢も決まるのである。一般的には信念を外的要因とみなすことはできない。信念とは社会的経験の影響を受けるものであり、この意味で社会の展開に部分的に内在している要因なのである。(42)

雇用政策を成功させる条件としての「再分配への積極的な意志」という概念については、いまひとつ別の説明を加えなければならない。今日の社会における階層分化の現実をふまえると、再分配をたんに「富裕層」から「貧困層」への資源の移転にすぎないと考えることはできない。トンプソンは、アングロサクソン系の国々の経済に特徴的な保守的経済政策と他の変化の結果、〔貧困層〕三〇％・〔中間層〕五〇％・〔富裕層〕二〇％」の階層分化が生じたと述べている（Grahame Thompson, "Globalization and the Possibilities for Domestic Economic Policy", *Internationale Politik und Gesellschaft*, 2/1997.）。人口の約三〇％は貧困層に位置し、恒常的失業か、低賃金、非熟練職種、パートタイム雇用、あるいはいつ失われるかわからない不安定な雇用に甘んじている。それとは対照的に所得を大幅に増加させた約二〇％の〔富裕層に属する〕人びとがいる。両者の中間に約五〇％の人びとが位置しており、かれらが経済全体の需要の大部分を創出しているのである。かれらは高い熟練が要請される新しい経済体制に適応することに多少なりとも成功し、仕事の展望もいぜんとして明るいものである。トンプソン（その他の多くの論者）によると、政治的な問題はこの五〇％の中間層が税負担を毛嫌いする度合が日ましに強くなっていることにあり、このためケインズ主義的で柔軟な総需要管理政策や再分配政策を実施することが困難になっているのである。トンプソンによれば、必要とされているのは全国的連帯を実現するための新たな「社会協約」である。「三〇％・五〇％・二〇％に分裂した社会において、鍵を握る五〇％の中間層の人びとがコストを負担すると同時に、そこからなんらかの利益を得ることを可能とするような社会全体の『合意』をつくりあげることができるかどうか、それが問題なのである。」（*ibid*., p. 170.）。この難問の本質を、福祉の「普遍的」原則と「選別的」原則の対立というありふれた命題に還元することはできないとわたしは信じている。根本的な問題は、「公正」とみなされるような（現金および現物の）利得と（社会保障費用および税の）負担の社会全体での分配のありかたに、社会の大多数の支持を得ることができるかどうかなのである。(43)

人びとが資源の再分配を積極的に支持するためには、雇用政策において、また社会全体で見ても権利と義務のバランスがとれた互恵主義の原則が貫徹されていなければならない。さらに非熟練労働者に対象をしぼった雇用政策の実施について、また社会政策一般の実施についても行政的効率が維持されていなければならない。互恵主義は平等主義的正義の根本的価値であるが、ここではこれ以上詳細な検討はやめ、本論文全体の主要な論点に立ち戻ることにしよう。

「グローバリゼーション」の影響　いまや問題は、前節で論じたような平等主義的雇用政策を成功させるための条件――政策実施における互恵主義と効率性を前提とした、賃金上昇のある程度の抑制を受け入れる積極的意志と再分配政策を実施する積極的意志――を実現することを不可能にするような、グローバリゼーションに由来する要因というものが存在するのか否かということである（グレイが「解決不可能な矛盾」と表現したことを想起せよ）。わたしもいくつかの社会学的変化を想起することはできる。それは、われわれが第2節と第3節でみてきたような国際化に関連する変化に起因し、前記のような条件の実現を困難とするものであった。しかしわたしは、前節で論じた事実によって国内の制約の克服が不可能になるという論拠を見出すことはできないのである。

ここで所得の再分配や賃金交渉の調整をおそらく困難にしたと思われる変化の一例をあげてみよう。あからさまな賃金の不平等の原因を説明する要因として、熟練の有無がより重要になればなるほど、こうした不平等はより「経歴に左右される」性格を帯びるようになる。すなわち、だれがどれだけ賃金を得るかということは伝統的に理解されているような階級によって決定されるのではなく、個々人の経歴や資質によって決定される度合が高まるように思えるのである（Giddens, *Beyond Left and Right*, pp. 143-144でこの点が論じられており、事実、否定しがたい洞察ではある。Pierre Rosanvallon, *La Nouvelle Question Sociale*, Paris: Editions du Seuil, 1995, p. 209; Van der Zwan, Arie, "Bestaat er voor het socialisme nog een herkansing?", *Socialisme & Democratie*, No. 5, 1996, pp. 263-264も参照せよ）。このことから二つの帰結がもたらされる。ひとつは政治判断にかんするものであり、いまひとつは正義についての支配的な概念にかんするものである。

政治判断にかんする帰結として、熟練労働者が社会全体の保険システムのコストを負担しようとする意志がますます弱くなるかもしれない。たとえば失業保険であるが、熟練労働者が失業する危険度は非熟練労働者が失業する危険度より明らかに低いからである。アトキンソンも熟練の度合については言及していないが、失業保険制度と失業の危険について一般的に論じるさいに、同様の論点を指摘している。「有権者はまったくの『無知のヴェール』の奥で政策を選好するものだという考えかたによって、（……）景気後退の時代の到来とともに失業保険制度への政治的支持が減ったのはいったいなぜなのかを説明することができるかもしれない。一九五〇年代と六〇年代の完全雇用が実現されていた時期には、福祉国家が一貫して支持されていたが、その理由は失業率が低いときには、もし一九三〇年代のような〔大量失業の〕時代がふたたび到来したら自分はどうなるのかということをだれも明確に予測できなかったからであった。しかしながら一九八〇年代に失業の増加が顕著になったときには、人びとは自分が失業する危険性がどれほどあり、また他の職にありつく可能性がどれほどあるのかといった問題についてきわめて明確な見通しをもっていた。そして無知のヴェールはとりはらわれた。大多数の人びとは、自分がそれほど失業の危険にはさらされていないことを知り、かれらの行動目標のなかで失業の危険に備えるということは重要性を失っていったのであった。」

（Atkinson, "Bringing Income Distribution in from the Cold", p. 317.）[44]

正義の観念についていえば、賃金の多寡が個々人の経歴や資質によって決まる度合が大きくなってきたため、不平等を「当然の結果」として是認する考えかたが強くなったのかもしれない。つまり高い熟練度を獲得した人には当然、高い賃金が支払われるべきであると考えられているのである。これはファン・デル・ズワンによって指摘された論点である。熟練度の高い「もっとも著名な経済情勢分析家《アナリスト》」がますます裕福になることにたいし、「かれの高収入は当然だ」と考える人びとをライシュが強く批判するとき、かれはおおむね同様の見地に立っている（Reich, *op. cit.*, pp. 291-292.）[45]。

これらの命題はいっけん説得的ではあるが、実際にはきわめて疑わしいものである。むしろ、イギリス世論調査年報はそのような命題がまったく誤っていることを示している。一九八三年から九五年にかけて、「高所得者と低所得者の格差はあまりにも大きい」と答えた人の割合は一貫して増えつづけた。そして九五年には、すべての階層においてほぼすべての人びとが「高所得者と低所得者の格差はあまりにも大きい」と答えているのである。調査対象者を——職業、社会階層、学歴など——どのような観点から区切ってみても、どのグループでもほぼ同じ割合の人びとが所得格差は大きすぎると答えている。もっともこのような注目すべき意見の一致がつねに存在してきたというわけではない。この世論調査の初期のデータによれば、高所得グループや社会階層が上位のグループの人びとが「所得格差は大きすぎる」と答える割合は全体の回答割合よりずっと低かった（Roger Jowell, John Curtice, Alison Park, Lindsay Brook and Katarina Thomson, *British Social Attitudes. The 13th Report*, Aldershot: Dermouth Publishing Company Ltd, 1996, p. 86.）。ブライソンはイギリスにおける世論の福祉への支持の変動について論じている（Caroline Bryson, "Benefit Claimants: Villains or Victims?", Roger Jowell, John Curtice, Alison Park, Lindsay Brook, Katarina Thomson and Caroline Bryson (eds.), *British Social Attitudes. The 14th Report. The End of Conservative Values?*, Aldershot: Ashgate, 1997, pp. 73-88.）。失業者は働いている人びとより福祉を支持する度合が強いのは当然であるが、一貫して見出される興味深い事実は、高学歴の人びとはそうでない人びとより福祉を支持する度合が強いということである。明確な結論を下すにはおそらく時系列的データが少なすぎるけれども、「グローバリゼーション」の衝撃によって〔福祉を支持する社会全体の〕連帯意識が崩壊したという仮説は、ここでは明らかに誤っているのである。[46]

賃金の不平等を「個々人の資質」に帰する認識によって、中央集権的なコーポラティズム体制〔労働組合と資本家団体のナショナル・センターが団体交渉を行なう体制〕の正統性が掘り崩されているのではないかと考える人もいるかもしれない。しかしわたしは、団体交渉制度の正統性低下を説明する要因を——「グローバリゼーション」との関連で——探すとすれば、伝統的な製造業部門の衰退と中小企業の台頭のほうがより重要であると推測する。さらに輸出志向業種の成長に牽引された製造業部門の再編によって、既存の団体交渉体制も再編を迫られているとも考えられよう。

さて、ここまでの議論でわれわれは再分配政策やある種の労資協約にもとづいた所得統制が不可能になったなどという議論に惑わされる必要はなくなった。しかし「グローバル化した」世界において、資源を再分配し明確な所得統制政策を実施することが困難にはなったかもしれないとすれば（もしそのようなことが実際に起こっていればの話であるが）、その理由は何なのかという問題についての疑念はいぜんとして解決されておらず、さらなる調査が必要である。(47)

ロドリックはつぎのように述べている。「オランダ、オーストリア、ノルウェー、スイスはみな小さな国であり、グローバル化した経済の影響力にさらされる度合はイギリスよりずっと深刻である。もしグローバリゼーションが平等主義的政策にたいする重大な障害となると仮定すると、これらの小国においてこそ、その深刻な結果がみられると考えられるはずである。たしかにこれらの小国は、経済を対外的に開放したために起こった難問に必死で立ち向かわなければならなかったし、いくつかの国では——とくにオランダが顕著な例であったが——労働市場と福祉制度の大幅な手直しを余儀なくされたのであった。しかし重要なことは、これらの小国はみな再分配的な社会制度をなんとか維持したということである。〔そのような〕改革を成し遂げたのがオランダのような小国であり、アメリカのような大国でもなければイギリスでもなかったということはだれの目にも明らかであろう。」（Dani Rodrik, "Hard Tasks", *Boston Review*, Vol. XXII, No. 6, December/January 1997-1998, pp. 15-16.）

現実の世界で確認しうる事実にもとづいて考えれば、社会民主主義の終焉というギデンズの主張（本書九一—九二頁）を立証するのは困難であるようにわたしには思える。第一に、ギデンズはケインズ主義が「黄金時代」を謳歌しえたのは、その時期には一国単位で社会全体を効率的に制御することが可能であったためであると述べているのであるが、わたしは——グローバリゼーションや「再帰性」の度合が大きかろうが小さかろうが——そのようなことが可能であった時期などいちどもなかったと確信している。第二に、わたしにはギデンズの言う「社会的再帰性の強化」(48)とか「伝統主義以降の社会秩序」とかいったものと、一九八〇年代から九〇年代に経済政策を困難におとしいれた諸問題とのあいだに明確な関連があるとは思えないのである。もちろんこれらのギデンズの概念が、経済政策の観点から

「労働者の社会的団結の欠如」とか「労働組合の団結の欠如」とか「雇用者団体の団結の欠如」といった意味に解釈しなおされるのであれば、たしかにそれらは労資協調による賃金統制がますます困難になっている理由を説明する要因と考えられるから、その場合にはギデンズの議論は明確な因果関連を指摘した理論ということになろう。しかしギデンズの言葉づかいは、社会民主主義の問題を明確にするものというより、むしろわかりにくくするものである（学問の世界ではこうした難解な言葉づかいがありがたがられることもあるが）。ギデンズの議論は社会民主主義の将来を左右する政治上の、また倫理上の選択のありかたをむしろ不明瞭にしている。

ケインズ主義的社会規制の終焉というギデンズの主張の他の側面もあまりに漠然としており、なんらかの意味ある方法で実証的に検証するのは不可能であるとわたしには思える。たとえば次のような命題を取り上げてみよう。「ケインズ主義は福祉国家の制度化をうながす他の政策手法と同様に、市民が安定したライフスタイルの型をもつことを前提としている。しかし高い再帰性をもつグローバル化した世界では、市民のライフスタイルは変化しやすい。」(Giddens. *op. cit.*, p. 42.) この命題に含まれる二つの要素を見分けなければならない。つまり福祉政策とライフスタイルの変化が明確に関連づけられており、ギデンズはこの著作で福祉改革を取り上げた部分で長々とこの点を論じている。しかしながらライフスタイルが「安定した型をもつ」ということが具体的に何を意味するのかについて説明がない以上、ケインズ主義の成功と「安定したライフスタイルの型」との関連を検証するのはきわめて困難である。しかもこの論点についてはギデンズとはまったく逆につぎのように主張することもできるのである。すなわち西ヨーロッパにおいては、社会民主主義の黄金時代にケインズ主義的総需要創出政策が成功をおさめたのであるが、その理由はまさにその時期にライフスタイルが急速かつ根本的な変化をとげていたからであると。ヨーロッパにおけるケインズ主義の全盛期は、人びとがあらゆる種類の新しい家庭用耐久消費財や自家用車を手に入れた時期であった。それらは世帯のありかたを一変させたし、黄金時代に言及する論者の多くによれば、これら耐久消費財市場で商品が供給過剰状態になる時点まで需要と雇用が互いに他を増加させる好循環がつづいたのであった。ロストウは西ヨーロッパの戦後成長を支えた主要な産業部門（乗用車、テレビとそれに関連する部門）のきわだって急速な勃興について論じている（Walt W. Rostow, *The World Economy: History and Prospect*, London: Macmillan, 1978, pp. 260-267.）。アメリカにおいて戦間期と第二次世界大戦直後に形成された消費パターンとライフスタイルが、西ヨーロッパと日本に急速に普及した。ロストウはマクロ経済政策が経済成長の実現にいかにして成功したかを示しており、そのさい理由の一部分を消費パターンの急速な変化に帰している。ヨーロッパにおけるライフスタイルの変化は、たんにそれ自体が大きなものであったというだけではなく、それがある種の「グローバルな」変化によって引き起こされたものであるという点でも重要である。つまり耐久消費財の大量消費という現象は、まずアメリカにおいて確立されたのであった。わたしは現時点でこの論点に決着をつけるつもりはない。ただギデンズの命題は、それ自体ではあまりに漠然としており歴史的事実によって検証するのは不可能であるということを示したいだけなのである。[49]

5　平等主義的価値観の妥当性

これまでの節は、政府が直面する「制約」に焦点をあててきた。しかし、政府の行動を方向づける価値観について、われわれはいかなる見解をもちうるであろうか。

本論文の冒頭でわたしは、平等主義の思想にもとづいた雇用政策を福祉政策の最重要課題としてあげた。また、第4節でわたしは、平等主義的雇用政策が成功するか否かは、他のどの条件にもまして資源を再分配しようとする社会全体の積極的意志にかかっていると結論づけた。わたしは、再分配の度合をはかる明確な基準を提示するつもりはない。たとえば実際の資源分配状況の不公正さまたは公正さの度合はいかにして計測されるべきか、ということについて論じるつもりはないのである。しかしながら第4節の分析により、社会全体での負担と利得の分配が公正であるべきであるとの考えかたが打ち出された。そのような考えかたにたてば、必然的に平等の概念についてもある程度具体的に考えていかなければならない。より正確にいえば、人びとの生活のさまざまな側面のなかで、平等の実現を政治的目的とすることに十分意義があると考えられるのはどれかを明確にする必要があるのである（Jane Franklin (ed.), *Equality*, London: IPPR, 1997 において、相反する視点からこの点が論じられている）。

グローバリゼーションの概念をもちいて社会民主主義の将来を論じた政治的文献のなかで、もっとも驚くべき点のひとつは、議論の最初から平等主義の希求を無意味で誤ったものとするような新たな政治経済状況が出現したとの考えを表明するものがあるということである。グレイは、「社会全体を一律に対象とする分配原理」で説得的なものはなにもないと述べ、かわりに「複合的公正」を提唱している。そしてかれは、「社会民主主義の平等への希求」は実現不可能なだけでなく、根本的にまちがった目標であると示唆するのである（Gray, *op. cit.*, pp. 45-46.）。しかし実際には、平等主義をまちがった目標であるときめつける根拠はどこにもないのである。世界的な貿易の増大がもたらす影響についての実証的な文献は――ここ二〇年間の不平等の原因を分析した研究のほとんどと同様に――平等主義的価値観の終焉どころかむしろそれがもっとも妥当性をもった目標であることを示唆しているのである。われわれが、適切にであれ不適切にであれ、グローバリゼーションと結びつけている現実のさまざまな社会現象によって公正な分配への希求が復活し正当化されている。それだけでなく根本的な価値観については、近代の平等主義的哲学のもとでつちかわれた概念がまさに必要とされているのである。

5―1　平等、選択、責任

今日ウッドの表現によれば熟練がより重視される社会が到来し、豊かになるための条件が変わっているとするならば、ここ二〇年間に平等主義的哲学の理論枠組みにおいて議論された抽象的な問題や規範[50]は、それらの議論が始まった時期よりもむしろ今日のほうがさらに妥当性を増している。ヘクシャー＝オーリン貿易モデルの復活の場合と同様に、これらの教科書的命題はまさに議論すべき時期がきたといえるであろう。

ルグランは、近代平等主義哲学の観念の核心をつぎのように表現している。「不平等の度合についてのわれわれの判断は、対象となる分配状況が個人的選択の結果としての分配とどれほど乖離しているかにもとづいている。もしある個人の取り分が他人より少ないとしても、それがその個人自身の選択の結果であれば取り分の格差は不平等とはみなされない。しかし、もしもその格差がその個人が左右しえない要因によって生じているのであれば、それは不平等である。」（Julian LeGrand, *Equity and Choice. An Essay in Economics and Applied Philosophy*, London: Harper Collins Academic, 1991, p. 87.）より形式ばった言いかたをすれば、「完全に情報をもった諸個人が対等な選択権を行使した結果としての分配は平等である」（*ibid.*）。つまりここでいう平等とは画一性とはちがうのであり、たとえば個々人の選択や努力とは無関係に皆が同額の所得を受け取るなどということを意味するわけではない（なぜならそのような場合には、社会的な優位性をめぐって不平等が生じるだけである）。しかしながらわれわれが議論する平等は、通常いわれているような意味での「機会の平等」よりもずっと重い意味をもっている。「諸個人が選択肢の幅をどれだけ広くもつことができるかは、たんにかれら自身が直面する社会的・個人的制約によって決まるだけではなく、人生のスタート時点でかれらがもっている資源や才能、すなわち天性の能力や相続・贈与によって獲得した資源、家庭環境、成人年齢に達する以前の教育などによっても左右されるのである。したがって、選択の可能性を平等にするためには、生まれついた環境がそれほど幸運でなかった人びとについて資源や才能の不足分を補うために、経済的その他の条件をうまく操作する必要があるかもしれない。あるいは生まれつき能力が十分にない人びとについては、たとえば教育などの別の資源で補償を行ない、生まれつき十分な能力をもった人びとと同じぐらい選択の幅をもつことができるように支援する必要があるかもしれない。」（*ibid.*, pp. 91-92.）。最後の例には、つぎのような可能性を付け加えることができるかもしれない。すなわち労働市場において、自分自身の意志ではどうにもならない要因によってうまく立ちまわることができない人びとには、再分配的な税制によって（あるいは、賃金補助や勤労所得税額控除制度のような方法をつうじて）補償を与えるべきであろう、と。このように個人の選択にもとづいた責任という概念は、近代平等主義哲学においてもっとも重要なものなのである。

個々人の熟練の度合は、かれらの才能とその才能を伸ばそうとする努力が相俟って培われる。そして熟練技能の市場における評価は運と選択とによって決まる。（i）運の要素。なによりもまず人の有するいちばん最初の才能は、生まれつきの遺伝的要素と幼少期の教育によって決定されるものであり、これらについては自分自身で選択するわけにはいかない。第二に、人の熟練技能がどのような評価を受けるかも運に左右される。なぜならある人がもつ熟練技能への需要量は他人の選好によって決まり、その供給量は同じ熟練技能をもって競合する他の労働者の数によって決まり、これら需要量と供給量の相互関係によって市場での評価は決まるのである。（ii）個々人の選択。生まれもってそなわっていたさまざまな才能のうち、どれを選びどれだけの労力をつぎこんで熟練技能として伸ばしていくかを人は選択する。この論点こそ近代平等主義哲学のいちじるしい特徴である。これらの論点は本質的に難解なものであるが、考慮しなくていいということにはならない。個々人の熟練技能の重要性について、また個々人が身につけた熟練技能や、それに応じてかれらが労働市場において獲得する地位にたいしてかれら自身にどれだけの責任があるのかについての政治的な議論は、平等主義的正義の根幹にかかわってくる「才能」、「選択」および「当然の報償」についての根本的で倫理的な議論の延長線上に位置するものである。

人がいかなる「熟練技能」をもちうるかは出身社会階級によって規定される部分が大きいけれども、ひとたび獲得されれば、それは特定の個人にそなわった特質とみなされるようになる。それはまさに「経歴に左右される」性質をもっている。そのうえ労働市場では多種多様な熟練技能が売買されるし、それら熟練技能にたいして支払われる価格もさまざまである。この価格、すなわち賃金は、実証研究によるとそのばらつきがますます大きくなっている。それゆえ人がもちうる熟練技能とその市場価格の多様性は、社会民主主義が伝統的に想定していた社会階級の壁を突き破って広がっている。この社会的現実はその重要性を高めつつあるようであり、価値観によって定義された社会民主主義の意義を強めてもいるのである。この価値観とは、より具体的にいえば人びとの関係と相互作用を律する道しるべとなるものである。コーエンは「平等を希求するためにどのようなことが必要とされているのか、また生産性や才能に恵まれた人びとが、それほど生産性を発揮できない人びと、障害をもつ人びと、並はずれた窮乏状態にある人びとにたいしてどのような義務を負うべきなのか」ということに社会主義者がきちんと配慮しなければならない理由について、規範的な議論を展開している（Gerald A. Cohen, *Self-ownership, Freedom and Equality*, Cambridge: Cambridge University Press, 1995, Chapter 6.）。なおかれは、かつてのマルクス主義者たちの関心がこの規範的問題に実際にうつった理由について次のように説明している。「それは西欧資本主義社会において、社会階級のありかたの根本的な変化が起こったためであった。以前は存在しなかったというよりは、以前は政治的重要性が低かったこの規範的問題が、そうした変化によって人びとの関心を集めるようになるのである。」（*ibid*., pp. 144-145.）かれが強調する変化のひとつは、労働者階級がみな社会における困窮者であるとは言えなくなったという事実である。このためわれわれは、次の二つの原則のうちひとつを選択するよう迫られることになる。まず、労働力ひいては熟練技能や才能を各人の所有物とみなす原則であり、これは搾取を告発する社会主義の伝統的教義が根底にすえてきた原則である。もうひとつは利益の享受とコストの負担の平等を求める原則であり、これは労働力を各人の所有物とみなす原則の否定を意味する。この「必要に応じて受け取る」原則と「働きに応じて受け取る」原則の対立という根本問題にくわえて不平等にかんする最近の経験主義的文献は、労働者階級のなかの非熟練労働者からきわめて高い熟練技能をもつ労働者にいたる多くの人びとが、それぞれの熟練への労働市場の評価についてますます大幅な不平等に直面しているという事実を明らかにしている。

　熟練の度合とその市場における価値とがきわめて多様になり、それによって労働者階級が分断され階級概念にもとづく団結意識が弱まり、平等主義的政策への政治的支持が減少しているということがかりに事実であるとしても、それを理由に平等主義的共同体の道義的概念を放棄すべきであるということにはならない。しかしながら、たしかにこの問題はグレイが社会民主主義を放棄したときに示唆した理由そのものである（Gray, *op. cit*., pp. 32-33 参照）。そこでは政策実施にかかわる制約要因という問題と、価値観にかかわる問題とが混同されている。

5—2　価値観、制約要因、正当化された実用主義《プラグマティズム》

政治的行動には、根本的な価値観と、その価値観についてのより具体的な思考とが必要である。5—1項でわたしは平等についての近代的で首尾一貫した概念を要約しておいた。それは「社会のすべての構成員への平等な配慮」といった、心の奥底に根ざす価値観に由来するものといえる。明らかにこの概念が要求するものは過大である。個々人の選択とは無関係に生じる「苛酷な不運による不平等」がどのようなものであれ生じないようにすること、生じた場合にはそれを是正し被害者に補償することが求められているのである。しかし今日の社会においては、経済的・社会的・文化的制約要因のためにこうした要請を満たすことは不可能である。そこで実用主義的《プラグマティック》な戦略としては、ホワイトが論じるような最低限の基準を満たす平等主義をめざすということになるかもしれない。道義的観点からみてもっとも切迫した問題は、すべての人びとにまともな最低限の充実した生活をおくる平等な機会を保証することである。したがってわれわれは、それがなければ生活や仕事の面において人として最低限度の水準を下まわってしまうような重要な財について、苛酷な不運によってその財を獲得できない人がでてこないようにすること、でてきた場合にはそれを是正し被害者に補償することが求められている（Stuart White, "What do Egalitarians Want?", Jane Franklin (ed.), *Equality*, London: IPPR, 1997, p. 62.）。さまざまな制約要因のために、実用主義に甘んじることが正当化される。しかし、われわれは、そうした制約要因の本質を正確に見きわめ、それを他の問題と混同して〔政治的行動の〕方向性を見失なってしまうことがないようにしなければならない。本論文で検討した諸文献が示唆しているのは、公正さや労働への報酬のありかたについて、また労働市場制度の実際の機能についての社会的・文化的規範の変化が、技術上の変化や貿易によって引き起こされた労働力需要の変化と同様に、社会民主主義的な野心を追求するうえでの「制約要因」となりうるということである。規範の変化という制約要因への適切な対応と、技術上の変化や貿易によって引き起こされた制約

要因への適切な対応とは同じものではありえない。政治的運動は社会的規範に影響をおよぼす自分たちの能力を過大評価してはならない（Roger Jowell, John Curtice, Alison Park, Lindsay Brook, Katarina Thomson and Caroline Bryson, *British Social Attitudes. The 14th Report, The End of Conservative Values?*, Aldershot: Ashgate, 1997にある「サッチャーの子どもたち」の価値観についての冷徹な分析をみよ）。しかし政治的運動をおこす人びとは、自分たちの行動や主張が、長期的に社会的規範に与える影響力を過小評価するべきでもない。社会的実用主義は、実証的に確認された厳しい現実と、価値観と制約要因についての首尾一貫した思考にもとづいて打ち立てられた意識的な戦略でなければならない[51]。

6　結　論

6—1　「グローバリゼーション」の概念について

いまや「世界をひとつの単位とする経済《グローバル・エコノミー》」があらわれたという命題は、もしこの概念が今日の世界のあらゆる地域に適用され、「国際経済《インターナショナル・エコノミー》」とは異なる新しい何かを意味する明白な経済的現実を指していると理解されなければならないとすれば、結局は作り話にすぎないものである。

たとえ今日の世界の貿易の様相が、かつての〔一九世紀イギリス覇権下の〕自由貿易の黄金時代のものとはちがうとしても、貿易の様相の変化や相互依存の深化をわれわれのふつうの「国際経済」概念とは根本的に異なるものとしての「世界経済」の出現であると理解する明白な理由は存在しない。たしかに各国の経済は変化をとげた環境のもとで機能しており、政府は概してより深刻な制約要因に直面している。しかしそうした外部環境の変化を理由に、個々の国民国家の政府がそれぞれの国内で政策目標を決定し（総需要管理、再分配、積極的労働市場政策、教育などの手段によって）経済的・社会的目標を実現していく能力を失なったとするのはまちがっている。

とはいえ、世界の経済において現に起こった重要な変化やそれらの変化を加速する事態の進展を否定するのもまちがっていよう。重要な事実のひとつはヨーロッパ諸国による「欧州化」である。ヨーロッパ域内にかぎっていえば、「地域的グローバリゼーション」とでもいうべき事態が進行している。つまりヨーロッパの国民国家は、経済政策の伝統的手法のいくつかを実施する能力を失なっている。こうしたヨーロッパの生みの苦しみにみちた展開を考えると、「世界全体のグローバリゼーション」という命題の妥当性はいまのところ低い。もし世界的規模での貿易面の相互依存の深化をいいあらわすのにグローバリゼーションという概念を用いたいのであれば、ここ二〇年間にアメリカ経済が経験した変化に適用するのがよりふさわしい。こうした用語上の条件を無視して、アメリカの経験にもとづく議論をヨーロッパの現実に適用しても誤解をまねくだけである(52)。

おそらく「グローバリゼーション」とかかわるもっとも重要な変化は、経済的なものではなくマスコミュニケーション手段の発達と環境問題の相互依存状況への意識の高まりに関連するものであろう。グローバリゼーションの概念は、重要な文化的現象をうまくとらえており、われわれの世界の同一性と多様性との緊張関係をうまく表現することができる。おそらくここにグローバリゼーションについての議論の混乱のおもな原因がある。世界の「総マクドナルド化」〔ハンバーガー・チェーン店の世界的事業展開に代表されるような、多国籍企業による画一的商品の世界同時販売〕が重大で矛盾をはらむ現象であるということは事実である。しかし世界のすべての国でマクドナルド・ハンバーガーが食べられるようになったからといって、(大衆食堂のような)本質的に貿易とは無関係の経済活動の発展を支援したり、その雇用を促進したりするために伝統的マクロ経済政策を実施する国民国家の能力が変わるわけではない。一般的な——そしておそらく左翼によく見られる——誤解は、文化的変化と経済的変化が緊密に連携していると最初から決めてかかっていることにある。

6—2　労働市場において非熟練労働者が不利な立場に追いやられることについて

非熟練労働者がますます不利な立場に追いやられていることは事実である。貿易および技術上の変化によって非熟練労働者に不利なかたちで労働力需要が変化したことを示す多くの事実が存在する。このことから、われわれは、今後の事態の展開によって労働市場における非熟練労働者の地位をおびやかす圧力がさらに強まり、またわれわれの社会が勝者と敗者に分断される度合も強まるかもしれないと結論づけることができる。

熟練度と教育水準を重視するわれわれの一般的な知識でみると、やや収まりが悪いかもしれないが、経験を重視する見方からすると所得格差の拡大という事実のなかには尺度を超越した普遍の法則が存在するものである。つまり労働者グループをいかに細分化して取り上げてみても、グループ内部に所得格差の拡大は見出されるのである。不平等は熟練度や教育水準で分けられたグループ間で拡大しているだけでなく、熟練度や教育水準の同じグループの内部でも拡大しており、細かく分類された職業グループの内部でさえ不平等が拡大している。もっとも、だからといって教育や職業訓練が重要でないということにはならない。しかし、前記のような事実は、熟練度や教育水準に応じて賃金を支払う傾向が、規範、慣習、制度の変化によって引き起こされた賃金の「市場原理にもとづく決定」というより広範な現象の一部分にすぎない、ということを示唆している。不平等度の国によるちがいは、勝者と敗者を生み出すうえで制度の変化が重要であること、そしておそらくは貿易や技術上の変化によって引き起こされた労働需給状況の変化よりも重要であることを明らかにした。制度や規範が、労働需給状況と同様に、政府の行動をきびしく制約する要因になりうることも確かであるが、この事実は一国単位で行動しうる余地があることも示している。すなわち、制度によって不平等を拡大する市場の圧力を（それが何によって引き起こされたものであろうと）抑制し、あるいはまた市場によって生み出された不平等を緩和することが可能なのである。

ロドリックの分析は、経済分析のおもな潮流とは異なり、国内の規範や制度の原因が経済の対外開放度の増大によって少なくとも部分的には説明されうることを示した。そして、そうした変化によって第二次世界大戦直後に成立した労資間の団体交渉体制の正統性を掘り崩すような、複雑にからみあい相互に強めあう圧力が生まれたという（Rodrik, *Has Globalization gone too far?*, pp. 24, 85.）。もしそれが事実ならば、われわれの分析には新たな条件と複雑な様相が加わることになろう。ここで重要なことはロドリックの議論は、先進国と発展途上国のあいだの貿易についてと同様に、ヨーロッパ域内の貿易・資本市場統合についても適切にあてはまるということである。それゆえこの論点もまた、ヨーロッパ社会民主主義にとってもっとも重要な問題として欧州化を強調するわたしの主張を再確認させることになるのである。

6―3　社会的政策目標を追求する政府の能力について

国際的な経済政策の協調と金融規制が望ましいということ（そしてヨーロッパ域内のレベルでは、短期的なマクロ経済調整を実施するためにそうした協調や規制が必要であるということ）とは別に、平等主義的雇用政策を成功させるためには次の二つの要件を満たさなければならない。（a）賃金補助制度や政府による雇用事業、教育や職業訓練の拡充などをつうじて非熟練労働者に対象をしぼった雇用政策の財源を確保するために、またそのような政策だけでは解消できない所得の不平等を緩和するために、（多くの場合、熟練度の高い）富裕層から（多くの場合、熟練度の低い）貧困層へ資源を再分配する積極的な意志を結集すること。（b）労働市場が供給過剰であろうと供給不足であろうと平均賃金水準の上昇をある程度抑制することを承認する（ひいては、そのような賃金規制の枠組みのもとで、賃金の上昇や全体の所得格差について政府が関心をもち介入することも正当であると承認する）積極的な意志を結集すること。再分配への積極的意志を結集できるかどうかは、雇用政策や社会政策を実施するさいに利益享受とコスト負担の公正なバランスという原則が維持され、また効率性が確保されているかどうかにかかっている。「グローバリゼーション」によって前記のような要件を満たすことが不可能となったということを説得的に論じるものはまったく存在しない。それゆえわたしは、ハーストとトンプソンの次のような主張に同意するものである。『グローバリゼーション』は、幻想をもちえない世界を表現するのにふさわしい神話である。しかし、われわれからひとつの希望を奪いさったのもまたグローバリゼーションである。（……）『グローバリゼーション』の政治的衝撃とは、人びとが期待を抱くことを徹底的に否定されて病的な無気力状態に陥ったことであると表現できるであろう。グローバリゼーションという言葉に過剰に踊らされた多くの経済情勢分析家《アナリスト》や政治家が事実を誇張し、世界市場の支配力がいかに強力なものであるか、あるいはそれにたいして政府がいかに無力であるかを大げさにわめきたてたのであった。」（Hirst and Thompson, *op. cit.*, p. 6.）。労働党系団体である「世界におけるイギリス」について考える連絡会議も、グローバリゼーションについて同様の適切な結論を下している（Nexus Theme Group on 'Britain in the World', "The Politics of Globalization", *Renewal*, Vol. 5, No. 2, 1997.）。

　これまでの議論は、経済の対外開放度と生産要素の移動可能性との増大によって政策担当者がきびしい二者択一《トレードオフ》に直面することになるという可能性を否定するものではない。それはたしかにヨーロッパ域内においては正しい。ヨーロッパには「ヨーロッパ全体の経済政策協調」が必要であり、「〔福祉水準切下げ〕政策競争[53]」をつづけるだけでは繁栄はおぼつかない。社会民主主義者は、たとえばドロールの提唱する欧州経済通貨統合の枠内での経済政策協調案を支持すべきである。また資本への課税や法人税制の一律化の必要性も支持すべきである[54]。

6—4　社会政策について——福祉改革のための指針

　本論文は政策については具体的に述べてこなかった。しかしながら政策にかんする概念には数多く言及してきた。そこでわたしは、結論を述べるかたちでそれらの概念をまとめるだけでなく、ヨーロッパの社会民主主義者の多くが合意できるであろう福祉改革のおおまかな見取図の枠内にそれらの概念がいかに位置づけられるかも強調して示したい。事実わたしは、一九九五年から九六年にかけての福祉改革にかんする多くの報告書を読んでいくうちに、福祉国家の将来を憂慮する社会民主主義者のあいだで、少なくとも実用主義的な福祉政策のための一般的指針についてはかなりの合意が成立しうると確信したのである。社会民主主義的戦略の核となる概念は以下のように表現されよう。[55]

（一）福祉政策を雇用政策のみに還元することはできないが、雇用はもっとも重要な争点である。「平等主義的雇用政策」はすべての世帯にたいして貧困から脱する確実な方法を提供しなければならず、また男女がともに仕事と家庭生活を両立することを可能にしなければならない。さらにその政策の実施と財源確保にさいしては、自分自身ではコントロールしえない理由によって働くことができなくなった人びとに不利な影響を与えてはならない。この点にかんしては、過去われわれの福祉国家の伝統的概念の基礎となるヨーロッパ諸国のほとんどにおいて、「完全雇用」という言葉は男性の完全雇用と理解されていたことを指摘しなければならない。しかし今日の社会的課題は男性と女性の完全雇用である。

（二）福祉国家は伝統的に定義された社会的リスク（失業、疾病、障害、老齢、子どもの養育）を補償するだけではなく、新たな社会的リスク（単親世帯、熟練技能の欠如による長期的失業）をも補償しなければならず、また新たな社会的要求（すなわち、仕事、家庭生活、教育、余暇のいずれをも満喫することや、人のライフサイクルの進展に応じて家庭と職場の両立がはかれるよう調整できるようにすること）にもこたえなければならない。

（三）「賢明な福祉国家」は、これらの古いリスクや新しいリスク、そして新しい要求に、積極的で予防的な方法で対応しなければならない。福祉国家は「社会支出」だけでなく「社会投資（たとえば職業訓練や教育）」にも取り組まなければならない。しかしながら、「職業訓練や教育への社会投資」と「社会支出による給付」との関係は二律背反的なものではない。この関係は、現実の政策実施において〔雇用創出や職業訓練への投資と貧困者への直接的な給付という〕再分配の二つのありかたのうち、かぎられた財源をどちらにより多くふりむけるかの決断を迫られるという事実と関連している。しかし両者はともに必要なのであり、われわれは誤った二項対立の議論を行なわないようにしなければならない。

（四）積極的労働市場政策は、個々人の要求や境遇により効果的に対応できるように量的にも質的にも再編成されなければならない。積極的労働市場政策は対象となる人びとへの動機づけ・機会供与と責任負担のバランスが適正にとれていることが実施の前提となる。これは「互恵主義」道義のひとつの側面である。

（五）非熟練労働者にたいしては、その賃金に上乗せを行なうか、あるいは雇用者に補助金を給付するなどの手段で助成を行なうことが必要である。(56) 非熟練労働者への賃金補助は――それが具体的にいかなる実施形態をとろうと――コストをともなうものであり、長期にわたって実施する必要があるかもしれない。それゆえ低賃金労働への補助や職業訓練や教育への投資のために、われわれがどれだけ資源を調達しうるかがきわめて重要な問題となる。このことは社会において、たいてい熟練度も高く所得も高い人びとから熟練度も低く所得も低い人びとへ資源を再分配するわれわれの積極的な意志と能力にかかっている。これはある意味で「互恵主義」道義のもうひとつの側面となっている。

（六）課税と手当給付は、個々人（またはその家族）が、職を得たとたんに負担が急増するような構造になっていてはならない。この問題は給付制度があまりにきびしい選別を行なっているイギリスのような国において顕著に見られる。

（七）われわれが想定するような「賢明な福祉国家」は、対外的に競争力をもつ産業部門と非熟練労働者が新たな雇用機会を見出しうる民間サービス部門の発展との双方を基盤とする経済環境を必要とする。ヨーロッパ大陸諸国ではとくに民間サービス部門の発展が遅れている。この点では非熟練労働者むけ賃金補助がやはり役立つ手段となろう。

（八）福祉給付を選別的なものに限定するかそれとも普遍的なものにするかという問題は、社会民主主義の教義とは無関係である。この問題は根本的価値観とは関係がなく、短期的・長期的に見て社会的・政治的効率性を確保できるのはどちらの手法かという問題であるにすぎない（既出の原注43を参照）。福祉制度がどの程度の「広い基盤」をもつことが適切なのかが見出されなければならない。この点に関連して根本的価値観から導き出されるのは、コスト負担と利益享受の公正な分配という概念である。そして政治的な課題は公正とみなされる分配に大多数の支持を結集することである。

（九）非熟練労働者の雇用が重要であるとしても、政策がそれのみに終始してはならない。非熟練労働者に対象をしぼった雇用政策を成功させるためには、あらゆる熟練度を含んだ労働力への需要を十分に喚起する必要がある。それゆえマクロ経済政策が重要なのである。マクロ経済的雇用政策を成功させるための条件のひとつは、労働市場が供給過剰であるときも供給不足であるときも、平均賃金水準の上昇をある程度抑制することをすすんで容認する意志を結集することである。さらにフランスその他の政府が主張するように、ヨーロッパでは少なくとも欧州経済通貨統合の枠内でマクロ経済政策協調体制が必要である。

イギリス政府の政策は、前記の政策指針と比較してどうであろうか。最終的な結論をだすには早すぎる。それでもヨーロッパ大陸においては、ここ十年間で社会民主主義の考えかたが進展するにつれ、事実上の収斂傾向が見出される。たとえば積極的労働市場政策については、それが個々人の要求にそった「きめ細かい対応」を行なうべきこと、社会投資、低賃金への補助そして非熟練労働者に就労をうながす制度の新設や拡充が必要であることといった認識で一致をみている。ヨーロッパにおいては、これらの認識はいまや社会民主主義政党にとどまらず、キリスト教民主主義政党や多くの中道政党を巻き込む共通の立脚点となっている。この共通の立脚点は、一九九七年十一月にルクセンブルクで開催されたEU首脳会議において策定された雇用政策の指針に実質的に反映され、首脳会議の最終決議にも取り入れられた。この決議は、それ自体重要な成果であるとともに、イギリスにとっては——国内社会政策の面でも対ヨーロッパ協調政策の面でも——サッチャリズムの遺産からの明確な決別を意味するものであった。

しかし他方では、イギリスの政策がどの方向に進むのかについて、今日もなお多くの疑問が残されている。わたしはこうした疑問点のうち、潜在的危険と考えられる三つの論点を簡潔に指摘したい。第一に、「社会支出」と「社会投資」が排他的関係にあるという誤った議論が展開され、高齢化社会において適切な福祉国家を維持するために十分な額の社会支出を実際に行なうことの重要性が否定される危険がある。社会支出は「非効率」であるという主張も、今日のすべての福祉国家がもつ欠点のなかでもとくにイギリス福祉国家において顕著にみられる誤謬である。[57] 第二に、供給重視《サプライサイド》の経済学にもとづく政策の有効性と労働市場の柔軟性を過大評価する傾向がみられる（Stephen Nickell, "Unemployment and Labor Market Rigidities: Europe versus North America", *Journal of Economic Perspectives*, Vol. 11, No. 3, Summer 1997; Corry, Dan, "Should We Continue to Work with the De-regulated Labour Market?", *Renewal*, Vol. 5, No. 1, February 1997 参照）。一方、ヨーロッパ諸国の雇用については、健全かつ各国の十分な協調のもとで実施されるマクロ経済的総需要管理政策の有効性を過小評価する傾向がみられる（EUにおいてオランダが議長国をつとめたさいに依頼された報告書〔Franzmeyer, Lindlar and Trabold, *op. cit.*〕その他多くの経済レポートを参照せよ）。イギリスは欧州経済通貨統合に参加しないため、この点でイギリスがなんらかの役割を果たすことはさらにむずかしくなっている。第三に、政府の政策手法は今日までのところ公正な分配についての明確な概念を欠いている。すなわちイギリス福祉国家において、利益享受やコスト負担の全体的な分配のありかたをきめるにせよ、あるいはより限定された観点から、これ以上の貧困の存在は許容しないという「人並みの生活の最低限度」をきめるにせよ、十分に検討された判断基準や目標がいまだに設定されていないのである。

6—5　近代平等主義哲学の妥当性について

政治的行動には、価値観と、価値観についての具体的思考が必要である。社会民主主義の将来について、グローバリゼーションの概念との関連で考察した政治的文献のいくつかにみられるもっとも驚くべき特徴のひとつは、平等主義的目標の実現を不可能とするだけでなく、その追求自体を誤ったものとするような新たな政治経済が出現したという考えかたである。しかし、わたしが本論文で検討した実証的研究は平等主義的価値観の終焉どころかそれが最大の妥当性をもっていることを示唆している。今日、熟練がより重視される社会が到来し豊かになるための条件が変わっているとするならば、ここ二〇年間に平等主義的哲学の理論枠組みにおいて議論された抽象的な問題は、それらの議論が始まった時期よりもむしろ今日のほうがさらに妥当性を増している。個々人が身につけた熟練技能やそれに応じてかれらが労働市場において獲得する地位にたいして、かれら自身にどれだけの責任があるのかについての政治的な議論は、平等主義的正義の根幹にかかわってくる「才能」、「選択」および「当然の報償」についての倫理的な議論の延長線上に位置するものである。

第5節でわたしは、平等についての近代的で首尾一貫した概念を要約しておいた。それは「社会のすべての構成員への平等な配慮」といった心の奥底に根ざす価値観に由来するものといえる。この概念が要求するものは過大である。すなわち個々人の選択とは無関係に生じる「苛酷な不運による不平等」がどのようなものであれ生じないようにすること、生じた場合にはそれを是正し被害者に補償することが求められているのである。そこで、実用主義的な戦略としては、最低限の、最低限の基準を満たす平等主義をめざすということになるかもしれない。すなわち、すべての人びとが人並みで、最低限の、充実した生活をおくる平等な機会を保証すること、そして不幸によって人並みで最低限度の生活水準より貧困な状態に追いやられる人がでてこないようにすることである。さまざまな制約要因のために、こうした実用主義に甘んじることが正当化される。しかしわれわれは、そうした制約要因の本質を正確に見きわめ、それを他の問題と混同して〔政治的行動の〕方向性を見失なってしまうことがないようにしなければならない。本論文で検討した諸文献が示唆しているのは、公正さや労働への報酬のありかたについて、また労働市場制度の実際の機能についての社会的・文化的規範の変化が、技術上の変化や貿易によって引き起こされた労働力需要の変化と同様に、社会民主主義的な野心を追求するうえでの「制約要因」となりうるということである。政治的運動は、社会的規範に影響をおよぼす自分たちの能力を過大評価してはならない。しかし政治的運動をおこす人びとは、自分たちの行動や主張が長期的に社会的規範に与える影響力を過小評価するべきでもない。社会的実用主義は、実証的に確認された厳しい現実と、価値観と制約要因についての首尾一貫した思考にもとづいて打ち立てられた意識的な戦略でなければならない。

原　註

（1）本論文は、フリードリヒ・エーベルト財団とヴィアーディ・ベックマン財団が組織した会議にわたしが提出した論文を加筆・修正したものである。その会議でわたしは「グローバリゼーションの過程と、それが伝統的福祉社会主義に与える経済的な影響」について論じるよう求められた。本論文の初期の草稿について議論を深めてくれたP・バルドハーンと九月グループのメンバー（A・チップ、G・A・コーエン、T・コルペール、R・クルーゼ、L・キュイベール、A・グリン、F・ヘイレン、G・ホルタム、Ph・ファン・パレイス、D・フィーネス、G・レイプ）に感謝したい。B・ローソンは個人的にコメントと批判を送ってくれた。B・テュイテンスは、この主題の政治的側面にかんしてわたしが取り上げた資料を継続的に更新してくれた。

（2）「画一化された大量生産という様式のもとで成立した全国的団体交渉制度」が崩壊した、というライシュの表現は、規制にかんする問題を論じるさいにあらわれる（Reich, *op. cit.*, p. 68.）。しかしギデンズとは対照的に、ライシュは、ケインズ主義的福祉国家を機械的な「自動制御装置」のようにとらえてはいない。『諸国民の労働（ザ・ワーク・オブ・ネーションズ）』でライシュが「二〇世紀中葉の全国的団体交渉制度」と表現したものはまさにアメリカにおける〔ネオ・〕コーポラティズムであった（*ibid.*, pp. 67-68.）。ライシュのこの著作には、政策担当者のたんなる裏話が語られている部分も多いが、わたしはアメリカ社会における再分配政策への新たな挑戦に焦点をあてた政治学研究への興味深い貢献をなすものと考えている。

（3）フランス語の“volontariste”のわたしなりの訳である。英語の“voluntarism”すなわち「主意主義〔再分配ないし規制しようとの意志をもつこと〕」に忠実な人が“volontariste”である。わたしがこのぎこちない訳によって何をいおうとしているのかは、次のように説明すれば理解していただけるであろう。わたしは、ギデンズが社会正義という目標を重要視していないなどというつもりはない。しかしかれは、伝統的な意味での社会正義を国民国家が追求する潜在的能力についてライシュよりもはるかに懐疑的なのである。

（4）雇用、福祉改革、適切な平等の概念についてのより詳細な定義は、Frank Vandenbroucke, *De nieuwe tijdgeest en zijn grenzen*, Brussels: SEVI, 1997をみよ。本論文第5節は平等主義哲学の妥当性を一般的な意味でのみ論じている。

（5）ここでわたしが漠然と定義した相互依存の概念は、依存が非対称的であるかもしれないという事実をかくしている。A国経済がB国経済に依存する度合は、B国がA国に依存する度合より高いかもしれない。つぎの例がこのことをあらわしていよう。資本主義世界市場への統合が「依存」という意味合いを強めるのは、OECD加盟国より問題の新興工業経済地域のほうである。

（6）たとえば、この総括をライシュの『諸国民の労働（ザ・ワーク・オブ・ネーションズ）』（Reich, *op. cit.*）の冒頭の記述と比較してみよ。そこにはまったく対照的な見解が見出される。もっとも、ハーストとトンプソンは、主としてKenichi Omae〔大前研一〕, *The Borderless World*, London: Collins, 1990; Kenichi Omae, *The End of the Nation State: The Rise of Regional Economies*, London:

Harper Collins, 1995 への反論を意図している。

（7） この概念を定義するさいに、グリンとサトクリフは所得や雇用を決定するマクロ経済的要因を念頭においていたのであろう。典型的なグローバリゼーション擁護論者は、雇用を決定するミクロ経済的要因（たとえば教育など）が個々の国家レベルでいぜんとして有効に作用していると考えているのであるが。

（8） 以下の文献を参照せよ。Sachs and Warner, *op. cit.*; Krugman, "Growing World Trade"; Glyn and Sutcliffe, *op. cit.*; Hirst and Thompson, *op. cit.*; Frank Vandenbroucke, "Op zoek naar een redelijke utopie. Kanttekeningen bij de ideologie van het concurrentievermogen", *Socialisme & Democratie*, Vol. 11, No. 53, 1996.

（9） Krugman, *op. cit.*, table 1; Angus Maddison, *Dynamic Forces in Capitalist Development*, Oxford University Press, 1991; Angus Maddison, *Monitoring the World Economy, 1820-1992*, Paris: OECD, 1995 にも豊富な歴史的統計がある。

（10） ヨーロッパ経済共同体において（域内貿易をのぞく）商品輸出額の対GDP比は、一九五九・六一年度の七・一％から一九八九・九一年度の八・七％に上昇した。この値は、アメリカでもおなじ時期に三・八％から七・二％に上昇した。さらに、アメリカの輸入額は輸出額よりはやいスピードで増加し、アメリカは多額の貿易赤字をかかえることになった（Paul Bairoch, "Globalization Myth and Realities: One Century of External Trade and Foreign Investment", Robert Boyer and Daniel Drache (eds.), *States Against Markets, The Limits of Globalization*, London: Routledge, 1996, p. 176.）。一九七〇年代から八〇年代にかけて、アメリカの輸入額と輸出額をあわせた貿易総額の対GDPはほぼ二倍になった。しかしこの値はEUではわずかしか上昇していない（Paul Hirst, "The Global Economy - Myth and Realities", *International Affairs*, 73, 3, 1997, Table 1, p. 415.）。非OECD諸国から輸入額の国内工業生産額にたいする比率は、アメリカでは一九七〇年の一・二％から九〇年の五・四％にまで上昇したが、フランスでは一・八％から三・七％に、ドイツでも一・八％から三・七％に、イギリスでは二・六％から四・四％に上昇したにすぎない（Thibaut Desjonqueres, Stephen Machin and John van Reenen, *Another Nail in the Coffin? Or Can the Trade Based Explanation of Changing Skill Structures Be Resurrected?*, paper presented at the LOWER Conference, 12-13 December 1997, London, Table 1, p. 21.）。

（11） この議論を専門用語を使っていえば、労働需要にたいする賃金の弾力性が増加する、ということになる。現時点では、新興工業経済地域との貿易がマクロ経済においてそのような要因に重大な影響を与えるにはいたっていない。少なくともヨーロッパにおいては、過去一〇—二〇年のマクロ経済の展開を説明するために、新興工業経済地域との貿易が重要な要因となることはない。しかし今後一五—二〇年には、アジアやロシアなどとの貿易が増加すると見込まれ、これらの要因がより重要になるかもしれない。しかしながらロドリックは、弾力性の議論を新興工業経済地域との貿易のみに限定してはいないことに注意せよ。

(12) 一九九〇年の輸出額の対GDP比は、ベルギーで七〇%、アイルランドで六四%、オランダで五二%であった（Krugman, *op. cit.*, p. 335.)。オランダとベルギーのちがいは、「オランダに本拠をおく」巨大多国籍企業が存在するのにたいして、「ベルギー資本」は多国籍企業において消滅しかかっているということである。

(13) 総合的な指標については、Andrew Glyn, "The Assessment: Unemployment and Inequality", *Oxford Review of Economic Policy*, Vol. 11, No. 1, Spring 1995, Table 7をみよ。この表はOECD加盟国間の経済発展の多様さも示している。

(14) Cline, *op. cit.*; Burtless, *op. cit.*; Wes, *op. cit.* が詳細な調査を行なっている。

(15) Atkinson, *op. cit.* はこの論点にかんする文献の全体的調査を行ない、相対立する主張のすべてについて適切な評価を行なっている。Peter Gottschalk and Timothy M. Smeeding, "Cross-National Comparisons of Earnings and Income Inequality", *Journal of Economic Literature*, Vol. XXXV, June 1997は、不平等の拡大傾向について、またそれを貿易、技術、制度にもとづいて説明する主張について、徹底的に論じている。

(16) すべてのOECD加盟国で、教育部門への歳出増加によって労働力供給は熟練労働者にとって不利な方向に展開し、原則的には平等を促進する要因となった。しかし、あらたに労働力としてあらわれた人びとのなかには、たとえば移民のように非熟練労働者の立場を悪くした者もいたかもしれない。最近の研究でGeorge J. Borjas, Richard B. Freeman and Lawrence F. Katz, "How Much Do Immigration and Trade Affect Labour Market Outcomes", *Brooking Papers on Economic Activity*, 1, 1997は、アメリカにおいて高卒以下の労働者の賃金は移民の増加によって低下したとしており、この移民の影響は貿易によるものよりはるかに重大であったと結論づけている。

(17) Glyn, *op. cit.*, Table 7, pp. 12-13をみよ。

(18) Nickell, *op. cit.* は、OECD加盟国において一九八三―九六年の時期に、労働市場の柔軟性と雇用のあいだに二者択一《トレードオフ》の関係が存在したかどうかという、より一般的な問題を検討している。かれの結論もまたひかえめなもので労働市場の柔軟性についての広く受け入れられた見解について重要な示唆を与えている。

(19) これにたいする唯一の異論は、Paul Krugman and Anthony J. Venables, *Globalization and the Inequality of Nations*, National Bureau of Economic Research Working Paper No. 5098, Cambridge, Mass., April 1995である。かれらは、「グローバリゼーション」がいかにして「中核諸国」に損失をもたらし「周辺諸国」に利益をもたらすのか、またその逆がいかにして生じうるのかを示すために輸送費用の低下の度合に依拠した貿易の理論的モデルをつくりあげた。このモデルはヘクシャー＝オーリンの定理とは異なり、規模の経済と「上流生産過程の統合」による利益追求への回帰現象が「国境を越えて」強まることが貿易の動因であるとみなしている。かれらは保護貿易を支持してはいない。

（20）ローソンは、かれ自身のモデルの理論枠組みにおいてこのようなおおまかな想定をなしうるのみである。しかし、かれが「最低賃金、労働時間上限など」とともに「年少者労働の禁止」といった労働基準まで放棄したのはまったく残念である（Rowthorn, *A Simulation Model of North-South Trade*, p. 14.）。団結権、団体交渉権、年少者労働や強制労働の禁止など国際的に承認された権利をすべての国に尊重させることを規定した労働法規と、具体的な最低賃金額や上限労働時間数などを定めた法規はまったく別のものである。倫理的・政治的な問題は前者をめぐって起こるのであり、後者をめぐってではない。

（21）ウッドの予測の検証については、Cline, *op. cit.*, pp. 132-133; Burtless, *op. cit.*, pp. 811-812; Frank Vandenbroucke, *Globalization, Inequality, Social Democracy*, Contribution to the Conference on "European Social Democracy: Transformation in Progress", Freudenberg, 27-29 October 1997, Appendix 2 をみよ。

（22）「可処分所得」とは、税金支払いや社会給付などを考慮に入れたのちの純所得額を意味する。「市場所得」（総所得額と資産収入をあわせ、政府の再分配政策による移転は除外したもの）についていえば、アメリカだけでなくカナダにおいても不平等がいちじるしく拡大した（Atkinson, Rainwater and Smeeding, *op. cit.*, pp. 90, 98.）。アトキンソンによって収集されたこのＬＩＳ〔ルクセンブルク所得研究〕データから、カナダでは不平等を拡大する市場の圧力を緩和するのに課税と給付をつうじた再分配が重要な役割を果たしたにちがいないと結論づける者もいるかもしれない。しかしながら、わたしが次の段落で指摘するディナルドゥとレミュの研究は、アメリカとカナダの比較について異なる角度から分析している。賃金指標についてディナルドゥとレミュは時間給データを用いており、ＬＩＳデータについても（別の統計資料から得られた）週給データを用いている、ディナルドゥとレミュによれば、週給の不平等はカナダでもアメリカとほとんど同じぐらいの速さで拡大した。他方、時間給の不平等はカナダでは拡大しているが、アメリカに比べればきわめて軽微なものであった（DiNardo and Lemieux, *op. cit.*, pp. 635-636）。それゆえかれらは〔不平等の傾向への〕制度の影響を分析するのに課税と給付による再分配政策ではなく、労働市場のほうに注目するのである。かれらは、制度がいかにして市場所得の不平等の拡大を抑制するかを示している。

（23）労働組合に所属しているか否かは、かれらの研究が取り上げる労働者の個人的条件のひとつである。他の個人的条件としては、経験、学歴、人種、常勤か非常勤か、既婚か未婚か、職種、業種がある。

（24）男性対数賃金の標準偏差＝男性賃金の対数の標準偏差のこと。

（25）Nicole M. Fortin and Thomas Lemieux, "Institutional Changes and Rising Wage Inequality: Is There a Linkage?", *Journal of Economic Perspectives*, Vol. 11, No. 2, Spring 1997 は、これより洗練さに欠ける方法論で同様の結論に到達し、さらにこれらの結論が

制度にかんする他の研究とも比較しうることを見出し、予想される反対意見について検討している。

(26) ブローとカーンの図が示唆するのは、ライシュがアメリカにおける所得の不平等を攻撃するさいに、「典型的な解説者」の属する富裕層が得た利益のみに注目するのは誤りであったということである。アメリカにおける中程度の熟練度の労働者と低い熟練度の労働者の賃金格差は他の国々の格差より大きい。これとは対照的に、アメリカにおける高い熟練度の労働者と中程度の熟練度の労働者の賃金格差は、他の国々とほとんど同様の傾向を示すのである。世界のどこでもきわめて高い賃金を受け取ることができる熟練技能を身につけるためにアメリカで行なわれている超エリート教育についてライシュが書いていること（Reich, *op. cit.*, p. 233, p. 244 など）は、少なくともアメリカの不平等と他の先進国の不平等の程度のちがいにかんするかぎり、ブローとカーンの命題と一致しない。しかし、ライシュが、アメリカにおいて企業の最高経営者と生産工程の労働者の不平等が一九六〇年代と比較していかにとほうもなく大きくなったかを示しているのは、たしかに正しいことである。

(27) Glenn Rayp, *Sociale zekerheid tussen concurrentievermogen en groei. Een onderzoek naar de economische mogelijkheid en wenselijkheid van de sociale zekerheid in een open economische ruimte*, Doctoral Dissertation, Faculteit Toegepaste Economische Wetenschappen, RUCA/Universiteit Antwerpen, 1997 は、ヨーロッパ諸国の市場統合が各国の社会保障体制の持続可能性に与えた影響を理論的かつ実証的に検討している。しかしながらかれが実証から得た結論は、市場統合が社会保障支出水準を引き下げる強い圧力となるといった広く流布された見解とは異なるものである。かれはまた社会〔政労資〕協調体制や社会的規範の強制についても論じている。

(28) わたしはここで、国民国家内部におけるマクロ経済的総需要管理政策や再分配政策の実施をさまたげる対外的制約に関心を集中したい。総需要管理や再分配よりも国際金融についての規制や協調のほうが重要になる場合もあるであろうが、わたしはここではそれらについて論じない。

(29) これは古典的なマンデル・フレミング理論である。Clive Crook, "The Future of the State", Supplement to *The Economist*, 20 September 1997 は〔この理論の〕簡便な要約を提示しており、ここでの記述はそれに依拠したものである。もちろん開放経済そのものにかかわる問題よりも、伝統的マクロ経済にかかわる問題のほうが多い。さまざまな理由のために、マクロ的に経済を「微調整」するというのは古いケインズ学派の教科書が示唆するものより困難なのである。Dan Corry and Gerald Holtham, *Growth with Stability. Progressive Macroeconomic Policy*, London: IPPR, 1995/1996 は、開放経済体制のもとでの複数の政策手法の混合について論じている。たとえばイギリスでは、「進歩的マクロ経済政策」の枠組みによって失業を増大させインフレをもたらす「ビッグバン」を放棄し、微調整政策を中止することができるとしている〔マンデル・フレミング理論は、IS－LM分析（財・サービスの需給を均衡させる利子率と国民所得の関係をあらわすIS曲線と、貨幣の需給を均衡させる利子率と国民所得の関係をあらわすLM曲線を用いて、国民経済全体の一般均衡を求める理論）に海外部門を組み入れたモデルである。固定為替相場制のもとでは、財政政策は有効であるが金融政策は無効。これとは対照的に変動為替相場制のもとでは、金融政策は有効であるが財政政策は無効であることを明らかにしている（R・A・マンデル著『国際経済学』、渡辺太郎、箱木真澄、井川一宏訳、ダイヤモンド社、一九七四年。中谷巌『入門マクロ経済学第四版』日本評論社、二〇〇〇年）。

（30）この記述は、国家間の相互依存のありかたがハーストとトンプソンの言う「戦略的」な種類のものにとどまること、すなわちグローバリゼーションではなく国際化《インターナショナリゼーション》にとどまることを否定するものではない（Hirst and Thompson, *op. cit.*, p. 8.）。形式的な二国間モデルは、各国政府が国際金融市場の反応についてより用心深くなり、各国間の協調が存在しないときに国際経済の衝撃がなぜより強力なデフレ要因となるのかをわかりやすく解き明かす（Frank Vandenbroucke, "Conflicts in International Economic Policy and the World Recession: A Theoretical Analysis", *Cambridge Journal of Economics*, 9, 1985.）。

（31）Krugman, "First, Do No Harm", p. 168は、とくにアメリカについてこの点を強調している。公的債務はケインズ主義的政策にたいする国内の重大な障害であるとみなされるべきであり、実質金利が経済成長率よりも高いときにはとくにそうである。

（32）これはもはや学問的な論点ではない。EUのモンティ理事を長とする加盟国財務相グループは、最近EU加盟国同士の税率切下げ競争が有害であると判断される基準について、おおまかな合意に達した。その勧告の一部（法人税にかんするもの）は、一九九七年十二月、弱肉強食を引き起こす税率引下げ競争を抑止する一般的行動基準として、欧州経済相・財務相理事会合意に組み入れられた。この合意を実際に施行することについてはイギリスがEU議長国となって議論されることになる。

（33）ケインズ主義的政策手法によって、公的債務を増大させることなく需要を喚起することが可能であるとの主張は実質金利がGDP成長率より高い状況においては容易に通用しない。Andrew Glyn, "Social Democracy and Full Employment" *New Left Review*, May-June 1995, pp. 38-39は、公的債務の増大に依存しない「無料昼食券を支給しないケインズ主義」が可能であるとの主張を行なっている。グリンによれば、公共投資による「呼び水」政策（今期に赤字覚悟の財政出動をしても、それが民間需要を増大させ、来期には十分赤字を埋め合わせる）、これが無料昼食券を支給するケインズ主義である。無料昼食券を支給しないケインズ主義はより容易に実施しうるが、追加の雇用を創出するための費用をだれかが払わなければならないことを意味する。

（34）Scharpf, *op. cit.* は、政府と労働組合の協調という難問についてだけでなく、国家機構内部での協調も困難であるということを分析している。すなわちドイツにおいては、〔通貨価値の〕安定というドイツ連邦中央銀行の目標と〔景気回復という〕連邦政府の目標とが対立するのである。シャープはドイツ連邦中央銀行が安定化政策について妥協しない理由は、労働組合との協調によって賃金上昇を抑制するという方法に信頼をおいていないからであると説明している。この種の——通貨政策、財政政策、賃金政策をいかに調整するかという——問題は、欧州経済通貨統合の完成によってさらに深刻になるであろう。それゆえ、将来の欧州経済通貨統合のもとでは各国の経済政策協調もきわめて重要になるのである。

（35）正反対の政治的観点から著述するクルックも、国際金融市場の役割についてはまったく同じ主張を唱えている（Crook, *op. cit.*, p. 36.）。

（36）非熟練労働者のための賃金補助金政策や政府雇用政策は、その政策がどれだけの労働者を対象とするかにもよるけれども、民間部門の労働力需要を増大させるのに有効であるとわたしは信じている。民間部門の非熟練労働者むけ賃金補助金制度を包括的に適用せよと強力に主張する者もいる。ただしその理由についてはわたしは本論文ではふれていない。ほとんどのヨーロッパ大陸諸国で遅れているサービス部門の雇用を増大させよとの主張もそのような政策と相通じるもののひとつである（Fritz W. Scharpf, *Employment and the Welfare State: A Continental Dilemma*, Ithaca: Cornell University Press, 1997; Fritz W. Scharpf, "Konsequenzen der Globalisierung für die Nationale Politik", *Internationale Politik und Gesellschaft*, 2/1997, pp. 191-192; Jacques Delors, *Réflexions et propositions pour un nouveau modèle de développement*, *Socialisme & Democratie*, Vol. 54, No. 9, May 1997 も参照せよ）。

（37）Franzmeyer, Lindlar and Trabold, *op. cit.* は、より一般的な議論でＯＥＣＤ加盟国において社会政策を成功させる条件について同様の結論に到達している。その結論はまた、社会民主主義の将来にかんするシャープのおおまかな結論にも似ている（Scharpf, *Crisis and Choice in European Social Democracy*, pp. 269-275.）。もっとも後者はいささか異なる文脈で論じられているのだが。これと関連して Geoffrey Garrett, "A Virtuous Global Circle", *Boston Review*, Vol. XXII, No. 6, December 1997/January 1998 は、「開放経済体系下で実施可能なコーポラティズム」というアイデアを提示している。「市場の動向や競争力維持のための制約をまったく無視して賃金を完全に平等にするということは、たとえかつては可能であったとしてもいまや不可能なのである。しかし〔国際競争に〕さらされながらも高い賃金を享受している部門を軸にして賃金の調整を行なうことは、公共部門が大量の雇用を行なう場合にも可能である」（*ibid.*, pp. 11-12.）。

（38）「再分配的な」社会支出と「再分配的ではない」とされる社会投資との区別がなぜ曖昧になるのかについてはほかにも理由がある。社会給付への支出すべてが「再分配」を意味するというのは誤りである。社会給付はしばしば、純粋な社会保険としての性格をもつときには、社会構造の維持に有益な間接的影響をもたらすかもしれない。さらにたとえば教育によって貧困に対処する政策のような社会投資を成功させるためには、（貧困な子どもの親にたいする）十分な額の社会給付も必要であると主張する者もいる。

（39）今日の多くのヨーロッパ福祉国家において、社会支出よりも社会投資を増やすべきだとする実用主義的な主張が存在する。しかしこれは、現実の政治的・財政的制約に縛られた実用的・経験的選好にすぎず社会支出は本質的に劣ったあるいは誤ったものであるとの高次の原則を述べているものではない。Carey Oppenheim, *The Post-Conservative Welfare State: A Framework for the Decade Ahead*, Political Economy Research Centre, University of Sheffild, Policy Paper No. 9, 1997, p. 5 は、「一次分配」と「再分配」とを区別している（「一次分配」とは、個々人の生まれつきの才能や努力による技能にもとづく分配である。「再分配」とは、わたしが社会支出と呼んでいるものとほぼ同義である）。そしてかれは、なぜ「再分配」がつねに必要とされるのかについてのやや実用主義的な理由を社会的地位の平等という概念に依拠しつつうまくまとめている。まず市場の動向にうまく適応することができなかった「犠牲者」を養う必要がつねに存在するであろう。そして「われわれが機会の平等と社会的平等の双方を実現しようとすれば、所得の不平等を抑制することは重要でありつづける。富者と貧者の格差がますます拡大する社会において、われわれが階級・階層間の流動性を維持しつづけ、寛容でありつづけることができるなどとても考えにくいことである」。それゆえ、わたしはこの項の文中の（a）において「再分配」の性質を具体的に列挙したのである。

（40）　たとえば、Wendy Carlin and David Soskice, *Macroeconomics and the Wage Bargain. A Modern Approach to Employment, Inflation and the Exchange Rate*, Oxford: Oxford University Press, 1990, Fig. 17. 10, p. 409 また Nickell, *op. cit.*, Table 5, p. 63 をみよ。ベルギーとオランダでは組合組織率がもちろん異なっている。しかしニッケルの回帰分析は、失業率の高さを説明する要因として、組合組織率よりも「組合の組織対象者の所属領域」と労資交渉における「協調性」のほうがはるかに重要であることを示している（ベルギーもオランダも団体交渉様式は同じものであった〔*ibid.*, Table 6, p. 64.〕）もちろん、両国の制度にはちがいもある（たとえば、雇用保障制度が違っている。おおまかな説明については Freddy Heylen, *Labour Market Characteristics and Macroeconomic Performance*, Doctoral dissertation, Faculteit Toegepaste Economische Wetenschappen, UFSIA/Universiteit Antwerpen, 1992, Chapter 6 をみよ）。またオランダの労働組合運動は、〔カトリック系の〕オランダ労組連盟が圧倒的影響力をもっていたためにベルギーよりも協調性が高いのかもしれない。しかし過去十年間にベルギーとオランダがたどった発展過程のちがいを、公的な制度のちがいのみに依拠して説明するのは困難なようである。

（41）　オランダ「コーポラティズム」の成功については、以下の文献をみよ。Jelle Visser and Joris van Ruysseveldt, “De Nederlande overlegeconomie presteert beter. Waarom in Nederland de lonen gematigder zijn en de banengroei hoger is”, *Semenleving en Politiek*, Vol. 4, No. 3, 1997; Steunpunt Werkgelegenheid and Vorming Arbeid, “Omzien naar Nederland, in verwondering en bewondering?”, *De Arbeidsmarkt in Vlaanderen, Faarboek 1997*, Leuven, 1997; Paul De Beer, “Het wonderlijke poldermodel”, *Socialisme & Democratie*, Vol. 54, No. 9, May 1997; Gilbert De Swert and Ronald Janssen, “De Hollandse Kwiekte”, *Gids op Maatschappelijk Gebied*, Vol. 87, No. 12, 1996; Vandenbroucke, *op. cit.*

（42）　賃金上昇を適度に抑制し他方が〔結局のところ労働者にとっても〕得になるとの信念が、ベルギーよりもオランダにおいて強固に根づいている。なぜなら、一九八二―八九年のあいだ（つまり考察の対象となっている期間の前半においては）雇用を維持するために可処分所得を犠牲にすることについて、オランダの人びとはベルギーの人びとより好意的であったからである。その理由は、財政政策や税制政策に求められる。

（43）〔福祉給付を〕包括的にすべきかそれとも救貧的にすべきかという選択は根本的価値観とは無縁の問題である。両者はともに短期的効率性と長期的効率性にもとづいて考慮されるべき政策手法である。長期的効率性が維持されれば一般大衆の目にも福祉国家の給付が正当なものであると映る。〔しかし〕いくつかの福祉領域では、包括的給付があからさまな金の「無駄づかい」を引き起こし、福祉国家の正当性を掘り崩すことになる。もっとも他の（たとえば保健などの）福祉領域においては、福祉国家への広範な支持基盤を維持し社会全体の連帯感を創出するためにも包括的給付が必須である。救貧的給付は短期的効率性を確保するための条件とはなりうる――もっともそれは「貧困層を特定する」のではなく「富裕層を特定し排除する」かたちで実施されるべきであろうが。受給者の選別をあまりにきびしいものにすれば、それは例によって人びとを貧困の罠に陥れることになり、効率性は失われる。いいかえると、社会民主主義者は「包括度」の適切なバランスを見出さなければならない。そのさいに依拠すべき根本的価値基準は、負担と給付の公正な分配という理念である。

（44）　この議論は、Anthony B. Atkinson, "Income Maintenance for the Unemployed in Britain and the Response to High Unemployment", *Ethics*, 100, April 1990 によって十全に展開され、他の仮説と比較されている。Vandenbroucke, "Op zoek naar een redelijke utopie" は、ベルギーの社会福祉制度において高熟練労働者と非熟練労働者との「打算的な」利害衝突について考察するのに同様の論法をもちいている。

（45）　ライシュは、再分配政策にたいする反対がますます成功をおさめつつあるのはなぜかを説明する独自の理論を展開している。かれはその現象を時代を象徴する解説者たちがアメリカ社会から「分離」するという観念によって説明する。グローバリゼーションがそのような分離を可能にしたのであった。なぜなら国内の相互依存関係は〔相対的に〕弱くなったからである。〔福祉のための負担をすすんで引き受ける〕寛大さの涵養はグローバリゼーションのゆえにますます必要となり、同時にグローバリゼーションによってますます困難となったのであった（Reich, *op. cit.*, pp. 250-251.）。

（46）　Eric Schokkaert, Maureen Verhue and Eddy Omey, *Individual Preferences concerning Unemployment Compensation: Insurance and Solidarity*, Faculteit Economische en Toegepaste Economische Wetenschappen, Universiteit Gent, Working Paper No. 97/31, June 1997, Maureen Verhue, Eric Schokkaert and Eddy Omey, *De kloof tussen laag-en hoogeschoolden en de politieke houdbaarheid van de Belgische werkoolsheids-verzekering: een empirische analyse*, Faculteit Economische en Toegepaste Economische Wetenschappen, Universiteit Gent, Wriking Paper No. 97/36, August 1997 は、フランデレンの民間部門労働者から抽出したサンプルをもとに行なわれた失業保険にかんする選好調査の結果を提示している。高学歴者ほどより寛大な利他主義を表明したが、他の諸条件が変わらないとの仮定のもとでは、現行の失業保険制度をさらに延長することについてあまり肯定的な姿勢を示さなかった。著者はこの理由を、高所得層の失業の危険にたいする保険の補償が不十分であることに求めている（受給者の選別をあまりにせまくすることに反対する主張につながる説明である）。

（47） Andrew Dilnot, "Crisis in Welfare", Askonas, Peter and Stephen F. Frowen (eds.), *Welfare and Values. Challenging the Culture of Unconcern*, London: Macmillan, 1997 は、イギリス福祉国家における財政上の制約を論じるさいに同じ主張を説得的に表明している。イギリスの福祉国家の問題は「コストを負担しきれない」ということにあるのではない。問題は、イギリスの人びとがどの程度の福祉を欲するのかという選好を明確にしなければならないということにあるのである。そしてこれは倫理的な問題であり、経済的な問題ではない。

（48） アンソニー・ギデンズ『左派右派を超えて――ラディカルな政治の未来像』〔松尾精文、立松隆介訳、而立書房、二〇〇二年〕には、「強化された社会的再帰性」についての明確な定義はない。ギデンズはその意味を、全人類の生活が以下のような意味で再帰的になることであると説明している。人びとが社会全体、自分自身、自分の将来、そして自分の生活環境についてもつ認識は、世界を自分ではどうすることもできない「所与の条件」としてとらえているわけではない――かれらはつねにみずからが表現する世界に働きかけ、それを変えているのである（Anthony Giddens, "Dialogue with G. Soros", *New Statesman*, 31 October 1997.）。Giddens, *The Consequences of Modernity*, pp. 36-45 には、特徴的な「近代の再帰性」が定義されている。それは「社会的な行動が、その行動自体についての情報の入力によってつねに検証され、修正され、そしてその性格が構造的に変化していく、という事実のことである」。『左派右派を超えて』のなかでギデンズは「単純な近代化」と「再帰的な近代化」の区別をもちだしている。かれは、近代社会が再帰性の増大によって特徴づけられるということ、つまりわれわれの生活が不変の伝統や自然によって決定される度合がますます少なくなっているということを強調する。わたしが思うに、この概念はつぎのように説明できるだろう。世界――とくにグローバリゼーションが進む世界――における生活様式や社会機構の多様性についての人びとの知識、そしてそのような知識が存在するという事実についてのかれらの知識が、かれらの行動をますます「再帰的」にする。ギデンズ自身は言及していないが、このような議論が経済的な行動誘因についてもちいられれば、マクロ経済政策についての合理的期待理論は疑問視されることになろう。『左派右派を超えて』は、有益な洞察をいくつか提示しているけれども、わたしは、この著作はこの命題についての正確かつ経験的な証拠を欠いていると思う。

（49）わたしはここで、国家が伝統的で社会民主主義的な政策手法で〔経済を〕「管理《レギュレート》する」能力を明白に失ったことを、新たな技術の登場およびグローバリゼーションと結びつけて考察する諸文献全体の潜在的な貢献について言及しなければならない。そのような分析はフランスの「レギュラシオン」学派に問題解決の糸口を見出しうる（Robert Boyer and Daniel Drache (eds.), *States Against Markets, The Limits of Globalization*, London: Routledge, 1996, ‘introduction’ 参照）。わたしは「レギュラシオン」学派とその関連文献の真価について判断することはできないけれども、「フォーディズム」と「ポスト・フォーディズム」の概念はいささかわかりにくいと思う。Winfried Ruigrok and Rob van Tulder, *The Logic of International Restructuring*, London and New York: Routledge, 1995 は、産業の再編成と国際化戦略について広範な経験的資料にもとづいた詳細な調査結果を提示している。これによると、（i）産業の再編成と国際化の戦略については多様な競合状態にあり、どれひとつをとってもそれだけでは十分な説明にはならない。（ii）伝統的な総需要管理や所得分配が制度として「不適切」になってしまった理由を、技術上の変化のみに求めるのは困難である。このことはポスト・フォーディズムの概念を用いる論者によってもときおり指摘されているようである。わたしはまた「ポスト・フォーディズム」と「グローバリゼーション」はわかちがたく結びついているとの悲観的見解にたいするわたしの疑念を裏づける証拠を、Geoffrey Garrett and Peter Lange, “Internationalisation, Institutions, and Political Change”, *International Organisation*, 49, 4, Autumn 1995 や、Geoffrey Garrett, “A Virtuous Global Circle”, *Boston Review*, Vol. XXII, No. 6, December 1997/January 1998 に見出している。ギャレットは、経済的な国際化が左翼の伝統的再分配政策の基盤を掘り崩したとの陳腐な命題に反論している。

（50）わたしは、セン、ロールズ、アーネスン、コーエン、ローマー、ドゥウォーキン、コーム、バリー、ルグランらが過去二〇年にわたって発展させてきた研究領域を参考にしている。平等についての適切な概念と、個人の責任についての適切な概念との調和がこの研究領域における数多くの論争の焦点である。この論争においては、個人の「才能」には差異が存在するということが重要な論点である。最有力な主張によれば「才能を有する」ということと、市場においてその才能を発揮して報酬を「受け取る」こととは違う。一見するとこれは、「才能」についてのきわめて抽象的な議論が現実の世界から遠くへだたってしまっているようにも思える。実際、多くの人びとは個々人の才能が所得分配を決定するのにそれほど重要ではないというあまりに理論的すぎる見解に異議をとなえるであろう。そして生産の物的手段の分配を重視する伝統的な左翼の視点からみれば、「人的資本」へこのように関心を集中させることは、思考法の根本的な変革を意味することになる。

（51）福祉の改革を視野に入れた実用主義的な平等主義戦略の提案については、Vandenbroucke, *De nieuwe tijdgeest en zijn grenzen,* pp. 49-51 をみよ。White, *op. cit.* もこの点について有益な概念を提示している。

（52）ヨーロッパ経済の世界貿易にたいする開放度はここ三〇年間それほど変化していない。このことは、ヨーロッパ独自の発展モデルと「ヨーロッパ全体の経済政策を管轄する政府」によるヨーロッパ全体の成長戦略を実施すべきであるとのドロールの情熱的な主張が実行可能であることを示している。またこの主張はフランス社会主義政権による最近の主張をも反映している。これはイギリスの新政権が使うグローバリゼーションの概念とは対照的である。Blair, *op. cit.*, p. 3 は主に、ヨーロッパがいまや「ＥＵ加盟国同士やアメリカと競争しているだけではなく、南アメリカやアジア、そして世界全体と競争している」という事実を重視している。

(53) オランダの高級官僚で政策立案にもかかわるヘールフートが主張している（L. A. Geelhoed, "1997: Een Delta in Europa", ESB, 1 januari 1997.）。

(54) このことは超国家的な政府やその民主的説明責任はいかにあるべきかという重要な問題を提起するが、わたしはここでは論じなかった。ヨーロッパ政治の展開について、グローバリゼーションや欧州化の枠組みから論じたものとしては、Martin Rhodes, Paul Heywood and Vincent Wright (eds.), *Developments in West European Politics*, London: Macmillan, 1997; Peter Gowan and Perry Anderson (eds.), *The Question of Europe*, London: Verso, 1997 の興味深い業績をみよ。

(55) イギリスについては、マコーミックとオッペンハイムが三つの重要な報告について有益な検討を行ない、福祉国家の改革について中道から左派にわたって広範な合意が存在することを指摘している（James McCormick and Carey Oppenheim, "Options and Change", *New Statesman & Society*, 26 January 1996.）。ファンデンブルック（*op. cit.*）もそれらイギリスにかんする報告だけでなく、ベルギーやオランダの社会民主主義の実績や議論を参考にしつつ同じ見解に到達している。わたしは、一九九七年の論文において提示した「福祉改革にかんする中道と左派の一〇項目の合意事項」のうち、本論文で取り上げた論点に関連するもののみをここで再度提示する。

(56) 最低賃金の設定はそのような枠組みにおいて不可欠である。

(57) イギリスにおいて、社会支出が増大したのに貧困がなくならなかったのはなぜか。その理由のいくつかは、イギリス福祉国家の構造およびそれと相互に影響しあっている労働市場の構造に深く根ざしている（たとえば受益者の範囲があまりに狭く限定されており、最低賃金制度が存在しないために、貧困から抜け出せない人びとが生じている）。このイギリスの現象を、今日すべての福祉国家で同様に問題となっている社会支出の「非効率」によって説明することはできない。福祉国家はどこの国でも必要とされる改革を実行中であるが、「社会支出はどこの国でも「非効率」であると」決めつけることは明らかに誤っており、議論を混乱させるものである。ゴットシャルク（*op. cit.*）は、ＯＥＣＤ加盟国の不平等について調査し、社会支出の額と所得の不平等の度合とは逆相関の関係にあると結論づけている（これはよく知られた経験的事実であり、貧困と社会支出との関係についても同様である）。しかしながら福祉政策の後退と不平等の増大については、ほとんどの国で相関関係が見られない。かれの要約は有益である。「若年層への社会支出を削減した国々（ベルギー、ドイツ、イタリア）では、市場所得の不平等がわずかに拡大しただけであったので、新たな福祉制度のもとでの総歳出もわずかに増えただけであった。市場所得の不平等が拡大すると、自動的にそれを打ち消すような所得移転を行なう小規模・中規模の社会保障制度をとった国々（オーストラリアとアイルランド）は、もはや不平等の拡大に対抗しきれなくなってしまった。イギリスとニュージーランドは、若年層への給付水準を引き下げると、一九八〇年代には社会支出総額が増大したにもかかわらず、不平等は拡大しつづけた。

（延末謙一訳）

国際主義、地域主義と国民国家

ライムント・ザイデルマン

現代において政治の世界の主流を占めているのは、一般にはいぜんとして国民国家である。国民国家は社会を組織するのに必要かつ正当な手段であるとみなされている。国民国家は意志決定が行なわれるしかたを定める。国民国家は「かれら」と「われわれ」のあいだの境界線を定めるだけでなく、〔自国の〕政治的アイデンティティをも定める。こうして国民国家は国際社会におけるもっとも有力な主体としての地位を築き上げることに成功した。「国内」の発展という点では、国民国家が市民の福祉および社会全体の幸福のためにおおいに貢献したことは間違いない。民主的な市民社会の発展、社会経済的進歩、日常の基本的生活水準の改善は、国民国家とその働きがなければ不可能であったろう。現代の国民国家がもつ公的な役割は一八世紀末に形成されたが、それがきわめて有効であったことは否定できない。しかしながらわれわれは国民国家を神聖視すべきではない。二世紀におよぶ経験のなかで、国民国家には、地域レベルでもグローバルなレベルでも、しばしば戦争、植民地支配、経済的搾取、不平等、抑圧などがつきものだった。これは国民国家が、国内問題にはきわめて有効に対処できたが、「国」境を越えて展開される政治的問題についてはうまく解決することができなかったことを意味している。このために各国は国内政策を維持する一方で、地域の、あるいは地球規模での難題については、それをみずからコントロールし、生じる損失を埋め合わせ、その難題を克服するためにできるかぎりのことをしようとした。

これは決して新しいことではない。しかしながら、この問題は過去とはちがって、われわれが今日、経済の崩壊や、取り返しのつかない環境・自然破壊や、核による全滅といった世界的な脅威に直面しているために、いっそう緊急を要するものとなっている。これらの脅威は積み重なっていくだけでなく、新たな局面も生み出している。しかしながら伝統的な政治の世界はいぜんとしてナショナルな思考方法に焦点を合わせている。メディアはナショナルな指向と伝統的な国民国家概念をさらに強化しようとしている。ナショナル・アイデンティティとナショナルな利益があらゆるレベルで復活している。それぞれちがったしかたでではあるが、ユーゴスラヴィアにおける出来事やアムステルダムにおけるEUサミットにおいてもこの傾向がみられる。この〔ナショナルな指向という〕動きを示す端的な例としては、合衆国が国連にたいしてとっている態度がある。合衆国は国連をみずからの国益を実現させる道具以外のなにものでもないとみなしている。それゆえ地域的な政治およびグローバルな政治を組織するための新たな道を模索する最初の第一歩を踏み出すまえに、まず国民国家を幻想なしに考察し、再評価し、再定義する一連の作業が必要であろう。この論文は、こうした分析を進めることを目的として書かれている。すなわち地域的な政策およびグローバルな政策の再編成に向けた道筋を明らかにするために、まず制度的な側面から、ついで経験的な側面から国民国家の概念を再評価する。さらに、「世界共和国」[1]——この言葉は新しくはないが、多くの人が忘れてしまっている——の概念を再評価する。

1　政治的な実体としての国民国家

国民国家概念の全般的な再評価を行なうためには、国民国家を歴史的現象ととらえる歴史的なアプローチと今日の国民国家がかかえる限界とジレンマに注目する理論的アプローチとを組み合わせて行なう必要がある。

国民国家の歴史的限界

近代的国民国家の観念が誕生したのはフランス革命とその影響を受けた諸革命をとおしてであった。そうした革命は封建国家のエリート主義的政治システムを転換させただけでなく、また人びととの政治的結合とその正統性をより確かなものにする新しい方法を定着させた。この新しい正統性にもとづく政治結合体が新しく登場した革命エリートの政治的基盤となった。近代国民国家の構造的な特徴と機能は、歴史的にみれば「アンシャン・レジーム」にたいして「革命的」であり、なおかつ政治的に受容可能な選択肢を提示し、新秩序確立への希望を示す必要性から生じた。近代国民国家は、その発展の第一段階において次のように定義された。〔第一に〕封建支配を終わらせる民主的なものである。〔第二に〕宗教と教会の政治支配を終わらせる世俗的なものである。〔第三に〕地域と深く結びついたものであり、それによって領地およびそこに住む人びとを交換しうる、あるいは譲渡できる所有物であるとみなすヨーロッパの伝統的な政治的観念を過去のものとする。こうした定義によって、人びとは旧秩序を打倒し革命のために闘うよう突き動かされた。人びとを特徴づけていた封建的・宗教的一体性は民主主義とネーションに取って代わられた。民主主義とネーションが美化され神秘化されて守られてきたのは、たしかに偶然ではなく政治的必要性のためであった。[2] こうしてネーションという観念は、民主主義を広めるうえで政治的に必要な補完物となった。ネーションという観念は、人びとの結合をうながす枠組み、新しい国家の構成、新しいアイデンティティとその正当化をもたらした。

〔近代国民国家の発展の〕第二の段階は、しばしば第一段階と同時に生じたのであるが、新たにある一定の領土をもつ国民国家が主権を宣言したことである。これは革命につきものの国際主義を犠牲にするように思えるが、それは戦略的・戦術的に必要なものであった。一般に主権とは、国民を代表する新エリートにとって外部世界にたいする独立、自決、絶対的権力そして責任を意味していた。戦術的には主権は、現に存在する、あるいは予知される外部の脅威にたいして、国民やさまざまな政治運動を統一し、動員するうえでの重要な政治的手段であった。フランス革命の場合、主権は独立をもたらすとともに、イギリスによる植民地干渉を撤廃させ、内外の反革命の脅威からフランスが「革命によって達成したもの」を擁護するうえで決定的に重要な役割を果たした。戦略的には主権は、他の国民国家にたいして、新しい民主政府が絶対的権力をもつことを正当化した。対外政策の点からいえば、古い単一の世界観やキリスト教的グローバリズムが廃棄されたことは、すでに封建的絶対主義が国内政策として行なっていたのと同じものであった。それはひかえめな言いかたをすれば、新エリートがあらゆる制限から自由になったということであり、また積極的な見方をすれば、主権の名のもとに、かれら新エリートが新しい地域的な、そしてグローバルなチャンスを利用できるようになったということである。ナポレオンのヨーロッパ征服、アメリカの「西部開拓」、大英帝国、あるいはフランス型、イギリス型、イタリア型の民主主義の発展は、すべて主権によって正当化された。主権は内政干渉にたいする防護手段として、また他の主権国家との協力のあるなしにかかわらず、国益を実現するためにあらゆる手段を利用できる権利として機能した。

〔近代国民国家の発展の〕第三段階は、新政府が対外政策と安全保障政策の独占を確立したが、その独占は、今日、行政の優位として知られている。この政府による対外政策・安全保障政策の独占は、政党、議会、一般大衆による民主的なコントロールと直接的な参加を国内問題に限定し、対外政策・安全保障政策については政府が調整するということが意図されていた。これは〔民主化の〕移行期に、民主勢力が対外政策・安全保障政策にかんして君主制とのあいだで行なった妥協の産物である。その当時、対外政策・安全保障政策の領域のコントロールは、主として旧エリートの手中に残されていた。民主化がついに実現されたとき、民主政府は十分な力を備えるようになり、対外政策・安全保障政策の領域でいっそう大きな影響力を行使するようになった。民主政府は効果的な行動[3]についての議論を開始し、それと関連する仕組みを構築してみては、そこでかえって民主的にすぎる統制方式は避け、党派や議会中心主義の「偏見」を抑える手に出た。

現代国家の三つの基本的特徴、すなわちネーションにもとづく領土主義、主権、対外政策・安全保障政策にたいする民主化の制限という特徴は、自然の法則に従ってできたものでもなければ永遠のものでもなく、歴史的な産物であった。それらは特殊な歴史的文脈のなかで発展したのである。今日、そうした文脈はもはや存在しなくなったのであるから、これらの特徴は評価しなおされてしかるべきである。今日の状況が、民主主義が初期に直面した状況とは根本的に異なるものであることは間違いない。歴史的な視角からみれば、伝統的な主権や領土的に定義された国民国家は時代錯誤である。いかなるしかたで国民国家を美化しようとも、この事実を変えることはできない。

国民国家の理論体系上の限界

理想主義者からみれば、民主革命が擁護した諸価値のもつ普遍的性質や、そうした諸価値にたいする国際的な関心は、国益や国家権力を追求する政策によって覆されている。基本的な民主主義の価値、[4] とりわけ平等という価値に内在的な論理は、人を分け隔て差別するのをやめさせることをめざす。〔人びとのあいだに〕領土的、民族的、宗教的、社会的境界線を作り出すことは、人権と民主主義の発展にまっこうから対立する。理想主義者は主権を受け入れられないものとみなすが、それは主権が他のネーションを犠牲にしたうえでの国益の追求を正当化するためだけでなく、民主的な価値よりも〔主権にもとづく〕国益の保持が、対外関係や安全保障問題において主要な判断基準となるからである。

現実主義者の観点については「安全保障のジレンマ」という言葉の考察から始めるのがよいだろう。この言葉は国民国家、地域、国際システム〔といった概念〕にたいする根本的な挑戦として、現実主義学派によって作り出された。安全保障のジレンマは、国民国家が主権の絶対性を主張することに由来する。国民国家の行動は国益を最大化させるという原則にもとづくものであり、そうした行動は、他の国家が同じく目的を実現させるために軍事的手段を含むあらゆる利用可能な道具を用いるとしても、かまわず遂行される。このため、軍事的手段をもちいて侵略的政策を遂行することなどまったく意図せぬ国家といえども、防御的な軍事戦略をとらざるをえない。その結果、戦争の脅威、軍備拡張競争、政治的不安定、そして他の国家への安全保障上の従属（たとえそれをその国家が本来望んでいなかったにせよ）といった事態がもたらされることになる。われわれはこれらのことを、たとえば東西対立や中東紛争の時期に十分に認識した。こうした事態になると、国民国家が国内サービスを供給する能力はいちじるしく低下する。[5] さらにそれらは、ある一定の安定性をもつグローバル・システムあるいは地域的システムにおいて、国民国家間の国益の矛盾を直接対立させるようになる。[6] 合衆国の現実主義者は、このジレンマを、世界の調停者という役割のなかで、合衆国の意見を前面にだすことで解決しようとする傾向がある。[7] しかしながら、これは安全保障のジレンマの解決策とみることはできない。それは合衆国にとってよいことは世界にとってもよいことであるという政治的教義以外のなにものでもない。包括的に考えれば、安全保障のジレンマは〔国民国家がもつ〕主権の直接の産物でありながら、主権の制限だけでなく主権の廃棄を要求する。それゆえ現実主義者の観点によれば、伝統的な国家主権は根本的に自己破壊的なものなのである。

初期の民主主義理論に従えば、国民国家が絶対的主権をもつのは、グローバル・システムが社会契約にもとづくものなどではなく、「狼の社会」〔人の人にたいする狼、万人の万人にたいする闘争状態。ホッブズの言葉〕にもとづくものであるからである。このため「狼の社会」を規制するあらゆるルールをともなう社会契約の創出が必要であった。しかし論理的に、社会契約が領土単位の国民国家に限定されなければならない理由はないし、また国内問題は別にして、国際問題にかんして〔各国民国家ごとに〕まったく異なる政策が実行されなければならない理由もない。ルソーとホッブズは社会契約すなわち国家の創設を主として「国内」問題と定義していたが、それはかれらがその当時における民主主義運動の歴史的制約のなかに身を置いていたからである。カントは国民国家間に一種の連合契約のようなものを結ぶべきであると主張したが、このことからも明らかなように、社会契約〔を国民国家単位に限定するという思想〕は初期の民主主義思想における理論上の誤りなどではなく、現実政治のうえで生じた欠陥であったのである。それゆえ社会契約の論理は国民国家の創設で終わるわけではなく、「世界共和国」の創設をもって終わるのである。そしてこの「世界共和国」は連邦主義とは別のモデルにもとづくもので、つねに伝統的主権、すなわち絶対的な主権の廃棄を求めることだろう。

それゆえ歴史的アプローチからみれば、伝統的な国民国家は時代錯誤的であると定義することができる。実際、伝統的な国民国家、とりわけ主権はグローバル・デモクラシー、社会経済的進歩、安全保障にとっての構造的な障害物となっている。

2　国民国家と今日の国際問題

国民国家のグローバルな役割を評価するさいには、二つの主要な問題、すなわち、伝統的な国民国家はそのシステムの構造的な問題をどの程度解決できるのか、そして、国民国家は構造上地球規模で起こる動向の影響をどれほど受けるのか、という問題が必然的に生じる。

国民国家とグローバルな問題

もしも前述の議論に従えば、国民国家とは〔たんに国内的に〕一定のサービスをもたらし、一定の機能を遂行し、一定の基本的な目的を達成する政治組織以上のなにものでもないということになる。残念なことに、こうしたたぐいの組織が非実効的であることは疑う余地がない。それは別の構造に作り替えられるか、あるいは取って代わられなければならないだろう。〔国内における〕正統性と組織としての十分な能力をもつばかりでなく、国際政治への主たる参加者でもあるような政治組織〔すなわち国民国家〕の主な役割のひとつは、問題に取り組み、それを解決し、またそうした問題が発生するのを防ぐことである。これは迅速に、効果的に、最小のコストとリスクでもって行なわれなければならない。〔国民国家〕システムは、いかなる種類の構造的な問題に直面するのだろうか。どのようにしたら国民国家はそうした問題に対応することができるのだろうか。第一に、もし構造的に生じる紛争がシステムの存在と安定性を脅かす場合には、すなわち〔国民国家システムの〕規範と価値が十分実現されていない場合には、そうした紛争はグローバルな問題となる。冷戦は終了したけれども[8]、今日、当事国だけでなくその他の社会にとっても大きな政治的・軍事的問題に転化しうるような二つの潜在的な矛盾が存在する。

〔第一に〕冷戦の終結によっても、たとえば中東紛争、湾岸紛争、インド・パキスタン紛争のような、グローバルに拡大する可能性をもつ地域的な政治・軍事紛争の脅威は終わらなかった。さらに軍事紛争の潜在的可能性はロシア全体およびアジア・太平洋地域に存在しており、そこではすでにかなりの軍拡競争が始まっている。要するに地域紛争は存続しているのであり、それは国際平和にとって大いなる脅威となっている。地域紛争は、多国間の平和維持活動や単独の軍事介入[9]によって、多かれ少なかれコントロールすることはできる。しかし第二次湾岸戦争時に結成された諸国民国家の連合体であれ、最強の国民国家である合衆国であれ、こうした地域紛争をコントロールすることはむずかしいと思われる。東西対立がつづいていたあいだは、国民国家の主権尊重を支持する者は、地域紛争が解決されないのは東西冷戦の膠着状態に原因があると非難することができた。しかし〔冷戦終結後の〕今日、かれらは不断につづく、そして場合によってはますますエスカレートしていく地域紛争にグローバルな共同体がさらされつづけているのは、システム自身の構造、すなわち国民国家システムそのものに原因があるからだと非難せざるをえなくなっている。これまでの経験から、国民国家がこの種の地域紛争を解決したり予防したりするうえで役に立たないことは明らかである。現実主義の立場から地域紛争は資源の浪費および好ましくない軍事的リスクであるとみなそうと、理想主義の立場から地域紛争は平和にたいする重大な脅威であるとみなそうとも〔地域紛争の解決にかんして〕国民国家が十分な能力をもたないことはいうまでもない。

第二に、南北対立はいまだ解決されていない。南北対立は悪化こそはしていないものの、現実主義・理想主義いずれの立場からみてもいぜんとして深刻な国際問題である。南の諸国による政治・経済同盟を形成する動きはほとんどの場合、失敗に終わった。南北対立の問題は、〔国際的な〕政治的争点にはなっていない。しかしながら、それは、南北対立の状況が深刻でないとか、その問題がグローバルな意味をもたないことを意味してはいない。国民国家システムはこの南北対立の問題を解決することができなかったし、しばしば宣言されるような、公正な機会と国民国家間の連帯にもとづく「グローバルな成長をとげる社会」を確立することもできなかった。南北対立の原因となる根本的な政治的・経済的問題はその姿を変えただけでいぜんとして存在しつづけている。北の国民国家は、地域的な政治的・軍事的紛争よりも南北対立のほうをより上手に抑制しコントロールしてきたが、南北対立の問題を解決することはできなかったし、その再発を防止するような構造やメカニズムを確立することもできなかった。

国際的な国民国家システムが南北問題の解決に失敗したのは、〔諸国民国家に〕政治的な善意が欠如していたためではなく〔システムの〕構造的な欠陥によるのである。主権国民国家はそれぞれ固有の国益に従って行動する。国民国家とはそのようなものである。もし万一、国民国家が自身の直接的な報酬をかえりみることなく別の国民国家の利益のために行動するとしたら、それはたちまち〔国際的な国民国家〕システムによって罰せられるであろう。実際、国民国家が国益を無視した行動をとれば、その行動はその国のエリートたちにも選挙民にも受け入れられることはないだろう。したがって政治的な善意を発揮することは〔国民国家にとって〕政治的な自殺行為となるだろう。

こうした地域紛争や南北対立をめぐる問題解決のアプローチは「ぎりぎりの事態収拾」型の危機管理策として特徴づけることができる。軍事的問題では核軍縮は大量の兵器を削減させたが、核による破壊を禁止するまでにはいたらなかった。核拡散はいぜんとして主要な国際問題であると考えられるべきであるが、その問題はNPT〔核拡散防止条約〕体制のもとで対処されてはいても、解決にはいたっていない。同様に武器移転の問題も課題となってはいるが、解決されてもいないし防止されてもいない。経済問題では、経済、金融、通貨の相互依存の浸透が世界経済システム崩壊の脅威を作り出している。これはしばしば、軍事的脅威よりも緊急を要する問題であると考えられている。グローバル・エコノミーの運営は改良されているが、グローバルな環境問題はいぜんとして包括的な対処を必要としている。いくつかの〔国際政策協調〕レジームは地球規模で民主主義と人権の保護を確立させようと試みているが、そうした先進的取組《イニシアティヴ》みは成功とはほど遠いところにある。もういちど言うが、これらの問題が脱国家化、超国家化あるいは国際化しているために、問題解決にもっとも意欲的で経験を積んだ国民国家ですら、解決策を明確に提示したり、そうした解決策の実行を持続させることができなくなっている。くりかえしていうが、これは〔諸国民国家に問題解決の〕意欲がないためではなく、国民国家がもつ主権にもとづく国際システムの構造自体によるのである。

国民国家とグローバルな傾向

もし国民国家に問題の解決だけではなく安全と福祉と自由の保護をも期待するのであれば、グローバル・システムにみられるもっとも重要な構造的傾向、すなわちグローバリゼーション、地域的統合《リージョナリゼーション》、再国家化《リナショナリゼーション》という傾向のなかでの国民国家の動態を分析しなければならない[10]。

グローバリゼーションは新しく起こった現象でもないし、純粋に経済的な進展でもない。グローバリゼーションという特有な問題がはらむエネルギーは、国民国家の国境はおろか、その競争力や正当性さえも踏み越えていく。これは伝統的な主権概念の支持者をきわめてアンビヴァレントな立場におくことになる。なぜなら、一方ではグローバリゼーションは、国際システムにおいて国民国家が従来保持していた支配的役割を直接脅かすが、他方では、それは強力で十分に専門的能力をもつ国民国家に、グローバルな局面でかれらの利潤最大化戦略を実現させる機会を与え、その結果かれらは、グローバリゼーションの経済的、軍事的、政治的勝者となる機会を手に入れるからである。経済的グローバリゼーションにかんする経験的事実に照らせば、グローバリゼーションとはゼロ・サム的ゲーム〔それぞれのプレーヤーの利得を差し引きするとゼロになるようなゲーム。すなわち勝者が手に入れた利得と同じだけの量の利得を敗者は失うことになる〕であるという解釈がなされうる。しかし、国際システムが国益の最大化にもとづくものであり、〔諸国民国家に〕共通の利益の最大化にもとづくのではないかぎり、諸国民国家にとってグローバリゼーションの意味するところは、情報の共有にもとづいた諸国民国家に共通の成長政策を遂行する手段ではなく、全体の成長のなかで相対的な分け前の増大をはかる環境の変化にすぎないだろう。国際システムが国益に優先権を与えているかぎり、たとえその国益が共通の利益にとっては有害なものであろうとも、グローバリゼーションは〔国民国家間の〕絶対的・相対的なパワーの変化をもたらすことになり、決して自動的に〔国際システムの〕構造的な変化や真にグローバルな共同体をもたらすことにはならない。

次に地域的統合は、国民国家にとってグローバリゼーションにたいする防御策であると同時に、国際システムにおけるみずからの地位を補強するための手段でもある。地域的統合をつうじて国民国家は、グローバリゼーションがもたらすさまざまなチャンスを利用できるようになる。ヨーロッパ統合はこうした地域的統合の典型的な事例である。地域内相互依存関係の度合やダイナミクスにもよるが、地域的統合は〔国民国家間の〕グローバルな協力の構築よりも運営が容易で、将来性があり、また受け入れられやすいように思われる。しかしグローバリゼーション同様、地域的統合は次のようなジレンマに直面している。すなわち国益をいかにして調和させるのか――伝統的な国益概念は国際政治をゼロ・サム的ゲームととらえることをともなう――、またいかにして〔国民国家間に〕最低限の合意を得られるようにするのか、さらに地域的統合のまとまりをゆるがし、最後にはその地域的統合を崩壊させかねない覇権的な構造が出現するのをいかにして防ぐかといったジレンマである。国民国家は、それぞれの国益や国力を最大化させたいという欲求と、まさにこの同じ欲求に従って行動する他の国民国家と協力する必要性とのあいだで悩まされることになる。地域的統合、すなわち国民国家モデルにもとづいた地域的秩序の形成は構造的に不安定なものとなるか、あるいは深刻な崩壊の危機に直面する。

再国家化、すなわち〔国民国家の〕絶対的主権を主張しつづけるのは、国際システムの根本的な原理にもとづくものではあるが、国民国家は、他の国民国家とのあいだで二つの問題をめぐって衝突する。第一に、国民国家がもつ絶対的主権と経済的・軍事的パワーは他の国民国家の国益を脅かし、それらの国々を従属状態においたり、あるいはその活動にきびしい制限を負わせる。それゆえ勢力均衡モデル――これは、国民国家システムにおける最良の自己調整メカニズムであるとみなされている――は、再国家化にきわめて敏感になる。しかしながら、だいたいにおいて再国家化は、しばしば国民国家が覇権的パワーの追求へとむかう最初の一歩となる。第一次世界大戦および第二次世界大戦の発生は、そうした状況を映し出す典型的な事例である。国民国家自身にとって再国家化を追求するさいに生じるコスト、および〔国民国家〕システムが維持されるなかで国民国家が手にしている一般的利益にたいして、再国家化を追求することから生じるコストを考慮に入れれば、そして、現代の軍事技術の進歩の点から再国家化の追求が自己破壊的なエネルギーをもつようになることを考慮に入れれば、再国家化は、たんなる国家主権の表現であるだけでなく、それへの脅威となるのである。一方で再国家化は、グローバリゼーションと地域的統合にたいする必然的な反応であるが、他方で、それは国民国家システムそのものの維持にとって逆効果であり、ときには破壊的である。このことはグローバリゼーション、地域的統合、そして再国家化の相互連関を明らかにしているだけでなく、国民国家の主権にもとづく国際システムがかかえる構造的なジレンマをきわだたせている。

3 「賢明な」国民国家

多くの国民国家はシステムが有効に機能していない状況を「あたりまえの」リスクだと考えている。他方で多くの国民国家はその状況を、みずからの利益をさらに最大化させ、みずからの地位を向上させるチャンスであるともみなしている。あるいは（とりわけ、前述の〔地域紛争や南北対立などをめぐる〕問題や〔グローバリゼーション・地域的統合・再国家化という〕傾向をあおっている国々は）それを自分より劣った国民国家にたいする支配を正統化する手段であるとみなしている。そして、たとえそうだとしても、多くの国民国家はみずからの正統性と機能を保持しつづけたければ、〔国民国家システムに〕適応する必要があるということを認識している。国民国家がこうした認識をもつにいたるのはしばしば破滅的経験の結果であって、はじめから導き出された結論ではないことは歴史が教えてくれている。しかしながら

〔国民国家システムの〕構造的問題にたいする「賢明な」解決策はすでに提案されている。これまでに〔以下の〕二つの改革が実行されており、さらに二つのより構造的な改革がつづくだろう。

第一の改革は、〔国際協力の〕多国間交渉メカニズムによって、伝統的な主権にもとづく国家の行為を補助的なものにとどめるというものである。これはきわめてゆっくりと生じてきた。欧州安全保障協力会議（ＣＳＣＥ）は一連の会議のなかからスタートし、世界貿易機関（ＷＴＯ）を含むグローバル貿易体制はひとつの調整システムへと発展した。人権会議におけると同様、これらのメカニズムをつうじてさまざまな規範の調和を達成することが容易になった。それらは軍縮と軍備制限を実行させ、経済的、政治的、環境的、社会文化的行為を直接的・間接的に調整する役割を担っている。[11] これらのメカニズムは世界貿易機関（ＷＴＯ）のような国際的レベルにおけるのと同様、米州機構（ＯＡＳ）、欧州安全保障協力機構（ＯＳＣＥ）、東南アジア諸国連合（ＡＳＥＡＮ）といった地域的レベルでも見受けられる。それらは地域的統合とグローバリゼーションのプロセスを促進させ、操縦しようとする。さらに人権や軍備の使用といったいくつかの領域では、いっそうの監督が必要であるとの認識がますます増大している。これは「制限された主権」や「グローバル・ピース」理論として知られる重要な変化をもたらした。制限された主権という概念によって、グローバルな共同体とそれを中心となって支える組織は、主権国家内および主権国家間において直接「国内」問題に介入し、また平和維持、平和強制、あるいは平和再構築の役割を果たすことができるようになる。

これらのメカニズムの導入は正しい方向への動きではあるが、それらには三つの構造的な弱点がある。第一に、国連のような大規模な組織でさえ国家主権の原則にもとづいているのであり、それゆえ国益のなすがままになってしまう。実際、国民国家はしばしば国連をより賢明な、受け入れやすい方法によって国益を追求する手段以上のなにものでもないとみなしている。第二に、もっとも先進的な多国間交渉レジームでさえ、共通の目的を実行したり、敵意に満ちた脅威を効果的に抑止するために必要な経済的・軍事的手段をもっていない。[12] 国連の平和維持活動は諸国民国家から提供され、しばしばその統制下にある〔寄せ集めの〕軍隊によってその場かぎりにおいて実行される。[13] 第三に、これらの組織にはグローバルな団結が欠如している。一般に多国間主義、とりわけ多国間国際主義は、結束して連携する十分に組織された政治的秩序ではなく、多数の異なる構成要素からなる集合体にすぎず、それらの構成要素は独自に行動し、行動の調整が行なわれたり合意を形成したりすることさえめったにない[14]。〔多国間メカニズムの〕システムは欠陥と抜け穴だらけである。この結果、システムを構成する諸国家は、結束した秩序というものにたいしては否定的であり、したい放題に行動するようになり、最悪の場合、そうした動きに対抗して共同行動をとろうとする政治的意志を麻痺させることになる[15]。にもかかわらず、ほとんどの場合、多国間主義は地域レベルおよびグローバル・レベルでの紛争解決の前提条件となっている。実際、多国間主義が政治の地域的統合と国際化の双方において決定的な役割を果たしてきたことは間違いない。多国間主義は共通の利益、共同責任、および共通の価値といった概念の導入に責任を負っていた[16]。しかしすでに述べたように、多国間主義は伝統的な国民国家政治の補足物でしかなく、多国間主義の遂行能力は現実的な点でも構造的な点でもかぎられている。端的にいって、国民国家自体が今日かかえている問題をどうにか切り抜けるようになるには、さらにいっそう賢明な選択肢が必要であろう。

ヨーロッパの統合

第二の改革は〔諸国民国家の〕統合である。それは〔諸国民国家それぞれの〕改造よりもむしろ〔システムの〕構造転換をめざすものである。国民国家は、その権能および装置を含めて、主権を諸国民国家からなる上位国家《スープラナショナル》機構へと統合する。この背後には二つの動機がありうるだろう。ひとつには、国民国家は単独ではもはや問題に対処できないことを自覚しているからかもしれない。もうひとつは、国民国家はどうにかしてさらに多くの影響力や他の種類の報酬を手に入れようと考えるからかもしれない。超国家主義《スープラナショナリズム》〔国民国家の枠を超えた上位国家機構形成主義〕は、しばしば多国間主義が成功した経験の結果として発展するが、両者のあいだには根本的な相違がある。多国間主義は国家主権を脅かすことはないが、超国家主義はそれを脅かすのである。超国家主義は国民国家の助けとなるだけでなく、また国民国家と競争関係にもある。両者のあいだの基本的な相違は、多国間主義がたんに国民国家による政治を補強する役割を果たすだけでしかないのにたいして、超国家主義は国民国家システムそのものとまったく異なる機構として働く点である。今日にいたるまで国民国家は、グローバルなレベルでは有効な上位国家機構の確立を避けることができた。しかしながら国民国家は、地域的なレベルでは上位国家機構が確立されることに同意した。なぜなら、それによっておそらくグローバル化する世界において、利益の共同実現が可能になるであろうからである。ヨーロッパ経済共同体（EEC）、ヨーロッパ共同体（EC）、EUはこの種のプロセスのモデルである。ヨーロッパ統合にあたって、諸国民国家は旧ヨーロッパ国民国家と国際連盟の経験の影響を受けていた。それらは経済危機、ファシズム、第二次世界大戦を克服するあるいは防ぐことができなかったが、そのことがヨーロッパ統合の必要性を力説させることになった。そのうえ新しい、よりよいヨーロッパ秩序という進歩的な展望もまたそれを形成させる大きな原動力となった。いまや諸国民国家は力を合わせる必要があることをきわめて十分に理解するようになった。もしそうでなかったらヨーロッパは、復興することも〔世界的に〕ふたたび主要な役割を演じるようになることもなかったであろう。[17]

　ヨーロッパ統合のプロセスは三つの相互に連関した条件にもとづいている。第一に、豊かさ、すなわち経済成長、軍事的安全保障、政治権力の創出と公正な分配、第二に、基本的な諸価値と民主主義の原則にかんする了解が維持されつづけられる共同体の創設、第三に、一方で覇権を防止しつつ、他方で「小」国にたいしてさえ意志決定に参加する機会の平等を保証するような、政治権力についての規定をつくることである。[18]勢力均衡システムが、構造的に不安定で〔構成国が〕非協調的になりやすいのとは対照的に、ヨーロッパ〔統合〕システムは高度の安定性を創り出すだけでなく、〔構成国相互による〕好意的な行動も誘発する。なぜなら「強」国と同様、「小」国にとっても明白な恩恵が存在するからである。[19]それゆえ統合による主権の移転は、利益の問題であるだけでなく、規範的な合意形成の問題でもあり、その意味で権力の共同管理のための特殊なモデルなのである。

　もちろん超国家主義は多国間主義では知られることのない構造的な問題に悩まされている。それは国民国家と国家の上位にある組織とのあいだで、競争と協力の利益がぶつかりあうことによって引き起こされる問題である。国民国家の観点からみれば、国家の上位にある機関への主権の移転は権力の構造的な損失をともなうものであり、国家の上位にある機関はこの状況を利用してみずからの収入を増大させ、法的権限を拡大し、そして権力を強化する。[20] 国民国家が、こうした特徴をもつ上位国家機構に対抗して勝つチャンスはきわめてかぎられている。[21] ヨーロッパ統合は、統合が損失よりも、ナショナル・アイデンティティにかんする新たな了解をもたらすことを示したが、[22] 権力の点ではその結果は明白である。ヨーロッパ統合は、〔国民国家に統合への〕政治的意欲を失わせるだけでなく、伝統的な主権の枠組みのなかで、伝統的な手段を用いて、伝統的なしかたで行動する力もまた生じさせる。ただし国際政治の場で国民国家が果たしていた支配的役割が構造的に徐々に失われていくことに変わりはない。こうして国民国家は以下の二つの政治的目標のあいだで分裂する。一、国民国家は、統合が権力の漸次的消失をもたらすということを十分に承知したうえで、統合を受け入れるだけでなく促進させるために「賢明に」行動する。二、国民国家は、新たに国家の上位にくる機関にたいしてできるだけ多くの制限や限界を必ず作り出すよう「保守的に」行動する。国民国家と上位国家機構とのあいだの構造的対立は、両者ともに勝者となれるような、ある種の協力を実現することによって解決可能であろう。すなわち上位国家機構が国民国家を買収する〔国民国家にとって分配を強化する〕という戦略を用いたり、あるいは国民国家が解決困難な問題を上位国家機構が取り扱うのを認めて仕事を分割する〔上位国家機構にとっての役割の強化〕、といったしかたである。しかしながらこの対立は超国家主義という枠組みのなかで解決されることはない。実際には逆に、それはしばしば、たとえば負担の分担や余剰の分配をめぐる既存の対立を強化してしまう。[23] 伝統的な国民国家の行動は、みずからの余剰を最大化し負担を最小限にとどめるというものであったが、超国家主義によれば、〔統合によって生じる国民国家〕共通の福利とナショナルな福利のあいだでバランスを保つような行動様式をとるようになる。それゆえ超国家主義は、団結と合意によって生じる超国家的な利益を横取りしようという国民国家の試みや、また超国家主義をふたたび国民国家システムにもどすために、所与の共通利益と共同権力モデルを利用しようとする国民国家の試みと、日常的に衝突することになる。現実にこうした問題が生じるため、統合のプロセスには統合への動きが活発な期間と不活発な期間とが交互に起こる循環的な傾向があることになる。しかしながら、このように統合には内在的な問題があるにもかかわらず、超国家主義は多国間主義よりもすぐれた成果をあげており、歴史的にも理論的にも正しい方向への大きな一歩を踏み出している。

国際システムが多国間主義および超国家主義にかんする経験を豊富にもつとはいえ、超国家主義的なモデルはまだ非現実的な構想の段階[24]にあり、現実の運営段階[25]にはいたっていない。理論的な点からみれば、超国家主義は統合と連邦化の論理的帰結である。それはひとつの超国家体の創設以外のなにものでもない。そしてそこでは、地方レベル、州レベル、国家レベル、地域レベルがよりよくバランスを保ち、相互に連関しあっている。民主主義の初期の観念、[26]伝統的な連邦主義思想、[27]そしてヨーロッパやそれを超えた地域での連邦化の実際的な経験は、超国家体の必要性という前述の議論を補強している。すなわちグローバルな諸問題やグローバリゼーションと再国家化といった問題に対応するためには新しい政治体が必要であり、それは共通利益の観点で思考し、国際的な権力の問題に対処するための新しい、より民主的なモデルによくつうじていて、グローバルな紛争をコントロールし、またそれを解決する能力と意志をもたなければならない。〔第三の改革としての〕地域的な超国家体の創設は、以前の地域的な国民国家システムとくらべれば進歩であると考えることができるが、それはいぜんとして二面性をもつものとみなされる。その新しい地域的な超国家体はその内部では進歩的であるかもしれないが、外部にたいしては、国際システムに適応し、旧来の国民国家と同様に行動するかもしれない。それゆえ地域的な超国家体が政治的に拡張していくには、その新しい超国家体が古い超大国と同様にふるまうのを防ぎ、あるいは諸国民国家がその超国家体へと統合を求めたのと同様に、超国家体もまた地球規模の統合を求めざるをえないようなメカニズムや制度が構想される必要がある。この遠大な要求は実際以上に錯綜した印象を与える。〔しかし〕たとえば、もし連邦制民主主義に注目するならば、その種のシステムは他の政治システムより安定しているようにみえる。現代の民主主義理論からいうと、〔民主主義的〕政治によって決定された、

〔共存的な〕価値を指向する対外政策をとるよう内的なメカニズムを組み合わせることによって、またそれが地球規模の統合プロセスの初期の段階で積極的な役割を果たすことによって、「平和の欠如」(28)という後退傾向を克服しうるし、そうした傾向があらわれるのを抑えることさえできるだろう。

4　世界国家の創設

第四の、そして最後の改革は国際的な超国家主義の創出、別のいいかたをすれば世界国家の創設である。もういちど言うが、この種の統合プロセスは民主的な統合の条件が満たされることによってのみ持続的に進展可能となる。その条件とは余剰の創出と公平な分配、紛争や問題を有効に解決しようとする意志とその能力、効果的な運営によって権力の分配を確保し、覇権を防止する規定の存在である。世界国家の創出はこれまでの主権国家とそれが引き起こした問題の終焉を意味し、民主的発展の次の段階へと必然的に進む道、すなわち新しいグローバルな社会契約を形成するための道を切り開くであろう。くりかえし言うが、これはなにも新しいことではない。まえにも述べたように、民主主義の理論は、民主主義が国境あるいは地域の境界線でとどまることを許さない。国民国家は、それを神秘化しようとするいかなる試みがあろうともたんなる歴史的現象にすぎず、グローバルな共同体をつくるうえでの究極の方法ではない。この点でグローバリズムあるいは新しい国際主義は、民主化のプロセスを継続させ拡大させることを願った労働運動や、他の政治グループの活動の初期の段階において、重要な、政治的に魅力ある展望を示していた。グローバリズムは古い民主主義の概念をまさに修復するものであり、それは内政を重視するばかりでなく、外政をも重視する。一九世紀と二度の世界大戦後に、労働運動を担った民主主義者は、グローバル民主主義をその時代の問題を解決するための手段であるばかりでなく、人びとを民主主義のために動員する手段でもあるとみなした。これが歴史的な機能として存在しつづけてきたことを忘れてはならない。過去の未完のプロジェクトは決して時代遅れではない。それは国民国家の内部で追求されるべきであり、そしてまた地球規模で積極的に役立てるべきである。民主主義の価値を促進させ、地球規模の問題や対立に民主的な手段で対処し、解決する能力と意志をもつ、そのような世界共和国の見通しは政治的な幻想などではなく、今日ではかつての民主的な革命の時代よりもはるかに決定的な段階にあるのである。

原　註

（1）次を参照。Immanuel Kant, *Zum ewigen Frieden. Ein philosophischer Entwurf*, in Kant, *Werke in zwölf Bänden*, Frankfurt 1968, Bd IX, pp. 191-251. ここにはこの種の世界共和国を創設すると同時に国民国家の政治的現実を考慮に入れるというジレンマがある。

（2）たとえば、新しい政治的儀式、祝典、シンボル〔の創出〕などにおいて。

（3）たとえば、軍事的脅威を含む状況は政府のすばやい対応を要求する。

（4）初期のフランス革命、初期の労働運動、初期のソヴィエト革命、そして多数の解放運動が、つねに国際主義、グローバリズムなどをとくに強調していたことはまことに興味深い。

（5）末期の旧ソ連では、GNPの約二〇―二五%にあたる軍事支出がなされ、それがソ連の崩壊をもたらした主たる要因であるとみなされている。

（6）この議論から、ソヴィエト・マルクス主義は、核戦争の予防を実現するという人類の利益が、階級闘争の利益の上におかれるべきだ、という共存の考えかたをとるようになった。

（7）この種の考えかたの典型的な例は、次の文献にみられる。John Mearsheimer, "Back to the Future. Instability in Europe after the Cold War", in *International Security* No. 1/1990, pp. 5-56.

（8）これは、冷戦にかかわった諸国民国家の政治的意志と能力のためというよりも、国内問題の蓄積のために中心的プレーヤーのうちの一国〔旧ソ連〕が崩壊したことによる。

（9）たとえば、合衆国のハイチへの介入。

（10）通俗的な思い込み、あるいは「通俗的な単純化」とは対照的に、国際システムにおける主要な趨勢は、たんにグローバリゼーションだけではなく、グローバリゼーションと地域的統合と再国家化とのあいだの相互作用である。そしてそれがシステムの原動力として特徴づけられる。

(11) 国連システムと国際関係についての近年の評価と再概念化については、次を参照。Dimitris Bourantonis/Marios Evriviades (Eds.), *A United Nations for the Twenty-First Century. Peace, Security and Development*, The Hague 1996.

(12) それらはときに「張り子の虎」と呼ばれる。なぜなら、それらは「晴れの日」すなわち最良の条件のもとでは機能するが、「雨季」すなわち諸国民国家が乗り気ではないか、あるいは同意できないとき、または敵意が噴出するときには機能しないからである。

(13) 通常の場合、紛争当事国の同意を必要とする。

(14) 国連システムのなかにおいてでさえ調整は不十分で、しばしば存在しない。

(15) ユーゴスラヴィア〔紛争〕におけるように、そこでは多数の政治的・制度的な機会が存在していたが、有効ではなかった。

(16) たとえば、その初期段階からパリ憲章にいたるまでの欧州安全保障協力会議（CSCE）のプロセスをみよ。

(17) 一九九七―九八年のアジア諸国における経済危機が、東南アジア諸国連合（ASEAN）にたいして同様に統合を促進させるような効果をもつかどうかはまだわからない。ASEANでは、ASEANが多国間メカニズムの枠組みを維持すべきか、それとも統合を開始するべきかどうかの問題に議論が集中している。

(18) ヨーロッパ統合成功の秘訣のひとつは、公式の、事実上平等な機会の創出だけでなく、「小」国が、その権力基盤に比較して過大な政治的影響力をもったことであった。

(19) たとえば、ヨーロッパにおけるドイツの役割の理論的根拠をみよ。それはヨーロッパのもつ構造的制約のゆえにかなりの影響力をもつ。くわしくは次を参照。Reimund Seidelmann, "German Foreign Policy and the European Order", in Reimund Seidelmann, ed., *Crises Policies in Eastern Europe*, Baden-Baden, 1996, pp. 235-273.

(20) 連邦主義あるいは「地域主義」の出現、すなわち非中央集権化、あるいは権力、権能、収入の、国民国家から地域への、州への、その他のナショナルな下位集団への移転要求の出現は〔国民国家にとって〕さらにいっそうの脅威である。

(21) 今日のEUが国民国家にたいする真の政治的敵対物には決してなっていないという事実は、構造的な背景から生じるというよりも、EUが必要とされている公的な支援を組織することができず、有効に機能せず、賢明な策でもって国民国家を圧倒することができないことから生じている。

(22) これは、「多様性のなかの統一」という定式に表現されている。

(23) ヨーロッパ共同体〔EC〕およびEU内での負担の分担をめぐる紛争は周期的に起こるが、それはもっとも早い時期から今日にいたるまでずっと北大西洋条約機構〔NATO〕を苦しめてきた。

(24) たとえば、ヨーロッパ合衆国を創設するという一九二九年のドイツ社会民主党〔SPD〕のアイデアをみよ。
(25) アメリカ合衆国の創設は、特定の歴史的条件、すなわち統一と州の創設は同時に進み、また互いに補強しあったという事実のために、モデルとみなすことはできない。多くの州は統一に参加するために創設された。
(26) トクヴィルの非中央集権化支持をみよ。
(27) たとえばオーストリア、ドイツ、イタリア、スペイン、そして近年のイギリスの「地域的統合」の経験や、民主化と経済発展にたいするその積極的な効果をみよ。
(28) 次の文献と比較せよ。Ernst-Otto Czempiel, *Are democracies peaceful? Not quite yet*. PRIF Reports No. 37, Frankfurt, 1995.

(岡本和彦訳)

基本的な価値観、コミュニケーション、党組織を社会民主主義的なものに変革していく策略とチャンス

トマス・マイヤー

メディアの支配する現代民主主義〔社会〕において、一九九七年選挙におけるイギリス労働党の勝利と、九〇年代前半のドイツ社会民主党の惨めな状況は二つの対照的な例であるが、これらは社会民主主義勢力にたいするメッセージ――つまり変革へのメッセージ――を含んでいるように思える。両者の対照的な経験は選挙において成功するための明白な要件を提示している。それは政策的なメッセージをあたかも流行のデザイナーが作ったかのような社会主義のイメージに合わせる「メディア受けするカリスマ的な英雄《ボナパルト》」（ピーター・ロシェン）が、現在のメディア社会においては勝者となるということである。政治的な権力を得ることなしには政策を実行することは望みえないのだから、非公式なこうした経験をつうじて、社会民主主義政党は候補者選びや政策を発表するさいには、メディアの影響を考えてみずからを順応させるべきだということを学ぶことになる。基本的な価値観をめぐる党の主張、あるいは一般党員の主張する民主主義に凝り固まって、このコミュニケーションにかんする確たる政治的な勝利への道を一歩でも踏み外してしまったら投票数の減少を招き、結果的には政治権力の獲得が不可能になるであろう。

アメリカでは、このクリントン化〔Clintonaisation〕とも呼ぶべき政治的コミュニケーションの手法が大流行で、そこでは世界各国から集まった各党の選挙参謀たちがなにかいいアイディアはないかと探しまわっており、スピンドクター〔広報戦略担当者〕はメディアへの影響だけを考えた話題作りやキャンペーンの形式を決めている。ここでは政治的コ

ミュニケーションと政治との断絶が頂点に達している。アメリカの選挙運動における個人的なイメージ、シンボル操作、音声や映像の効果のほうが、争点や議論、プロジェクトや選挙運動まっただなかでの公約の評価などよりも、より重要なのである。テレビの迫真性の圧倒的な存在感のために、人びとの動向や政党やそのプロジェクトなどはほとんど消失してしまう。選挙参謀のなかにいるメディアのプロならだれでも知っているように、その瞬間の劇場的効果やリアルタイムの映像的パワーのほうが、いかなるかたちの過去の議論、説明、プロジェクトがもちえたものよりいっそう効果的なのである。友を守り敵をいためつけるような、ある種単純な精神的依存症の欲求を満たすことの魅力にとりつかれた若者や素朴な一部の人びとは、理解しにくいうえになんらかの矛盾をはらんだ複雑な経済政策などよりもメディアのほうにより重きをおくのである。

メディアに依存するコミュニケーションで最大の効果を得ようとするならば、社会民主主義政党の戦略を担う最前線指揮官にはより多くの行動の自由が与えられるべきである。これまで以上に党や党内の民主的手続きを置き去りにしなければならないのである。もし権力といったものが、政治的な議論とは無縁な法則に従っているメディア・コミュニケーションの成功のみにもとづいているならば、今後の全戦略は、指導的な代表者がメディアにたいしてその政党の願望をわかりやすい表現に噛み砕いて伝えることを、いかに自由にやらせるかにかかっている。政党における政治的コミュニケーションと諸政策は貯水池のようなものである。つまり、そこから政策が慎重に選び出されるが、メディアの人気を失った政策は無視されるのである。こうして社会民主主義政党は、ディスカッション・グループやディベート・クラブのネットワークにすぎなくなる。そこではガイドラインを見つけ出すことが期待されているが、政治的な対抗案やさらには決定的な政治的公約にかんする民衆とのコミュニケーションは基本的には除外されている。

メディア的政党対コミュニケーション的政党

こうした調整をきかせるべき局面のなかでは、政党の基本的な価値観や諸政策は、戦略的な前線指揮官が行動する動機としては小さな役割しか果たさないだけでなく、前線指揮官たちは党員の意向を代弁する義務さえかえりみなくなっている。この変革は、政党の自己認識においても過激なものであったが、継続された。前述したイギリス労働党の経験に同調した何人かの党の代表者は、メディアにおける存在感によって事実上の影響力を増し人気を博したため、この新種の組織的なコミュニケーション・モデルは、ドイツの社会民主主義勢力にも浸透することになった。しかし社会科学者や政治家などを交えた議論のなかでは、これが新しい党のアイデンティティの一部になるべきかどうか、あるいはこれが別種の組織的なコミュニケーション・モデルによって取って代わられるべき、一時的な傾向を示すにすぎないのかについては、社会科学者や政治家などを交えた議論のなかでいぜんとして若干の留保がなされている。

ここで、メディア的政党にかんするこのような組織的なモデルにたいして、長期的にみれば社会民主主義政党の成功につながると思われる実現可能性をもつ別のモデル、すなわちコミュニケーション的政党を支持する四つの重要な理由と経験を述べておきたい。

第一の理由は選挙の経験にもとづいている。実証的なコミュニケーション研究によると、テレビの影響で政治的態度を決定する圧倒的多数の政治的無関心層につづく、少数ではあるが決して無視はできない、ときとして決定的な力をもつ政治的教養をそなえた少数派が存在するのである。かれらはそのメディアが情報としての価値があるか、論争する価値があるかという判断によってメッセージを分析する。こうした人びとは議論や、綱領による直接的な政治的コミュニケーションを好み、合理的な方法でみずからの政治的態度を形成する。選挙期間から次の選挙期間までに新たに説得すべき層である、合理的な棄権者や同じく合理的な無党派層は、このような集団の中心を占めている。かれらは商業化された選挙キャンペーンのために、社会民主主義政党に投票しようとするよりもその気をそがれており、むしろ直接的なコミュニケーションによる議論中心の方式をとるべきなのである。メディア的政党の組織形態にこだわるあまり、こうした層の理解が得られていないのであり、それゆえその層の支持を失っているのである。おそらくだれもが認めるように、このことが有権者と政党のあいだの距離感を長期にわたって広げている要因であるとさえいえよう。

第二の理由は対話にかんする戦略的な性質についてのものである。メディアがどの話題を取り上げるかの選択権をにぎっている以上、重要な改革問題や日常生活とは無縁の提案、複雑な議論は、番組のなかで短時間だけ紹介される人気のないプロジェクトと同様に本気で取り上げられないかもしれない。それでも日常生活における現実感覚を集約した議論をつづけていけば、市民社会のなかの非公式なチャンネルをとおして、さらに公共のメディア・システムそれ自体をつうじても世論に訴えかけることができるのである。世論調査はそのときどきの移ろいやすい意見の寄せ集めであり、（政治の世界とはちがって）その戦略的見通しに責任を負わせることはできないが、マス・メディアもまたしばしば（その場限りの）ご都合主義に陥る。だからこそ逆に、長期にわたって主張を繰り返せば、最初の突破口を開くような成果が得られるはずである。それゆえ社会民主主義政党は、ある段階までは、メディアを沸き立たせるものではなくても、重要かつ基本的な価値を指向する政治的プロジェクトについて世論に十分耳を傾けるだけでなく、モラルの観点からも断固追求すべきなのである。ドイツでの原子力エネルギー問題は、当初メディアや世論調査の関心を呼ばなかったが、的を射た論点をめぐって信頼のおける議論が繰り返された結果、公衆の多くに強い印象を与えることができた事例といえる。もちろん投票総数の過半数を得ようとする政党が、多種多様な基本的政策目標のすべてを、長期にわたって同時に追求しつづけることはできない。しかし選挙での勝利に結びつくそれなりの現実的な期待をもって、そのような基本的な政策課題のうちのいくつかを追求しつづけることはできるにちがいない。結論的にいえば、社会民主主義政党はその政策を支持する世論を形成することに積極的な役割を果たすべきなのである。

社会民主主義政党は、他の政党との競争関係にあり、それゆえにある程度――中身はバラバラであるとはいえ――投票者の期待感、つまりフェアプレイや正義、思いやりや社会的団結といった基本的かつ社会的なモラルへの推進力がこの政党に体現されており、つねにその政治的なヴィジョンに盛り込まれている、という投票者の期待感に左右される。この政権交代の可能性をもつ政治的な資本も、もしその党が「メディア党」となってしまえば危ういものになってしまうであろう。

最後に見過ごせない問題としては、社会民主主義政党は生活のあらゆる局面で票の掘起しをする必要があり、それゆえに直接的で合理的なコミュニケーションがないかぎり反応しない層に訴えるために、あらゆる社会的な階層の人びとに多様な直接的コミュニケーションの手段を確保すると同時に、信頼のおけるメディア・キャンペーンも展開しなければならない。

説得というコミュニケーション過程で強い動機づけを与えられ、多くの情報を得られ、確信し、要求にもかなう――こうした要望に党員はこたえる必要があり、これをもってこそ生き残っていけるのである。メディア的政党のやりかたを見ていると、多くの党員は疎外感をおぼえ、自分たちの党への貢献度はたいしたものではないと考え、メディアによって提供される奇妙な細切れの政策はかれらのやる気を損なわせ、さらにはそうした政策を知りたいとも思わなくなる。

一段と高いレベルの試み《メタ・プロジェクト》としてのコミュニケーション

ブレア首相のメディア戦略がいつまでつづくか、それがどのような改革の果実をもたらすかについてはその先行きはわからない。結局ブレアは、派手な社会的モラルにかんする話題（「利害関係者の全員参加による社会〔stake-holder society〕」）を提供せざるをえなかったし、これはたんなるみせかけのためのものではなかった。かれの党は一七年間の望みのない野党暮らしで意気消沈していた。だから党員はブレアの政策が意図したとおり、全党的な沈黙の運命を喜んで受け入れたようにみえる。いまだにかれらは、この役割に慣れてはいないかもしれず、より情熱をこめて党の決定における民主主義的な権利を主張しているのである。

こうしたなかで異なる政治文化のもとにいるフランスのジョスパンは、優秀なメディア的カリスマ抜きで流行の世論に対抗して出した、ちがいのきわだつ政治的メッセージ——それが社会的にも経済的にも十分に具体的で、大多数の健全な社会的、道徳的な基本的なニーズを満たすことができるのであれば——で投票者を納得させることができる可能性があることを証明してみせた。英仏どちらの場合でも、党員は選挙キャンペーンにおいて積極的な役割を果たした。フランスでは党員が実際に選挙プログラムにかかわっていたからであり、イギリスの場合は党員が何年もの野党暮らしのあとで光明を見出したからである。

社会民主主義勢力は、前述のメディア・モデルでやっていたのでは、コミュニケーションや組織にかんして、長期的な成功をおさめることはないであろうことは疑いの余地はない。もっとも政治的コミュニケーションは、将来の民主的な政策実現の成功にとって鍵となる問題であることは間違いないが。それゆえ政党は、他のすべての政治的プロジェクトと同様に、熟慮と多くの努力と責任の共有を必要とするコミュニケーションを、一段と高い《メタ・プロジェクト》レベルで試みるべきなのである。

民主主義的なコミュニケーション政党のモデル

政治的コミュニケーションのもつ多面的な文化的観点から、また新しいかたちの政策や社会的道徳的要求――これらはつねに社会民主主義の成功のための必要条件のひとつであるが――の必要性の観点からも、最上のアドバイスは民主主義的なコミュニケーション政党のモデルに従えということである。それは党の指導者層内での専門的議論としてのコミュニケーションと、社会のなかで一般党員が行なうコミュニケーションという二つのレベルを組み合わせることである。このモデルは、指導層が党の重要な話題を伝達するためにコミュニケーションの計画にたずさわり、そしてあらゆる公的な場でそれらの話題をつねに伝達しなければならない鍵となる伝達者たちに、それらを分配するというものである。コミュニケーションやシンボルの型は、ある意味でメディアの諸条件に見合ったかたちで、しかし同時にメディアによっていいように使われるのではなく、実際の党の一連の政策を伝えるものを見出さなければならない。民衆レベルで実行されるべき政治的な行動とは何かを探し出すためには、党員間での民主的な議論がやはり唯一の土台としてははずせないのである。党指導層がメディアにもとづくコミュニケーションを計画するさいは、その話題や形式は党員がそれぞれの場で、それぞれに固有な社会的コミュニケーションを計画するうえで、生産的で矛盾のない数々の表現を提供できるか否か、という観点で選ばれるべきである。党員の伝達する能力は特別な訓練プログラムで鍛えられるだろう。そうすればかれらは、プロジェクトや市民対話集会、近隣集会やワークショップなどのような、社会活動のなかで発達してきた現代の政治的コミュニケーションが求めるものに応えることができるであろう。

このモデル〔作成に〕はかなりの労力を要するが、現代の管理運営の手法をもってすれば実現可能である。これは他のいかなる代替的手法よりも優れており、手近にある多様な文化の要求を満足させ、党員を卓越した伝達者として活用し、さらには党の伝統的な政治的推進力となっている社会民主主義の社会的、道徳的な価値観そのものとも一致することで、現代のメディア社会の要求に応えることができるであろう。

（鈴木弘貴訳）

政治的キャンペーン——クリントンとブレアを超えて

ジャック・モナッシュ

現代における〔政治的〕キャンペーンは、有権者の関心を獲得するためにはほとんどなんでも利用するまったく鼻もちならないものになりつつある。政党間の政策的なちがいはしだいに小さくなりつつあり、無党派層が増大しているなかで、現代の政治的キャンペーンはますます有権者を獲得する専門職的なものになりつつある。キャンペーンを運営するのはいまやひとつの職業となり、広告代理店や選挙アドバイザー、世論調査屋などが政治家とともにハイテク政治キャンペーンを演出し実行している。そしてこうした経験を国際的に交換するグループの輪までできている。「ウォー・ルーム〔政党において選挙戦略を検討するグループの俗称〕」や「スピンドクター〔選挙にさいし候補者のメッセージやイメージを有権者に行き渡らせるために活躍する専門家集団〕」、「サウンドバイツ〔ジャーナリズムの世界で演説や記者会見などの一部の発言のみを取り上げることを指す〕」といった一連の言葉は、いまやヨーロッパ大陸のいたるところで、またそれ以外の地域でも使われている。[1]「メッセージをだせ」「それにこだわれ」そして「すばやく応答せよ」などは、キャンペーンの日々の動向を決定づけるのに使われるスローガンである。そして毎日行なわれる追跡調査は、そのメッセージがいきとどいたか、またその政治的キャンペーンのメッセージを修正する必要があるのかを指し示すものである。

ある国での政治的キャンペーンの成否は、他の地域でのそれに影響を与えているようである。キャンペーンの手法にかんしては、もはや基本的な文化面については国境はないと考えられている。自分たちの政治的キャンペーンを外国でのそれと比較して検討しない者は多くを失うことになる。たとえばオランダのようにカルヴァン主義的な文化や多党制民主主義の伝統をもつ国があっても、そうした地域の独自性は選挙キャンペーンにとってはたいした問題とはならないのである。一九九四年選挙で、ANC〔アフリカ民族会議。南アフリカ共和国の社会民主主義政党〕はキャンペーン・モットーとして「すべての人によりよい生活」を選んだが、スウェーデンの社会民主主義政党は「スウェーデンはもっとよくできる」を採用し、イギリス労働党は「イギリスはいまよりもっとよくなれる」を選んだ。これらの三つのモットーは、各国の左翼勢力が与党を政権からひきずり降ろすことを狙ったものであった。これらのモットーの類似性は決して偶然ではない。さまざまな国から集まった選挙アドバイザーたちは協力してこうしたキャンペーンを作り上げ、他の国の経験を参考にしたのである。九四年の選挙では、九二年のクリントンのキャンペーンからさまざまなアイデアを取り入れた。たとえば「問題は経済だ」（有権者は経済にしか関心がない――かれらの財布の中身を読み取れ）や、「何がかれを駆り立てたのか」（有権者は政策よりも政党の指導者の個人的な動機に関心をよせているものだ）などのアイデアが多くの国々でのキャンペーン戦略に採用されたのである。

今後の選挙キャンペーンに何が期待できるのであろうか。クリントンとブレアのキャンペーンは、世界中の選挙キャンペーンにいかなる影響を与えているのだろうか。この小論では、キャンペーン戦略のもっとも重要な部分と現代の政治的キャンペーンの功罪、それに政党本来の機能にこうしたキャンペーンが与える影響と民主主義の将来について概観する。とくに焦点をあてる点は、現代の選挙キャンペーンが社会民主主義政党の政策やメッセージに与える影響についてである。長期的な視点からのイデオロギーやヴィジョン、改革案などは、日々ニュースになる事象や発言を短く引用されることを追い求める風潮、さらにはメディア的な才能にあふれる政治家を凌駕する影響力をもちうるであろうか。この論文では異なる多くの国々の政治的キャンペーンを事例として取り上げるが、とくにオランダの九八年の選挙キャンペーンに注目する。オランダの政治は、いまやさまざまな点で現代の政治的キャンペーンに起因する、いきすぎた変化に直面しているかもしれないからである。

中道をめざす戦い

「われわれはいまや、急進的な中道勢力である」とトニー・ブレアは一年前にこう宣言した。多くの人びとが言っているように、ビル・クリントンはそれよりもさらに進んでいた。かれのキャンペーン・アドバイザーであるディック・モリスによると、クリントンは、むしろ共和党右派を取り込み、その結果として合衆国大統領としての再選を確実にしたのだ、という。(2) それより二年前の九四年、民主党が議会選挙で大敗を喫したのち、クリントンの再選はほとんど不可能だと考えられていた。「アメリカとの契約」をスローガンにした共和党は、当時、政治的な地滑り現象を引き起こし、政治的な争点の方向性を決めたかにみえた。しかしクリントンは、評判どおりに「再選まちがいない男」となったのである。

もっとも先進的で、かついくぶん左寄りの政治的な流れを代表する、新しい戦後世代の政治家や代弁者たちのなかでもとくにすぐれていたクリントンとブレアは、どちらも前政権を打ち破った。双方とも、大量の世論調査を利用して可能となった巧みな選挙キャンペーンを行ない、メディアをうまく利用し、政治的中道にシフトし、そして対抗者が提示するさまざまな論点を注意深く検討することで権力の座についた。クリントン陣営の世論調査を担当したペンとショーエンは、「なぜわれわれのゲームプランが有効であったか」と題する論文のなかで、かれらの調査は、「提示した三つの価値観がいかにアメリカ国民をひきつけたかを包括的に示している」と述べている。(3) この三つの基本的な価値観とは、「共同体」「責任」「平等」である。これら三つの価値観は、「社会の分断を避け」、民主党が「中道的なアプローチ」をとっていくというキャンペーンを張るうえでクリントンの新しい政治的位置どりの基本におかれた。その結果はよく知られているところであるが、しかしそれが政党や政治にもたらしたものは、その結果以上に大きなものであったかもしれない。政府のトップとして、かれら二人が最初に会合したさいに、ブレアとクリントンは旧来の右派対左派という関係で〔政治をみていくこと〕は時代遅れとなり、かれらの第三の道こそが政治の新しい方向であると主張した。こうした両者の出現は新しい政治的な転換を示唆し、またそれを世に宣言したものとなった。その転換とは、有権者にたいする、専門家による調査に多くを負った手法によるものであった。

多党制をとる国々においてですら、中道を取り込もうとする政治的な動きは主要政党をひきつけ、それに向かっている。オランダでは、政界は中道にむかって動いているということにたいして、反論をする人はほとんどいないであろう。ある調査によると、オランダでは実際にはこうした〔中道化への〕動きが直接的な選挙と直結していた理由はないといわれているが、[4] ともあれ二大政党制の国とは異なり、オランダの有権者市場を二つに区分して論じることはできない。多党制であるにもかかわらず、中道をめざす動きのもっとも重要な理由は、オランダにおいては各政党が政権をとりたがっていることである。中道から大幅にはずれている政党は連立政権から排除されてしまうのである。現時点でのオランダの政治状況は、ほとんどすべての政党の組合せが可能であると考えられ、その機会がすべての政党に開かれたままになろうとしている。こうした政治状況は社会民主主義政党と社会―自由主義勢力、保守―自由主義勢力による現在の「紫の連立」など、ほとんど想定することすらできないとされていた九四年の状況といかに異なっているか。九四年の選挙までは、こうした「紫の」連立内閣という選択肢は、長期政権であった中道キリスト教民主主義政権を覆そうというたんなる牽制にすぎなかったのである。

中道化という政治的潮流の結果、多党制における選挙キャンペーンもまた二大政党制の国々が採用したものに似たいくつかの道具立てや手法を取り入れざるをえなくなるであろう。この政治的中道化をめざす戦いのなかで、多党制政治もこれまで以上に選挙キャンペーン重視のアメリカ化を進める誘惑にかられるかもしれない。中道化を求めることの傾向、すなわち各政党が議会政治において互いに相手を求めあう状況は、さらなる政治の脱イデオロギー化につながるであろう。その結果、一票の重みが増すなかで、人物により重きがおかれ、政策はあまり問題でなくなり、さらに政党はひきつづきその重要性を失っていくであろう。肝心なのは有権者がどう感じるかなのである。現代のさまざまなテクニックを用いることで、スウェーデンの社会民主主義政党は、世論調査で数パーセントを上乗せするためにはどの勢力に訴えればよいのかを決めることができた。世論調査で三パーセントの支持を伸ばすには、だれに訴えればよいのか。どのようなメッセージを送ればよいのか。次はこうした選挙キャンペーンについて検証してみる。

キャンペーンの本質的特色《アイデンティティ》

有権者〔獲得〕をめぐる戦いはますます加熱してきている。有権者の好みは選挙ごとに変わり、特定の政党への支持はしぼみつづけ、つまり有権者は漂流しているのである。こうしたなかで政党はかれらの政治的位置づけを再考しつづけている。選挙の渦中、諸政党の将来展望はかなり変化してきている。ベンチマーク調査のような集中的な世論調査が、政党の選挙戦略と目標を決定していくであろう。

いかなる政党の政治的キャンペーンも必ず三つの要素から成り立っている。党首、二―三の争点の選択とその集中的な議論、それに、全体的なメッセージ（または価値観）である。この三つの要素が一体となって、キャンペーンの本質的特色をかたちづくる。党首と全体的なメッセージは比較的変化に乏しく、（内部的に）事前に周知のものである。オランダでは、今回、四つの大きな政党のうち二つが新たな党首――それはある程度の不確実性につながるかもしれないが――を擁しているのは特記すべきことである。かれらがキャンペーン中にいかに機能するか、また大衆がかれらにどのように反応するかは未知である。選挙期間中、争点を強調することはキャンペーンをより動きの激しいものにする。選挙参謀は争点により、キャンペーンの実施項目を日々変えたり修正したりする。以下、これらの三つの要素を個別に概説する。

党首

〔指導者の〕人物〔像〕が、現代の政治ではますます圧倒的に重要さをましてきており、それゆえ党首が選挙において決定的な役割を果たしているという事実にかんしては、これ以上説明するまでもあるまい。この見地からすれば、いかなる政党のリーダーが自国を動かしていくに値するかが圧倒的に重要である。このことは選挙においてきわめて重要な点となってきており、勝敗を決定づけるものとなりうるのである。

オランダでは、現在の首相のウィム・コックと、当然のことながらかれの政党であるオランダ労働党（ＰｖｄＡ）が断然有利な情勢にある。現時点では総理レースにおいて、その他の党首（候補）はあまりにも知名度が低いか、またはコックを人物という点で打ち負かすには「信頼度」という点で〔コックに〕劣る。というわけで、ほかにとるべき戦術は、人物像に目を向けさせないこと、あるいは「人物」にスポットライトを当てないようにすることになるだろう。主要な相手となる自由―保守勢力のＶＶＤ（自由と民主主義を求める人民党）の選挙参謀たちは、いかにしてコック首相への得点を「与えない」ようにするかという点に頭を悩ませていることであろう。

争点

現代では、キャンペーン・テーマを選んでそれを強調する手法があたかも国際的な傾向であるかのようにみえる。それらのテーマは国際的にもますます相互学習が可能になってきているように映る。一九九六年にクリントンは、中心的な争点として教育、環境、老齢者医療保険制度《メディケア》、低所得者医療扶助制度《メディケイド》を呪文のように唱えていた。ブレアは「五つの誓い」として、保健・医療、教育などをあげていた（ある調査によると、五つをこえる約束を覚えていられる人はいないという）。オランダ労働党は、イギリス労働党が用いたものとほとんどそっくりのコピーである「誓いのカード」を作っている。

さらにオランダでは、教育や保健・医療をめぐって熾烈な競争があるようである。他方で欧州経済通貨統合（EMU）やヨーロッパ統合にかんするアムステルダム条約、インフラの整備やNATOの拡大問題などは、キャンペーンのテーマとしてはほとんど関心を払われていない。しかしこれらのテーマも、「労働」という問題といっしょにされると、政府の政策の中心的な位置を占めるようになる。「紫の連立」は、これらのテーマを「わたしたちの国にとってよいこと」「経済にとって有益なもの」という文脈においてのみ利用するのである。つまり、国の運営をまかなう堅固で信頼できる為政者というイメージを作り出しているのである。こうした局面のなかで、VVDだけが新国粋主義的な角度から「外交問題」を積極的に取り上げているようである。この点はその他の政府与党勢力にとってひとつの問題となってきている。

「争点」をめぐる最大の戦いは、どの政党がもっともうまく自分たちの掲げる争点に〔人びとの〕関心を向けさせ（争点の所有）、議論の主導権を握るかという点にある。政治的キャンペーンは、他の政党がまったく手を出せないような、独自の争点を作らなければならないのである（プライミング＝点火）。

ベルギーの前回の地方選挙では、争点は移民とどのようにして融合するかをめぐる政策にかんしてであった。〔オランダ語圏を地盤とする環境主義政党である〕「アガレフ〔Agalev〕」と極右の「フラームス・ブロック〔Vlaams Blok〕」はこの問題にかんしもっとも目立った発言をし、両党は選挙に勝利した。数ヵ月後の九五年春、ベルギーの総選挙では、社会保障の将来像をめぐる問題が重要な争点となった。ここでは社会主義勢力と穏健右派勢力とのあいだに論争があった。〔社会党幹部による、ヘリコプター購入をめぐる贈賄事件である〕オーガスタ〔Agusta〕社の汚職事件があったにもかかわらず、社会主義勢力は選挙戦において驚くべき成果をあげたのである。[5]

ある特定の争点を強調することは選挙キャンペーンのもっともダイナミックな部分である。それはまた、党として特定のプロフィールを強調することも可能にする。オランダの社会民主主義政党は、選挙キャンペーンを展開する前年から、社会に向けて党のプロフィールを強化しようとしていたことが、党のさまざまな文書から明らかになってきている。この政党は政治システムの民主化を強調した脱近代的なイメージを九四年にアピールしたが、明らかにこの路線には自信がないようである。問題はそれを変えるのにいまでは遅すぎないかということだ。というのは、選挙キャンペーンにたいする組織的な政治上の準備の開始は年々早まる傾向にあるからである。スウェーデンでは社会民主主義政党は選挙の三年前から選挙キャンペーンの準備を始めていた。九九年の五月の選挙にむかって、南アフリカのANCは、幹部レベルでの戦略会議をもって早くも九七年の五月から準備を開始している。そしてこれらの会議の成果として、すでに国中の党の指導者層による戦略的な実働部隊にまで指示が下されているのである。これまでの政治的位置づけを変えて、選挙期間中その信頼性をずっと保持したいと考える政党はすべて、選挙の始まるずっと以前から新しいコースにみずからを適応させる準備を始めなければならないであろう。選挙期間に入ってからでは遅すぎるからである。九七年の選挙のすぐのちに、ブレア労働党が世論調査を開始したのはその理由による。

世論調査で後塵を拝している政党が、新たなキャンペーンにおいてかれら独自の争点をだしたり、政治的状況からみて支配的なものになりつつある争点を強調していくために、こうした新たなキャンペーン技術を使用するかどうかは各政党の考えしだいである。チェコ共和国では、九六年選挙の直前までは中道右派の首相クラウスの立場は申し分がないと思われていた。経済は活況を呈し、国は豊かになりつつあり、チェコは他の東欧諸国のお手本となった。世論調査ではチェコの社会民主主義政党は圧倒的に差をつけられていた。しかしながら世論調査の示すところでは、チェコの有権者は、政府や経済にたいしては全体的に前向きな評価を示しているにもかかわらず、ある不満をもっていたのである。社会民主主義政党はこうした不満を強調し、自分たちのキャンペーンの主たる争点にした。こうした戦略は、順調な経済や人気のある首相から人びとの注目を引き離すことにある程度成功し、社会民主主義政党は前例のない大勝利を勝ちえたのであった。

一九九八年、ＰｖｄＡの選挙キャンペーンはこれと似たような危険を冒している。九四年の「ゼロかそれともすべてか」というキャンペーンを終え、かれらは現在、再選キャンペーンのまっただなかにある。世論調査によると、Ｐ vdAは九六年の秋以来、まるで汽船のように徐々に加速しつつ確実にその支持を伸ばしてきている。そして総理大臣をかかえる余禄はまだ使い果たしていない。問題はPvdAがこの支持率の伸びを今後とも維持発展させていけるかどうかである。シモン・ペレスやジョージ・ブッシュなら、権力の座にとどまることがいかに困難であるかについて少なからず知っているであろう。なにごとも確かなことはない。オランダと同じくらい経済が好調であったアイルランドの中道左派連合政権の首相バートンでさえ九七年六月の議会選挙では敗北したのだから。

コックが直面している危険のひとつは、いわゆる「ポルダー・モデル」といわれる社会・経済上のこれまでのサクセス・ストーリーが輝きを失うかもしれない、すなわちこのことがもはや争点にならないかもしれないという点である（この点についてはだれもが同意している）。このため、右派勢力にとっても左派勢力にとっても、新たな選挙テーマが必要となるであろう。こうした状況を考えると、新しいPvdAの選挙プログラムは、攻撃的な政治的ムードをもつ新たな時代に向けた戦略であってもよかったのである。しかしPvdAはその選挙プログラムに味つけする勇気がなかった。いまはただコックという（たいへんに強力な）現職総理のカードを切り、現行政策を強調して防御的にいかざるをえないのである。もっともこの現状維持政策が、革新的な社会民主主義政党の名に値するかどうかという問題は残っているが。

このようにPvdAの選挙プログラムがさほどのインパクトをもたなかったことの問題性がはじめて顕在化したのは地方選挙においてであった。積極的な政策や魅力的な党の雰囲気が欠けていたために、地方選挙の結果に悪影響がでそうになったのである。このため地方選挙の日程が近づいてきたとき、コックはにわかに攻撃を開始し、驚くべきことに自身の戦略を変更したのである。五月の総選挙のために、その年の後半から開始するとみられていた首相カードを切るキャンペーンの代わりに、かれは首相の座から降りることを余儀なくされ、それによってかれの最大の反対勢力つまり自由―保守主義陣営のF・ボルクスタインへの攻撃に踏み切ることに成功したのである。

政治的キャンペーンの第三の要素は、全体的なメッセージと方向性を打ち出すということである。このメッセージは決定的に重要なため、いわゆる「ベンチマーク調査」というものを、ほかにも理由があるけれども、とくにメッセージを決める目的で行なっている。この調査によって集められた情報は、キャンペーンの見取図を決定する基礎資料に用いられ、とくにキャンペーンの中心的なメッセージを決めるのに使用されている。

「未来」「アジェンダ2000」「社会正義」「連帯」「自己決定」「わが祖国」「共生」「橋を架ける」「変化のとき」などの言葉は、有権者にたいして有効であることがくりかえし確認されてきている。こうした言葉は、党のプロフィールを表現するのに使用されている。全体的なメッセージはスローガンともいわれるが、正義と連帯（社会民主主義陣営）、自由（自由主義陣営）、面倒見のよい、責任ある社会（キリスト教民主主義陣営）など、しばしば周知の政治哲学的な概念から引用される。

左翼陣営もまた、ますますキャンペーンのスローガンを「祖国」の将来と結びつけて語るようになり、その結果、ナショナリスティックな感情を利用するようになってきている。スウェーデンでは、社会民主主義陣営は「スウェーデンはもっとうまくやれる」というスローガンをきめたが、これはブレアの「イギリスはいまよりもっとよくなれる」〔というスローガン〕をまねしたものである。フランスのジョスパン社会党は「将来を変えよう。フランスのためにみんなの参加を」、オランダのウィム・コックは「社会福祉の強いオランダ」を好んで使用するのである。

こうしたスローガンや概念で囲まれてしまうのはやむをえないように思えるが、しかしさまざまな調査ではこういう言葉の繰り返しがじつは有効であることが確認されているのである。有権者が意を決さなければいけない選挙戦の終盤においてはとくにそうである。では次節では、こうしたメッセージの作成法を検証してみよう。

指導者と党の信頼性：シュレーダーはコールに勝てるか

ＳＤＰが総選挙に向け候補者を決め、党の団結を確認したとき以来、そのメッセージが、有権者が判断を下すための決定的な問題を投影したものであるかどうかということが重要になっている。要するに、キャンペーンの決定的なメッセージとは、その国のムードと、正しくダイナミックな政治的な公約と、さらに信頼できる指導者の三者の混合体なのである。変化に向けての公約が必要とされるときもあれば、不変の公約のほうが党にとってよいこともある。またあるときは、現在の党（指導者）にたいして新しい選択と投資を迫るときもある。諸政党は、これらの混ぜ合わせ具合をある程度裁量することができる。クリントン・ブレア以後のキャンペーン戦略のなかにひそむ深刻な危険は、かれらの成功したキャンペーンの明白なシンボルや戦略をそのまま真似して使おうとしてしまうことである。しかし、それはかれらのキャンペーンが選挙や政策にたいする長期間の戦略の結果として生み出されたものであるという点を忘れている。変化のための現実的な公約と、専門家を用いたキャンペーン組織を組み合わせることで、ブレア労働党は、社会民主主義勢力が選挙で地滑り的な勝利をおさめることができることを示したのである。

ブレアのキャンペーンと、その驚くべき〔勝利の〕結果のもつ意味は、知識層のあいだでは過小評価されているように思われる。ブレア労働党の政治的な公約には賛同しかねる人もいるかもしれないが、しかしそれは明確な現代版社会民主主義的公約を掲げれば選挙に勝てる、ということをいまだに〔人びとに〕示しているのである。それともマイケル・フット〔一九八〇年より八三年まで労働党党首。八三年総選挙で歴史的大敗を喫し辞任〕やニール・キノック〔一九八三年より九二年まで労働党党首〕の敗北時のものが、最終的な、そして唯一の社会民主主義のマニフェストだというのだろうか。左派はこれまで、自身の成功を認識することができたのか、それとも左派はつねに敗北者になることが運命づけられている

――「真の信奉者」のあいだでは暗黙の了解があるように思えるが――とでもいうのだろうか。つまり先進的な改革政党にとって、多数派というのは言葉のうえで矛盾してしまうのだろうか。

党指導者、争点、メッセージという三つの要素について、これまで政治的キャンペーンというものの本質的特質《アイデンティティ》は何かをさぐってきた。しかし、さらに検討すべきことがある。ひとつは、強固でしっかりとした社会的プロフィールをそなえることを、いかなる社会民主主義政党でも欠かすことはできないという点である。この点は、いかなる政治的な戦いもここをスタートとする、いわば社会民主主義勢力の中核となるものである。もしこの中核がきちんと決まっていなければ、新たな争点を並べて有権者をひきつける、信頼のおける社会民主主義政党というものの実現はありえない。

一般的にいって、キャンペーンの成功のためにはさらにもう二つの要因がある。党の指導者とその党は信頼のおけるイメージをかもしだしているか。それは統一的なイメージだろうか。また、党はしっかりとした社会経済的な政策をもっているか。そしてそれは（その国をまかせる）党の指導者によって信頼のおけるかたちで提示されているか。これらの基準を満たせないいかなる政党も、国政選挙にさいして浮動票をひきつけるのはきわめて困難であろう。

とりわけ、有権者が旧来の枠にとらわれなくなっているということを考えれば、経済と政治における信頼度が重要になってきている。ブレアもクリントンも中産階級の有権者をひきつけるか、または少なくともライバル側に流れないような方策を考えなければならなかった。イギリスでは、ベイジルトン居住者と言えば、ロンドン郊外ベイジルトン地区の友好的雰囲気のなかで有産・高学歴の選挙人のモデルとされているが、かれらは保守党から労働党へと〔投票行動を〕変える流れを引き起こしたのであった。ここでキノックは九二年に敗北し、ブレアは九七年の選挙で勝利したのである。あるPvdAの都市近郊の有権者を対象にした調査によると、PvdAは都市近郊ではほとんど支持されていないことがわかった。クリントンの九二年選挙時の世論調査表編集者であったスタンレイ・グリーンバーグの著書『中産階級の夢』は、中産階級や声なき多数の支持を求めて戦う選挙陣営の人にとっては必読書である。[6]

信頼を勝ち得るやりかたで経済的かつ政治的にうまく党運営を行なうには、党は明確なメッセージをもち、ひとつの組織として機能していなければならない。党を運営できないものは国を運営できるはずはないのである。イギリス保守党の「ヨーロッパ問題をめぐる分裂」や、つい最近までSPDの党幹部が明確な指導力を示せなかったことなどは、選挙にさいしては負けが決まっているのも同然である。だいたい左翼政党において大混乱を引き起こすのは、こうした分裂騒ぎである。この分裂騒ぎは多党政治の伝統――これは開かれた透明な議論を行なうという文化にたいしておおいに貢献をしてきたものではあるが――が引き起こすものである。キャンペーンのメッセージのもつ説得力をそぐようなこうした議論を許す政党はトラブルを招きやすいのである。説得力なしにはどんな選挙も勝つことはできない。だからこそクリントンの選挙チームの参謀のひとりであるジェイムズ・カービルは、攻撃的でまとまりのあるアプローチをとることを強調するのである。「われわれはキャンペーンにたいする本能を失いかけている。悪い情報がわれわれの周辺を駆け巡っているのに、われわれはそれを払い落とすのをみっともないことだと考えている。しかし諸君、よく考えてくれたまえ。かかる戦略はうまくいかないのだ。だからオフィスにはほとんど民主党支持者が寄りつかないし、悪い情報ばかりが集まるのだ。いったいわれわれに何が起こったのかは知らないが、われわれ民主党支持者はあまりにも譲歩しすぎた。われわれは大衆の面前で哀れな声をだし苦悩しているだけだ。さあ、いまからキャンペーンの雰囲気にすばやく対応し、もういちど走りだそう。[7]」

メディアを使ったキャンペーン

政治的キャンペーンの核となるのは、まず政党指導者がいかに自分を売り出し提示してみせるかであり、つぎに争点、最後に全体のメッセージを伝えることであろう。これら三点にキャンペーンは重点をおく。これらの手段を継続的に繰り返してさまざまなテーマを発し、有権者のもとにとどけるのである。しかしこうしたキャンペーン戦略はいかにして有権者にとどくのだろうか。また、いかにして抽象的なキャンペーン戦略案が、具体的な活動や演説やパフォーマンス、とくにメディアをひきつけるものとなっていくのだろうか。実際、大衆や指導層に訴えるには、メディアはいまや欠かすことのできない橋渡し役である。いまやかなりの部分で、政治的キャンペーンはテレヴィジョンなどを利用したメディア・キャンペーンとなってきている。広報とメディアが現代政治の重要な要素になってきていることは、当然ながらしばしば指摘されているところである。こうしたメディア・キャンペーンに影響を与えてきたものに、すくなくともメディアと政治を取り巻く四つの変化がみられる。

まず第一に、テレビ視聴者の細分化が進んできていることがあげられる。たとえば六〇年代なかばのオランダにおけるテレビ〔放映〕の初期には、ただひとつあった（公共）チャンネルを見れば、すべての視聴者は同じニュースを見ることが保証されていた。ところが八〇年代には、同じような機能をもつ「夜八時のニュース」は、なくなってしまった。ゴールデンタイムにニュースを放映するのは、三つある放送局のうちひとつの公共放送だけになってしまった。九〇年代に入ると、ニュースは、四つの全国民放局と、どんどんその数が増えていく地域局や地元局、それに昔からある信頼度の高い公共放送局が扱うようになった。この状況が意味することは、明確に焦点をしぼった、メディア戦略を欠く政治的なメッセージが、幅広い、大勢の視聴者にとどくチャンスはきわめてかぎられてきている、ということである。

第二に、放送局間ではげしい視聴率競争が繰り広げられるようになったことで、政党にとっても、戦略的なテレビ・キャンペーンを実行する余地が広がってきたということがある。あらゆる政治的な組織はもはやひとつのチャンネルの独占的な状況に左右される必要はない。圧倒的な数のニュース番組の出現で、ひとつの番組の重要性がうすれてきたのである。そしてこうしたさまざまなメディアをつうじて、さまざまな立場にある人びとにメッセージを届けることができるかもしれない状況が生まれてきたのである。ニュースという「無料の広報」を利用しようとする組織にとって、地域局や地元局の重要性がますます認識されるようになってきている。こうした局は、著名な政治評論家がしばしば攻撃するところの「メディアの冷笑主義《シニシズム》」〔巨大なメディア機関における、大政党や有力候補者にたいする批判〕に毒されていない、伸びざかりの放送局である。たとえばクリントン陣営は、公式なキャンペーンを始めるずっと前から、こうした地域局を相手に目立たないようにキャンペーンを開始していた。そしてニューヨーク、ワシントン、ロサンゼルスのような大都市の放送局を注意深く避けたことで、このキャンペーンは、全国紙の政治ジャーナリストに注目されることなく実行された。こうした「目立たない」キャンペーンは、全国的な新聞社の記者が自分の実家の家族を訪ねてはじめて発覚した。このように、しばしば冷笑主義的な態度をとる巨大メディアを避けることは可能なのである。ディック・モリスは、こうした初期の段階での政治宣伝——のちに「見えないキャンペーン」として知られるが——という秘密兵器について語っている。かれは共和党のだしてくる争点を、キャンペーンが始まる前にすでに意味のないものにすることに成功したと誇らしげに結論づけている。「こうしてわが国のもっとも優秀な新聞記者もテレビレポーターでさえ、一九九五年から九六年にかけての最重要な政治の裏話を見失っていたのだ[8]」。このように、大量のメディアの供給手段があるということは、メディアにたいして戦略的に動く余地があるということなのだ。

三番目に、メディア間の競争がはげしさを増すことで、これまでにない新しいスタイルの番組が登場してきていることが挙げられる。もっとも近い例では、リアリティ・TVとよばれるものの登場である。ここでは、世界の指導者や飢餓や戦争といった「大きなニュース」はもはや必要ではなく、街角のニュース、世間の注目を集めている普通の人びとが取り上げられる。「リアリティ・TVは大衆迎合的でニュースではない」といった、巨大マスコミからの批判にもかかわらず、この番組は大きなインパクトを視聴者に与え大成功している。「オランダのこころ」というニュース番組は、ニュースの項目の中心に「権威」を配する既存の伝統的なニュース番組のスタイルを打ち破った先駆的なオランダの全国番組である。こうしたニュースプログラムが扱う範囲は、これまでのニュース番組のものとは内容も見せかたもあきらかに異なっている。そして、こうした既存のニュース番組すらも、先駆的な番組の成功の影響で変化しようとしているのだ。

四番目に、新たなストーリーと新たな出演者が登場する必要性がますます高まっていることがある。リアリティ・TVの成功は、既存のメディアとふつうの視聴者のあいだに距離があるという一般的な批判と関係している。まったく同様のことが、既存の政治家と大衆とのあいだの距離感にもあてはまる。リアリティ・TVは、大衆を扱った、大衆による大衆とともにあるニュース番組である。文化や政治の分野の権威や、閉ざされた階級的な社会システムなどとは無縁のものである。経済理論家のシュンペーターが述べているように、選挙というものはエリートを維持し、送り出すためのはっきりしない考案物にすぎないのである。このことは、政治家は本当にわれわれの意見に耳を傾けているのか、という漠然とした多くの市民の疑問と符合する。人びとは一般に、古い型の政治やひからびたメッセージなど信用せず、また伝統的な権力闘争が大嫌いである。

こうした政治的無関心や政治的冷笑主義を説き伏せるためには、政党やその指導者は一般の人びとに語りかけ、かれらの側にいることを印象づけ、政治的なアジェンダではなく一般の人びとが抱えている問題を話題にする必要がある。アメリカでは民主党は、一九九六年のシカゴ大会で車椅子のスーパーマン〔スーパーマンを演じた人気俳優クリストファー・リーヴのこと。落馬事故により半身麻痺となった〕を壇上にあげた。障害者となったスーパーマンが登場した次の日には、暴力の被害者代表としてレーガン大統領のボディガードのブレディ氏を壇上に招き、武器の所持禁止を訴えたのである。前回のブレア労働党の大会でも同様のことをした。ごく一般の人びとが壇上に招かれ、かれらが抱えている問題を語り、責任ある労働党の閣僚の積極的な関与を訴えたのである。さらに政治家自身も、話しかたや話題の方向性を変えた。アル・ゴアは大会で、有名なマカレナダンスとともにスピーチをし、肺がんで死にむかっている妹の感動的な話を披露した。そこでかれは、だから自分はタバコ産業と戦うことに力を入れているのだと訴えた。これらの結果、マカレナダンスは笑いを、また妹の話は涙を誘い、ゴアは昼メロのヒーローとなり、聴衆はこうした演出を気に入ったのである。

視聴者の細分化、戦略的なテレビ・キャンペーンの可能性、変化しつつある番組のスタイル、新たな政治上の物語と演者の出現。これら四つの重要な変化は政党のメディア戦略に実質的な影響を与えるであろう。このように全国レベルでも地域レベルでも地元レベルでも、まちまちなメディア状況のなかで政治的キャンペーンのメディア戦略は極限まで試されることになろう。視聴者は頻繁にチャンネルを替え、有権者は頻繁に支持者を替える。アメリカの視聴者は政治家が画面に登場すると八秒以内に画面を切り替え、オランダの有権者は二七秒間は我慢する。こうした視聴者や、とくにもっと情報を欲しがっている有権者に訴えかけるベストの方法を、いったいだれが知っているというのか？

メッセージをいきわたらせる

選挙キャンペーンのメッセージをいきわたらせるためにもっとも重要なことは、選挙結果に決定的な力をもつ特定の集団にメッセージをとどけることである。問題は手元にある予算のなかで、いかに「メッセージを伝達可能な」有権者を数多く説得することができるかである。選挙にかんする研究によると、潜在的な投票者にもちがいがあり、いくつかのグループに分けることができる。(9)

イギリス労働党のキャンペーンでは、草の根キャンペーン（年季の入った地元のスタッフが一軒一軒訪問するキャンペーン）が復活してきている。戸別訪問の方式は明らかに比例区よりも選挙区の投票システムにたいして有効である。特定の選挙区の投票者集団には直接、個別のアプローチをとるほうがこうした投票制度では有効である。勝者が総取りするという仕組みのもとでは、そこでの勝敗が選挙結果に決定的な影響をもつため、そうした特定の選挙区や州などの一票の価値はより高い。投票者が事前に登録するような仕組みの場合（たとえばアメリカ）、政党は選挙日当日には何人の投票者が投票所へ行くかを知っている。たとえば、アメリカでは、投票日当日に、特定政党の有権者に招集がかかることがある。政党と投票所には長いあいだの結びつきがあり、政党は登録有権者の何人が投票をすませ、勝利に向けた目標投票数が得られたかどうかがわかるからである。「投票にいこう」（ＧＯＴＶ）キャンペーンは有権者登録の重要な部分を担っている。イギリスでは、労働党がかつて有権者を可能なかぎり集めるために「影の登録〔shadow registration〕」を実行したこともあった。

オランダでは、こうしたＧＯＴＶの手法は、選挙戦のずいぶんまえから極左の社会党がうまく利用している。その他の政党はそれに必要な下部組織をもっていないようである。オランダでは比例区をとっており、有権者と候補者とのあいだの結びつきが欠けているため、特定の個人に向けた戦略はとらないのである。ただ、こうした状況は変わるかもしれない。というのは、国会議員の椅子をめざすために必要な選択投票数の敷居が低くなりつつあるからである。地域や選挙区とのつながりがないため、オランダでは、政党がほんの少し選挙戦略を調整すれば、特定の地域や市、郊外の町などで政党の支持率とはかけはなれた選挙結果がでる可能性がある。もっともすべての有権者はどこでも同じ一票の重みをもっているのだが。

商業化の脅威

メディアの重要性が巨大化すると、その結果、選挙キャンペーンが商業化するのではないかという危険性がでてきている。地元レベルでも地域レベルでも、全国的な政党は有料のテレビ・コマーシャルを使って宣伝活動をしている。一九九八年、オランダの公共、民間双方のテレビ放送局は政治的コマーシャルを受け入れた。その四年前に、地元レベルや地域レベルの放送局はこうしたコマーシャルを開始していた。現在、または近い将来において、こうした機会をとらえそこなった政党はすべて凋落していくであろうことは確かである。また「有料広告」は、この先どんどんキャンペーン資金のなかで大きな比重を占めていくことになろう。そして、このことがキャンペーンの本質を変えてしまうかもしれないのである。党員の減少や、いくつかの政党では政党資金運用者の不足から、政党の予算はどんどん縮小してきている。こうした状況のなかで、金のかかる（広告）キャンペーン資金を捻出するためのなんらかの手段をみつける方法を見出す必要に迫られてきている。

アメリカでは、選挙資金のほとんどがコマーシャルに使われている。だれもそうしたくはないのだが、だれもがそうしているのである。アムステルダムで行なわれた最近の住民投票において、オランダではじめて政治運動がコマーシャルの洪水のなかで行なわれた。アムステルダム市当局は、徹底的な世論調査を経たうえで作った、入念に練られたコマーシャルを使い、当局の政策を訴えた。ひとつの政策が、生きるうえで第一に必要なもの、つまり住宅を与えるというものであった。この基本的に必要なものは、基本的な感情つまり郷土愛（アムステルダムの人びとはアムステルダムに住みたいのだ）と関係づけられた。このコマーシャルでは、キャンペーン予算がかなり使い込まれた。この住民投票はメディアを舞台に戦われたのである。アムステルダムの政治家や有識者たちが表舞台に登場してこないことがかえって目をひいた。そのかわりに、市近郊のもっとも大きな湖の近くに立地する新興住宅地計画を支持するごく普通の人びとが登場する、金をかけた政治的コマーシャルが目についたのである。

このようななかで、キャンペーンの予算にたいする大きな圧力と、将来にわたりその資金を探しまわらなければならないという状況が多くの国々で現出するであろう。

世論調査主導の政治

キャンペーンの予算のなかで、有料広告宣伝費についで重要なのは選挙調査費である。有権者は何を考えているのか、かれらの考えていることをどう実現すればよいのか。浮動票の奪い合いのなかで、結局のところ、かれらが最終決定するよりどころは何なのかを知ることがきわめて重要なのである。どの政党に投票しようかということを、投票日の数週間まで決めていない有権者が、オランダでは過去八年間で二二パーセントから四三パーセントに増加している[10]。世論調査は、たとえば地方自治体の選挙では、その選挙期間中においてはあまり参考にならないという事実があるため、「世論調査の大失敗[11]」という事態になれば大政党は危うい状況となる。一方、西側民主主義体制では有権者の戦略的な投票行動が増加してきている。総選挙二ヵ月前の一九九八年三月に行なわれたオランダの地方自治体選挙で、世論調査とはきわめて異なる選挙結果がでた。これらの地域レベルの選挙は「第二順位」選挙[12]として知られている。低い投票率とさまざまな投票動機が驚くような結果につながることがあり、こうした状況はますます既存政党を脅かすことになるかもしれない。オランダでは、全国的な政党との結びつきのない地元政党の隆盛がいちじるしく、いまではローカル選挙においておよそ二〇パーセントの支持を得るようになっている。

世論調査の重要性が増すことのなかには、政策内容を重視する政治に対抗して投票行動に依存する政治が横行する危険性がある。前回の大統領選挙の期間中、クリントンはあらゆる問題にたいし、対応調査グループが組織されるまではまったく動こうとしなかった。さらには「追跡調査」として、毎日、登録された人びとの意見を収集し、あるメッセージが受け入れられないと知るや、三日後にはそのメッセージは修正されるのである。こうしてますます政治的な提案は、まえもってその立論やプランが検証されてから発表され、形成されていくようになるのである。このもっともよく知られ、もっとも成功した例として、共和党がヒラリー・クリントンのヘルスケア政策改革プランに正面から攻撃をしかけたものがある。この攻撃は事前に十分に検証されていたのである。

このように世論調査を多用する結果、世論調査主導の政治があちこちで現われてきている。とくに脱イデオロギーと個人主義化が進む傾向がある状況で、政党の求心力を高める必要があるときに現われやすい。もしも選挙結果が変動しつづけるとすれば、世論調査のもたらすメリットは大きなものになる。政治家にとっては恐ろしいことだが、いざというときの政治の退出口と主要な入口が閉ざされてしまうような不安定な状況のときこそ、世論調査はなんらかの手がかりを提供してくれるのである。しかし、それには政党が、自分たちの調査を批判的に分析し最新のものにしていく専門家を十分にかかえていることが前提条件となる。残念ながらオランダでは財政的な限界があり、たんなる表面的な調査グループから、より費用のかかる量的に徹底した調査ができるグループには変化できてないようである。

民主主義のつけ？

現代の政治的キャンペーンのありかたは政治的な議論の標的になりつつあるようである。オランダでは政治のプロ化、政治の個人化、メディアの影響力の拡大が進んだ結果、政治的キャンペーンの出来が政治や政党の情勢に過剰なまでに影響を与えうる状況が始まったばかりである。

こうした状況の進行は、ほかにも理由はあるにせよ、政党の地位が危うくなってきていることに拍車をかけている。このところ政党の中間媒体的な役割はどんどん弱まっている。政党の党員数や政党が市民の声を反映する機能は低下してきている一方で、新たにさまざまな政治的な組織が登場してきている。議会制度や政治的な政策決定過程における政党の重要性の低下は、オランダではむしろ急速に進んでいる。いまや政治的な方向性を決めているのは、政治指導者個人であるが、かれらは政党支持者からはもっとも離れた存在になっている。オランダではこの極端な例を二つ見ることができる。社会民主党の党首コックは政治的な方向性を決めており、それがなんであろうと党の支持者も受け入れるのである。自由保守党党首のボルケシュタインは、組織管理をすべて党幹部にまかせ、そのかわりにオランダにおける政策議論のすべてをとりしきっている。いずれも、党首がうまくやっているかぎり、かれらは党に邪魔されることなくみずからの政治生命を保っていけるのである。

政党の盛衰にかんする調査の結果、オランダの大政党、とくにキリスト民主党（ＣＤＡ）と社会民主党（ＰｖｄＡ）は、他のすべての政党を呑み込む方向に進んでいるとクルーウェルは結論づけている。[13] このようなアメリカ型の政党タイプに向かっている傾向は、現代の政治的キャンペーンのコミュニケーション手段やそのありかたによって加速されている。そのいきつく先には、政治的キャンペーンにおける伝統的な政党の存在意義や重要性、およびその支持者の役割が限定的なものになるという状況がある。その道のプロによって支えられている政治的リーダーたちこそが花形の時代なのである。

フランス社会党のジョスパンの勝利によって、選挙に勝つための従来のさまざまな神話——政敵の政策にはなるべく擦り寄り、党運営はキャンペーンやメディアのプロにまかせ、政治家はつねに自分の髪型を気にしていなければならない——は、もはや無意味になったという議論がある。しかしフランスの状況だけを根拠にこのような結論を導くのは時期尚早のように思われる。一九五八年の第五共和制はじまって以来、まえもって予定されていなかった選挙で与党が勝つことはなかったのである。調査がもっと進めば、ジュペ政権のときのかなりひどい汚職やスキャンダルと、シラクの知略的な予定外選挙の選択が、どの程度まで選挙結果に影響を与えたのかが明らかになるであろう。しかしながら、ただひとつ確かなことがある。それは、髪型をぴしっときめた面白みの欠けた政治家は有権者の関心をほとんどひかないということである。ルドルフ・シャーピングがテレビのまえであごひげを剃ってみせても、ＳＰＤは選挙でいい結果はだせなかったのである。

現代の政治的キャンペーンでは、「わが党」という言いかたの重要性はいまや減少しているばかりでなく、ほとんど必要ではなくなっている。ブレアは古い労働党を切り捨て、かつての労働党とはほとんど関係がなく、すべてが新たなイメージをもつ新労働党についてのみ言及した。「民主党再選と政治的リーダーによるキャンペーン」に典型的にみられるクリントンの言辞は、政党政治とはまるで関係がないかのような態度をよそおっている。「共和党」とか「民主党」などという言葉はほとんどかれのスピーチでは使われないし、政敵を攻撃するようなこともない。大衆は、小競り合いは好みではないので、政治家も論争を避けて通る。政治的なメッセージはくりかえし叫ばれるが、論争を招くような表現は避けられ、一語一語が事前の調査をうけて作られる。この結果、これまでの四年間に有権者とのあいだで起こった衝突の種は、スマートな政治的なマーケティングによって消火されているのである。

政治的コミュニケーションの分野では、最近までは理論的なものが論争のまとになっていたが、いまでは時事問題に焦点が移っている。とくにテレビにおいて「有料」メディアの重要性が増してきている。その結果、キャンペーンはより金のかかるものになってきている。はたしてキャンペーンの予算に限度はあるのか、強力な候補者は有料メディアを使って選挙に勝ち、さらには選挙自体を「買う」ことができるのだろうか。

さらに、争点をしぼる戦略の結果、キャンペーンにおける政治的な議論が手軽ないくつかの論点だけにかぎられてしまうという危険性が指摘できる。こうしたことは選挙期間中であれば正当化できるかもしれないが、注意すべきは長期的にみて日々の政治も、わかりやすく些細な問題だけを取り扱うようになるのではないかという点である。これは、社会のありかたにたいして統合的なヴィジョンを提供することとは正反対である。もしこういった傾向がつづくとすれば、社会変革にたいして骨太なヴィジョンをもって活動している政治的運動にとって、明らかに脅威となるであろう。

本稿では、選挙に関連する調査によって、ますます政治戦略が決められていくことを指摘した。政党はいまや、「非公式な調査」とよんでいるその世論調査活動を――残念ながらこの提案はほとんど受け入れられることはないであろうが——もっと公開することが求められている。しかし、〔公開拡大に〕各政党は決して同意しないであろう。なぜなら政党内ですら、世論調査結果はほとんど明らかにされていないからである。それゆえ、政党内でいったいだれが世論調査結果を知りうるのかを把握することはきわめて重要である。これらの情報は、戦略的な議論のなかでは説得の手段として強力な力となるからである。明確な支持者や有権者との地域的つながりのない集権的な体質の政党では、世論調査結果は容易には公表されない。調査結果を一般大衆でも知りうるようにするためには、メディアや公的な機関がつねに同様の調査を行ない、その結果を公表しなければならないだろう。さらにはこうした機関は、有権者の関心にそって、政党によるキャンペーンの有効性を有権者が考える機会を与えることができよう。どのような手法やテクニックがキャンペーン期間中に採用されたのか？　より多くの大衆がキャンペーンがいかにして運用されているかを知悉する必要がある。なぜなら有権者にたいする現代の調査には、まったくリスクがないわけではないからである。

　これまで述べてきたように、現代の政治的キャンペーンが民主主義にたいして残す予測可能なつけは数多い。われわれの民主主義制度のもと、キャンペーンのなかでどのように意見が形成されていくのかを、政治的かつ公的な議論をつうじてもっと公開し透明にしていく必要があるであろう。民主主義における政治的キャンペーンの影響力が強まっていることは、将来の民主主義のありかたや市民社会の一部としての政党のありかたを考えるうえで重要な問題である。たんに選挙が行なわれているということだけでなく、もっと注意深くみていなければならない状況になっているのだ。民主主義にとって、まだすべきことはある。

原　註

（1）N. Jones, *Spindoctors and soundbites - How politicians manipulate the media - and vice versa*, London, 1995 および M. Matalin, J. Carville and Peter Knober, All's fair: love, war, and running for president, New York, 1994 を参照

（2）D. Morris, *Behind The Oval Office. Winning the presidency in the nineties*, New York, 1997.

（3）M. J. Penn, and D. E. Schoen, "Why our game plan worked", in *Time*, Fall 1996, p. 79.

（4） J. van Deth, "The stability of old and new political orientations", in J. J. M. van Holsteyn and B. Niemoller, *The Dutch voters' survey*, Leiden: DSWO Press, 1995, p. 126.

（5） F. van. Dijk, *Agusta. Surviving with an affair*, Leuven, 1995.

（6） S. B. Greenberg, *Middle class dreams. The politics and power of the new American majority*, New York, 1995.

（7） J. Carville, *We're right, They're wrong: A handbook for spirited progressives*, New York, 1996, pp. 8-9.

（8） Morris, *ibid*., p. 139.

（9） Morris, *ibid*., p. 218.

（10） H. Anker, "Polling results as election prognosis: possibilities to improve the quality of predictions of the election results derived from opinion polls," *Acta Politica*, no. 4, 1995, p. 451.

（11） *ibid*., p. 429.

（12） K. H. Reif and H. Schmitt, "Nine second order elections. A conceptual approach for the analysis of European election results", *European Journal of Political Research*, 1980, pp. 3-44.

（13） 政党のさまざまな類型のちがいについては，R. Koole, *The rise of the modern party*, Utrecht, 1992 および A. Krouwel, "Party changes in the Netherlands. The loss of the traditional political party?", in G. Voerman ed, *Volume Documentation Centre Dutch Political Parties 1995*, p. 168 をみよ。クルーウェルは，キルヒハイマー・モデルに依拠し，「すべてを取り込む」政党の発展について詳細な研究を行なっている。

（鈴木弘貴訳）

第2部　国別レポート

フランス社会党の強さと弱さ

アクセル・ケヴァル

社会主義と政治権力――権力獲得までの長い学習過程

フランスにおけるマルクス主義の影響力の大きさはきわだっている。事実、共産党は、一九四四年から七〇年代末にかけて選挙での実際の得票数をはるかに越える影響力をふるってきた。だが、それ以前においては、社会党、すなわち当時ＳＦＩＯ〔Section Française de l'Internationale Ouvrière の略。一九〇五年に発足した第二インターナショナルフランス支部。六九年に社会党（Parti Socialiste）と改名〕とよばれた党こそ、少なくとも理論上においては左翼を支える政党だった。社会党は自由選挙と議会制民主主義の原則をつねに守ってきた。もっとも、政権への参加については、それは資本主義に媚びを売る妥協にほかならず、望ましいことではないとみなされてきた。フランスにおける左翼がこうしたかたよった見解をとったのは、フランス革命に始まる民主主義実現のための闘争という政治文脈から理解されなければならない。自由選挙権の獲得のための闘いにはほぼ一世紀を要した（ただし、ここではヴィシー政権期〔反民主・反動的ゆりもどし期〕については、ひとまずおくとしよう）。そうした闘争は保守勢力を先鋭化させ、そのことはかえって左翼勢力を急進化させたのである。とはいえ、社会党は結局のところ第一次世界大戦を阻止できなかった。さらに、社会党が戦時挙国一致内閣に参加したことは、以後この党にとっての深い負い目となった。

いずれにせよ、一八七〇年代から一九四〇年にかけて社会党は、第三共和制下、最大の中道左派政党であった急進党〔Parti Radicale〕との連携を徐々に押し進めたが、それは実際上、必要不可欠なことであった。さもなければ、社会主義者たちが政府にたいして影響力を与えつづけられなかっただろうし、またかれらのような少数派が保守勢力による国家支配を阻止することはとうてい不可能であったろう。社会党は、政権の外部から、すなわち内閣に参加せずに議場において革新政府を支えることによって〔少数派ながら、政治的影響力を保持するという〕課題を達成していかなければならなかったのである。社会党はこのような必ずしも十分には満足できない政治的スタンス〔すなわち議会制民主主義のなかで権力から距離をおこうとする方針〕をみずからとることによってそのイデオロギー上の問題を解消することができたが、同時にそのために甚大な不利益をこうむってきたといえよう。というのも、一九三六年までこの政党は政権を担うという貴重な体験をもつことができなかったからである。もしこの政党がもっと政治の実体験を深めることができていれば、多くの誤りを未然に防ぐことができたかもしれない。

保守勢力からの攻撃につねにさらされているというような、えてして左翼陣営がとりがちな考えかたは、歴史的にはやむをえなかった面があるといえ、結局は不幸な結論を導き出した。それは政治改革とはただちに実現されるべきであり、そうでなければなにごとも達成されえないという極端な考えかたである（あらゆる者がわれわれ〔社会主義者〕を嫌っている、メディアによる陰謀や「金融権力」すなわち投資家たちによる陰謀がある、といった考えかたである）。端的にいえば、それは〔社会党にとって〕「大いなる闇の時代」だった。

第四共和制の時代となると、こうした方針〔すなわち政治権力から距離をおく政策〕はしだいに貫けなくなった。というのは、非民主主義的〔反議会民主主義的〕な政党勢力、つまり、一方では共産主義者、そしてかたやゴーリスト勢力〔ドゴール派〕が台頭したことにより、それ以外の民主的政党は現行政治体制を維持していくために協力することが必須となったからである。こうして社会党は、第四共和制のほとんどの期間にわたり、中道勢力や右翼勢力の諸政党と協力して政権につく必要があった。そのことは、社会党が植民地戦争〔インドシナ戦争や北アフリカ植民地解放運動〕というきわめていまわしい政治局面に直面させられ、またスエズ介入などの事件に巻き込まれることを意味した。

それは、あらゆる面において〔社会党にとって〕きわめて不本意な結果をもたらした。国家再建、物質的な生活環境の改善、そして社会福祉の拡充という成果は第四共和制にたいする人びとの信頼感を高めることにはなったが、社会党はかえって「労働者階級の地位低下を招いた」という重い罪をきせられることになったからである。そして、〔社会党自身も感じざるをえない〕こうした罪の意識は、共産主義者や他の左翼グループによって〔社会党にたいする攻撃材料として〕とことん政治的に利用されたのである。

フランス社会党と選挙

フランス社会党のきわだった特徴は選挙に弱いということである。ヨーロッパの各社会民主政党は（たとえば、スウェーデン、ドイツ、オーストリアなどのように）つねに投票の四〇％を獲得してきたし、あるいは（スペイン、ノルウェー、デンマーク、また八〇年代初期にいたるまでのイギリス労働党、そして、イタリア共産党のように）少なくとも三〇％を超える得票率を得ている。これにたいして、フランス社会党は一九四六年に得票率二六％というピークを記録したが、その後はつい最近になって、（八一年国会議員選挙の場合やミッテラン大統領の八八年再選時のような）とくに例外的な条件下でようやく三〇％を超えるレベルになったにすぎない。多くの人びとが驚いているのだが、政権に返り咲いた九七年六月の直近の選挙にさいしても、社会党は第一回投票において三〇％の得票率を獲得できたにすぎず、政治情勢がより不利な場合には、より少ない得票率しか獲得していない。八九年ヨーロッパ議会選挙のときも得票率は二二％を超えることはなかったし、九四年ヨーロッパ議会選挙をミッシェル・ロカール〔八八年から九一年まで社会党内閣の首相〕を筆頭とする候補者名簿で闘ったときには、わずか一四％の得票率しか得られなかった。こうした事態はさまざまな理由から説明できよう。共産党の影響力が強いこと、また社会党以外にも多くの左翼グループが存在すること（一八七五年から一九四〇年にかけての急進諸派の存在、それから極左派の存在など）がその大きな原因といえるが、とりわけ社会主義左派の分裂が大きな原因となっていることは否定できない。

以上の点は、社会党の選挙基盤が脆弱で、そのため選挙のさいに勝敗が多くの変動要因の影響を受けやすいということを意味する。この政党の確実な選挙基盤はわずかに一五％にすぎず、すべての条件がこの政党を熱狂的に支援するように盛り上がったときですら、三八％に届くか届かないというところである。このように政党基盤が脆弱であるという事実はこの政党の弱さの原因となっているが、そのことは、逆説的なことではあるが、ひとつだけ利点を生んでいる。それは、この政党は一致協力して迅速に行動しなければならず、また長きにわたって政治的失態を重ねるような余裕はないという点である。そうでなければ、主要政党として存続すること自体が危うくなってしまうであろう。

他方で、社会党が支持基盤の脆弱性を解消しようと努力してきたことも確かである。つまり、それは他政党との「連合」の追求である。そうした努力なしには政権に加わることなどとうてい望みえなかったであろう。そしてこの点こそが、選挙基盤が弱体であるにもかかわらず、この政党が、一九八一年以来、政権を担うことができた大きな要因であった。これにたいしてドイツ社会民主党の場合は、選挙時に自力だけで多数の票を集めてきたが、かえってそれが仇となり、連立政権に参加するか否かという段になると、「〔選挙民はわが党が〕単独で政権を奪取することを求めている」といった声明を出さざるをえなくなってしまうのである。このような独自性志向を打ち出そうとする贅沢な選択は、フランスにおいてはいちどたりとも論争の対象とはならなかった。フランス社会党は、勝利するためには政党連合を組まざるをえなかったのである。共産主義者、社会主義者、急進派、エコロジスト、あるいはそれに中道諸派が加わる場合もあるが（八八年から九三年にかけて、社会主義政権は、主として三〇名から五〇名に上る中道右派の独立会派議員たちの棄権に助けられ、終始、議会運営を行なうことができ、ようやくその存続が可能となった）、そうした諸勢力を参集させることの困難さを思うとき、まさに、そうした政治連合はじつに偉大な仕事であったといわざるをえない。

ところで、社会党の選挙基盤の弱さは社会学的に分析することができる。この政党はいかなる危機が生じようともあてにできるというような特定階層の支持基盤をまったくもっていない。フランスでは労働者階級の政党は伝統的に共産党であった。今日ではそれは国民戦線であるとみなす者もいるだろう。しかし、いずれにしてもそれは決してフランス社会党ではなかった。社会党はいくつかの地域（ピレネー、南アルプス地方）では小農民層の票を集めてきたが、世界各国で一般的にみられるように、農業者の多くは保守的な政治傾向が強い。それゆえ、社会党は、他のいくつかの政党が特定の支持階層によって特徴づけられるようには、みずからの党を明確に自己規定することができないのである。そのため、一般的な政治情勢で歩が悪い場合、この政党はとくに危機状況に陥りやすいのである。しかし逆説的にいって、こうした特徴がかえって有権者全体の支持をかちとることを容易にする場合もある。すなわち、社会党は中産階層および上位中産階層からの支持をまとめるのに成功してきたのである。たとえば、一九八六年の選挙（このときは結局は敗北を喫したが、予想を上まわる結果を得た）やミッテランが再選された八八年大統領選挙、そして国民議会の過半数を獲得することができた九七年選挙などに、そうした特徴をみることができる。

歴史的にみれば、社会党が選挙に強くなったのはつい最近の現象である。この政党は、従来、若者世代からは多くの票を得てきたが、こうした世代からの得票はとりわけ浮動票的性格が濃い。若者世代は他の世代に比較して棄権者の割合が高い傾向にあるのである。この政党にとってきわめて重要な成功といえるのは、一九八一年選挙ではじめて勝利したとき、若者層から獲得できた高い支持率を今日まで首尾よく維持できたことである。こうして社会党および左翼は、現在三〇歳から五〇歳くらいの世代の有権者層において〔保守勢力にたいして〕比較優位に立っている。この年齢層は、じつは、かつては保守勢力の牙城であったのだが、支持者たちの年齢が上昇するにしたがい、社会党は五〇歳までの年齢層で最多得票を獲得できるようになったのである。ただ、社会党は若年層の支持票を減少させつつあるが、それでもいぜんとして最多の支持票を得ている。したがって社会党にとっての課題は高齢者の支持を獲得することであろう。そして投票者たちが年齢を重ねても党にたいする信頼を失わないとすれば、全般的にいって、社会党への支持率は現状の傾向を維持するものと思われ、状況は徐々に変わっていき、社会党が強固な支持基盤を形成していくことも夢ではないであろう。

つまり、労働組合と政党との連携が強固でないことがこの政党の弱点でもあり、また強みでもあるのである。弱点とは、ひとつには資金面や組織面からみてのことであり、またもちろん強固な支持基盤の欠如という点でもある。しかし、共産党系組合が強硬な組合運動の手法をとり、しばしばストライキ戦術によって〔生活者に〕ダメージを与えたり、また共産党系組合が旧態然としたイメージから抜け出せないために、そうした点に怒りを感じている人びとから共産党が激しい集中砲火を受けているといったことからみれば、〔組合との強固な連携の欠如は、逆に〕社会党の強みともいえる。

つぎにジェンダー問題についてみていくと、社会党は伝統的に男性主導の政党だというイメージを近年払拭しつつある。女性たちはカトリック教会〔保守勢力を支える牙城〕によって支配されていると思われていたために、一九四五年にいたるまで急進党内の世俗主義的立場に立つ左派の大半は、その点を女性にたいする普通選挙権付与を阻止する口実としてきた〔フランスにおいて、一八四八年に普通選挙法が施行されていたが、これは男子のみが対象であった。第二次世界大戦後の一九四六年憲法によって、女性を含めた普通選挙権がようやく実現した〕。社会党は、六〇年代における避妊の権利のキャンペーンや七七年以降の政党内の〔女性にたいする〕定員枠の確保などによってこうした態度を改め、女性にたいしてより積極的な政策をとりはじめている。当時はほとんど注目されなかったが、社会党は、社会主義政党のなかではその種の施策導入の先陣を切った政党だったのである。選挙における事前運動の過程で、もっぱら女性候補者にたいして選挙民の支持を確保するために、〔党指導部の〕リーダーシップを発揮した決断がなされたせいでもあるが、有権者がこうした点について積極的に評価するようになったのはごく最近のことである。世論調査をみると、〔一九九七年国政選挙時の〕第二回投票における社会党への女性支持者数は、九五年に比して二%増加していることがわかる。しかし、社会党がわずか一%の差で勝利を得たことを考えれば、この差はじつに重大な意味をもったといわなければならない〔九七年国民議会選挙の最終得票結果は、全体でみれば左翼陣営四八・四％にたいして、保守陣営四六・〇％という接戦だった。ここで筆者は、各小選挙区で一％の僅差を争う激しい選挙戦が展開されたことを指摘していると思われる〕。さて、社会党が今後も勝利を手中にしていくためには、どうしても政治連合によって支えられていく必要がある。ひきつづき、政治的連合におけるいくつかの選択肢について考察していこう。

政治連合におけるさまざまな選択肢

共産党が長きにわたり「階級闘争」というスターリン的政策を堅持していたあいだは、社会党側にとって共産党との連合はまったく選択肢のなかには入ってこなかった。それゆえ、残された選択肢は、急進党との連合か〔両党のあいだでは、一九二四年には共同選挙名簿作成の協力が、また他の選挙では「候補者取下げ〔すなわち候補者調整〕」協力も試みられた。三六年になってはじめて共産主義者をも含めた選挙協力がみられる〕、あるいは、「わが党の独自路線でいく」といった政策〔ただし一九一九年に惨敗を喫する〕しかなかったのである。三六年から四五年にかけての短い期間、ヒットラーと闘うために、社会党は共産主義者との連携が必要となったが、その後、冷戦が始まると共産主義者との連携という選択は再び選択肢のなかから抜け落ちた。社会党にとって唯一可能な政策は、反主流の共産主義者やあるいは同様に反主流ゴーリスト〔反主流ドゴール派〕とのあいだで、左右を問わず民主主義と共和主義を重視する諸派が連携するといったものとなったのである。

ところが、一九五八年に悲劇が起こった。社会主義者たちが、ドゴールにたいして、アルジェリアの〔独立に反対して反乱を起こしたフランスの〕将校たちから共和国を守れと要求しはじめたのである〔アルジェリア植民地問題にかんして、左翼は独立容認派と反対派とに分裂する。社会党を指導していたモレは第四共和制末期に首相となるが、当初、アルジェリア独立戦争の和平を模索したものの、結局、植民地独立運動弾圧という強行路線を選択せざるをえなかった。五八年のアルジェリアにおける軍と植民者の反乱にさいして、モレ率いる社会党主流派は、そうした政治危機を利用して強大な政治権力を獲得しようとするドゴール政権〔第五共和制〕の誕生に加担することになるが、これも社会党の内部分裂を深化させることとなった」。五八年選挙における社会党のスローガンは「第五共和制のための前衛となる」であったが、選挙結果はかんばしくなかった。この選挙は選挙制度が改正されて実施され、議会における多数派の形成が容易にされた。この新たな選挙方式は、選挙区ごとに投票を二回行なうというものであり、以後、〔各政党は〕二種類の選挙戦略を模索することが必要となった〔新たな選挙制度は、小選挙区制をベースとして、第一回投票では過半数を得たものが当選し、該当者がない場合は、獲得票が一定率以上の上位候補者にしぼって第二回投票が行なわれ、最多投票を得た者が当選する仕組み。ドゴールが共産党を排除するために導入したといわれている〕。つまり、第一回投票と第二回投票のそれぞれにおいて別建ての選挙戦略が必須となったのである。

（a）第二回投票時における政治連合

一九六二年にさらにいっそう悪い事態が生じた。第一回投票のあと、分裂状態だった左翼政党が絶滅の危機に瀕したのである。唯一可能な対策は、共産党や急進党とのあいだで「共和制下での候補者取下げ〔選挙協力による候補者調整〕」策という選挙戦略をとることであった。こうした選挙戦略は現在でもフランスの政治動向を決するものとして存続している。つまり、左翼の全政党が、左翼側候補として立てた最有力候補者に投票するように選挙民に呼びかけるわけである。これは相当な変化といえる。さらに、第二の大きな変化が一九八一年に起こった。つまり、社会党が一九三六年以来はじめて共産党を抜き、大多数の選挙区において第一党の地位を確保したのである。それ以来、社会党内においては、共産党との連携を拒否しようという意識が強くなった。共産党支持者の票が壊滅的といってよいほどに減少し、共産党の影響力が多くの選挙区において小さくなってきた点を顧慮すると、これまでのような政党間連携は以前とくらべて必要性がいちじるしく低下したからである。他方、社会党にたいする投票が数多くの変数、諸要因に依存するようになったことは、この政党が「わが道をいく」といった政策をもはやとりえなくなったことも意味した。

いずれにせよ、どのような選挙協力の場合も、「共和制下での候補者取下げ」策という政党間協力の方式は第二回投票時のみにかぎられていた。

（b）第一回投票時における政治連合

第一回投票に対処するために、社会党はもうひとつ別のタイプの連合政策を志向するようになった。すなわち、かれらに最も近い党派との連合策を打ち出したのである。とりわけゴーリスム〔ドゴール主義〕や共産主義が強力だったとき、非共産主義を掲げる左翼勢力が互いに協力体制をとることが不可欠となったからであった。これは近年の政治史においては、一九六五年の「左翼社会主義者・共和主義者連合〔Fédération de la gauche socialiste et républicaine〕」の創設によって始まったといえる。つまり、急進党、社会党、「共和主義体制のための会議〔Convention des Institutions républicaines〕」（ミッテラン率いる小党派）、そして、統一社会党〔PSU: Parti Socialiste Unifié〕の相当部分（統一社会党は、アルジェリア植民地戦争にさいして社会党が植民地維持に加担したことに反対して脱党した分派政党である）とのあいだの政治連合である。しかし、こうした連合策は、六八年に勃発した学生たちによる革命的闘争に端を発する政治紛争〔いわゆる五月危機〕のなかで崩壊した。

以上に述べたさまざまな困難に直面し、社会党のリーダーたちは戦略を再び練り直さざるをえなくなった。左翼の政治連合はしっかりとした中心核がないために弱体だったから、いくつかの諸党派が結合していくためにはしっかりとした核が必要不可欠だった。こうした諸党派の統合は、次の三段階を経て、しだいに実現されていった。

まず第一段階として「新社会党〔Nouveau Parti Socialiste〕」が一九六九年に誕生した。それは、もちろん旧ＳＦＩＯ、そして、それに主としてＰＳＵなどから分派して社会党に合流した少数ではあるが政治的に重要ないくつかのグループが結びついてできあがった政党である。ついで七一年に重要な段階に突入した。「新社会党」とミッテラン率いる「共和主義体制のための会議」が合体することによって「社会党〔Parti Socialiste〕」が結成されたのである。そしてそのさい、ミッテランが新党のリーダーとなった。

この新党は、以前に増して大きな力を獲得したように思われたが、さらに共産主義者、社会主義者や左翼急進勢力とのあいだで「左翼勢力による共同プログラム〔Programme Commun de la Gauche〕」（一九七二年）という共通の政策綱領を作成・承認することによって、共産党との連合強化をも模索していった。

だが、〔共和党の〕ジスカール・デスタンを相手として戦った大統領選挙に惜敗すると、非共産主義の左翼勢力は、左翼再統合に向けた第三段階へと進むべき時機が十分に熟したと判断することになる。それは、一九七四年の「社会主義者会議〔Assises du Socialisme〕」によって実行に移され、そうした組織化をつうじて、労働組合のいく人かのリーダーたちやミシェル・ロカールとかれが率いるグループなどが社会党に合流することになった。

以後、社会党の重要戦略課題は、主として共産党に対抗できるように新生した自党の強化を図ることであった。目標は明確に政権奪取とされた。これは、当然のことながら、社会主義左派〔社会党〕が共産主義左派〔共産党〕以上に力をつけたと認知されてはじめて達成できることだが、そのようなことは、じつは一九四五年以来、実現したためしはなかった。だが、両党の力は、七三年に拮抗しはじめるようになり、七八年になると、社会党は共産党による正面からの猛攻撃をしのげるまでになった。このことは社会党の将来にとってきわめて好ましい兆候だった。そして、八一年、決定的に重要な事態が生じた。すなわち、大統領選挙において、ミッテランが〔共産党の〕ジョルジュ・マルシェを引き離し、より多く票を獲得することができたのである〔ミッテラン大統領が実現した八一年大統領選挙の第一回投票において、ジスカール・デスタンは八二二万票、ついでミッテランは七五一万票を獲得したのにたいして、マルシェは四四五万票と、五二三万票を獲得した共和国連合のシラクにもおよばなかった〕。それ以来、共産党は社会党の勢力伸張に遠くおよばなくなってきている。それは一九九三年の国民議会選挙結果においても同様だった〔第二回投票の得票率の結果は、社会党が二八・三％にたいして、共産党は四・六％であった〕。

今日、われわれは、基本的にはいままで述べてきたような政治的枠組みのうちにとどまっている。だが、つぎのような二つの若干の変化も生じてきている。まずはじめに、シュヴェーヌマンに率いられた党内のいわゆる強硬左派グループが、〔政権政党としての〕社会党が直面した最大の危機〔汚職事件等による政治混乱〕にさいして離党した点である。かれらは、反ヨーロッパ〔統合〕というカードを切ることが、〔社会党が政治的失態をつづける〕そうした政治情勢下、みずからを利するものと判断したようだが、その判断はやがて誤算にすぎなかったことが明らかとなった。〔かれが新たに組織した〕「市民運動〔Movement des Citoyens〕」はいくつかのその選挙地盤で大敗を喫したからである。だが、この組織は今日でも活動を継続しており、ジャン・ピエール・シュヴェーヌマンは、現在〔九七年六月組閣時〕、ジョスパン政権下で内相を務めている。

もうひとつの重要な展開は、第一回投票時に、緑の党すなわちレ・ヴェール（フランスにおける三つの環境保護派政党のうちのひとつ）との政治連携が実現したことである。一般的な認識とは異なり、緑の党の歴史はじつはフランスでは古く、一九七四年のルネ・デュモン〔農業経済学者〕の大統領選出馬にまで遡ることができる〔選挙を利用して環境問題を世論に訴えるのが主たる目標だったが、結局、獲得票は、一・三％〕。かれは、名目はともかくとして、実質的にはあらゆる点からみて左翼に属する環境保護派大統領候補者であった。七九年に、はじめてヨーロッパ議会の直接投票が〔比例代表制によって〕実施されたが、そのさい、環境保護派（緑の党）は議席確保に必須な得票率五％ラインをかろうじて突破することに成功した。今日、フランスにおける環境保護派がかかえる問題は、その内部分裂がきわめて深刻であるということであり、〔「緑の党」内部でも〕右翼勢力との政治連合を模索するグループ（ドミニク・ヴォワネ現環境相が中心人物）と政治連合についてはまったく関心がないグループ（アンドレ・ヴェシュテールが中心人物）とに分裂していることである。ブリス・ラロンド〔環境保護派政党「環境世代」の代表〕は右翼勢力に鞍替えするまで、あらゆる社会主義政権において入閣を果たしてきた。社会党と環境保護派（緑の勢力）との最初の公的な選挙協力は、一九八九年、リール〔ノール県の県庁所在地〕での地方都市選挙レベルから実施され、ついでノール県全体で九三年に再度、実施された。国政レベルでは、九七年選挙時に、非共産主義左翼勢力とのあいだで議席配分において「緑」の勢力を加えるという合意が成立し、結局「緑」の勢力は国会議員八名を送り出すことができた。

ところで、社会党がかれらの政党戦略を模索するにさいしていくたびか躊躇せざるをえなかったことをここで強調しておこう。すなわち、左翼との政治連合を模索するかわりに、むしろ中道勢力とのあいだで政治連合を模索するという誘惑がつねに存在してきたのである。とりわけ共産党が〔全世界的に〕大きな影響力をもった過激なスターリニズムにたいして少しでも屈服するような姿勢をみせるような場合には、そうした傾向は強まった。具体的にいえば、第四共和政時には共産党との連携はまったく不可能だったし、四〇年代後半および五〇年代初頭においては、共産党はむしろ民主主義にたいする主要な脅威の源でさえあったといえよう。

そして再び一九六四年に、社会党内「右派」のリーダーであったガストン・ドフェルが、国政選挙レベルで共産党との政治連合策を中道勢力との政治連合策へと転換させようと試みた。しかしこれは失敗に終わる。そして実際、そのような構想は党内では公的には二度と取り上げられることはなかった。ところが、ミッテラン大統領の第二期目になると、共産主義者は野党の立場を堅く守るようになり、そうした事態にたいして社会党は三〇名から四〇名の〔大政党に所属しない〕独立会派系国会議員の棄権に支えられてかろうじて政権を維持することができた。そうした〔消極的な〕協力者のほとんどは「中道派」、あるいはさまざまな系列の保守的立場の議員たちであった。ジャック・ドロール〔社会党〕が一九九五年大統領選挙で候補者として立つことを考えはじめるようになると、かれはついに公然とそうした中道派勢力との政治連合を模索しはじめる。ところが、これらの中道派は実際には、社会党と公式に政治連合を進めていくことまでは考えておらず、また社会党自身も必ずしもそうした提案に確固たる熱意をもっているというわけではなかったために、こうしたもくろみはふたたび失敗に終わった。

社会党政策綱領にかんする論争

いままでさまざまな連立の可能性について見てきたが、つぎに、そうした政治連合がいったい政策綱領作成にたいして影響を与えたのか否か、あるいは与えたとすればどのような影響を与えたのかを考えておく必要があろう。その点にかんしてさまざまな施策シナリオを区別しながら整理しておく。

（一）共産党との政党間の政策綱領合意について

「共通政策綱領〔Programme Commun〕」がそのもっとも代表的なもの。そこには明らかに共産主義的影響がみられるが（たとえば、国有化政策、東西関係にかかわる外交政策など）、社会党本来の政策を圧倒するほどではない。社会党の〔共産党にたいする〕譲歩は、かれらが少なくとも部分的な譲歩であると自覚する程度だったからである（もちろん、完全な国有化をめざすべきか部分的な国有化にとどまるべきかについては論争があった）。

（二）社会党の勝利のためには政治連合の追求しかないという事実をふまえて、社会党自身によって作成された政策綱領について

一九八一年選挙戦での選挙運動にさいして、ミッテランが提唱した一一〇の提案はまさにこうしたもの。共産党側はそうした提案にたいして〔選挙運動中〕終始攻撃を加えつづけたが、必ずしもこうした提案は、共産党の政権参加を不可能にするものではなかった〔八一年大統領選挙の第二回投票において、共産党は、社会党との政策合意のないまま、結局、ミッテラン支持に回り、社会党大統領誕生に貢献した〕（その後、共産党は、八四年まで三年間にわたり社会党と連携関係にあった）。

さらに、われわれは、選挙の種類によって変わる状況の相違に留意しておくべきであろう。

（三）大統領選挙の場合

通常、政党からの候補者は、第一回投票においては、自分自身の政策綱領を掲げて闘う。そして第二回投票になると、共産党や他の政党からの支持も得られるように、なるべく一般的な「政策目標の表明」にとどまる（もちろん、そのさい他の政党と具体的な折衝がなされるわけではない）。

（四）国政選挙の場合

通常、第一回投票から各政党はその綱領にもとづき選挙を戦う。左翼諸政党間では共通の政策綱領を討議するために会談がもたれることになる。

ところで、日常的な行政活動についてみていくと、共産党出身大臣の多くが執務状況もよく、かれらが政策技術的に選択可能な範囲から具体的な政策を適切に確定していく過程をみるかぎり、きわめて合理的な行政判断をしているということを指摘しておく必要があるだろう。しかし一般的な施策方針の決定にかんしては、共産党の寄与はつねにきわめて少なかった。主要な決断は、大統領、首相、副首相、社会党党首、大蔵大臣、そして何人かの社会党出身の首相歴任者によってなされている。そしてさまざまな政策選択の可能性があり、さらにむずかしい判断が求められる場合には、国民議会の社会党議員たちの議論にゆだねられたり、あるいは党執行委員会の議論に付される場合もある。そうした点からみれば、政治権力は疑問の余地なくしっかりと社会党によって握られており、共産党の影響力は実際上きわめて僅少であるといわなければならない。同様なことは、一九八八年から九三年にかけて社会党を支援してきた中道勢力の独立会派系議員にたいしても指摘できる。

社会党の魅力

この点については、諸外国の多くの識者たちはしばしば懐疑的な目でみているが、わたしは、それとは逆に政党内部に真の民主主義が実現されているという点に、まさにこの政党の長所があると考えている。党内選挙において、派閥制度は諸勢力の代表をバランスよく選出していこうとするさいには不可欠なものと思われる。この制度は、フランスでもまた諸外国でも悪名高い制度であり、しばしば、廃止すべきものとして取り上げられる。たしかに一九八九年から九三年にかけて明らかな行き過ぎがみられたが、それ以外は概してみれば、フランスの選挙民たちは社会党を他の政党と比べてより開かれた政党と考えており、社会党内部では真の民主的な議論がなされていると認識している。社会党では、（あらゆるレベルにおける）指導者の選出は平党員が参加する選挙で決められるし（本制度は七一年に導入）、また政党綱領も個々の党員による投票によって決せられている。この点こそ、社会党が七〇年代からフランスにおいてもっとも人気のある政党となった理由のひとつである、とわたしは考える（「あなたは気に入った政党や気に入らない政党がありますか」という世論調査の質問にたいする回答結果をみるかぎりで）。

　社会党改革における次なる局面、そしてもっとも重要な段階は、九〇年代初頭に公然化した「汚職スキャンダル」〔大臣の公金横領疑惑、書記長の不正政治資金事件、元首相の無利子融資事件など〕の汚点を一掃することであった。フランス社会党の大きな失敗は、一九八一年に政権を射止めたのち、ただちに政党活動を公的資金によって支援する国家基金制度を実現できなかったことである。社会党は、いぜんとしてトンネル会社を隠れ蓑にして政治資金を集めるという古いタイプの資金調達制度に依存していたのである。そうしたトンネル会社は社会党の支配がおよぶ地方政府にくい込み、地方政府の支出の一定割合を収入源としていた。これは明らかに違法な仕組みである。だが、組合との連携をもたない政党にとっては、この方法は、あやしげなロビー活動を行なう信用できない実業家たちに借用証書を手渡すことなく、党の財政問題を解決するのに好都合な方法だった。つまり、社会党は〔その支配下の〕地方政府に「借金をする」ということにすぎなかったからである。こうした仕組みがメディアによって「暴かれた」とき（すべての政党がこのような財政的手段を少なからずとっていることは、だれが調べてもすぐわかることだが……）、こうしたスキャンダルは党の社会的地位にたいして甚大な脅威を与えることとなったのである。それは、経済的停滞によって膨らんだ財政赤字を、緊縮財政を採用することによって解消しようとしていたときであったから、なおさらであった。「多くの人びとにたいしては緊縮を強いておきながら、恵まれた少数者にたいしては着服を許すのか」という批判がおおかたの人びとの反応だった。社会党はそうした事態にたいして必要な法制化を図り、すべての不正行為を取り除き、一九九三年選挙における悲劇的な敗北を避けようとしたが、すでに手遅れであった。ところが、右翼〔保守〕政党の方も誤りを犯してしまった。政党がかかえる党内財政問題を完全に解決する新法制化をめざさず、違法な資金作りを継続し、そのため地方で発覚した数え切れないほどのスキャンダルに直面し、最近の選挙〔九七年国政選挙〕では、同様にきびしく断罪されることになったからである。

こうして再び、社会党は〔政敵の失態によって〕災いを福に転じさせることができた。社会党も政治資金にかんする法制化の必要に気づくのに数十年を要したが、このときばかりは〔保革ともみずから招いた〕一連のスキャンダルを省みることによって、きわめて厳しい選挙資金規正法を立法化することができたからである。これは、選挙運動に多額な資金を投入することを実質的に不可能とする法律であるが、じつは財政面でもっとも非力な政党である社会党にとって一番有利となることは明らかであった。

政策の実践

さて、つぎに、社会党が主張している実際の政策とそれらが選挙民に与えている影響についてみていこう。

ミッテランの二期にわたる大統領任期において、長期的観点からみてわれわれに希望を与えてくれるもっとも重要な成功は、ドイツ人がしばしば問題にする政権担当能力すなわち政権政党としての信認を、社会党が人びとから獲得したことであろう。これはフランスの社会主義左派勢力にとってはきわめて新しい事態の出現であった。かつて社会党は、最長でも一年を超えて政権政党の座にとどまることができなかったからである。こうした成功は、主としてフランス経済をうまく運営できたためだ、と考えることができよう。初期のケインズ的政策による失敗にもかかわらず、社会党の経済政策は大きくみれば成功だったと評価することができる。とくにインフレーションの抑制策の面でもそうだった（一九八一年に年率一三・六％だった上昇率は、九三年までには二・五％に落ちついた）。また、フランス経済にとってもっとも深刻な問題のひとつであった貿易赤字を解消したという点でも成功だったということができよう。貿易赤字はゆっくりと均衡値へ回復し、現在では適度な黒字を継続的に記録できるようになっている。また、それにともなって経常収支の赤字も解消され、これも現在では正常な黒字に転換している。その結果、フランス・フランはもっとも安定した強い通貨のひとつとなった。これは一九世紀以来はじめての事態なのである〔その後、ユーロの導入にともなってヨーロッパの通貨が軒並み下落したことは周知のことであろう〕。

さらに、社会党の「政権担当能力」獲得に寄与した点は、一四年間にわたってミッテランが追求し、ヨーロッパ共同体議長としてジャック・ドロールが推進した、欧州政策あるいは外交政策が（少なくともフランス側からみて）成功してきたことである。

ミッテランがばらばらな大陸をまとめあげようとしてみせた指導力は、フランスにおける政治史のなかに、社会党の外交政策をいわばドゴール将軍のナショナリスティックな外交政策と鋭く対照をなすものとしてしっかりと刻み込んだといえる。フランスの左翼は、ドゴールの政策にたいして憎悪感を抱いていたが、長いあいだただひたすら耐え忍ばざるをえなかったのである。

しかし、こうして「政権担当能力」を獲得すると、それとともに多くの問題が生じた。フランスの左翼は、選挙民から長年、異議申し立て政党とみなされてきた（社会党の人気はそこにあった！）。しかし、いまや社会党は生まれながらの政権政党とみなされるようになってきたのである。こうした事態は大きな変化をもたらした。また、それにともなって社会党の支持者のあいだにも〔党にたいする〕失望感が生じるようになった。とくにミッテラン大統領の第二期目に、それはもっとも深刻化した。かれ自身の病気、首相にエディス・クレッソンを選んだという判断ミス〔フランス史上初の女性首相であったが、リーダーシップに問題があった〕、悪化する経済と失業率の上昇などがすべて八〇年代の「政治腐敗」スキャンダルと結びつき、社会党は一八三〇年以来、最悪の危機に陥ったのである。

一九九三年の選挙ののち、非常事態を告げるベルが一斉にけたたましく鳴り響き、次回選挙での大敗北と党員数減少にたいする警鐘を鳴らしはじめた。これらの問題はともに深刻な党財政問題を招来した。また同時に、人びとは社会党にたいする二つのイメージのうちで〔どちらがいったい本当なのかと〕迷わざるをえなくなった。すなわち、社会党は左翼として活力あふれる異議申し立て政党なのか、それとも中道勢力と化した腐敗しきった陳腐な政権政党なのか、という疑問が人びとの心のうちに生じることとなった。そうした危機的状況のなかで、社会党はすぐさまそれに対処することが緊急の課題となった。なかでも最重要課題は党のイメージについての問題であった。社会党は、これ以上人びとからの信頼を失なうまえに、より大胆に政策を転換していく必要があった。つまりそれは、ひとつにはヨーロッパ統合にたいしてより慎重な立場へと舵を切ることを意味した。もちろん、政党として長いあいだとってきた欧州政策をただちに否定したり、マーストリヒト条約を反古《ほご》にしたりするようなことを避けながらではあるが……。さらに、〔必要な政策転換は〕中産階層による社会党への支持を失なうことなく、左翼連合を再編すること、そして、マクロ経済における一般均衡を破ることなく、失業問題の解決に向けた積極的施策を含む経済政策の再構築をめざすことも必要となった。とくに、一九九五年の大統領選とその後の九七年国民議会選挙の結果をみるかぎりでは、そうした政策はいちおうの成功を収めたといえる。しかしながら、それらの選挙で左翼側が勝利できたのは、右翼側が伝統的な保守勢力と極右人種差別政党である国民戦線とのあいだで深刻な分裂状態に陥ったためであり、左翼は薄氷を踏むような勝利を得たにすぎないことを銘記しておくべきであろう。

それゆえこの政党がおかれた状況はいまだ流動的であり、実際、これらの政策の成果を、なお見据えていかねばなんともいえず、まさに、社会党は現在その真価が問われている最中なのである。社会党が危機的事態を沈静化させることができるかどうか、あるいは社会党が今後、大社会民主政党へと変身し、〔選挙において〕恒常的に三〇％から三五％の投票を獲得できるかどうかについては、ここで判断するにはまだ早すぎるといわねばならない。

現社会党政権の政策について

現社会党政権は、まず第一に、とにもかくにも失業問題解消に成功し、人びとの購買力をある程度上昇させていくのに成功した、と評価されていくであろう。もちろん、これら二つの政策目標を同時に達成することは必ずしも容易ではない。まず最初の政策課題にたいする対策は二つの面から実施されることになろう。すなわち雇用機会の創出と年間労働時間の短縮である。雇用機会の創出にかんしては、マルティヌ・オブリ〔九七年六月ジョスパン内閣組閣時の雇用・連帯大臣〕が発案した公的セクターにおける雇用創出計画によってきわめてよいスタートをきることができた。しかし、たしかに失業率はついに大きく減少しはじめたが、私的セクターでも同様な成功がもたらされるかどうかは現状では疑わしい。次に、年間労働時間を減らす点については、実際上は困難がともなうであろう。それにもかかわらず、社会党は選挙期間中から人びとの年間総労働時間短縮にたいする期待にたいして十分な注意を払って応えようとしてきたし、社会党政権はひきつづきそうした政策を追求している。この点については、フランス経済連合会が必死に声を張り上げて人びとを誘導していこうとするよりも、企業ごとの交渉を進めていくことの方がより容易に事態を改善していくものと思われる。

検討が必要なもうひとつの難題は公的セクターの役割についてである。周知のように、フランスにおいては、従来から国家も経済市場において一定の役割を演じるべきだと強く主張されてきた。外部から観察している多くの者の目には奇異に映るかもしれないが、社会党は、八〇年代初頭に行なった国有化政策にかんして、国有化企業の業績が結局赤字に転じたのに、いまだに成功だったとみなしているのである。一〇年後、そうした企業が私的セクターへ売り戻されると、やっとすべての企業業績が黒字化し、また売却時に国が莫大な利益を得たにもかかわらず〔そういう考えを変えようとしないのである〕。

だが同時に、〔国有化政策というような〕世界の国々の反発をかうような政策を、それが成功だったか失敗だったかにかかわらず、フランスがとっていくことはもはや不可能なことは明白である。世界的競争のなかでアメリカ企業を筆頭とする競争相手たちに対抗するためにヨーロッパ統合が模索されたわけだが、そうした政策はその動きに水を差すものといえるからである。〔世界的な競争的環境への〕適応は決定的に重要である。問題は、選挙となると人びとがプラバタイゼーション〔民営化〕政策をあまり望まず、そうした政策を、あたかも合理化〔リストラ〕策やそれにもとづく失業増加あるいは経済引締め策などと同列なものと捉えてしまうことである。それゆえこうした問題にたいする社会党の政策はしばらくのあいだ、本格的な実施には至らないであろう。もちろん、必要に従ってプラバタイゼーション政策も進められてはいくだろうが、同時に、社会党は従来と同様に企業や地方政府、消費者、労働組合などと手をとりながら、経済市場において国家が真にあるべき役割を追求していくだろう。それは、アメリカにおいてほとんどの民主党員によって声高に主張されてきた政策にほかならないし、また（たとえばオレゴン州などのように）共和党議員たちによっても実際には推進されてきたのである。

ヨーロッパとNATO

さて、欧州問題にかんしても、フランス社会党はむずかしい問題に直面している。つまり、フランスのなかでもっともヨーロッパ統合に積極的な党という従来からの立場を守っていくか、あるいは選挙民の大多数が示す〔ヨーロッパ統合にたいする〕懐疑的〔消極的〕姿勢を考慮するかという選択を迫られているのである。わたしは個人的には、こうした懐疑主義〔統合反対論〕は、主としてわれわれが近年体験してきた経済的停滞という社会環境のせいだと考える。というのは、多くの一般労働者は経済停滞を理由としてヨーロッパ統合に批判的立場をとっているからである。いまこそ、八〇年代がフランスにとって広範な分野におよぶリストラの時代だったことを思い起こすべきである。そのときの鉄鋼労働者や造船労働者の状況について詳述するのは差し控えるとしても、当時ほとんどの炭坑が閉鎖に追いやられたのである。そして現在、われわれは兵器産業や軍需産業などの縮小に直面している。そう捉えれば、ある種の疲労感が社会に蔓延するのもなんら驚くべきことではない。マクロ経済においては利潤の追求がすべてであるが、一般の人びとはそうした利潤の分配にあずかることもできず、ただ高い失業率に翻弄されるばかりだからである。それゆえ、一般労働者たちは、ヨーロッパ統合、単一市場化などという一連の政策にたいして、かれら個人にとってはなんの利益もないという印象をもつのである。

だが、社会党政権はみずからがおかれている困難な政治状況をよく認識しており、かれらの欧州政策がやがて選挙で大敗北をもたらす恐れがあるという点をしっかりと理解している。現在の社会党の欧州政策はミッテランによって導入されたものであるが、それを悪くとれば、もっぱら産業界の利益をめざしており、一般大衆にとっては損失をもたらすと考えられるからである。この点こそ、社会党が選挙キャンペーンの最中に選挙スローガンのトーンを変化させた理由であり、そのスローガンの表現はヨーロッパ統合にたいしてより懐疑的な立場にあると受け取れるように配慮されたのである。具体的には「ユーロ拡大はスペイン、イタリア、ポルトガルまでとするべきだ」（これは周知のように進行中の事態であり、最近の選挙〔九七年総選挙〕でもすでにきわめて好意的に受け取られている政策にすぎない）とか、あるいは「まさにヨーロッパ的規模での雇用政策を導入する」という主張が展開されていたにすぎなかった。しかしながら、社会党が今後もマーストリヒト条約にたいして忠実であり、もちろんその履行計画を含めてユーロの基本原則にも忠実な態度をとるであろうことは強調しておかねばならない。基本的には社会党はつねに親ヨーロッパ主義の立場をとる政党なのである。

ところで、国内政治に目を転じると、社会党政権はその税制改革によって民衆から多くの支持を得てきた。一九九七年七月には、ここ数年にみられたこともない声明がだされた。つまり、財政赤字にかんするマーストリヒト条約の規準に合わせていくために増税が必須となるが、九七年増税は企業を課税対象とするものに限定され、家計に直接響くような増税はしないよう配慮するという政府声明がだされたのである。また、その後すぐ九月になると、次年度の税制見直しでは公正な一定規模の社会的負担額（医療保険および失業保険にかかわる負担額）を、投資利益などを含むあらゆる形態の収入にたいする増税によってまかなうという声明がなされた。おそらく、そうした税制改革によってもたらされる全国的効果はすべての給与所得者の購買力を一・一％上昇させる規模になろう。こうした政策における基本的な考えかたは可能なかぎり勤労者の税負担を軽くしていこうというものである。それによって企業が雇用者をより多く増やすように誘導し、さらに一般民衆の購買力を増大させていこうというのである。もちろん、経済成長のための牽引車的役割を輸出産業のみに求めるという政策は追求しないという狙いも込められている。

社会党が直面しているさらなる困難な問題は、ＮＡＴＯとの関係をどうするかという点である。もっとも、フランスだけがこうした問題をかかえているわけではない。それに関連して、自力防衛という論点については、伝統的にいくつかの左翼政党のあいだでむずかしい論争を生み出してきたが、じつは社会党〔の防衛政策の立場〕はそこに依拠するものではなかった。社会党は八〇年代に見られた共産主義ブロックにたいして強硬に反対する立場をとってきたが、こうした政治的態度こそかれらが政権政党としての信頼性を獲得するのにずいぶんと寄与してきたのである。また他方で、社会党は右翼陣営からの防衛費増大要求にたいしても闘ってきた。このように防衛問題にかんするかぎり、社会党は左翼の多様な政治スタンスのなかでしっかりとみずからの立場を固めてきたといえよう。

しかしながらＮＡＴＯ問題はいぜんとしてデリケートな問題である。フランスがＮＡＴＯの一員としてとっている伝統的な立場は多国籍部隊には参加しないというもので、それは七〇年代に確立された政策であるが、そうした立場を堅持することがしだいにむずかしくなってきているのである。〔防衛問題にかんする〕地勢学的な状況はその当時に比べまったく変化してしまったからである。スペインはいまやきわめて活動的なNATO構成国のひとつとなっているし、またイタリア共産党（PCI）は左翼民主党（PIDS）へと変身し、イタリアはNATO正規軍の強力な支柱となっている。さらにポーランドやチェコ共和国、スロヴェニア、ルーマニアというかつてのフランスの東側同盟国はすでにワルシャワ条約機構の加盟国でも中立国でもなく、NATO加盟にたいしてきわめて積極的な意志をもっており、早晩その一員になると思われる〔指摘された諸国は、ルーマニア以外は二〇〇四年に、ルーマニアも二〇〇七年にEUに加盟した〕。そうした変化にもかかわらず、いかなる場合をみても、フランスにおける社会主義者の〔国際政治にかんする〕基本方針は、じつは、つねに第二次世界大戦期とその後における「同盟国」側に立って決定されてきた（ドゴールがわれわれ〔社会党の一部〕を引き抜こうとしたとき、社会党は脅威にさらされたが、そのことを記憶にとどめている者はもうほとんどいないであろう）。そうした基本姿勢は今日にいたるまで貫かれており、湾岸戦争やチャドでの対リビア戦、さらに中東でのテロ活動にたいする報復戦などにフランスは実際、参加している。しかし、そうした〔国際政治にかんする〕基本姿勢を公然と述べることはいまだにタブー視されている。フランスにおいてはアメリカ・バッシングほど人びとに好まれる政治姿勢はないからである。たしかに、こうした感情が多少うすらいでいるいくつかの兆候もみられる。だが、しばらくのあいだは〔社会党の〕公的な姿勢は変わらないだろう。M・ヴェドリン新外相はきわめて慎重な態度をとっているものの、アメリカにたいする表向きの対抗的な外交姿勢、国際政治の舞台裏での「同盟国」にたいする強力な支援、そしてNATOの枠内でヨーロッパの支柱を強化しようという意志はいぜんとして堅持されていくだろう。これらの点についていては、すでに他のヨーロッパ諸国は利害関心を失なっているように思われるのだが……。それにもかかわらず、ヨーロッパを強化しようという願望は、〔社会党の外交政策のなかで〕中心的役割を果たしていくことになるだろう。それこそ、フランス政府がNATO拡大を支持する主な理由であり（より多くのヨーロッパ諸国がNATOに加盟すれば、その内部により強いヨーロッパ諸国家勢力ができあがるからである）、また仏独軍事協力やイギリスとの「和解」の模索、そして西欧同盟（WEU）で大きな役割を果たそうとする傾向などが生じる理由である。

この小論を締めくくるにあたって、最後に一言付け加えておくことがある。まず、継続的に一五％程度の得票を獲得している国民戦線〔Front National〕の存在は明らかにフランスの政治システム全体にかかわる問題だといえる。これは決して社会党一党だけで解決できる問題ではない。極右勢力にたいする投票行動にかんしてはさまざまな分析が試みられているが、国民戦線にたいする投票を決定しているもっとも重要な要因は経済危機でも、また失業問題や治安不安や犯罪でもなく、たんに人種差別主義にすぎぬことを明確にしておくことは決定的に重要なことである。

また、政党組織の問題についても付言しておかねばならないであろう。一九九七年六月選挙において驚異的な勝利をおさめた直後に、多くの政党や各界の指導者たちがわたしに会いにきて、その奇跡の理由を尋ね、「いったいどのように党組織化をはかったのか。あなたは何をしたのか。そして、〔選挙を勝ち抜くために〕一番よい手法はいったい何か」などと処方箋を求めてきた。じつは、われわれはなんら技巧を凝らしてきたわけではない。むしろ、組織化についてはお粗末な状況にあり、誇るに足る党機関もなくさらに党資金もないというのが現状である（もっとも、最後の点については選挙資金にかんする法改正でもはや必要性はなくなったが）。しかしながら、たとえ僅差であっても、われわれは選挙に勝利したのは事実である。ひょっとすると強固な組織が必要であるという認識自体がじつは過大評価だったということかもしれない。

この小論の狙いは、ひとことで言えば、「フランス社会党はヨーロッパの他の社会民主党とはきわめてかけ離れた存在である」というある人びとがとりがちな考えかたは、決して正しくないということを示そうという点にあった。つまり、フランス社会党は社会民主主義という偉大な系譜のなかのひとつに位置づけられるのだが、それはフランス政治史の文脈のなかで理解されるべきだということである。

（小澤　亘訳）

移行期にあるスウェーデンの社会民主主義

アンネ＝マリー・リンドグレン

Ⅰ　背景：事実と数値

国会　議席総数三四九のうち、社会民主党が一六一、保守党が八〇、中央党〔Centre Party（旧農民党 Agrarians）〕が二七、自由党が二六、左翼党〔Left Party（旧共産党）〕が二二、環境党が一八、キリスト教民主党が一五の議席をもつ。

政府　一九九四年の選挙以来、九一年からつづいた保守―自由―農民―キリスト教民主連合政府に代わって、社会民主党（ＳＡＰ）が少数派与党を形成している。しかしながら、いわゆる「公式の協力関係」が社会民主党と中央党とのあいだにある。この協力は議会内での争点すべてにわたって行なわれているわけではないが、それは経済政策にかかわる重要問題に直面したときには安定的な議会多数を構成する責任を負うことになっている。左翼党も通常は政府を支持する。しかし、この協力関係は決して公式なものとはなってこなかった。なぜなら、国民に不人気だとしてもあえて実施しなければならないような経済政策にかんして、左翼党の協力を頼りにできるとは考えられないからである。

次回の総選挙は、任期が三年から四年に延長されたため、九八年九月に行なわれることになっている。他のスカンジナビア諸国では、ノルウェーの最近の（国政）選挙やデンマークの（地方）選挙にみられるように、大衆迎合的な右翼勢力が選挙で伸張しつつある。しかし現在のところ、スウェーデンにはそのような政党は存在しない。新民主党〔New Democrats〕として知られる大衆受けのする右翼政党が九一年から九四年にかけては、なんとか議席を維持していた。しかし、内紛のため自己崩壊してしまった。九四年の選挙では議席を確保することができなかった。これまでのところ、党勢回復の兆しはみられない。

国会に代表を送り込むには、政党は少なくとも投票総数の四パーセントを確保する必要がある。しかし、ある政党の得票がその水準を超えさえすれば、その政党にたいする議席配分は選挙における得票率に応じて決められる。このことは、スウェーデン国会に議席をもつ政党は、最低でも議席総数三四九の四パーセントに〔小政党に有利な議席配分を行なうため〕一議席を加えた一五議席をもつことを意味する。

国家予算　一九九四年十月に社会民主党が政権をとったとき、欧州経済通貨統合（EMU）の算定基準によれば国民総生産（GNP）の一〇パーセント近くの財政赤字があった。

〔当時〕スウェーデンは、西ヨーロッパにおけるもっとも経済力の弱い国のひとつと考えられていた。九二年にはクローネ〔一スウェーデン・クローネは二〇〇九年四月時点で約一二円〕の通貨危機があった。金融市場では、クローネが過大評価されており、政府の政策は信用するに値しないと判断された。その結果、クローネは、変動相場に移行した（クローネの通貨価値はかなり高くなったものの、いまでも変動している）。九二年から九四年にかけての三年間、スウェーデンはマイナス成長を経験した。GNPは毎年〇・一パーセントずつ低下した。失業率は一九三〇年代以来経験したことのないほどの水準になった。九一年から九四年までのあいだに、失業率は約三パーセントから一四パーセントに上がった。

財政赤字問題は、新たに政権についた社会民主党政府が取り組まなければならない、きわめて差し迫った問題であった。それは増税と歳出削減をともなう緊急かつ厳格な政策を必要とした。これらの政策のなかには、失業手当や疾病休業補償のカットなど、国民に不人気な政策が含まれていた。世論調査での社会民主党の支持率は選挙時の四五パーセントから、もっとも低いときには二七—二八パーセントにまで低下した。

しかしその政策は経済の状況を好転させた。九七年には財政赤字はGNPの一・九パーセントにまで低下し、経済成長率は二・三パーセントを記録、インフレ率は低い水準にとどまり、失業率も低下しはじめた。今日、スウェーデンはEMUの基準を満たしている。もっとも、選挙民のあいだにある否定的感情のため、スウェーデンはEMUにただちに参加する予定はない（EMUにかんする懐疑的意見が政府内部にも相当程度あるが、これは外交上の理由からあまりおおっぴらにはされていない）。

SAPの党員　現在入手可能な最新の統計によれば、九六年の時点でSAP〔社会民主労働者党〕は約二〇万三〇〇〇人の党員を擁していた。党員数は減少しており、少なくともここ十年間その傾向がつづいている。こうした傾向はつい最近結成された環境党のような他の政党でも同じである。社会学者はこうした傾向を「政党からの脱出〔Party Exodus〕」とよんでおり、いくつかの要因を指摘している。たとえば、過去十年間の深刻な経済的諸困難により引き起こされた、政治にたいする全般的な信頼の低下や、「ひとつのパッケージに含まれたさまざまな政策のセットを買う」ことに乗り気でなくなっていること、さらには選挙民のあいだに社会的流動性が高まっていることなどである。

選挙民　七〇年代の終わりまでは、スウェーデンの選挙民は階級別に投票行動をとる、きわめて安定したものであった。当時、国会に議席をもっていた五つの政党は、一九二〇年代から変化がなく、しかもそれらのうちのいくつかはそれよりも長い歴史があった（SAPは一八九六年に最初の議席を得ている）。しかし、こうした傾向は急激に変化している。八〇年代から九〇年代にかけて三つの政党が新たに登場した。もっともそのうちのひとつである新民主党はあっという間に登場しては、あっという間に消失した。一方で、個別の地方的争点に対応した多くの地方政党が存在し、地方議会に代表を送り込んでいる。投票者は、日ましに特定の政党への忠誠心をなくしてきており、しばしば投票する政党を変更している。階級別投票行動は若年層でははるかに弱いものとなっている。

保守党よりふさわしい名前はネオ・リベラルであろうが、その支持者の多数は三五—四〇歳の若い男性である。その大半は高学歴（そして高賃金）のキャリア職で、ハイテク企業、金融関係（銀行、証券など）、または巨大な多国籍企業——スウェーデンはこれまでにもつねに貿易に依存しており、驚くべき多数の多国籍企業が存在する——に雇用されている。しかし〔保守党支持者のなかには〕、若い都市部の労働者——その数は少数だが注目に値する——が流入してきている。一方、若い女性は、社会民主党や左翼党、または環境党のような左翼勢力を支持する傾向が強い。しかし全体としてみれば、保守党は中年層や高齢者層のなかでよりも若年層のなかで、より大きな割合の支持者をもっているといえる。

社会民主党の場合、事情はまったく正反対である。若年層の支持が低いわけではないが、そのもっとも強い支持者は、三五—四〇歳およびそれ以上の年齢層である。

左翼党のもっとも強い支持基盤は公共部門に所属している若年ないし中年の女性層である。産業部門における典型的な労働者党員はほとんどいない。環境党は、ふつうは比較的若く高学歴な人びとに支持されている。自由党、中央党、キリスト教民主党は、主に中年層ないし高齢者層による支持を得ている中間階級政党である。

地理的には、保守党は大都市に主要な支持基盤をもっている。保守党はストックホルム地域における最大の政党である。社会民主党の基盤はスウェーデンの北部地方、古い鉱山地帯および森林地帯、そして南部の伝統的な中規模工業都市に見出される。中央党は二〇年前にはかなり大きな都市政党になりつつあったが、現在ではスウェーデンの中部および北部地方に住む、伝統的な農民層の支持者に依拠しなければならなくなっている。キリスト教民主党は小規模都市、なかでも強い宗教的伝統の保持されているところでとくに人気がある。

いいかえれば、保守党の支持基盤は、経済の現代的部門〔の構成員〕、高学歴の若年層、現代的な「高度技能産業」

〔の従事者〕、国際指向の製造業者と専門職従事者から構成されている。保守党はまた、人口が増大しつつある地域で強い。ストックホルム地域はまもなくスウェーデンの人口の五分の一を擁することになろう。したがって、国会議員の過半数を獲得するためには、大都市に住む人びとからの票を集めることが決定的に重要である。このことは社会民主党にとっていくつかの問題を引き起こす。もしそのような傾向がつづくとすれば、保守党はたんに、年老いた社会民主党支持者が若いネオ・リベラルな投票者にかわるのをまつことによって、社会民主党に取って代わるであろう。他方で、社会民主党がこの傾向を変えることに成功しようとすれば、その伝統的な政策をいくつかの点で変えなければならないであろうが、そうすることによってかつての支持者が離れていってしまう。もちろん、このことは、ネオ・リベラル勢力の主張するように、社会民主党が平等という伝統的な理念を捨てなければならないということを意味するわけではない。しかし「平等」を達成する方法についての、そしてたぶん「平等」をどのように定義するかについての、かれらの考えかたは検討しなおされる必要がある。

このように社会民主党の政策がいくつかの点で変更されること、少なくとも点検・補修されることを必要としているとしても、他方で、〔社会民主党が〕新たな投票者を獲得するという課題は、社会民主主義を「現代風の」態度決定に適合させるという課題とつねに等しいわけではない。その課題はしばしば、社会民主主義の掲げるいくつかの価値がいまでも妥当するということを、現代の投票者に納得させるという課題である。たとえば、賃金格差の拡大は社会的諸問題が増える原因となり、そのことは結果的に高給取りの専門職従事者にとっての厄介ごとをも引き起こすであろう。大都市とハイテク産業を経済と社会の両面における現代的な「進んだ」部門として、そしてその他の残りの部分を旧態依然とした「遅れた」部門として性格づけることは、事態を単純化しすぎているだろう。現在の社会には、都市にいる若い専門職従事者のほかにも、多くの重要な推進力が存在する。たとえば、スウェーデンでは、「社会的経済」という興味深い考えかたが、〔大都市でよりもむしろ〕大都市の外で発展している。新しい形態の地方的政治組織のもっとも興味深い例もまた大都市の外で見出される。

II　政策変更〔renewal〕をめぐる諸問題

成功しなかった政策を変更することは決してむずかしいことではない。変更の必要性がだれにとってもまったく明らかなためである。しかし、成功してきた政策を変えることはかなりむずかしい。〔成功してきた政策が〕効率性を減じつつあることの最初のきざしは見過ごされやすいし、まちがって解釈される。それらのきざしは、たいていはさまざまな微調整によって簡単に解決されうるような、一時的な問題とみなされる。根本的な機能障害の兆候をもはや無視することができなくなり、その結果として生じる問題が政策の変更を余儀なくさせるとき、支持者と党員は政策変更それ自体を非難し憤慨して古き良き政策への回帰を要求しがちである。一九八〇年代と九〇年代に社会民主党が置かれていた状況は、大まかにいえば、そのようなものであった。

かつての成功したスウェーデン・モデルには三つの主要テーマがあった。ケインズ主義的経済政策、積極的労働市場政策、そして、かつてウィリアム・ベヴァリッジによって定式化された普遍主義の原理にもとづく福祉制度の三つである。社会保障制度と公的サービス部門はきわめて重い課税を必要とするものであった。スウェーデンを訪れたアメリカやソ連の代表者たちは、首を振って〔そのような重税は〕とても受け入れられるものではないという意志を表明した。しかし、〔スウェーデンでは〕だれもが学校、病院、保健、年金等々から恩恵を受けたため、ベヴァリッジの原理は有効であると思われ、だれも税金を払うことを厭わなかった。

〔ところが〕八〇年代にはいるころには、このモデルの前提条件は変化してしまっていた。ケインズ主義的政策は少なくとも一国レベルではもはや機能しなくなり、利率と為替レートはもはや一国のコントロールのおよぶところではなかった。スウェーデンにおいても、ほとんどの西欧諸国におけるのと同じように、経済成長率も生産性も下降した。

八〇年代には、ＧＮＰの増大は年一・五—二％であった。福祉制度をそれまでの到達水準で維持するためには、スウェーデンは毎年三％から四％の経済成長——それは六〇年代および七〇年代には達成されていた水準であった——を必要としていた。こうしてスウェーデンは困難に陥っていったのである。

　困難の最初のきざしは七〇年代の終りに現われはじめたが、それらのきざしは国際的な景気後退の影響と〔政府による〕スウェーデン経済の管理のまずさによるものとされた。自由党—保守党—農民党の連合が、一九七六年から八二年まで政権の座にあった。社会民主党は〔八二年に〕政権に復帰したとき、国家予算の巨額の赤字に直面することになった。赤字財政はスウェーデンの保守勢力の体質となりつつある。

九一年から九四年の保守党主導の連立政権の時期に、スウェーデンの国家財政の赤字は急激に累積し、九四年に政権に復帰した社会民主党はまたもや巨額の財政赤字問題の解決をせまられた。

　新社会民主党政府は一九八二年に政権につくと同時にスウェーデン・クローネを一六％切り下げた。その結果もたらされた輸出景気は全般的な国際的好況と結びついて、スウェーデン経済の基礎に横たわる問題を隠蔽する働きをした。大量の貨幣の流通によって、経済成長がとまっていることが覆い隠され、見えにくくなった。すべてのことがそれまでどおりに進行した。新たな社会改良政策が表明され、賃金は上昇した。何年かのあいだ、賃金の上昇は年八％から一〇％におよんだ。社会保障制度によって支給される便益は所得に比例するものであるから、賃金の上昇は社会保障支出のいちじるしい増大にもつながった。

　その結果はもちろんインフレーションであった。数年のあいだインフレは年一〇％以上であった。八〇年代なかばの金融市場の規制緩和は「原理上」は国際的な発展に適応するために必要なものであったが、それが不適切な時期になされたことについてはだれもが認めている。きわめて大量の貨幣が流通するようになった結果、金融貸付けブームが必然的にもたらされ、それがインフレをよりいっそう高じさせた。しかし、もちろんそれは悲しむべき結果に終わった。一九九一年〔原文では一九九一年になっているが、一九九二年の誤りではないかと思われる〕に銀行システムは崩壊寸前となった。

有権者は、まさに資本主義の象徴である銀行が国家に救援を求め、きわめて反社会主義的な保守党の経済相がその救援を与えることを余儀なくされるのをまのあたりにするという、手放しでは喜べない事態に遭遇した。

ばら戦争　もちろん、あらゆる社会民主党員が経済の進行状況に満足していたわけではなかった。八〇年代全体をつうじて、経済問題とそれへの対処方法をめぐって、社会民主党と政府の内部で深刻な論争が行なわれていた。その論争は、社会民主党のシンボルがばらの花であるところから、「ばら戦争」と名づけられた。党内外の多くの人びとは、それを党内の右派と左派とのあいだのイデオロギー的な争いとみなした。実際、右派は、たとえば課税水準について、それまでの社会民主主義者とは大きく異なる主張をした。

しかしその党内論争は思想的なものではなく、現実をめぐるものであった。完全雇用あるいは教育と保健医療の分野における平等な権利といった点については、両派の意見にちがいはなかった。しかしながら、かれらの意見は経済的諸問題をどのように解釈すべきかという点について対立していた。いわゆる右派は経済的諸問題を主として構造的なものとして、すなわち生産および貿易の諸条件の変化の結果として把握した。そのような変化によって経済政策の再検討が求められているというのが、かれらの主張であった。左派の主張は、経済的諸問題は通常の景気循環によってもたらされており、伝統的な経済政策の諸手段を使うことで対処可能である、というものであった。しかし、そのような伝統的手段を採用すること、すなわち――それはケインズ主義の原理にもとづけば、経済が過熱しはじめたときに唯一使用されるべき手段なのだが――公共支出を制限することには、だれもたいして熱心ではなかった。

この論争は問題を実効性のあるやりかたで取り扱うことを妨げた。もちろん、過大な需要を抑制するための努力がなされ、たとえばより緊縮的な経済政策がとられた。しかし、最終的に採用された諸方策は不適切なものであった。過大な賃金上昇をおさえるための努力もなされ、いくぶんの効果が得られた。もっとも、市場の圧力のためにそれは困難であった。失業率が二％未満にとどまっていたため、労働にたいする需要は高かったのである。

税制改革が実施された。その再分配効果に疑問符がつけられたため、その改革はとくに労働組合運動の側から疑いをもってみられた。しかし今日では、その改革が投資と経済成長にとってプラスとなる長期的影響を与えたということについて、ほとんどの論者の意見は一致している。その後、スウェーデンはＥＵへの加盟を申請した。

最終的に、一九八九年秋と九〇年初頭のかなり劇的な諸事件ののち、経済政策は作りなおされた。いまや経済政策はインフレとたたかうことを目標とするものとなった。その変更は有効な結果をもたらした。しかし政策変更は新たな問題をもたらした。九一年には失業率が上昇しはじめ、また不動産市場が崩壊し、それが銀行を多くの困難にまきこんだのである。

社会民主党は九一年の国政選挙で敗北し、保守的および自由主義的政党から構成される四党連立政権が成立した。連立政府はインフレとのたたかいにとりかかったが、もはやインフレ状況にはなかったため、事態はさらに悪化した。そのころには国内でも国際的にも不況が起こりはじめていたのである。そこで、需要を抑制するという政府の政策はその状況に正しく適合していなかったといえよう。さらに悪いことに、政府は「企業活動を促進するために」企業および投資にたいする減税を行なった。しかし、いくら課税水準が低くとも、もし製品への需要がなければだれも企業を立ち上げたりしないのである。

失業は劇的な増加を示した。財政赤字は急激に高い水準にまで上昇した。九二年にクローネは値くずれし、利率は他のＥＵ諸国と比べて著しく高い水準となった。経済はマイナス成長であった。ひとことでいえば、悪くなりうることがらのほとんどが実際に悪くなったのである。

社会民主党についていえば、かれらが野党となった時期（一九九一年から九四年まで）は深刻な反省の時期であった。経済的諸問題についての「右派」の分析がもっとも正確な分析であったことが明らかになった。諸問題をどう把握するかについての論争は、それらの問題にたいして何をなすべきかについての論議に席をゆずった。一九九四年十月に社会民主党は、総投票数の四五％という満足すべき得票率に支えられて、政権に復帰した。選挙戦の期間中、社会民主党は財政赤字削減のために公共支出を減らす必要性を強調した。実際、そのことをあまりに強調したため、世論調査によれば、社会民主党は選挙直前の二週間で約五％の票を失ったほどである。しかし、〔社会民主党政府の〕新財務大臣、つまり現在の首相〔ヨーラン・パーション。一九九六年より二〇〇六年まで首相を務めた〕が認めたように、「実際に問題が、まさにわれわれがかつて述べていたのと同じほど深刻であったことを見出したのは、いささか衝撃的なことであった」。

財政赤字を解消する過程は、ほとんどの社会民主党員がたぶん理解していたものよりも荒療治を必要とした。失業を減らすことはわれわれが想像していたよりもはるかにきびしいということが判明した。世論調査における社会民主党の支持率は一九九五年以降、劇的に下降した。しかし、全体としてみれば、社会民主党員はそれほどのきびしい政策を支えるにあたって非常な忍耐力を示した。とりわけ、そうした政策が多くの家庭に与えた現実的な影響は、伝統的な社会民主主義の観点からは受け入れ困難なものであった。しかしながら、いったんその必要性に納得したのちは、社会民主党の構成員たちはその政策を支えることに熱心に取り組んだように思われる。たぶんかれらはこう考えたのだろう。「よかろう、これは楽しいことじゃない。だけど、この任務は遂行されなきゃならない。とすると、まわりにはほかにだれもその任務を遂行する人間はいないのだから、われわれでやりとげようじゃないか」と。

わたしがこの論文の最初の部分で示したように、結果はおおいに良好であった。われわれは社会改良政策をなんとかある程度復活させることさえできた。最近では、小中学校および保健医療にたいする補助金が増額された。つぎに、将来〔の問題〕について論じよう。

III　いくつかの論点

福祉国家　社会民主党はいまでも「普遍主義〔Universalism〕」を支持している。普遍主義というのは、社会保障制度は貧困者のみではなく、すべての市民を対象にすべきものであるという考えである。しかしながら、普遍主義〔の原理〕は、〔公的機関によって配分される〕便益がすべての人に平等であるべきだ、ということを意味するものではない。便益の分配は、いくつかの例外はあるものの、資産調査にもとづくものではなく、たとえば疾病休業補償や失業手当のように、所得の多寡に関連づけられている。そしてこのタイプの〔すなわち、資産調査にもとづくものではない〕所得保障が重要なものであると考えられている。

しかし、普遍主義は九〇年代以降再定義された。二〇年前には、それは、社会が失業や病気などにたいし普遍的な経済的責任を負う、または負うべきである、ということを意味していた。しかし今日では異なった解釈がなされており、社会は経済的な責任の一部を負うものの、市民もそのコストのある一定割合を負担することを求められるようになってきている。失業手当や疾病保障は所得の八〇パーセントに減額されており、「情況が好転すれば」九〇パーセントに増やすべきだという〔社会民主党の〕党内の一部の圧力はあるものの、一〇〇パーセント保障にするのは望ましくない、という全般的な合意はできている。なんといっても労働意欲をもたせなくてはならないからである。

二〇年前には社会保障費はそのほとんどが雇用者によって（税金のかたちで）支払われていた。今日では所得を得ている者はすべて医療保険費用の一部を負担している。〔現在〕年金制度の改革が進行中であり、新たな制度では、所得者は年金保険費用の一部も負担することになるであろう。

こうした動きは九三年の社会民主党大会で採択された原則と合致している。公的支出の削減が不可避であるとの認識にたって、社会民主党は学校や病院、高齢者介護などの公共サービスを、〔児童手当や失業手当のような現金給付による〕所得移転よりも優先すべきであるという決定をした。つまり、社会保障費は最初に削減すべきものとなった。ほとんどの家計は世帯収入の一時的な削減には耐えられるが、教育や医療サービスの削減は全体として個人や社会に長期的な悪影響をおよぼすというのが当時の理由づけであり、そして現在でもそう考えられているのである。

「再分配」はつねにスウェーデンの社会民主党の政策の基調でありつづけてきたし、いまでもそうである。最近まではその眼目は所得の再分配にあった。それはもちろんいまでも重要であると考えられてはいるが、九〇年代にその眼目はいくぶん「可能性の再分配」に移りつつあるように思える。教育はもちろんこうした可能性のひとつであり、それには、子供や若年層にとっての可能性だけでなく、再訓練などを必要とする成人にとっての可能性も含まれる。別種の「可能性」は、ＩＴ〔情報技術〕という概念によって要約される新しい技術へのアクセスやその技術を扱う能力である。

この主眼の移動は社会の変化を反映している。平等は今日ではたんなる経済的な問題ではなく、能力にかかわる問題でもある。その結果、「教育」や「ＩＴ」は社会保障制度に取って代わりつつあり、政策綱領に「平等」を掲げる政党にとって中心的な課題となっている。

労働市場　スウェーデンでは、多くのＥＵ諸国と同様に、労働時間の短縮がしばしば議論にのぼる問題であるが、じつはこの主張には二つの議論が含まれている。一方の議論においては、労働時間の短縮（職の分配）は失業を減らす手段だととらえられている。他方の議論では、労働時間の短縮（家族の責任の分担）は男女の真の平等実現の前提条件だととらえられている。

九七年の社会民主党大会で労働時間短縮に向けての強力な勧告がなされ、それは三年以内に実行すべきだとされた。この提案は後者の議論にそっていた。つまり、家族生活、年老いた親族の介護、地域の政治活動等々にもっと時間をというのである。しかしながら、前者の議論がこの提案のもっとも強い動機であったことは間違いない。

労働時間の短縮は、社会民主党の政策綱領に二〇年以上も前から、後者の議論と関連する理由にもとづいて掲げられてきた。だが、労働組合運動が関心を示さなかったことから、だれもあまり注目してこなかった。労働組合は労働時間の短縮よりも賃金の上昇のほうを優先させた。〔しかし〕ここ数年の高度の失業率の結果、労働組合運動の姿勢は変わってきた。いまではかれらは労働時間の短縮のために交渉する用意がある。もしそうでなかったら、先の党大会ではおそらく違った立場が選択されたはずである。

経済学者は、労働時間の短縮が失業を減らすのに実効ある方法であるとは考えていない。社会保障制度に関心をはらう社会民主主義者もまた、最近ではこれに反対している。かれらの主張は、労働時間を短縮すると現在の福祉制度を維持できない、本当にすべきことは労働時間を増加させることだ、というものである。この主張は、今後二〇年間に起こるであろう変化を背景にして考慮する必要がある。老人の年金受給者が増加し、八〇年代と九〇年代の「ベビーブーマー」たちが学校教育期をむかえ、全人口のなかのかなりの割合の人びとがその他の教育機関で教育を受けるようになるであろう。いいかえれば、非賃金受給者の賃金受給者にたいする割合がかなり急激に変化していくであろう。この議論は現在もつづいている。

よく議論にのぼる労働時間の柔軟性の問題については、製造業部門のほとんどの労働組合が雇用者側とのあいだで、事業活動の循環的変動に合わせた労働時間割当の採用について団体協約を結んでいる。組合側も経営者側もこの協約に満足しているようである。この問題にかんする組合側の立場は、柔軟な労働時間は原則的には受け入れ可能であるが、その条件にかんしては雇用者のみによって一方的に決められるべきではないというものである。このため、組合側は、現在の「労働者の権利にかんする法律」〔ＬＡＳとよばれる〕のいかなる侵害にかんしても「絶対にノー」という立場をとっている。労働組合運動の強い反発にもかかわらず、細部の改正が昨年なされた。しかし、ＬＡＳのほとんどすべての条項は必須のものではなく選択的なものであり、労使間の団体協約によって変更可能なものである。今日、改正後の新条項を適用しない労使協定のいくつかの例が存在する。そしてそのことはもちろん、そもそもそうした法律改正がはたして雇用者側が主張しているほどに重要なのかどうかという疑問を浮かび上がらせる。もし労使間でより緩和された新条項を適用しないと合意するのならば、結局、昔の規制はそんなに悪くはなかったのかもしれないということになるからである。

一九九四年の総選挙につづく国民投票により、スウェーデンはEUの一員となった。〔国民投票の結果は〕賛成が明らかに多数ではあったが、それほど大きな差ではなかった（五三パーセントが加盟賛成、四七パーセントが反対）。世論調査によると、最終的に賛成票を投じた者の多くが賛成か反対かで揺れつづけ、おそらくスウェーデンはEUの心底からの支持者ではなかったであろうことが見てとれる。今日の世論調査では、EUのメンバーであることにたいしはっきりとした多数が反対を表明している。この否定的傾向は、過去数年のあいだにスウェーデンが経験した経済的困難を背景としてとらえられるべきであろう。児童手当の削減のような不人気な政策をとった原因はEUにあると誤って考えられている。もっとも、それらの手段は欧州経済通貨統合（EMU）の参加条件を満たすために必要であったのではあるが。

さらに、スウェーデンの伝統とEUの伝統とのあいだに、「カルチャーショック」と呼んでもいいかもしれないものが存在している。スウェーデンでは、裁判所は国会での判断に異を唱える権限はないため、ヨーロッパ裁判所がスウェーデンの国会の判断を覆すことができるというのは多くのスウェーデン人にとってきわめて奇妙で、非民主的なものに映るのである。さらには労働市場を取り巻く慣習も異なっている。スウェーデンの労働運動はこれまできわめて強力なものであった。〔他の国では〕法律によってきめられる諸問題も、スウェーデンでは労使間の団体協約によってきめられてきた。この二つの異なる慣習を合致させようとするのには、原理的な、また実際的なむずかしさがある。

多くのスウェーデン人、とくに社会民主主義者は、EUが失業問題と闘えるような政策を開発することを期待していた。EUがそれに成功してこなかったことが大きな失望感をもたらし、EUにたいする否定的な態度につながっていったのであろう。さらに悪いことに、かなりの投資が農業分野に行なわれているが、これは熱心なEU支持者のあいだですら不評をかっている。それは、失業問題にたいする対策が全体的に欠けている点と比較されているのである。国民は全体的にいって、EUは、失業対策のように、真に国際的な協力を要する大きな問題に対処するには有効でなく、他方で、本当はかかわるべきでないようなことにたいしてあまりにもおせっかいがすぎるという印象をもっているようである。一例として昨年、新聞各紙は、スウェーデン南部のある農民がその農場でとれたきゅうりを市場に出すことを許されなかった話を伝えた。許可されなかった理由は、EUの規定に合わないほど、それらのきゅうりが曲がっていたからであった。この報道にスウェーデン国民の半数は笑い、半数は驚きの声をあげた（しかしこれは、その農民にとってはよい宣伝となり、何百人もの人びとがそのきゅうりを買うと電話をよこしてきた）。

EUの支持者はこうしたタイプの問題にたいし、このようなことは改善可能であると答えている。かれらは、EU内のさまざまな社会民主主義政府や政党がEUの失業対策政策立案のために積極的に活動しており、もしこの種の政策が実行されたときには、そのもたらす効果は一国で可能ないかなる政策よりも実効性のあるものであろうと主張している。同様のことが経済協力にも当てはまる。EUのような多国により編成される〔multinational〕組織は、金融市場にたいし、一国家で可能なものにくらべより強力な対抗力となりうるのである。

こうした主張は、民主主義にかんする重要な問題を浮かび上がらせるが、その問題に答えることはたやすくはない。グローバリゼーション化した経済状況のなかで、EUのような多国編成の政治組織が国民国家を助けて、金融市場やビジネスの世界にたいしてより強い立場にたたせるのは事実である。しかしそのことはまた、そこでの決定が、それがいかに市民にとってよいものであれ、市民とはかけ離れたところでなされることを意味している。あるスウェーデンの政治学者が述べているように、「政治は民主主義から離れてきた」。民主主義は、たんに市民にとってよい決定をすることにかかわるだけでなく、市民がその決定に参加するのを可能にすることにもかかわることがらである。こうした参加がどこでEUに取り入れられるかは簡単には判断できないのである。

（穴見　明訳）

イギリスにおける社会民主主義の状態

ジェラルド・ホルサム／ロザリーン・ヒューズ

本稿の前半では、われわれは〔一九九七年〕選挙における労働党の勝利の本質を分析し、近年の労働党の発展を社会民主主義の伝統という文脈のなかに位置づけることにする。後半では、労働党政府の政策の背後に横たわる戦略と理想を概観する。

I　選挙における労働党勝利の意味

一九九七年五月二日には、イギリス中どこを探しても、保守党に投票したという者を見つけるのは不可能なように思われた。イギリスの選挙システムはトニー・ブレアに驚異的な勝利をもたらした。この勝利は、一九四五年に保守党内閣が倒れ、イギリスの〔政治〕地図がとても考えられないほどに真っ赤に染まった、あの伝説の地滑り的勝利を労働党にもたらしたときをいっけん、超えたように思われた。

この選挙における労働党の大勝利は、トニー・ブレアをも含むすべての人びとを驚嘆させた。連続四回にわたる選挙での敗北の結果、労働党のリーダーたちは慢心することなく慎重になり、対外的にも党内的にも、勝利を確信することに用心深くなったのは無理もない。世論調査は労働党の大勝利をはっきりと示していたが、一九九二年の失望を経験したあとでは〔九二年選挙の前にも労働党の優勢が伝えられていた〕勝利を確信するほど度胸のある者は党内にはいなかった。IPPR〔公共政策調査研究所（Institute of Public Policy Research）。本稿の筆者は二人ともこの研究所に籍をおいている〕には、政治の消息通を任じる若手研究者がおおぜいいるのだが、そこでも、われわれの予想のひとつであった一三〇議席差の勝利という予想はあまりにも楽観的すぎておかしいのではないかと思われていた。結果的には、〔議席差は二五三であったから〕一七八議席差という最終的な予想さえ過小評価であったことになるが、労働党は独り勝ちともいえる議席を獲得した。

では、総選挙における労働党の勝利は、イギリスにおける社会民主主義の勝利と保守主義の終焉を表わしているといえるであろうか。残念ながらそうではない。議席数に現われた労働党の大勝利のうちのかなりの部分は、イギリスの選挙制度〔小選挙区制〕の勝者にプレミアがつくという性質がもたらしたものである。労働党は議会〔下院〕で四一八議席を獲得し、保守党は一六五議席であった。しかし、得票率でみれば、両党の差は〔議席の差よりも〕ずっと小さい。労働党の得票率は四三％、保守党は三〇％であった。自由民主党は一七％の得票を得ながら、気の毒なことに四六議席にとどまった〔なお、二〇〇一年六月の総選挙では、労働党が四一三議席（四〇・八％）、保守党が一六六議席（三一・八％）、自由民主党が五二議席（一八・三％）を、二〇〇五年五月の総選挙では、労働党が三五六議席（三六・二％）、保守党が一九七議席（三三・二％）、自由民主党が六二議席（二二・七％）をそれぞれ獲得した〕。さらにいえば、〔九七年選挙の〕投票率は、イギリスの総選挙のなかでは低いほうである。労働党は一九九二年に保守党が得た得票率をわずかに超えたが、得票数でみるとじつは九二年の勝者〔保守党〕より少なかったのである。

保守主義の終焉か？

五月二日に、有権者が何に反対して投票したかを知るのは、かれらが何を求めて投票したかを知るよりも、容易である。一七年を経て保守党政権は疲弊しきっていた。同党ではヨーロッパ〔統合〕についての意見がわかれ、低俗さと堕落にたいする釈明に追われ、非力な指導者のもとで迷走していた。

〔一九九七年の〕選挙以来、イギリスの新聞は、保守党の若き新指導者ウィリアム・ヘイグは言うにおよばず、保守党までをも葬り去ろうとする記事であふれかえった〔実際ヘイグは、二〇〇一年選挙の敗北後、党首の座を降りた〕。しかし、これらの記事は、五年前には労働党はもはや二度と過半数を制することはできまいと予言した同じ評者たちによるものである。というわけで、史上最高の選挙マシーンをもつイギリス保守党が、わずかいちどの選挙における敗北でいとも簡単に崩壊すると信ずることは、希望的観測にすぎないであろう。

労働党へ投票するにさいして、有権者たちは、首相トニー・ブレアへ、そしてフレッシュな顔ぶれ〔の候補者たち〕に投票した。かれらは〔政治の〕方向性を変えるために、また「より公正な」社会を求めて投票したのであって、高い税率に支えられた公共支出の増大という伝統的な社会民主主義的プログラムのために投票したのでなかったことは明白である。たしかにそうした労働党の伝統的なプログラムを同党が実現してくれると期待した者もいたことはいたものの、党の公式文書には、そのようなものは労働党が提供するプログラムには入っていないことを明らかにしていた。そして、そのことによって、労働党は熱烈な支持者ではない人びとや浮動者層の抱く不安の多くを取り除くことができた、と考えなければならない。

労働党は社会民主主義政党か?

労働党は、党の哲学を全党合意のうえで見直したという意味での、ドイツ社会民主党のバート・ゴーデスベルク綱領〔一九五九年、バート・ゴーデスベルクで行なわれた党大会で採択され、マルクス主義からの離脱、民主的社会主義の立場を鮮明にした綱領〕に相当するものはもっていない。戦後、一九七〇年代までの労働党は、社会主義と社会民主主義双方の伝統的な個性と要素を強く受け継いでいた。政権政党であったときの労働党は、社会主義的考えにたいしてリップ・サービスをしながら、実践においては社会民主主義的な手法をとる傾向があった。このような戦略上の問題点は、それが精神分裂症を引き起こすという危険な傾向をもち、そのため選挙で敗北するたびに党内左派から裏切り行為だとの批判を招いたことである。こうした弊害がもっともひどく現われたのは、一九七九年選挙における敗北後のことであった。

党改革

一九八〇年代初頭の労働党は党内抗争に悩まされ、時代的風潮からはずれた左派的プログラムを採用したため、選挙に勝つことが不可能になってしまった。〔その後〕ニール・キノックのもとで、党の現代化が始まった。このことが意味したのは、党の指導者たちが一方的な軍縮や銀行等の国有化、といったいくつかの不人気な政策を放棄することであった。指導者たちはマス・メディアの利用法や宣伝テクニックに磨きをかけ、党内組織もいくつかの点で改良された。

党綱領第四条の改正

こうした過程はジョン・スミスによって推進され、トニー・ブレアのもとで大きな進展をみたが、それを象徴するものが党綱領旧第四条の廃止である。旧第四条とは「肉体労働者と頭脳労働者」に、生産、分配、交換手段の共同所有と、かれらの生産物の最大限の平等な分配を保証することを約束した条項であった。全労働党員は、それを信じていようといまいと、旧第四条の大部分を暗誦することができた。しかし、新しい穏健な第四条を言える者はほとんどいない。

綱領第四条の改正はほとんど象徴的な意味しかもたなかったが、ブレアにとっては重要であった。というのも、第一に、それは保守党からの予想される一連の中傷的な攻撃をあらかじめ除去し、第二に、ブレアが党内を完全に掌握していることを証明するものでもあったからである。

社会民主主義の伝統

一九七〇年代および八〇年代初頭においては、労働党員の多くは、ヨーロッパ大陸、とくにドイツの社会民主主義をモデルとして、そこに社会民主主義のすぐれた着想があると感じていた。かれらはそれを、選挙における成功、繁栄する経済、凝集性のある社会と同一視していた。しかし、ドイツにおける〔SPDの〕選挙での敗北と、ヨーロッパ大陸全土にわたる成長の停滞や失業の増加によって、ヨーロッパ・モデルの魅力は減退した。フランスやスペインといった国々におけるヨーロッパ大陸の社会民主主義はキリスト教民主主義と区別がつかないようにみえ、他と区別しうるような独自の社会民主主義的政策を立てることはもはや不可能である、という見解が強まった。

新しい労働党へのアメリカの影響

トニー・ブレアとゴードン・ブラウン、および労働党リーダーの若い助言者たちにとっての最近の創造的刺激の源泉は、ヨーロッパにではなくむしろアメリカに求められる。この影響には二つの要素がある。第一のものは実用的なものであり、アメリカ民主党の選挙での勝利に根拠をおくものである。重要な助言者のなかには、クリントンの選挙キャンペーンに参加し、そのメディアの扱い方やフォーカス・グループ〔企業などが情報を得るために標的として抽出した人びとのグループで、この人たちに議論をしてもらったり、グループ・インタヴューをしたりして、党や政策の浸透度などについて情報を得る〕の用法についての有益な教訓を学び、それをイギリスに適用した者がいる。

第二は、知的なものである。助言者の多くはアメリカの大学院を出ている。かれらは、クリントン政権の労働長官で『ザ・ワーク・オブ・ネーションズ』〔本書では *The Wealth of Nations* となっているが、*The Work of Nations*, 1991 の間違いではないかと思われる。同書は邦訳されている（中谷巌訳『ザ・ワーク・オブ・ネーションズ――21世紀資本主義のイメージ』ダイヤモンド社、一九九一年）〕の著者でもあるロバート・ライシュの著作に、大きな影響を受けている。かれの議論は（端的にいうと）以下のようなものである。すなわち、現代の世界経済のもとでは、資本も投資も容易に地理的・政治的境界を超えて移動する。国民国家に固有の唯一の資源は国民である。グローバリゼーションの流れに抵抗することはできない。したがって、思慮分別のある唯一の経済政策とは国民に投資することである。つまり教育と労働力の訓練である。

この考えかたの影響から、労働党指導者の演説は主に次の二点を主題とするようになった。ひとつは、一国政府が所得の再分配、すなわちマクロ経済にたいしてなしうることへの極度の悲観論であり、もうひとつは、「雇用機会の獲得能力」〔「雇用されうる能力」のこと。日本でも一九九九年に日経連が、今後の人材育成の目標としてその強化を打ち出した〕の向上をつうじた失業〔問題〕への取組みの強調である。後者は、教育に力を注ぐこと、そして規制の少ない労働市場を維持することによってもたらされる。貧者にたいする労働党の伝統的な関心が消失したわけではないが、当世風の表現でいえば、「社会的排除」に苦しむ人びと、つまり生涯をつうじて貧困からはい上がることができず、ますます社会の周辺に追いやられているアンダークラスの人びとへと、関心の対象がせばめられている。アメリカ的な考えとアメリカの現実の双方の重要性が、こうした方向性が確定されるうえで重要であったが、イギリスに即していうと、その意味は、たんに貧者というのではなく、人口のなかのわずか一〇％にすぎない小さな部分に集中的に〔施策の〕焦点を合わせる、ということである。もっとも困窮している人びとという比較的小さな集団に焦点を合わせることで、広く社会一般に再分配をいき渡らせる政策を暗に避けつつ、より多くの政策効果を期待しようというわけである。われわれはこうした政策の方向性について以下でさらに議論する。

クリントン政権は、選挙には勝ち、また当面するすべての事態を切り抜けることに有能ではあるが、他方、社会改革という点ではほとんどなにも達成していない。しかし、ブレアの助言者たちは、このことをホワイトハウスのイデオロギーが空虚だからとはみなしておらず、その原因を議会システムと権力分散に求めている。

経済的背景

現在の労働党の指導者たちはサッチャリズムのもとで自己形成した世代の政治家たちである。一九八〇年代に支配的であった経済的個人主義は、七〇年代の労働党においては自明のものとされていた多くの〔社会主義的ないし社会民主主義的な〕仮定を掘り崩し、かれらは、〔その間に〕起こった社会的、経済的、知的変化への対応を考えざるをえなくなった。この変化に含まれるものとしては、強力な組織的労働組合をもつ巨大製造業の衰退、自営業およびサーヴィス部門の成長、持家率の激増、そして、人びとは自分にとって何がベストかを、人から言われるのではなく、社会のあらゆる領域において自分で選択する権利をもつという信念がおおいに広まったこと、などである。こうした変化は、さまざまな意味で集団主義の衰退と個人主義の増長を示していた。労働党の政策は八〇年代後半からこうした傾向への適応を次々に行なうようになった。

経済政策

新しい労働党は、ビジネスと富の創出という領域における市場優先を受容しただけでなく、需要管理というマクロ経済的な手段によって経済を運営するということは、ほとんど有益でないと信じるようになった。労働党は金融政策を中央銀行の管理下におき、借入金を極度に少なくした厳格な財政政策を採用した。加えて、同党は、一般税収を財源とする大規模な公的支出をもはや選択肢とはしない。このような政策は選挙において有利だから主張されたという面もあるにせよ、トニー・ブレアとゴードン・ブラウン双方の知的な確信にもなっていた、ということを強調しておくのも重要であろう。

租税と浪費の終焉

すべての世論調査が示しているように、選挙前には、人びとがどのような投票行動をとるかを決める主な要因のひとつは、どの党が経済をうまく切り盛りできる能力をもつかということであった。また、一九九二年選挙で労働党が敗北したのは、同党の経済についての提案が、所得税の最高税率を引き上げ、いくぶん再分配的な租税政策を施行するという公約を含んでいたためだとする考えも一部にはある。九二年以後、党のスポークスマンによって行なわれる演説はいずれも厳格に統制され、公的支出についての公約はすべて詳細に点検された。党の公約によれば、公的支出はきわめてわずかな領域においてのみ増大することになった。実際、蔵相のゴードン・ブラウンは、選挙の直前に「目薬のように少量の」といわれてきた従来の保守党政府の公共支出政策を今後二年間は踏襲すると約束して、党内の多くの者に不安を与えた。労働党は、現議会がつづいているあいだは、最高税率も国民の大部分の所得税も引き上げないと約束した。党の指導者たちは、このことが、懐疑的な有権者にたいして、労働党はもはや浪費的な租税政策は取らないと安心させるうえで必須だと考えていた。しかし多くの者は、これを「選挙向けのやりすぎ」であって、これでは労働党は政策を実現する余地がほとんどないとみていた。

II　新しい労働党政府の理想、政策、戦略

新しい労働党とは何か？

トニー・ブレアは労働党の伝統にすっかり染まった指導者ではない。ときにかれは党の伝統を好んでいないかのようにさえ見える。かれは過去との劇的な断絶を象徴しているのである。ブレア以前には、労働党の指導者たちはよく、

社会民主主義や社会主義のお題目をごく自然に口にした。しかしブレアはそのどちらも用いようとはしないし、その代わりに労働党を「新しい労働党〔ニュー・レイバー〕」と呼ぶ。ブレアは党の名称を正式に変えてしまうことまではしなかったが、いまではだれもが「ニュー・レイバー」という語を用いるようになり、ブレアを批判する者は「オールド・レイバー」としてさげすまれるようになっている。では「新しい労働党」とは何か。「新しい労働党」の批判者である〔伝統的〕左翼は、労働党はみずからを保守党と見分けがつかないようにしてしまった、「新しい労働党」とは選挙に勝つための戦略にすぎない、と非難する。労働党のもっとも重要な目的は総選挙に勝つことであり、戦略や政策のすべての要素は、その目標へ向けて作られている、ということは確かである。ひとつの選挙に勝ち、次の選挙にも勝って、かつて労働党政府がなしえたことのないこと、すなわち連続して二期の政権を勤めあげることを確実にするというのが、現在の目標となっている〔周知のとおり、労働党はこの目標を達成し、三期のブレア政権を経て、二〇〇九年現在、ゴードン・ブラウンが四期目の政権を担当中である〕。

新しい社会秩序

とはいえ、トニー・ブレアは、一九八〇年代に流行をみた、自己中心的で非道徳的な個人主義を拒否し、社会についての道徳的ヴィジョンを明確にしようとしている。かれの「プロジェクト」は、よりよい、より公正な、またより排他的でない社会をめざしている。さらにかれは、諸個人は権利と同様に責任ももつべきだと強調することで、極端な自由主義を批判し、家族や親の責任の重要性についても多くのことを語っている。社会的権威主義が経済的自由主義と結合すること〔サッチャリズムをさす〕を恐れる多くの左翼にとって、このようなことを聞くことは不快なことである。ブレアの狙いは、「新しい労働党」を社会的に恵まれない人びとだけでなく、成功者や経済界にも等しくアピールする国民政党へと変えることである。

新しい労働党の知的枠組み

「新しい労働党」が党の知的アイデンティティをおそらくは意識的に探し求めていることは間違いない。社会主義は歴史のごみ箱に捨てられたが、「社会民主主義」もまた多くの人びとから全盛期を過ぎたとみられている。ロンドンの学者たちのセミナーでは、社会民主主義の現代的な意味をめぐる議論はまったく低調である。むしろ、ほとんどの知識人サークルでの議論は「新しい政治」にかんするものである。そこで求められているのは「第三の道」、「左派右派を超えて」〔いずれもアンソニー・ギデンズの書名〕であり、そこでいう「左」とは、〔ソ連型〕国家社会主義ではなく、社会民主主義そのものである。社会学者アンソニー・ギデンズや政治理論家ジョン・グレイといったアカデミズムの論者たちはこうした議論の風潮を作るのに貢献している。ブレア自身は「ラディカルな中道」について語っている。

平等という概念

現在おこなわれている議論の一例に、現代政治における平等の意味をめぐるものがある。〔七〇年代の〕最後の労働党内閣の閣僚ロイ・ハタスリーは、より平等な社会の建設自体が目標であるという強力な信念をもち、〔ブレアたち新世代が〕これまで平等について十分に語ってこなかったことに失望を表明している。イギリスで広がりつつある富者と貧者の格差に関心を寄せ、その点を指摘する者が、左翼および中道左派のなかにも多数存在するということは疑いのないことである。

これにたいし現在の政府は「機会の平等」について語ることをもって回答し、平等は再分配、すなわち富者から税金というかたちで現金を取り上げ、それを貧者に与えることで達成されうるという考えは明瞭に拒否している。ゴードン・ブラウンは、それがたんに成功の階梯を昇るためのいちどきりの機会ではなくて、一連の機会すなわち生涯をつうじた機会の平等なのだと強調することで、この機会の平等という概念を発展させようと試みている。この政府は貧者の生活をよいものにしようという狙いをもってはいるが、それは平等にたいして原則的に取り組んでいるからではなく、現在、顕在化しつつある貧困層《アンダークラス》への人道主義的な関心と、ひどい貧困や不平等が意味する人的資源の無駄への関心からである。現政府は、サッチャリズムの経済的成功と、より平等主義的な伝統への古い感情的愛着を統合しようとしているのである。

そこで選ばれた手段は、保守的なマクロ経済政策、労働者に有利になるような労働市場の再規制をごくかぎられたものにすること、教育の強調、〔社会政策の〕対象を社会的排除の危険にさらされている人びとにしぼること、労働への意欲を向上させるような福祉国家の再設計、「権利には責任がともなう」というテーマを、名目上も実際上もおおいに強調すること、などである。

新しい労働党政府の政策

以下では、われわれは政府の主要な政策領域およびその長所短所のいくつかを検討し、政府の全体的な戦略のなかにそれを位置づける。主要な目標は、福祉国家を改革し、社会を解体させせないような凝集性を増すこと、教育を向上させること、富を生み出す企業との協働、憲法の改正を行なうこと、そしてヨーロッパにおいて活発で中心的な役割を果たすこと、である。

福祉国家の改革

福祉国家の改革は政府がみずから最重要だと宣言している課題である。イギリスはヨーロッパの多くの国々と同じような人口構成パターンではなく〔高齢化率がそれほど高くないという意味〕、他の国とくらべてそれほど高額の給付を行なってもいないために、諸外国のシステムのような財政上の困難には直面していない。それでも現在の給付額は年間で九七〇億ポンドに達し、政府支出の約四〇％である。しかし、公式の分類によれば、イギリスの子どもの三人に一人は貧困層に属する。福祉国家はうまく機能していない。政府は、際限のない税金や公的支出の増大にたいして反対する固い決意をもって向き合ったため、給付や保険サービスの費用を上昇させることなしに問題を解決する方法をみつけなければならなくなった。

政府の政策を述べた文書は簡潔であることが求められる。この部署に任命された閣外相〔通常は閣議に出席しない大臣〕の一人フランク・フィールドは、「考えられないようなことを考える」ために任命されたといわれているので、大胆な施策が予想される。ひとつの問題は、長期的には支出削減に資する大胆な改革が短期的には支出の増大をもたらしてしまう、ということである。政府は福祉改革政策の全体像を詳細に説明するまえに、単親家庭への給付削減を発表して、与党の多くの陣笠議員の不安をかきたてた。

イギリスでは社会的排除の問題にたいする懸念が増大している。それは、アメリカでは「アンダークラス」と呼ばれる、公的給付で生計を立て、貧困な居住環境に住み、教育歴も乏しく、雇用されるチャンスの乏しい人びとの問題である。だれ一人として働いていない家庭で育った若者の数〔の多さ〕については、おおいに心配されている。依存の文化〔就労せずに公的給付で生活するという習慣のこと〕を終わらせるという願いは、政府が公式に表明した政策目標となった。その目標のために、首相みずからを長とする社会的排除にかんする対策機関を設立することが〔一九九七年の〕夏に発表された。この機関の狙いは、たんに社会的排除によってもたらされる帰結を緩和するために金を使う〔生活保護などの支出を手厚くする〕のではなく、社会的排除自体を防ぐ政策をつくることである。

経済的戦略

労働党はいまやケインズ主義的な総需要管理という古い伝統から完全に転換した。トニー・ブレアもゴードン・ブラウンも、政府がマクロ経済政策をつうじて大規模になしうることはほとんどないということを固く信じている。このことが、かれらがイングランド銀行に喜んで独立性を認める主な理由である。かれらの経済戦略は、インフレと公共支出をしっかりとコントロールすることによって、経済界に自信を増大させることである。実際、新しい労働党は、ときにはあからさまな熱意でもって経済界を抱き込んできた。多くの著名な財界人が、大臣として、または特別専門委員会のメンバーとして、政府に招き入れられた。労働党の指導部からかれらにたいして寄せられた温かい歓迎は、労働組合の指導者にたいする冷たい態度とは、顕著な対照をなしている。

労働党は競争力を向上させ、柔軟な労働市場を維持することにつとめている。それは、多くのミクロ経済的な方策により、経済的パフォーマンスを向上させることを狙いとしている。これらのなかでももっとも重要なものは、おそらくは労働党の社会民主主義的プログラムの、二つの主要な要素のうちのひとつでもある、「働くための福祉〔welfare to work〕」〔長期失業者に仕事をする能力と機会を与え、社会福祉費の削減をする構想。「働くための福祉」と訳されることが多いが、ゴードン・ブラウン蔵相が「失業者を福祉から労働へ移行させるためのプログラム」と説明したことを受け、「福祉から労働へ」と訳す論者もいる（山口二郎『ブレア時代のイギリス』岩波新書、二〇〇五年、四一頁）〕である。それはウィンドフォール・タックス〔民営化された公益企業にたいする一回かぎりの課税〕で得た五二億ポンドを用いて、長期失業者や若年失業者の雇用や職業訓練の提供に助成をするというものである。このことは、税金と給付のシステムや最低賃金についての見直しによってまかなわれる。もうひとつの社会民主主義的プログラムである最低賃金は、失業を生み出したり、使用者を敵に回したりしないように、あまり高すぎない水準に設定されるであろう。また職業訓練中の若者にたいしては異なる水準の最低賃金が設定されると思われる。

働くための福祉は、蔵相であるゴードン・ブラウンお気に入りのプロジェクトであるが、かれはトニー・ブレアの助言者のうちいく人かが疑念を呈したにもかかわらず、ウィンドフォール・タックスを、労働党のプログラムへなんとか押し込んだ人物でもある。他方、最低賃金はジョン・スミス時代からの歴史的遺物である。選挙において人気があり、いかなる問題や反動にみまわれることもなかったウィンドフォール・タックスの成功から、いかなる教訓が導き出されるかはこれからの課題である。

教育

トニー・ブレアは、「教育、教育、教育」こそかれの政府の成功の試金石になる、という呪文を繰り返していることでよく知られている〔ブレアは政府の優先課題を三つ挙げれば、それは「教育、教育、教育」だと述べた〕。莫大な比重が教育にかけられているが、それはたんに教育それ自体の目的のためだけでなく、教育こそが諸個人の雇用機会の獲得能力〔employability〕を高める唯一の方法であり、それゆえ経済的競争力の鍵を握るというブレアの信念のゆえにである。教育はまた、社会的排除を緩和するうえでも決定的に重要であるとみなされている。政府は、休日識字プログラムを行なったり、悪い成績を許さないと宣言したりするなど〔一九九七年五月末、学力テストで全国水準を大きく下回った一八校が公表された。これらの学校は「失敗校」と呼ばれ、労働党の公約では校長の新規採用を行なう対象となった〕学校における成績向上に熱心である。

この領域において政府が直面している問題は、資金不足と教師のあいだにみられる士気の低下という負の遺産である。このことにより、とくに大都市部のエリートのあいだでは、政府の教育システムは民間部門〔私立学校〕よりも質の悪い教育を提供しているといった認識が広まっている。ことにロンドンのミドル・クラスの専門職は、ますます自分の子どもを私立学校へ入れるようになっている。このことに対抗するためには、現在利用可能であるよりも多くの〔財政的〕資源を必要とするであろう。政府は大学生に授業料を課すことによって、学校システムにより多くの資金を調達しようとしている。この試みはある種の政治的な騒乱を引き起こした。というのも、高等教育の恩恵を受けている学生はミドル・クラス出身者が支配的であるが、大学生に授業料を課すことは高等教育を希望する貧しい学生にたいする障壁として機能するのではないか、という強い懸念が存在するからである。

憲法改正

憲法改正〔イギリスには憲法典はないが、憲法はある。イギリスでも、一九七〇年頃から成文の憲典をつくろうという動きはある〕は、労働党政府が着手している政策のなかでも、前任の保守党内閣とはまったく異なるものである。政権を握って以来、労働党はヨーロッパ人権協定をイギリス法のなかに組み込んだり、件数は少ないがよく目立つ、前政府の移民問題についての決定をくつがえすなど、多くのリベラルな方策をとる方向へ速やかに動いてきた。

労働党は政治改革のラディカルなプログラムをもっている。同党は、スコットランドとウェールズに中央政府の権限を委託するというかれらの提案について、国民投票を行なうという選挙公約を実行した。この提案はスコットランドでは過半数をかなり大きく上まわる支持を得たが、ウェールズでは僅差でようやく支持されたにすぎない。つづいて議会において法案が提出された。地方分権の提案によって、過度に中央集権的なイギリス国家において、権力が〔中央から地方へ〕劇的に移動することは間違いない。

労働党はまた上院改革も公約している。驚くべきことに上院は、二〇世紀も終わろうというときになっていまだに、多数の世襲議員とそれほど多くはない数の任命議員から構成されている。この分野では労働党の計画はあまり進んでいない。同党は、ほとんどすべて保守党の支持者である世襲上院議員の投票権を廃止することを提案し、その代わりに政治任命議員を充てる計画を立てているが、これは十分に満足がいくほど民主的な改革ではない。しかし上院改革は、法案が、まさにそれにかかわる人びと――つまり、改革にたいしてきわめて敵対的な上院議員自身――によって成立させられなければならない、という事実によって、その取扱いはなかなかむずかしいものとなっている。それはたいへん長い時間を必要とする法案であって、労働党がこの問題に積極的にかかわろうとしないのは、そのせいである〔その後、一九九九年にブレア政権は上院の改革に乗り出し、世襲貴族議員が自動的に議席を世襲することや、投票権をもつことを改めた〕。

しかしながら、おおかたの予想に反して、労働党はすでに政府管轄情報への一般からのアクセスを増大させる政策を提案しており、選挙公約の実現を開始している。

社会民主主義的改革かどうかはともかくとして、この政治的プログラムだけでも、労働党政権をイギリス政治の文脈のなかで一大改革政府として位置づけるに十分であろう。だが、奇妙な逆説が存在する。というのも、そのほかの

〔情報公開以外の〕政策領域においては、労働党は大いなるレトリックを弄して、その穏健な意図、あるいは少なくとも実際的・具体的な方策の不足を隠していると非難されているからである。たしかに、〔労働党が提案している〕諸方策は革新的なもので、しかもしばしば詳細に説明されてもいる。しかし、それらは熱心に華々しくは宣伝されていない。あたかも、政府自身がそのプログラムのもっとも革新的な部分を実行しているとの自覚を欠いていたかのようである。それら──と［こうした］試みの多くは、［ブレアの前任者である］ジョン・スミス時代の指導部から受け継いだものである。それら──とくにスコットランドへの権限委譲——は、政治的には避けがたい問題であり、新しい労働党にとっても異論はないので、ひきつづき進められている。しかしながら、それらはブレア自身の関心や、かれにもっとも近い助言者たちの情熱の中心を占めるようなものではない。

ヨーロッパ

労働党の指導部が、ヨーロッパにおいて活発で積極的な役割を果たしたいと考えていることは疑いない。かれらはまたやがては単一通貨に加入したいとも考えている。イギリス経済は現在、ヨーロッパの他の地域と同じ局面になく、またその経済循環は、過去においてしばしば〔他の国々と〕ずれていたという心配もある。しかし、政府が主として心配しているのは経済的なことではなく、国内政治にかんすることである。すなわち、マスコミとくにルパート・マードック〔イギリスのメディア王。いくつかのテレビ局や新聞社を所有している〕の所有する新聞がイギリスの〔単一通貨への〕参加にはげしく反対しているなかで、いかにして世論を単一通貨に参加するように導き、同党が約束した国民投票で参加支持に投票させるか、ということである。世論調査では現在、欧州経済通貨統合（EMU）反対の世論が安定過半数を制している。労働党は国民投票へ向けた動きを頓挫させるわけにはいかない。そしてもし勝つ自信のない国民投票を行なうとすれば、それは労働党の慎重な選挙対策のなかでは異例なこととなるであろう。それゆえに政府は、ここ数年のうちに世論がユーロという考えに慣れることを願いながら、曖昧な言葉でお茶をにごしているのである。

ヨーロッパ〔問題〕の取扱いにたいする労働党指導部の経験不足がよくわかるのは、五年間は加入しない、つまり〔次期二〇〇一年〕選挙前には加入しないというかれらの決定が、大陸では、イギリスは加盟自体に否定的だと受け止められる結果を招くことを認識できなかった点である。驚くべきことかもしれないが、労働党指導部自身が、ヨーロッパの反応と、そしてイギリスがEMUの内部評議会のメンバーからはずされた、という事実に仰天したのである。だが、こうした甘い考えは大目に見るとしても、以下のような結論を避けることはむずかしい。すなわち、イギリスがヨーロッパの一部になることをブレア氏が望んでいることは明らかだとはいえ、その情熱は、かれが熱望する第二期〔再選〕を危険にさらすほどではない、という結論である。このことによって、一〇〇〇年先とは言わないまでも、きわめて長い歴史的な観点からEUをみるヘルムート・コール〔一九八二―九八年にかけて、西ドイツ―統一ドイツの首相〕のような人物には、ブレアの姿勢は指導力を欠いた、志の低いものにさえみえてしまうのである。

政治戦略

トニー・ブレアの全体的な戦略は、労働党がイギリス政治の中心的な位置を占め、同党を政権に就くのが当然であるような党にすることである。労働党の大部分が、イデオロギーや政策できわめてよく似た自由民主党勢力と組むというかたちでの政界大再編に進む可能性はおおいにある。一般税率をもっと引き上げよとか、経済にたいする政府の介入をより大きくせよといった政策をいまだに提唱しているという点では、自由民主党のほうがどちらかというと伝統的な社会民主主義政党に近い。労働党が保守党内のヨーロッパ統合賛成派と組むという可能性もまったくないわけではない。なぜなら、ウィリアム・ヘイグが〔保守党内の対立を〕よほどうまく取り扱わなければ、保守党は〔単一通貨についての〕国民投票をめぐって容易に分裂しかねないからである。

トニー・ブレアが、はっきりそれとわかる中道左派の価値や政策を推進することにより、こうした狙いを達成し、選挙での目ざましい大勝利につづいて世論の動向を変化させることにも成功するかどうかは、いまのところはまだわからない。労働党内の楽天主義者たちは、ブレアはできると信じている。悲観的な見方は、そのような野心的なプロジェクトは保守的な政策を採用し左派を中心から排除できるかどうかにかかっている、というものである。

もちろん、ブレア氏が自分の党についてやりうることには限界がある。かれの威信は大きなものであるから、多くの労働党議員はかれが導くところへはどこへでもついていくであろう。それ以外の者たちは、もしかれが保守的な選択肢を取ればますます不安となり、そのような状況下でかれが自党をたばねられるかは、ひきつづき世論の高い支持を保持しつづけることができるかどうかにかかっているといえよう。もしもかれの人気が落ち目になれば、かれは労働党の伝統的な〔左翼バネの〕本能によって制限を受けるであろう。もっともそれは、国家所有、規制、高い税率それ自体を目的とする、「古い労働党」の復活ということではない。しかし新しい労働党であっても、同党国会議員のおそらく八〇％は、保守あるいは「ラディカルな中道」よりも、中道左派の選択肢を好むであろう。

結　論

ここで示したかったことは、新しい労働党政府の指導者たちが、旧来使われていたような意味でのイデオロギーに固執しているわけではない、ということである。たしかに新しい労働党はいくつかの核となる思想や価値をもってはいるが、その目的をいかに達成するかにかんしてはまったくプラグマティックである。同党の目標は「効率的な政府」と要約できるかもしれないが、それはたんに経済的な狭い意味においてだけでなく、無駄――人間の才能や能力の浪費も含まれる――を省くことによって人びとの生活の質を向上させるという意味においてである。ニュー・レイバーには厳格なイデオロギーがないため、判断の基準として同党が受け入れる唯一のものは成功である。ニュー・レイバーが保持してもいなかった希望や抱いたことなどない伝統を裏切っている、といってかれらを非難することはだれにもできないのである。

（堀江孝司訳）

オーストリアの経験——一九六六年から九七年にかけてのオーストリア社会民主党綱領をめぐる論争

エーリッヒ・フレーシュル／カール・デュフエク

なにごとも偶然に起こることはなく、そしてそのままつづくこともほとんどないだろう。（ウィリー・ブラント）

一九六六年から九七年にかけての、オーストリア社会民主主義の社会理論および党の綱領をめぐる論争においては、一連の興味深い理論的発展が特徴的にみられる。議論の焦点も多岐にわたり、いまでは、オーストリア社会民主主義は、五〇年代から六〇年代にかけてのそれとは大きく様がわりしている。社会民主党の経済政策の重点が国家計画主義から市場経済的な理論に移行している。

オーストリア社会民主党（SPÖ）は、緑の党が政治舞台に現われるはるか以前に、エコロジーにかんする政策（すなわち一九六九年の *Humanizing Programme*〔人間らしく生きるための施策〕を発表し、以来ますますエコロジー問題に力を注いできた。同党はカトリック教会との緊張を緩和する一方で、共産主義とは明確に距離を置いてきた。かれらはまた、ヨーロッパ諸国と政治的・経済的に密接に協力し、積極的な国際平和政策を綱領の内容として明確に定義してきた。

八〇年代後半から、オーストリア社会民主党は、ヨーロッパ内への移民政策や、〔通信などの〕新技術の出現とそれにたいする民主的コントロールといった政策に目を向けるようになった。同時に、官僚システムの民主的改革もかれらにとって重要な問題となった。同じ流れで国家の役割を再定義する試みも行なわれた。社会民主党は、現代の差し迫った状況にすばやく対応するために、公的諸制度を再編成した。こうしたかれらの政策は、国家による介入をなんでもかんでもやめさせようとする保守党〔オーストリア国民党〕の政治要求に対抗する役割を果たした。しかし、女性の平等の権利については、過去三〇年間〔一九六六年から九七年〕、実現されなかった。その理由は、この問題については、社会状況と同様、SPÖ内部においても改善が遅々として進まなかったからである。

選挙の位置づけ

この時代の社会民主党の綱領は、党の〔選挙における〕力関係の変化を反映している。一九六六年までは、同党は若輩政党として、保守的な国民党の連立パートナーにすぎなかった。その後、四年間の短い野党時代を経て（一九六六—七〇年）、SPÖはオーストリア社会の発展の一翼を担う指導的な政治勢力となった。次の一三年間（一九七一—八三年）にわたって圧倒的多数〔票〕を獲得し、政権についたが、一九八三年からはいくつかのブルジョア政党と連立内閣を組んだ。

この三〇年間についてみれば、党は、一九六六年の敗北のショックに苦しみ、その結果、野党に下ったが、それを機に党内でかなりの論争が起こり、刷新がうながされた。そして七〇年までには同党は、将来、政権政党として役割を果たせるようすっかり準備を整えたのである。七〇年にようやく過半数をとり、七一年、七五年、七九年の総選挙で圧倒的多数をとった。八三年には過半数を割ったため、その後は、当時、政治的自由主義の立場を標榜していた少数派のオーストリア自由党と連立政権を組んだ。SPÖは、八六年の大統領選挙に再度敗北したさいに、過激な極右ポピュリストの道を歩みはじめていた自由党との連立を解消した。つぎの選挙では国民党との連立政権が誕生した。

九〇年から〔党勢力は〕一時的な安定期に入った。〔だが〕九四年の選挙ではこれまでにないほどの敗北を喫した。有権者のわずか三五％しかSPÖに投票しなかったのである。その結果、かれらは大量の議席を失った。国民党に煽動された九五年の総選挙では、オーストリア社会民主党は、前回の選挙にくらべれば票は増やしたものの、支持率は三八％に終わった。

この時代は、一九一九年以来の社会民主党の歴史において、選挙結果は最高（七九年の五一％）と最低（九一年の三五％）を記録した。最大の支持者を獲得したのは七九年（七一万六〇〇〇人）であるが、九五年には四八万五〇〇〇人にまで減少した。七〇年代には州連邦および州都で優位な地位を確保したが、九〇年代にはその勢力が減退した。

しかしながら、過去三〇年間の政治動向をみて、〔社会民主党が〕その全盛期をすぎてひたすら政治的に無力な政党になりさがったと解釈するのは誤りであろう。保守的なブルジョア政党はそう解釈する傾向が強いが、明らかにそれは希望的観測である。他方、敗北による失望感からか、左派が社会民主主義の政治に加える批判も同様に誤りである。一九九五年の総選挙で明らかになったのは、「社会民主党は必然的に衰退する」という理論はまったく根拠がないということである。

政治情勢の変化

社会民主主義の政治を取り巻く環境は、過去三〇年でヨーロッパじゅうで大きく変わった。六〇年代末から七〇年代初頭にかけて社会批判の声が強まるとともに、政治的自覚の高まりと変革を求める雰囲気が広まった。こうした風潮は経済ブームと高度成長時代とともに起こり、改革と民主化の原動力となった。ところが八〇年代に入ると、新保守主義のイデオロギーが復活した。このようなイデオロギーは、経済危機、雇用問題、〔将来にたいする〕不安という圧力のもとで、保守的な政策が実際に社会で履行されるように求めた。一九八九年／九〇年の東欧諸国における共産党一党独裁の崩壊につづき、先進諸国で構造的な経済危機が進行しつづけた結果、九〇年代にはさらに社会的・政治的領域における情勢が変化した。その特徴とはさらなる経済と社会の不安定化であり、一時的な政治情勢の右傾化である。

社会民主主義政党の政治力も以上の要因と無関係ではいられなかった。社会民主主義的運動も民主的かつ多元的で寛容な政治的アプローチをとり、多種多様な考えの自由を容認するようになった。現在、同党は原理主義的な勢力ではない。党や党の基本的価値観ですべてのことがらに対応できると考えているわけでもない。ただ、信頼できる民主主義の擁護者の立場をとっている。同党はみずからを、社会的環境の変化にたいして決定的な役割をはたし、つねに影響力を行使するように努める、触媒のごときものとみなしている。

六〇年代後半から七〇年代は、八〇年代、九〇年代にくらべて、社会〔主義〕的政治改革を実行する余地があった。というのも、八〇年代、九〇年代は相当量のエネルギーを社会的・政治的領域における新保守主義の躍進をくいとめるのに費やさなければならなかったからだ。しかし全体としてオーストリア社会民主党の動きは、党の綱領や政治的目標にかんしては一貫していた。社会民主党がオーストリア社会の民主化、解放、平等、安全、連帯におおいに貢献してきたことはだれも否定しないだろう。社会民主党が存在しなければ、オーストリア社会は現在のようにはなっていなかったはずである。

三重の圧力

しかしながら、〔社会民主党がみずからの〕方針を貫くのはむずかしくなった。政治改革の成功によって社会構造や国民意識も大きく変わった。七〇年代の人びとは、自分たちの業績、成功、安全といった政治的および個人的な利益を、なによりも社会民主的な政策の成果と結びつけて考えていたが、いまでは国民はさまざまな経済的利害に関心をもつようになり、それに従い、政治的スタンスも変わってきた。こうして社会民主政治は三重の圧力のもとに置かれるようになった。第一の圧力は、社会民主党は革新的で進歩的な行動に欠けていると批判する、高学歴の若者が非常に増えたことによる。社会民主党は政治および社会の悪化に責任をもつ体制的な支配政党だとみなされる経験をした。

第二の圧力は、比較的成功し、より〔利害が〕細分化された中産階級が増え、みずからの利益を守ってくれるのは社会民主党だけでなく、自由党あるいは緑の党によっても可能であると感じるようになったことである。第三の圧力は、現在進行中の社会の近代化や国際化で不利益をこうむった人びとが社会民主政治に失望していることである。オーストリアではこの種の人びとは、他のヨーロッパ諸国にくらべて少ないものの、それでも増加しつつある。かれらは実際の経済的困難に直面しており、すくなくともみずからが経済的に生き残れるかを非常に心配している。かれらは、社会民主党は自分たちの利益を代弁してくれるのではなく、社会的に中産階級に上昇した人びとの利益をまっさきに考えていると感じている。こうして、かれらは、権威主義的なポピュリストのスローガンや、スケープゴート（外国人、無給生活者、著名人）を利用した極右の政治概念に簡単にだまされる。あらゆるファシスト的政治勢力が、問題や不安を責任転嫁するターゲットとして、スケープゴートを用いるのは世の常である。

このような圧力を背景に、八〇年代前半から社会民主党の支持基盤は弱体化した（支持率は五一％から三八％に下がった）。もっとも、保守的な国民党のほうの支持率も四八％から二八％に大きく下がっている。中道左派と中道右派という、国民的な強さを誇った二大政党は衰退した。政治舞台には新しい政党（リベラル・フォーラム、緑の党）が登場したが、その一方で、オーストリア自由党のように、よりいっそう急進的な方針をとる政党も現われた。このような政治勢力図の変化は社会変化の結果として説明できる。したがって、このような社会変化が社会民主主義政治理論や実践、選挙結果に影響をおよぼすのは驚くべきことではない。

オーストリアでは、政治勢力図の変化が他のヨーロッパ諸国よりやや遅れて始まっただけではなく、スピードもゆるやかだった。変化の範囲も他国にくらべて限定的だった。七〇年代はブラント、パルメ、クライスキーのような社会民主主義的政治家や社会民主主義的思想が目立った。それにたいして八〇年代は、国際政治や理論の場で、レーガンやサッチャー、コールのような、新保守主義を代表する政治家が台頭した。九〇年代には、グローバルで現代的で、しかもニュー・レフト的な社会構想へと、決定的なパラダイム転換がさらに起こっていくにちがいない。その兆候はいくつか現われている。新保守主義は切迫している社会問題への対応に明らかに失敗した。だが、悲観主義に陥る理由はまったくない。現在、スカンジナビア諸国のすべての国が社会民主党もしくは中道左派との連立政権が成立しており、ベルギーやオランダでも同様である。イギリスやポルトガル、ギリシア、イタリアでも社会民主主義政党が政権をとっている。スイスやオーストリアでは社会民主党への支持者がまちがいなく増えている。アメリカでは、民主党の大統領ビル・クリントンが二期目を務めている。東欧諸国では、民主的にポスト共産主義に転換した左翼の改革党が最近のほとんどの選挙で勝利している。共産主義からの転向組ではない、いわば正真正銘の社会民主党さえも選挙に勝った（チェコ共和国）。これらの選挙に勝利した理由のひとつは、一九八九年以降、人びとが抱いた高望みを実現できなかった保守政党に、選挙民全般が失望したことにある。ドイツ社会民主党は、ニーダーザクセン州でシュレーダーが勝利するまで、困難な立場にあった。南欧では、現在、スペイン社会民主党が以前より議席を減らしている。以上の概観の結論ともいうべき点としては、一九九五年の欧州議会の選挙では、社会民主主義者が議会でもっとも強い勢力となったということである。もちろん苦しみや敗北もあったわけだが。

党の綱領

現代の選挙運動では、キャンペーン戦略と候補者の人格を強調する必要性が増してきたにもかかわらず、社会民主党は従来どおり党綱領をよりどころにしている。現代社会の分析は短期的および長期的な目標を定めることから始めている。そうした内容は、党の綱領のなかでも、選挙期間中、遊説や党綱領のなかで唱えられており、これが〔党政治家にとって〕日常的な政治活動の一般的ガイドラインになっている。それゆえ、オーストリア社会民主党は定期的にその綱領を起案し、議論し、採択することによって、もっとも重要な社会変化に対応している。こうしたことは一九六六年から九七年までくりかえし行なわれた。以下の宣言はこの時期に採択されたものである。

一、「近代的オーストリアのために」政権準備中に決議された政策宣言（一九六八年―六九年）

二、諸課題の一覧と一九七八年綱領

三、経済〔発展〕宣言（一九八三年）

四、九〇年代の展望／二〇〇〇年の社会民主党（一九八四年―八九年）

五、現代の問題（一九九二年―九四年）と党綱領の草案（一九九五年）。

（なお付け加えるなら、地方政府や成人選挙、組織改革にたいする政策といった一連の綱領については、州の政策と同様、進化し改良されてきた。オーストリア社会民主党は、ヨーロッパ社会民主党〔SPE〕の政策表明における準備段階で、指導的な役割を果たした。しかし、ここで詳細に論じる余裕はない。同様に、一九六六年から九七年のあいだの総選挙に向けた〔オーストリア社会民主党の〕公約も〔SPEの政策立案において〕応用されている。）

では、これらの党綱領にかんしてオーストリアでどのような議論が行なわれたのか、概略的にみていこう。

「近代的オーストリアのために」政権準備中に決議された政策宣言（一九六八年―六九年）

SPÖは一九六六年の選挙に敗れ、オーストリア国民党との大連合を継続することは不可能な状況になった。そこでSPÖは野党に下り、急速に新しい状況に適応しようとした。おうおうにして、議会では最大野党として政府と激しく対立した。当時、党首として就任したばかりのブルーノ・クライスキーは、保守主義政府とは明らかに異なる施策をとり、新しい選択肢をきわだたせようとした。クライスキーの目的は、社会民主党が保守党〔オーストリア国民党〕よりも、オーストリアを近代国家にするために必要な社会変革を早急になしとげることができることを、有権者に示すことにあった。同時に、クライスキーが望んだのは、この新しい方針によって、社会問題を重視するこれまでの主要な支持者からの支援をさらに固めるとともに、ブルジョア層の票を獲得することだった。SPÖが六七年にカトリック教会と和解したのも、アイゼンシュタット宣言でかれらが共産主義者と明確に袂を分かった（SPÖは六六年まで、共産党が国民に社会民主党への投票をよびかけていたことを暗黙に認めていた）のも、おなじ目的からである。これらの二つの動きにより、これまで社会民主党にあびせられてきた二つの論難、すなわち「赤は反教会派で反宗教派である」、「赤は共産党に近く、少なくとも共産党のシンパだ」という批難を封じ込めた。

ブルジョアが社会民主党にあびせた第三の論難は、「赤は経済をまったく知らない」ということだった。それゆえ六八年の経済政策が、まったく新しい綱領の核にすえられることになった。それは、異なる公的領域から選ばれた一四〇〇人の専門家によって共同で作成され、六八年の党大会で採択された。

経済政策のアウトラインは明らかに、〔市場を重視しながら財政政策を行なうという〕オーストリア学派とケインズ学派とを混合させた独特の政策であり、七〇年以降、実行にうつされた。この政策は、（公共と民間を）混合させた経済構造と、国家の介入は適度な量におさえるという原則に基礎をおき、民間および公的セクターに最適の環境を作り出すことが目的であった。政府予算やインフラ、労働市場や産業政策は、経済成長率の目標を達成するための現代的な手段として利用することが理想だった。さらに、この経済成長によって人びとの所得が増加し、国民の大半の生活水準が改善されることも期待された。また、福祉国家を強化し、一連の社会改革をつうじて、近代的で開放的、かつリベラルな風潮を引き起こし、法律、教育、文化などの社会の上部構造に影響を与える一連の改革を行なうよう努力がなされた。このような風潮は、社会民主主義的価値――自由、平等、公正――の真の精神によって生み出され、それこそが社会の民主化に不可欠なものと考えられていた。

その結果、SPÖは、保守的な政府とは異なる、よく吟味された代案を出す政党というイメージを作り出し、それが方向転換の印を示すはじまりとなった。さらに、党の綱領を刷新したことが、一九七〇年選挙で社会民主党が勝利したおもな理由のひとつであった。

諸課題の一覧と一九七八年党綱領

七〇年代の比較的初期、すなわち政権をとってまもない時期に、党内の批判的なインテリ層が、社会民主党の綱領と、党が実際に実現してきたこととを比較しはじめた。かれらはこれまでの改革がもつ問題点について論争に乗り出したのである。そもそも社会民主主義運動に改革が必要だったのか、改革は一定の経済的、社会的条件下で実現したにすぎないのではないか、この種の改革は社会の安定化や変革にどの程度役立ったのか〔といった論点が示された〕。〔党首の〕ブルーノ・クライスキーは、つねに、内閣の功績は社会民主的な改革と政策をやすむことなく打ち出してきた結果であると評していた。たしかに、七〇年代初頭に実行された相当数の改革がこれを立証している。だが、同時にかれは社会民主党が与党内にあることによって、みずからの理論や概念を喪失させていく危険性があることも認めていた。さらに、七五年以降、国際経済はオイルショックの結果、劇的に変化した。イギリスやアメリカのような諸国では、新保守主義の反動が始まった。七九年にマーガレット・サッチャーが、八〇年にロナルド・レーガンが選出された背景には、「三分の二社会」をもたらすような、熾烈な競争による資本主義という考えかたに忠実であったたからである。こうした政治理論は過激で右翼的な立場を代表し、社会民主主義的な福祉概念とはまったく対照的なものである。そこで、復活しつつある新保守主義とのイデオロギー論争を行なう必要に迫られた。その結果として、SPÖは、一九五八年のウィーン宣言に代わる、時代に合った新しい党綱領を考案しはじめた。社会の発展の新しい傾向をみきわめて分析し、これをもとに新しい解決策をまとめるうえで、それ以前の二〇年間に起こった社会変化を適切に評価してきたオーストリア社会民主党の伝統はひきつづきよりどころとなった。

新綱領に向けた準備作業はきわめて綿密に行なわれた。エゴン・マサッナー（クライスキー政権をいちはやく批判した）を座長とし、同政権を批判する社会科学者たちが海外の専門家のアドバイスを受け、諸課題の一覧表を作成し、「問題点」「問題の論理」「可能な解決策」という三つの大項目にまとめた。つづく項目として、国家と民主主義、労働分野、健康、社会、法にかんする政策、環境、エネルギー、資源、経済そして国際政治が列挙され、考察された。これらのテーマそれぞれについて細かい問題解決案が提示された。一連の立案とたび重なる修正、党内のさまざまな部門の討議を経て、七八年の党会議で新綱領が採択された。

新綱領の中心部分において、「社会民主主義」とは、自由、平等、公正、連帯にもとづく社会であると定義された。あらゆる階層の人びとが幸福であることが重要とされ、人びとにあらゆる社会保障を提供し、すべての人びとに働く権利と人間らしい環境で生きる権利、高等教育および職業訓練で自分の道を決定する自由、政治的プロセスに自分の意志をもって参加する権利を認めた。社会民主主義的な思想は、経済活動のあらゆる分野に民主的な考えかたを浸透させることによって、実現されるとみなされた。さらに、男女ともに、各人の人生に責任をもち、日常生活に影響をおよぼすような意思決定プロセスに参加することが求められた。一九七八年綱領の核となる要素は以前のものとは異なっている。一九七八年綱領では、焦点は所有権を有するのはだれかという議論から、経済分野でだれが意思決定を行なうことができるかに移った。政治には無関係の分野でも、より民主的なプロセスが必要であることが強調された。同綱領は、公衆衛生の分野では予防医学の考えを喧伝した。経済政策と環境政策の分野で環境破壊なき持続経済の原則を唱え、国家は積極的な労働市場政策を追求し、精力的に女性の機会平等を進めるべきだ、と主張した。

経済宣言（一九八三年）

七〇年代後半から八〇年代前半にかけて政治的に大転換が起こり、それはまず海外で始まり、オーストリアに波及した。多くの先進諸国で新保守主義のイデオロギーや新保守系政府が躍進した。かれらは、経済発展は市場の自己調整力にゆだねられるべきだ、と主張した。福祉国家の「ハンモック〔手厚い保護〕」（ヘルムート・コール）は取り除くべきだ、と主張した。かれらの主張では、ある程度の失業は、労働者を訓練し労働組合を統制する手段として利用されるのであれば、容認された。またかれらは、できるだけ多くの企業を自由化し、利益志向型にするために、賃金カットや苛酷な労働条件を支持した。かれらはまた、公的セクターを低価格で民間の投資家に売却するなど、民営化推進を狙った。高金利の維持と税負担を軽くすること、とくに高額の所得や収益、資産の税金を低く設定するためである。同時に、新保守主義の政治家は財政赤字の削減を公約に掲げた。これらの目標をすべて満足させるような妙案を見つけるのは、丸を四角にするようなものである。これがどの国でもうまくいかなかったことはほとんど驚くにあたらない。むしろ、新保守主義政府は、わずか数年間で巨額の財政赤字をつくり（アメリカ）、失業率の上昇を招いた（イギリス）。

オーストリアの保守系野党も似たような態度をとった。オーストリアでもっとも広く公表されたスローガンのひとつは「国家の影響力を減らし、民間部門によりチャンスを与えよ！」。このスローガンは当初から矛盾だらけだった。なぜなら、保守派支持者の大半は、農民、自営業者、零細な手工業者、そして公務員であり、かれらは政府による政策や法によって利益を守られていたからである。それにもかかわらず保守系野党は、政府が危機に対応するために介入政策をとり、赤字予算を増大させていくことを、浪費政策だと非難した。かれらは、教育や保健、生活保障の分野でのサービスにまず必要とされる公的セクターの雇用者が増えると反対し、福祉国家実現のために税金が高すぎると不満を抱いていた。

ビジネスが国際的に相互依存関係を深めた結果として、オーストリアの経済指標はしだいに悪化した。長期にわたって完全雇用がつづいたオーストリアでも、八〇年代はじめに、他の欧州諸国にくらべればゆるやかとはいえ、失業率は上昇した。ケインジアン・メカニズム〔財政支出を拡大して完全雇用を実現しようというもの〕を和らげようと、戦略的な転換の余地を探る努力もなされたが、社会民主党内部でも足並みはそろわず、財政均衡にも失敗した。銀行預金の利子に源泉課税を導入したことから、一九八三年の総選挙でSPÖは議席の過半数を失った。

〔しかし〕はやくも一九八一年には、SPÖは最新の経済計画を打ち出し、あらたな状況に対応してきた。その計画において、国際経済の行く末《シナリオ》は、失業、インフレ、金融発展の不確実性、エネルギー危機の様相を呈していると評され、〔かたやSPÖは〕七〇年代および八〇年代をつうじてオーストリア経済が示してきた優位性をひきつづき維持することを目的とすると述べられていた。オーストリアは「高速車線を走り追い抜くような成功をつづけるべきだ」とも論じられていた。

新保守主義のイデオロギーとは明らかに対照的に、一九八三年の経済綱領で強調されたのは、国家は経済の発展に責任をもち、とりわけ危機の時代には責任をもつということだった。綱領に詳述された主な目標は、完全雇用を守ること、物価の安定を図ること、現在の預金を増やすこと、輸出の拡大、エネルギーの保護、革新と構造的政策、財政政策、公正な分配、危機にさいして政府が投資を行なう余力があるように実質的な財政赤字を減らすこと、である。同時に、一〇年にわたる国家投資計画も提案された。

九〇年代の展望／二〇〇〇年の社会民主党（一九八四年―八九年）

八〇年代の国際政治で重要な議論となったのは、七〇年代後期にすでに起こりはじめていた問題、すなわち財政赤字の拡大、失業者の増加と景気後退をめぐる問題であった。問題が深刻化したのは、多くの先進諸国と国際経済機関

（世界銀行、ＩＭＦ、ＯＥＣＤ）で追求された新保守主義的政治と、テクノロジーの新しい流れによって進展した世界的な経済構造危機の結果だった。それはただちにオーストリア政治にも影響をおよぼしはじめた。ＳＰÖは一九八三年の議会選挙で過半数を失った。ブルーノ・クライスキーが持ち込んだ社会民主党―自由党の連立内閣の実験がシノヴァッツとシュテーガーによって実行に移され〔クライスキーは八三年の選挙後、首相の座を去った〕、難航しつつも政治改革が徹底して進められた。「時代は変わりつつある」、「新しい状況に合った政治」が社会民主主義の政治の要諦となる概念だった。具体的には、赤字と国家の負債を抑制するために予算を固定化することを意味した。しかしその一方で、新保守主義が政権をとった国においてすでに起こりつつある、社会保障の大規模な削減は行なわなかった。

社会民主党は、発電所や国立公園、あるいは迎撃ミサイルにかんする争点を目玉に掲げ、環境保護論にかんする課題を強調したが、目に見えるコンセンサスが得られないまま、それがまもなく対立の種となった。緑の党はその対立に乗じ、みずからのイメージを売り込み、議会の第一党をとった。「完全雇用の保障」の実現が不可能なことが明らかになったため、〔社会民主党は〕「雇用の最大限保障」という言葉にいいかえた。当時、以前から危機に陥っていた、煤煙をだす重工業は国有化されたままで、激しい競争の波に呑み込まれ、過剰生産や工場の設置場所、市場略奪的な競争相手の登場や不正投機（たとえばインタートレーディング社のスキャンダル）といった問題に直面していた。これらの問題が深刻化するにつれ、社会民主党は、公的セクター全体の業務のありかた、効率性、重要性を継続的に議論するようになった。それは独断的に民営化を進める新保守主義を粉砕するうえでも必要なことだった。

社会民主党への圧力は増加しつつあったが、それでも同党は荒れ狂う水流のなかでなんとかみずからの道を守った。結局、かれらは失業率の急激な上昇を避け、大衆の購買力を維持し、経済の近代化を追求し、社会的ネットワークとしての機能を十分に果たしつづけた。全般的にこの傾向は九〇年代半ばまでつづいた。国際的に比較してもオーストリアは堅調だった。各国でも、多くの社会面・政治面《ソシオ・ポリティカル》での改革や現代化が実行されたが、オーストリア社会民主党がここ三〇年間にクライスキー〔首相在任期間は一九七〇―八三年〕、ジノヴァツ〔同一九八三―八六年〕、フラニツキ〔同一九八七―九七年〕の下で行なった功績は、なかでももっとも偉大であり、それは当時はじゅうぶん認識されてはいなかった。いまではオーストリア社会民主主義は、現代的な社会改革を行なったとして、国際的に認知されている。同時に、党の綱領は改革のスピードを早め、急速な社会変化で起こったことを認めるよう改められた。国民向け演説では、新保守主義の反論を意識して、二〇〇〇年までの社会の発展に向けて、ヴィジョンや具体的な概観が決められた。

一九八五年には、九〇年代に向けた展望が打ち出された。この発案者はヘルベルト・ティーバーで、彼のコーディネートによるブレーンストーミングが行なわれ、その自由な議論のなかから民主主義の基本的価値が定義された。一九七八年の党綱領とは異なり、このプロジェクトではオーストリアで一〇〇〇もの集会が企画され、議論が繰り広げられた。この目的は、党員ならびに社会民主党の支持者にとって、もっとも差し迫った問題は何か、を列挙することだった。その結果、社会変化を説明するような科学的データが集められ、その後、一九八七年党大会に提出された。〔しかし〕以下の事情で、このプロジェクトは一八ヵ月間、中断された。当時の政治的イベント——大統領選挙、ジノヴァツ—シュテガー内閣の危機、早期議会選挙、あらたな連立政治と党首〔の選出〕——はかれらにとって損失だった。もっとも、その後、プロジェクトは再開され、その成果は再検討されたうえで、八九年のグラッツの党大会に提出され、新たな党綱領として「二〇〇〇年の社会民主党」というタイトルで採択された。この党綱領には、以下のような四つの主要なテーマと具体的な提案が示されている。

——工業化社会におけるエコロジカルな変革
——福祉国家の再構築
——民主主義の傍観者から参加者への転換
——経済と政治の国際化の進展

「二〇〇〇年の社会民主党」の綱領作成には時間がかかった。数年もかかったため、ほとんど注目されなかった。この綱領をじゅうぶん正当化する理由とはならないが、そこには、八〇年代後半の時流や傾向や社会変化の時宜を得た分析が盛り込まれていた。八〇年代後半は、東欧で共産主義の独裁が崩壊し、世界は〔冷戦が終焉し〕もはや二つのスーパーパワーによる「ブロック」で支配されることがなくなり、あらたな変化がもたらされようとしていた時代である。綱領は、冷戦下でみられた国際政治の相対的な安定状態に挑戦しているのである。

現代の問題（一九九二年―九四年）と党綱領の草案（一九九五年）

経済の観点からいえば、九〇年代に優先しなければならなかった課題は、景気後退を克服し、完全雇用を追求しながらも財政を均衡させることだった。主な政治的課題としてあげられることは、社会環境に影響をおよぼすことなく、社会保障、保健、行政の問題における国家の役割を再検討し、部分的に再構築を行なうことである。

もうひとつの大きな問題は、一九八九年から九一年にかけて東欧諸国から大量流入した移民と、ポピュリスト〔大衆迎合主義〕の自由党に煽動された、移民排斥運動の盛り上がりに対応することだった。同時に、EUへの接近を図り、グローバルな競争力をつけるためにオーストリア経済の近代化を進める必要があった。この結果として弊害が生じ、急激な近代化によって不利益をこうむった、あるいは少なくともそう思った多くの人びとが、憤りを示しはじめた。かれらはしだいに政治に飽き、右翼系政治家やその急進的スローガンに逃げ場所を求め、近代化にかかわるあらゆることと外国人に敵愾心をつのらせていった。

一九八八年に、社会民主党党首にフラニツキが選出された。彼は当初からみずからの進む方向についてきわめて明快だった。「近代化」と「ヨーロッパ主義」を、かれはつねに目標として定義づけ、軸にすえた。党首はできるかぎり、党に社会の変化の早さを意識させ、変化を重大にうけとめて政策におりこんだ。フラニツキが非常に関心をもっていたのは、社会民主党員にたいして、これまで長いあいだ重視してきた伝統と決別し、勇気と開放的精神で、今日の問題について教条ではない解決法を提示するよう説得することだった。同時に、かれは、党の核となる目標――社会民主主義と正義を特徴とする社会を保障すること――を追求することを公約した。

社会民主党が権力を有し、これらの長期的目標を実施する役割を果たすには、人びとの支持が不可欠である。ところが「クライスキー時代」の成功に慣れきった同党はみずからその努力を怠った。社会民主党は連立政権を維持してはいたが、八〇年代までに、六〇年代や七〇年代には議席をとりつづけてきた州議会や州政府の多くで議席を失った。同党の世論にたいする影響力も失墜した。

EU加盟

この時代、党の課題のなかで二番目に重要なものはEU接近の展望だった。それにはヨーロッパ的規模で政策を考える必要があった。社会民主党は、オーストリアがEFTA〔European Free Trade Association（欧州自由貿易連合）〕およびEEC〔European Economic Community（欧州経済共同体）〕に加盟していたことから、すでに欧州統合に向けた国際経験やそれに積極的な態度を有しており、そこに依拠することも可能だった。

EU加盟反対論者の意見も無視できない状況だったため、EUへの正式加盟という問題は党の論争に新たな観点を付け加えた。国際関係に依存するオーストリアのような小国は、EUのような超国家的連合で完全に平等な権利を有するメンバーとなり、すべての意思決定に参加することでこそ、そうした組織にたいしてなんの発言権ももたず、なすがままにされるよりもはるかに実りが多いという主張は、反対派にたいして説得力のあるものだったにちがいない。その戦略は当たった。社会民主党は国民投票に向けて、EU加盟支持の運動をきわめて積極的に行なった。社会民主党員とその支持者、労働組合が連携し、EU加盟についての国民投票では圧倒的な支持を集めるにいたった。EU加盟問題におけるフラニツキの功績は、党にオーストリア政治にとってヨーロッパという次元が重要であることを理解させたことにある。

こうして世紀の変り目において、新しい目標に立ち向かう第一歩が踏み出された。「近代化」や「ヨーロッパ主義」などの「現在の課題」をめぐる議論は一九九三年に着手されたが、それを背景に新しい綱領が起草され（その概要は一九九五年の党大会で承認された)、その試みが党を活性化させ、党の特色をはっきりさせることになった。国内政治においてもヨーロッパ政治においても、新保守主義やポピュリストの〔大衆迎合的な〕右翼、自由党や緑の党などの反対政党が掲げる社会政策の考えかたのちがいが明確に打ち出されたのである。

「現在の問題」にかんする議論をまとめたのがレンナー研究所と「未来研究会」である。党首も重要な役割を果たした。多くの著名な学者たちが、目標が与えられたわけではなく〔自由に研究し〕、独自の手法で、将来の社会の主要な諸課題にかんする一二の研究レポート、いわゆる「現在の問題」に取り組むことに合意した。テーマとしては、「労働者の将来」、「豊かな国家における貧困」、「国際システムの変動」その他、「メディアの将来」「ポスト・モダン・デモクラシーの発展」、あるいは「現代工業社会における正義と幸福」。そしてそれらの成果は二冊の出版物として発表された。それらは、今日の社会経済的問題を解決するための考えかたや提言の基本となり、一九九八年の党大会に向けて新しい党綱領起草に使われることになる。

この草案は、最近の社会経済的発展の観点から、主に保守的な見方に対抗することに焦点を当てている。これは重大なポイントである。というのは、保守派は政治の舞台に、排他的な戦術とナショナリストのドグマを再導入していたからだ。草案が力点を置いたのは、個人の自由とは、金銭的にめぐまれ自立している人びとの、常軌を逸した自由を意味するのではなく、他人の自由を侵害するような自由には制限をくわえたことだ。さらに、個人が獲得した自由は生活の保障とはちがうことを明言した。平等については、人びとは同じ価値をもつが、無限に異なるものとみなすことが明確に記述された。社会的平等という言葉には、男女の平等、都市の住人と田舎の住人の生活の平等、教育や情報、および許容できる環境での生活条件を平等に受けられる権利がしめされた。司法もまた、法律にのっとり公正な裁判を行なうことが前提となった。いいかえれば、社会が一人ひとりのすぐれた行為、能力、社会参加を尊重すること、そしてそうした各人の行為が他人に損害を与えないよう保障することが、社会に求められた。

社会の連帯性がなくなり、利己主義が目立ちはじめたことから、連帯の重要な役割は基本的な価値にあると強調されるようになった。強者と弱者という図式ができあがってしまった場合には、社会民主主義はつねに弱者をサポートする。これは社会の民主主義的安定を考えるさいにも重要であった。連帯なしには、社会はもろく、衰退しやすく、権威主義的な解決策に向かうだろう。

社会のすべての領域で、人びとが民主主義の傍観者から参加者に向かうことも期待されている。最後に明確にいえるのは、党は寛容性と人間性のために一貫して尽力してきたことである。その背景には、人種差別や移民排斥、ナショナリズム、社会的地位による高慢さが目立ちはじめたことにくわえ、ヨーロッパの一部の地方では、暴力や戦争がふたたび政治的に容認される道具になってきたことがあげられる。

フラッシュライト――七〇年代以降のオーストリアの経済、社会システム

経　済

七〇年代の特徴は明らかに経済成長期で、完全雇用は実現され、賃金は上昇し、大衆に購買力があった。インフレ率は相対的に高かった（六―七％）。オイルショックによって、経済成長は減速し、財政支出の赤字がそれに追い打ちをかけた。この結果、国家財政の赤字はさらにふくらみ、公的債務が拡大した。もっとも、これらは両方とも公的部門の投資〔の減少〕によって相殺された。経済におけるイデオロギーの中心は「オーストリア版ケインズ主義」「オーストリアをヨーロッパ基準に合わせること」だった。

八〇年代は経済成長が減速し、インフレは三―三・五％になり、失業率が徐々に上昇する最初の兆候が現われた。国営産業部門は深刻な構造問題をかかえていた。投資が莫大な損失をまねいた結果、意思決定構造が変わり、公的セクターの部分的な民営化が始まった。同時に、財政赤字と公的債務の拡大を抑制する施策が始まり、福祉国家支出が

部分的に凍結された。オーストリアの経済政策は、ケインズ主義的干渉主義の縮小型から、均衡予算を強調する自由主義的方向〔市場経済主義〕に変わった。

九〇年代にはいると、経済成長はさらに勢いを失ない、失業率はゆるやかに上昇しつづけた（最近の失業率はEU平均の四・四％にたいして、オーストリアでは平均七％）。インフレ率は低下しつづけた（九七年で一・五％）。九〇年代はじめの成長の危機は、予算の制約はあったものの、ケインズ主義的対処法でやわらげられた。九四年からは公的債務を減らし、財政赤字を削減する（「緊縮経済」政策）ために、はるかに思い切った対策がとられた。これらの政策には、〔富裕層から貧困層への〕移転収入の減額、年金システムの〔給付〕削減、公的セクターの雇用の凍結などが含まれる。その結果、大衆の購買力が落ち、同様に民間〔部門〕の消費者需要の低迷につながった。九五年からオーストリアはEUに加盟し、マーストリヒト条約の基準を満たさなければならない〔たとえば加盟国は財政赤字をGDPの三％以内に抑えなければならなくなった〕ため、さらに〔財政〕収支を均衡させなければならなくなった。

福祉国家と社会政策

七〇年代は力強い経済成長により、社会全体の財源が増加したため、再分配の必要がないほど〔財政面では〕分配が可能だった。大衆の購買力や大衆の資産が著しく増加した。あらゆる階層向けに、いくつかのタイプの所得移転（すなわち、高校や大学教育の無償化、新婚家庭への補助、出産給付、住宅手当、年金の大幅な増額など）が導入された。八〇年代は経済状況の変化により、もはや以前ほどの社会支出を続行することは不可能になった。社会福祉支出は徐々に削減されたが、いぜんとして高水準ではある。老人や病人にたいする介護手当は、その時代に新たに導入された数少ない給付のひとつである。勤労所得に比して不労所得がふつりあいに増加した。そして国家歳入に占める労働者の割合は減少しはじめた。

九〇年代はじめから、本格的に予算が削減され、社会保障部門もその対象になった。七〇年代に始まった多くの社会的移転収入は減額されるか、カットされるかのどちらかであった。長期にわたり徹底的な年金改革を実施し、年金を減らし、同時に長期的な国家の年金システムへの負担を減らした。年金改革は人口統計学上の変化（寿命が長くなったこと）を考慮している。国家歳入にしめる労働者の〔税金の〕割合は減少しつづけた。財産や資産、投機による収益、収入は増加しつづけた。このような収入にそれ相当の税金をかけようとしたが、失敗した。

政治

七〇年代は社会民主党が議会で過半数を占めていたため、保守との妥協を模索する必要はなかった。もっとも、オーストリアの政治システムは、社会的パートナーシップで成り立っており（経済政策および社会政策には労働組合と経営者団体が強く関与していた）、社会的・政治的問題の解決は、たいていの場合、双方の合意によってはかられた。八〇年代前半に社会民主党は過半数を失い、そのときからさまざまな連立内閣の方式をとった。一九八三年から八六年まで当時は本来の自由主義への道をとっていた自由党と連立を組んだ。八六年からは連立の相手は保守的な国民党になった。八六年以降、社会民主党は議席が少なく、緑の党やリベラル・フォーラムと連立を組んでも過半数にいたらなかったからである。他方、保守系政党はつねに右派のポピュリスト〔大衆迎合主義者たち〕と内閣を形成することも選択肢のひとつとしていた。これまでこの考えが実現したことはなかったが、選挙後、保守の国民党は、連立の交渉でつねにこのカードをつかうことができた。このようにかれらが連立に同意可能な相手方のイデオロギーの幅は異様に広かった。

九〇年代になると、政府の政策にたいして、社会民主党員ならびに支持者の疎外感が強まり、影響力の低下がみられた。ここでは、一部に投票にいかない人びとが現われたり、あるいはもともとの社会民主党支持者が他の政党にのりかえることが多くみられた。労働者や中流下位階級のなかには、右派のポピュリストである「F.P.Ö〔自由党〕」に支持を変えたり、緑の党や新しくできたリベラル・フォーラムを選ぶ若者や知識人の数が増加しはじめた。

九〇年代なかばまでのこのような傾向を以下のようにまとめよう。社会民主党は支持を大きく落とし、一九八三年選挙の四七％から八六年には四二％、九四年には三五％、ついに九五年には三八％となった。党員も激減（一九八〇年に七二万人、九七年には四五万人）、世論で論じられる政治課題にたいする党の影響力も減り、新保守的な問題設定や回答がしだいに目立つようになった。ヨーロッパでは、右翼のポピュリストがこれまで以上に、タブロイド版新聞を介して結集し、部数を飛躍的に伸ばして、今日の政治情況を大きく左右するようになった。

社会民主党は守りに入ってしまった。党のエネルギーの多くが、徹底した新保守主義的な原理でオーストリアを改革しようとする保守派や右派のポピュリストからの攻撃をかわすことに注がれた。これまでのところ、社会民主党は戦いに勝ってきたが、長期にわたる政権（二七年間）で、人材も政策も枯渇しつつあり、SPÖは支配層の一部というイメージを拭いきれないでいる。

現在、オーストリア社会民主党は転換期を迎えている。新しいリーダーシップでより積極的に社会的パワーを獲得しなければならない。雇用政策を行ない、大衆の所得〔増加〕を目的にした税制改革を行ない、購買力を高め、家庭への扶助を拡大することが、景気を刺激し、税収を増やし、社会支出を減らすのにつながるはずである。さらに優先すべき課題は、学校や大学、職業訓練施設の近代化である。

党組織の近代化はまさに始まったばかりだが、それによって、草の根運動と進展したメディア・コミュニケーションの融合をはかり、結果として適切な選挙運動を進める力を取り戻そうとしている。新しい党綱領の論議は一九九八年秋に採択される予定だが、斬新な考えかたによって、社会民主的政策というタンクに燃料を補給することになろう。

（大坪稚子訳）

ベルギーにおける政党改革——新しい修正主義と「黒い日曜日」とのはざまにあるフランデレン社会党

ヤン・フェルメルス

ベルギーのフランデレン社会党〔Socialistische Partij: SP（現 Socialistische Partij Anders: SP・A）〕は中規模の政党である。この政党は同じく中規模なベルギー社会党〔Parti Socialiste Belge: PSB/Belgische Socialistische Partij: BSP〕が分裂して生まれたものである。ベルギー国内における社会党の支持はフランデレン地方（全人口の六〇・五％が住む）よりもワロン地方（全人口の三二・一％が住む）のほうがはるかに多かった。(1) フランデレンでは、ベルギー社会党はイギリス労働党やドイツ社会民主党（SPD）ほどの大きな勢力になったことはなく、それどころか得票率が三〇から三五％にさえ達したことがなかった。一九四六年から六一年の間をみても、フランデレン区においては二五から三〇％の得票率にとどまり、過去最高の得票率でさえも六一年の二九・七九％にとどまっている。(2) つまり、フランデレンにおけるベルギー社会党——八〇年以降フランデレン社会党として知られている——は、これ以上の選挙成果をあげたためしがなかった。六八年（二六・二五％）と九一年（一九・九〇％）の選挙をのぞき、フランデレンの社会主義者たちの得票率は二〇％から二五％にとどまっている。最低の得票率は先に示した九一年と九五年（二〇・七％）である。逆に六一年以降もっとも得票率が高かったのは八四年のヨーロッパ議会選挙であるが、それでもフランデレン社会党の得票率は二八％にすぎなかった。

フランデレン社会党が中規模政党にとどまっている原因は歴史的な要因から説明できる。ベルギー（ならびにフランデレン）の労働者階級は、一世紀以上ものあいだ宗教によって分断されていた。とくにフランデレンでは、カトリック系の労働者たちが多数派を占め、ベルギー社会党はかれらを引き込むことができなかった。かれらはキリスト教系の労働組合に加盟し、キリスト教民主主義政党（ＣＶＰ〔キリスト教人民党、現ＮＣＤ〕）に投票する。[3] このため、キリスト教民主主義者の二倍の勢力を有するフランス語圏の社会主義者と異なり、フランデレンの社会主義者たちはいまだかつてフランデレンの第一党になったことはなかった〔一九九九年以降、ベルギーでは政党再編が生じ、とくに二〇〇三年以降、フランデレンに限れば、カトリックは自由党、社会党に次ぐ第三党になっている〕。じつは、キリスト教民主主義政党は一九四六年から九五年にかけてかなりの票を失っていたが、フランデレン（ないしベルギー）社会党はここから票を奪うことはできず、フランデレンの社会主義者は議会の内外において少数者の地位にとどまっていた。つまり、ベルギー政治における主要な決定は、主としてフランデレンのキリスト教民主主義者とフランス語圏の社会主義者によってなされていたのである。

さらにいえば、ベルギー社会党内部でさえも、フランデレンの社会主義者は少数者と考えられていた。フランス語圏（ワロンとブリュッセル）の社会党〔Parti Socialiste: PS〕は、第二次世界大戦後の三〇年間、三五％から四〇％の得票率を得て党内の支配的な地位を占めてきた。[4] その結果、フランデレンの社会主義者は、みずからの理想を実現するためにはフランス語圏の同志の力を借りねばならなかった。党の綱領とイデオロギーはフランス語圏の社会主義者に多く影響された。つまり、ベルギー社会党内部で議論される政策や構想は、フランデレンの社会主義者にとって必ずしも望ましいものではなく、また（カトリックが優勢な）フランデレン地方に必ずしも適したものでもなかったといえる。フランデレンにおいて新しい中間層と新しい左翼の理念が台頭した六〇年代および七〇年代になったとき、ワロン（ないしベルギー）社会党の「労働者の権利擁護者」という伝統とのギャップがきわめて大きくなっていったのである。

分　裂

ベルギー社会党は、第二次世界大戦以降三〇年以上ものあいだ、統一政党として存続していた。フランデレン社会主義者による単独の評議会はほとんど開催されることはなかった。[5] 実際にこうした評議会は第二次世界大戦前後から設置されてはいた。しかし、これは党員への通達を目的として設置されたものであったため、当時、改善手段を講じる必要はとくにないと考えられていた。七〇年代に政党内の意思決定手順が時代遅れとなった。そのため意思決定手続きを改革する必要があり、一九七二年からベルギーの連邦化が勢いを増して進められていくと、国民政党はいずれも同じように改革を余儀なくされた。まず七六年に党規約が改正された。党内の両「共同体」〔ベルギーは多言語国家である。独立後、フランス語による言語統一がはかられたが、それに対抗して「フランデレン問題」が古くから起こり、ベルギー政治上の最大の問題となってきた。その過程でベルギーは複数の地域行政制度を作り出した。ひとつが、通常の地理的な行政単位「地域」（ないし「地域社会」）によるもの、そしてもうひとつが言語の相違による行政単位「共同体」（ないし「言語地域」）である。これはフランデレン語、フランス語、両言語、ドイツ語の四つにベルギーを区分する。ここでいう両「共同体」とは、換言すれば「フランデレンの社会主義者、ワロンの社会主義者」を意味する〕は、それぞれ組織化を行ない、「地域問題」に対応するための合同委員会が任命された。フランデレン社会主義者による単独の評議会が事実上開催されることになる。その後、七八年にさしたる抵抗もなく党は分裂する。フランス語圏の社会主義者たちは分裂後ただちにワロン社会党（ＰＳ）を結成した。他方、フランデレンの社会主義者たちは、八〇年三月、正式にベルギー社会党とのつながりを断った。そのときよりワロン社会党との組織的関係は解消された。両党は相互に意見を交わしはするが、ワロン社会党との協議は、フランデレン社会主義者の運営評議会とは別に扱われるようになった。九二年に新しい規約が採択されると、ワロン社会党との関係はいっそう弱いものになった。いまや両党の関係は「他国の社会主義政党とのつながり」程度のように映る。

ベルギー社会党の分裂は、フランデレン社会主義者にとっては変革の大きなチャンスだった。しかしながら、実際にはなにも変わらなかった。ワロン社会党との連携が、まずもってベルギーにおける社会民主主義的政策遂行にとって重要であることに変わりはなかった。しかし、フランデレンの社会主義者たちが独自で社会民主主義的価値を定義し、また政党を組織できるようになったことも確かである。かれらは、まっさきに、一九六五年以降つづいた得票率の低下に歯止めをかけ、支持を回復させようと試みた。また、かれらは、この機にキリスト教人民党の勢力が低下するいい機会になると確信した。過去になされてきた努力はことごとく失敗してきた。フランデレンでは教会離れが進み、〔繊維業や貿易業など〕産業化が新たに進展し、また国立学校を増加させたにもかかわらず、キリスト教民主主義の「柱」〔ベルギーやオランダといった西欧の小国では、キリスト教民主主義・社会主義・自由主義の下位文化を構成する諸団体（メディア、組合、病院、学校など）は、それぞれ政党を頂点とした、強固で排他的な社会的ネットワークを形成し、そのネットワークが市民生活の大部分を規定しているといわれている。それを「柱（pillar）」と呼ぶ〕は基本的に弱体化することはなかった。キリスト教系・社会主義系の両労働運動による双方の構想や（行動）綱領を統一していこうとする努力を封じるほど、「柱」は強固であった。そのため、たとえば、ベルギー社会党党首レオ・コリャールが、一九六九年に「労働者の権利擁護」宣言〔党内左派に党への帰属と結束とをうながし、キリスト教民主主義陣営との協調をはかろうとしたもの〕を主張したが、これもフランデレンのキリスト教民主主義者にあっさりと拒否された。

思えば、キリスト教系労働運動との間隙を埋めることができなかった理由はさまざまである。第一に、社会主義者たちは客観的諸条件（世俗化、産業化）の進展がすぐさま有利な状況につながると過信した。第二に、フランデレン社会党は「フランデレン問題〔ベルギーは建国以来フランス語を中心とした国民統合を試みてきたが、それにたいしてフランデレン語を話す人びとが反対運動を展開してきたことによって生じた、文化、政治、社会的問題〕」をうまく政策として取り上げることができず、キリスト教系労働運動にたいして、より開かれた主張を掲げることができなかった。当時のフランデレン社会党は、いずれ時がくれば、こうした欠点が修正されると期待していたようである。その後、八〇年代および九〇年代になって、ようやくフランデレン社会党は、党のイデオロギー（綱領）と組織の現代的改革に取り組まざるをえなくなった。かれらは六〇年代および七〇年代の社会党の伝統を断ち切りはしたが、この改革を経験しても、選挙での顕著な成功をおさめるまでにはいたらず（一九七八年の二一・四二％にたいし、九五年は二〇・七一％）、またフランデレンのキリスト教民主主義者との勢力バランスにおいても大きな変化は生じなかった。

「青年トルコ党」の改革

〔八〇年代まで〕フランデレンの社会主義者は、おそらく自分たちがフランデレンにおいて絶対多数を確保できるなどとは考えもしなかったであろう。なぜなら、カトリック系労働者と社会主義系労働者とのあいだの文化的ギャップはきわめて大きく、わずか数十年間でそれを埋めることなどは不可能であると考えていたからである。したがって、当時のフランデレン（ないしベルギー）社会党にとって不可欠であったのは、キリスト教民主主義政党との連合政権のパートナーとしての役割を果たす能力を高めることであった。なぜなら、ベルギーでは、キリスト教民主主義政党が第二次世界大戦後ほとんどすべての政権に参加していたので、社会主義者は、五〇年代に短期間、社会的な混乱を引き起こした自由主義者との連合政権〔一九五四年に自由党と社会党がファン・アッケルを首班とする連合政権を組み、カトリック系学校に対抗して公立学校の増設など（コリャール法）を進めた。しかし、その結果、カトリック勢力が猛反発し、五八年に議会を解散した。その後の総選挙の結果、ヒャストン・エイスケンスのもとでカトリックの単独政権が成立することになった〕を組んだ以外は、キリスト教民主主義政党とともに政権を担うことを余儀なくされたからである。しかし、その政権運営は容易なものではなかった。フランデレンのキリスト教民主主義政党は当時、いや、いまもなお右派や自由主義を含む多様な派閥と利益集団によって構成されている。しかも、キリスト教民主主義派と社会主義者との関係はしばしば対立的であった。彼らが対立した理由はほかにもある。ベルギー社会党は労働者の政党であったが、それだけにとどまらず、カトリックを信仰せず、またその伝統的生活に従わない少数者のための政党でもあった。この社会主義と反教権主義という二重のアイデンティティのために、キリスト教民主主義者との連合はつねに不安定な運命にあった。多くの人びとが分裂によってこの問題になんらかの解決がなされると期待していた。カレル・ファン・ミールト（一九八〇年から八八年の党首）やフランク・ファンデンブルック（一九八九年から九四年の党首）はカトリック出身であった。かれらは新しい世代の社会主義者の象徴であった。

カレル・ファン・ミールトは、いわゆる「青年トルコ党」〔近代トルコ成立時のケミールト・パシャらの行動に由来する語で、社会主義政党にかぎらず、党・組織の新しい世代のリーダーを示すものとしてオランダ語圏で一般的に用いられている。いわゆる「ニュー・リーダー」。とくに、たとえみずからが破滅することになったとしても理想の実現のために邁進するニュー・リーダーのこと〕を八〇年代はじめに多数集結させた。かれらはかつての社会主義者とはまったく異なる政治的姿勢や考えかたを表明した。かれらが六年間（一九八一年から八七年）野党の地位にあったことは、みずからの新しい政党イメージを再構築していくことに有効であった。また、「青年トルコ党」がキリスト教民主主義の支持票を奪おうとしたのは言うまでもない。まず一九七九年に、かれらは党内の刷新が本物であることを示し、進歩的なカトリック有権者をひきつけるために、「大躍進」という名の綱領を発表した。この刷新された綱領には宗教感情にたいする開放性と寛容の精神が強く反映されていた。また過去とは異なり、党が個人的関係を政治にもちこみ、パトロネージに左右されている点を徐々に改善していかねばならなかった。社会主義組合や健康保険基金への帰属は従来まで政治的権限を確保するための必須条件であったが、その重要性を少しずつ減じていた。こうした作業をつうじて、フランデレン社会党は反教権主義セクトを取り除こうとしたのである。これによってキリスト教労働運動の加入者が社会党に数多く加入することが可能となってきた。

しかし、しだいに、これらの作業が大仕事であり、かつ手間のかかることがわかってきた。党内の抵抗が強く、かつてのベルギー社会党にたいする郷愁の念が広がっていた。党首ファン・ミールトはこうした焦点となっていた改革を積極的に努めたが、多くの活動家たちは不安であった。かれらは、社会主義行動協同宣言〔第二次世界大戦直後の混乱期に発表されたもので、党・組合・健保・生協が協力して国内諸問題の解決にあたろうという趣旨〕つまり党、組合、健保、生協のあいだの協力メカニズムがゆっくりとくずれていっていることに警戒した。そうした協調行動をもってしても、党機関（日刊）紙の廃刊を食い止めることができなかったことはとくに大きな痛手であった。こうした社会主義諸団体の影響力の低下を目のあたりにして、「青年トルコ党」の要求する寛容精神に党が一致して応じることは困難であった。とくに党の古くからの主要支部であるアントウェルペン支部とメヘレン支部、そしてやや規模は小さくなるがヘントの支部は改革に抵抗した。かれらは党のリーダーたちの指示には基本的には忠実であったが、権限の抑制、党のすべてのレベルで女性や若手を登用しようという提言についてはほとんど賛成しなかった。党の地方部の多くは、以前と同様に旧支持層以外の部外者には近づいていこうとしない体質のままであった。巨大な党支部のみが改革に抵抗したと言ってしまうのは誤りであろう。しかし、概して小さな党支部が進歩的な動きを支持し、発展させていった。

新しい支持者は獲得できたか

新しい計画を進めた「青年トルコ党」が、戦後第一世代の社会主義者とはまったく異なる政策をいくつか採用したことは疑いない。かれらは従来とは異なる種類の改革主義を具体化した。改革への動きは西欧の他の社会民主主義政党にもあったが、他政党との比較によれば、とくに「第二次集団」（労組、健保、生協）との関係をうすめようと試みた点が特徴的であろう。なかでも、かれらは組合との距離を大きくとろうとした。さらに、かれらは「フランデレン問題」を支持することに躊躇しなかった。また、労働問題〔時短に代表される、賃金以外の労働諸条件にかかわる問題〕と所得以外の争点を積極的に取り上げていった。たとえば、社会的争点として環境に配慮した近代化という問題に新しく取り組んだ。一九八二年には、核エネルギーにたいする反対論が党幹部のあいだで強まり、ヨーロッパ中距離核ミサイル設置という問題にたいしてもきびしく反対した。フランデレン社会党はこの問題について、ベルギー政府の外交政策、とくに旧植民地ザイールにたいする政策をはげしく批判し、原則的立場を貫いた。ミサイル問題は、当時の党内分派のリーダー、ルイ・トバクによって取り上げられ、その問題はキリスト教民主主義と自由党との連合政権を脅かすようになった。この結果、明らかに八〇年代初期までに新しい支持者がフランデレン社会党にひきつけられていった。こうした改革の結果、フランデレン社会党の支持者が——もともとベルギー社会党支持者は同質的な社会的基盤をもつ労働者に支持されている政党ではなかったが——ますます多様化していった。フランデレンの政治学者リュク・ヘイスによれば、八〇年代に入って政党支持者は二つのカテゴリーに分類できるようになった。すなわち、「伝統的」支持者（社会主義組織に忠実な四五歳以上の労働者家族）と「新しい支持者」(6)である。第一のグループのほうが数的には多いが、それは、フランデレン社会党がフランデレンにおいて他の政党よりも未熟練労働者を確保しているということを示している。しかし「青年トルコ党」の登場以来、社会党を支持するようになった第二のグループの登場は、フランデレンにおける重大な社会学的変化〔新中間層の増大〕の帰結でもある。さらに九〇年代には、フランデレン社会党の潜在的支持者は、未熟練者か、中級職に従事している者となった。(7)

一九八四年、「青年トルコ党」はみずからの最初の成功に酔いしれることができた。この年のヨーロッパ選挙でフランデレン社会党は二八％の得票率をかちえた。しかしながら、この成果は一時的なものでしかなかった。なぜなら、これは部分的には、ときの党首、候補者名簿の筆頭者であるカレル・ファン・ミールトの個人的人気に負うところが大きかったからである。かれの個人的人気の成果であるこの得票率は翌年の国政選挙までは持続できなかった。フランデレン社会党は一九八一年の段階よりは三％多い二四％の得票率を獲得したが、不幸にもキリスト教民主主義と自由党との連合を打ち破ることはできなかった。当時のリーダーは、過去の成功という美酒にたたられ、ひどい二日酔いに苛まされる結果となった。しかしそのことが、八一年から八五年にかけてフランデレン社会党を苦境から脱却させる力学として働いた。党内では、「旧来からの政治信条に忠実であろうとする考えと権力獲得を重視する考え」とのあいだの緊張が解かれていなかったので、〔敗北を機に〕もういちど党の戦略が練り直された。八五年以降フランデレン社会党はさらに宥和的な戦略をとったことによって、その努力がむくわれ、八七年選挙で二四・五％を獲得したのち、新しくキリスト教民主主義と社会党との連合政権が形成された。「青年トルコ党」からもいく人かが連邦政府ないしフランデレン政府の閣僚として任命された。カレル・ファン・ミールトは閣僚よりはヨーロッパ委員会のポストを選択した。そしてラーヘン〔フランス語ではルーヴァン〕出身の若手議員フランク・ファンデンブルックが八九年一月に党首となった。

綱領の改革

党改革と組織の近代的改革は、ファン・ミールトが着手したあともやむことなく進められた。いくつかの大きな妨害があったにもかかわらず、ファンデンブルック、そしてのちにはルイ・トバクによって改革がつづけられ、新しい党規約が一九九二年と九五年に採択された。本質的な改革としては、党内の連合形態に見合うように、党地方部の地位を押し上げ、また党首の選出方法を変え、評議会での秘密投票が導入され、そののちに、党首はすべての党員による選挙によって決定されるようになった。党中央部の運営規則も変わり、候補者名簿の作成と地方の党書記任命について党リーダーの発言権が増大した。それぱかりではなく、九二年には、党が各連合支部の財政をコントロールし、党財政の透明性を高める試みがなされた。この規定はアウグスタ・スキャンダル以後には、劇的にその適応範囲が拡大されていった。(8)

党改革は組織的側面だけにかぎられなかった。ファンデンブルックは福祉国家の本質を十分に理解している経済学者であり、「大躍進」の目標をより具体化していこうと試みた。ファン・ミールトの時代に進められていた革新的な政策は、当時は〔宗教問題のみに限定され〕社会経済的政策までには拡張されなかったと考えられていた。(9) それは一面の真実でしかない。ファンデンブルックは社会経済的改革にかんしてもいくつかの現代的改革を進めた。ひとつには、失業が急速に増加していくなかで、新自由主義的経済政策への対抗策を「青年トルコ党」は提案した。また、フランデレン社会党の現代的改革にとって重要な役割を果たしていたエミール・ファンデルヴェルデ研究所〔Studiecentrum Emile Vandervelde Instituut: SEVI（党の研究機関）〕の調査にもとづいて、かれらは古典的な社会民主主義の考えかたや科学的社会主義の手法と決別しようと試みた。たとえば、ノルベルト・デ・バッセリールとフレッディ・ヴィロック〔とくに後者は「青年トルコ党」の代表的人物。しかし同世代のルイ・トバクとは袂を分かち、その思想はトバクらと旧世代との中間に位置するといわれている〕の署名で提案された文書「経済改革案〔Sociaal-Economisch Alternatief〕」では、伝統的な提言（「新産業政策〔第二次世界大戦以降のベルギー社会党が打ち出した経済政策のひとつ。時短、賃金引上げなどを盛り込む〕」など）は実現可能性の点で重大な問題があると指摘された。そこで述べられる議論はねばり強く、示唆に富んでいた。年間総労働時間の短縮、賃金引上げの抑制、賃金と労働の関係の本質にかかわる議論などの新しい争点が前面に出され、明確に位置づけられたのである。こうした争点のいくつかは、じつは一九八四年のヨーロッパ議会選挙のさいにファン・ミールトによって掲げられ、その後徐々に党綱領に組み込まれていったものでもある。最終的にはそれらは、八八年にふたたびフランデレン社会党が政権に返り咲いたときに、具体的に対処されることになった。

それ以外にも、ファンデンブルックの時代に、いくつかの新しい考えが登場したことに留意しよう。それは、公的権威（と国家）の役割、新しい社会問題、現代政治における民主主義制度、そして社会と環境とに配慮した近代化といった課題にかかわるものであった。それらは「より価値志向的、倫理的、非物質主義的な社会主義の構想」として提示されたが、とくに重要な争点は、福祉国家を賢明なやりかたで果敢に守り通すことと、経済危機をヨーロッパ規模の手法で解決することであった。このようなより現代的な社会民主主義へと向かう計画には、経済上のある程度の現実的見通しがともなっていた。最後になったが、重要なことは、赤と呼ばれた政党が環境問題を社会的公正の問題として十分認識できるようになったため、緑の問題に取り組むことにもなった点である。(10) われわれはこの論文の後半でこうした問題をいくつか取り上げよう。

新しい修正主義

組織を改革し、人事を刷新していくことのできる政治運動のみが活動を存続していくことができる。「青年トルコ党」は、そうした点では、だれもがその存続を確信できる運動であった。同様に、共同目標を修正し、「その時代独自の問題にたいする根本的な解決策を提供すること」もまた重要である。こうした考えかたはすでに七〇年代の終り頃にそのタネがまかれていた。たとえば効率的なエネルギー消費についての問題は、そのときすでに党の重要課題として掲げられていたのである。「青年トルコ党」はこのような新しい問題を公式のものとして掲げていった。これは西欧中に広がった新自由主義の波とは異質のもので、逆に二つの事実を再確認することになった。すなわち、ひとつは、戦後の社会民主主義自身が出した重要な成果、つまり福祉国家とラインラント・モデル〔二五頁を参照〕の意義を再確認する必要があるということ、もうひとつは、いまこそ従来の社会民主主義の活動を現代にマッチさせ、従来のイデオロギーの特質や考えかたを刷新することによって、それをさらに豊かなものにする時がきたということである。〔たとえば〕他のヨーロッパの社会民主主義政党と同様に、「緑をまとった赤」をめぐる議論などがフランデレン社会党においても活発に論じられるようになっていった。

もちろん、社会主義者による経済政策はもはや経済的拡張主義にもとづくべきではないという議論が、こうした新しい諸問題の中心的理念となったことは疑う余地がない。五〇年代には、社会主義的発展は経済成長であることを疑うものはだれもいなかった。そこでは、経済の構造改革にたいする要求は、産業と社会基盤の成長を促進すべしという枠組みのなかでしか検討されていなかった。しかし八〇年代に入ると、この仮説はもはや堅持しがたいものとなってしまった。経済成長は重要だが、もはや最優先の目標ではなくなったのである。たとえば、一九八五年の選挙綱領では、「生活水準の向上は伝統的な基準である国内総生産（ＧＤＰ）の増加とは同義ではない」と述べられている。換言すれば、所得と雇用を確保することだけでは十分ではなく、生活の質と環境も同等に重要だというわけである。つまり、物資の増大はもはや最優先課題ではなくなり、利用可能な財（労働と所得、エネルギー、原料など）を再分配する必要性こそが重要になってきたのである。その結果、現代の社会民主主義政党に必要な共同目標とはいかなるものか、という問題が掲げられることとなった。[11]

われわれはこの種の修正主義が与えた影響を過小評価すべきではない。こうした新しい考えかたは、第二次世界大戦後の社会民主主義的実践のなかに、これほど取り入れられたことはなかったからである。そのため、この修正主義は、当然のことながら伝統的な党の文化と衝突することとなった。とくに組合の考えかたに忠実な人びとや、ベルギー社会党から離れることのできない人びとにとっては悩みの種となった。党を「〔経済的〕拡張主義的社会主義」から引き離そうとする試みは平の党員にとっても小さな革命に匹敵した。これをとくに組合にたいする裏切り行為のように思う党員が多かったからである。組合が、非常に長いあいだ、党内部でのイデオロギー決定の前衛――つまりイデオロギー決定の独占者――であったことを忘れるべきではないだろう。重要な党決定はしばしば組合の合意を必要とした。つまり、ベルギーの場合、社会党系の組合であるベルギー労働総同盟〔Algemeen Belgisch Volksvervond: ABVV（以下、総同盟。一八八〇年に結成）〕の綱領がベルギー社会党の綱領を決定づけていたのである。五〇年代には、総同盟は政策立案にさいして、とくに財政、エネルギー部門での構造改革を進めた。この改革が一九五九年の党綱領に取り入れられ、理論上、組合による構造改革が党の指導原理ないしは中核的綱領〔イギリス労働党綱領第四条（主要生産手段の国有化）にちなんで

“the Clause Four”〔と呼ばれる〕とみなされた。たしかに一九七〇年から七三年において、政府の政策立案や経済成長戦略にみられる原則は、形式的には、こうした組合主導の指導原理にきわめて近いものだった。しかしながら実際には、党が政権についていた七三年までは具体的な政治的優先課題としては掲げられなかった。そのため、七四年に開かれたイデオロギー協議会では、この課題が再検討されることになった。このときベルギー社会党は、すでに、総同盟主導による七一年の社会主義組合会議で可決されていた「企業を所有することよりも、企業を経営することが重要である」という妥協案を受け入れている。[12]

組合の党にたいする支配的影響力は八〇年代から九〇年代にかけて失なわれることになる。八〇年代初期からすでに始まっていたことではあるが、八八年にフランデレン社会党が政府に参加したことを契機として、緊張は高まっていった。強調すべき最初の変化は、先に述べた「経済改革案」が公表されたときに生じている。厳密にいえば、このとき、党は経済改革にたいする「旧来の」要求を疑問視していたわけではない。しかし、改革案の根底に流れる長期的戦略が、雇用と所得の再分配、経済の回復を見込んだ短期的戦略によって補完されるべきだと強調したのである。これを機にして新しい議論が始められた。八五年にフランク・ファンデンブルックは、ベルギー社会党の〔従来の〕経済政策の成果をつぎのように評価している。経済構造改革にかんしては、「将来的により支持が得られ、それによってさらなる改革の動きが可能となるだろう」と述べている。ただし、同時に経済計画の領域ではほとんど成果が得られておらず、それ以上に産業政策が適切に失業問題を解消できていない、と認めた。[13]かれは、フランデレンの社会主義者が、失業、所得、購買力、労働時間の短縮、労働の再分配といった問題に焦点を合わせなければならない、と結論づけている。

八五年の選挙綱領はこうした新しい関心を反映していた。これはおそらく、かつて作成された党綱領のなかでももっともよく練られたものであろう。これには、新旧の考えかたがともに含まれていた。「労働」と題した章以外にも、「われわれの経済の新しい方向性——社会主義的産業政策のための一二の規則」と題した章に掲げられている経済政策に多くの努力がそそがれた。また、社会的公正、自由と民主的社会ならびに福祉にかんする章が、党政策のなかでいっそう重視される地位におかれたことも一目瞭然であった。この傾向は九〇年代もつづいた。九五年の選挙綱領では、主として社会保障、道路・都市の安全性、政治的民主主義の強調といった問題に焦点を合わせ、国有化についてはまったく言及されなくなった。

政党と労働組合との対立

ところで、党と組合の関係は一九八一年から八七年のあいだはきわめて安定していた。なぜなら、フランデレン社会党は野党であったため、綱領の改革が政策上の帰結とただちには結びつかなかったからである。しかしながら、党と組合との対立がしだいに深まっていることをだれもがうすうす感じていた。これについては、とくに次の二つの点が指摘できる。ひとつは、労働時間の減少、もうひとつは、労働コストと雇用の関係をめぐる問題である。前者についていえば、フランデレンの社会主義者は労働時間の短縮を推奨していたが、それにともなう賃金の引下げはやむなしとみていた。しかし組合側は所得や賃金の減少を容認しなかった。一方、フランデレン社会党は、組合の主張する包括的で一律的な時短はあまりにも機械的であるとして、（一九八五年から八六年に）労働者が個々の裁量で労働時間と賃金を決定できる新しい方式を提案していた。しかし、賃金の自由競争をめぐる問題では、両者のあいだでますます亀裂が生じてきた。フランデレン社会党は、かつて政権についていたときには、賃金の段階的物価スライド制を維持することを公約していた。しかし、党は三度にわたる「インデックス・ジャンプ」（当時、ベルギーでは三度の物価高騰があったことをさす）の対策を講じることには乗り気ではなかった。これが組合の党にたいする批判を強めたのである。組合は、党が手当削減や、少なくとも賃金を抑制するなんらかの方策を望んでいたために、（新自由主義的な）競争を擁護するイデオロギーに屈しているのではないかと疑ったのである。実際にはフランデレン社会党は、賃金抑制が、雇用拡大の効果を有すると考え、ますます賃金コストと雇用政策を直結させた。しかし、組合側はその手法を拒絶した。組合側の主張とは、競争力を回復するためには、（たんに）賃金コストだけを考えるべきではなく、他の重要な諸要因にたいする対策も考慮すべきである、というものであった。その後、九〇年代に入ると、党と組合は、別の論点でもその見解を異にするようになった。政権を担当したときの党は、組合の重要部門の意向を無視した政策をとり、かつてはきわめて密接に結びついていた人的関係でさえ、すっかり冷え切りがちとなった。フランデレン社会党は経済的競争力回復のため二つの法案を支持した。まず、政府は、（一九九五年と九六年に）賃金引上げの停止を実行し、さらにそれよりもっと苦労したが、（赤字予算と国債減少のために）健康保険と失業手当の削減を行なった。このことが多くの組合リーダーたちにとって大きな問題になった。かれらは、党がラインラント・モデル（つまり最低賃金と社会的合意の構造を保障し、社会保障の民営化を防ぐこと）を守るために最善の努力をしていることは認めつつも、賃金抑制にはどうしても同意できなかった。組合からみれば、フランデレン社会党はたんに、高額所得者や大資本への課税、および不正財政の阻止という組合側の要求を十分満たすことができていないだけだった[14]。さらに組合側は、フランデレン社会党が未熟練労働者にたいする雇用確保と引き替えに、社会保障基金に占める雇用主側の負担金を削減することに賛同した時点で、ふたたび懐疑的になった。最後に重要なことを指摘すると、総同盟とフランデレン社会党ならびにワロン社会党との関係は、一〇年以上ものあいだ雇用主と組合とが重要な社会的合意にひとつも達することができないでいたので、悪化していったのである[15]。結果的に、組合と党との不和によって、党にたいする有権者の支持は低下することになった。一九九五年選挙の分析によれば、総同盟の加入者のわずか五一％しかフランデレンの社会主義政党に投票していない。

倫理的社会主義

組合からはげしい批判を受けながらも、党は改革への信念を曲げなかった。党の目標は急激に変化していった。すなわち「科学的社会主義」から「倫理的社会主義」へと変わっていったのである。この契機は一九九三年十二月に組織された綱領会議であり、このとき、六〇年代および七〇年代の目標との袂別が決定的となった。その閉会演説のなかでフランク・ファンデンブルックは述べた。「これまでわれわれは、常時、資本主義構造にたいする強固な抵抗を形式的には『宣言』してきた。しかし実際には、われわれは資本主義のもっとも基本的な力、つまり『拡大主義』と『自助主義』という資本主義的倫理観に屈服していた。現代的社会民主主義者ならば、物質的成長だけに目を向けていることはできない。また、社会的、財政的、道徳的規範が侵害されていることに目を閉じたままでいることはできないのだ。」現代的社会主義がたんに権利と利益だけに関心をもっているのではないことを強く主張しながら、かれらは再分配や生活の質といった諸問題を旗印に行動する。それゆえ、フランデレンの社会主義者たちこそは、特定の社会集団の排他的な利益が政策を支配することを許してはならない。究極的目標は、連帯にもとづいた社会、一種の共同体と倫理的価値観を形成することなのである。この目標は、数年後の〔イギリス労働党のような〕「第三の道」に近づいていく。

倫理的社会主義の概念は、また社会にたいする集合的責任を回復するという具体的な役割を担っている。新自由主義的な考えかたが集合的責任という概念を弱くし、これが福祉国家のイデオロギー的土台を揺るがしていた。九〇年代前半、福祉国家のイデオロギーの危機が、フランデレンの社会主義者たちのなかに強烈なリアクションを引き起こした。かれらはフランデレン自由主義者の右派と対立した。なぜなら右派は（第二次世界大戦後発展した）社会保障を全面的に放棄しようと公式に表明し、また国家の再分配における役割を減じようとする決意を見せていたからである。この結果としての両極化は、フランデレン社会党にとって有利に働いた。フランデレン社会党は、より明確になった綱領を採択することができ、〔それによって〕従来の支持者層である未熟練労働者層の有権者にとってはことさら、八〇年代末に曖昧にしか映らなかったイメージを強制することができた。つまり社会保障（とくに年金）、雇用といった具体的争点と、従来の物質主義的関心とを結びつけることによって、党は綱領のうえで「ふたたび焦点をあわせる」ことが可能となったのである。とりわけ、自由主義者とのイデオロギー上の闘いによって、フランデレン社会主義者は、再分配こそがいまなお社会民主主義のもっとも根本的な目標であるとふたたび主張できる、絶好の機会を手にすることができたのである。実際には、フランデレン社会党は、社会問題および環境問題に対応するため（ときにはきわめてきびしい）規制にも賛成してきた。しかし、いくつかの同系政党ともっとも異なるのは、フランデレンの社会主義者たちが社会保障システムの一部を民営化しようとする計画には反対した点である。

現代社会における再分配政策はますます倫理と政治の問題だとみなされるようになってきた。経済効率をめぐる議論を試みることも、賢明なやりかたで福祉国家を確立するためには有効である。しかし他方で、再分配への意志を積極的に推進することも重要なことである。すなわち、フランデレンの社会主義者はこの点に力を入れ、〔人びとのあいだに〕広く浸透した再分配にたいする抵抗に歯止めをかけた。これこそが倫理的社会主義の真の姿なのである。しかし、このように現代の福祉国家を明確に弁護するためには、再分配、連帯のメカニズム、そして公的権威の役割についての新しい観点が必要である。フランデレン社会党はこれらの観点を〔人びとに〕提供しなければならなかった。再分配は社会保障と財政的公正を超えたものであった。また、福祉の不平等分配、社会的排除の問題も検討されなければならなかった。現代的社会民主主義者はこうした目標に取り組んだ。かれらは、未熟練労働者、母子家庭、アルコール依存症者など、よりいっそうの配慮を必要とする新しい社会的リスクを背負った集団について、以下のように語っている。これらの集団は五〇年、一〇〇年前とはまったく異なる危険に直面している。したがって連帯の構想が不可欠である。扶助は「必要としない人びとにまで拡大されるべきではない」[16]。この点については、現在では、より限定された対象者の選別（高額所得者にたいする児童手当をより削減すべきであるという意見）、世代間、熟練・未熟練労働者間の公平な所得移転、社会支出にたいする厳正な監視、また総じて公的手段の適切な利用といった方向で、党の基本姿勢は特徴づけられている。

こうした提言にそって、有効な国家の確立という新しい考えかたが前面にだされることになった。フランデレンの社会主義者たちは介入主義的国家という原則には忠実なままである。しかし、かれらは漸進的に国家を支配しながら社会主義を実現させようとする古い「国家主義者」の信仰とは一線を画している。中東欧のネオ・スターリン主義体制の崩壊が示すように、この国家主義者の信仰は誤りであった。国家は目的ではなく手段であった。さらにいえば、再分配国家の正統性とは、現代の社会民主主義者たちが考えているように、もし国家装置が有効に機能しているならば、疑問の対象にはなりえないだろう。一九九一年、当時の中央書記長ルイ・トバクは以下のように記している。「わたしは必要以上に巨大な国家を望んではいない。大きすぎる国家など望んでいない。たとえ一ミリグラムだろうが、一センチだろうが、一ミリメートルだろうが、わずかでも大きすぎるのはゴメンだ。望んではいないのだ。この点が重要である。もし国家が適切に機能することを望むなら、レーシング・カーのように競争に勝てる無駄のないかたちをとるべきなのだ」。同じ『継子〔新自由主義に傾倒した社会民主主義〕との袂別』という本では、また以下のように記している。「力を欠いた国家は民主主義社会の天敵である。なぜなら、この種の社会においては、官僚の利権が最優先され、その結果、もっとも早くそのエイズウイルスの犠牲になってしまう〔不利益をこうむる〕のは弱者だからである。」要するにトバクは中央書記長として国家装置の中心的部分を現代的に改革しようと力強く歩んでいたのである。

正しき政府として

一九九五年一月にルイ・トバクはフランク・ファンデンブルックから党首を引き継いだ。[17]しかし一ヵ月後、党は根底からゆり動かされることになった。なぜなら、前任の党会計監査役委員が、イタリアのヘリコプター会社アウグスタ社から賄賂を受け取っていたという疑惑がもちあがったからである。当初、同年五月に総選挙をひかえていたため、この事件はフランデレン社会党にとって悪夢であると思われた。しかし、結果的には選挙でのダメージはきわめてかぎられたもの――わずかながらも〇・八%の得票率の上昇がみられ、計二〇・七%に達した――にとどまった。これは第二次世界大戦後、史上二番目の悪い記録であったが、党は安堵した。フランデレン社会党は、この収賄事件に関与する人びとをかなり冷酷に処遇した党首に従って、軍隊のように足並みをそろえて選挙活動を行なった。さらには、フランデレンの自由主義者たちは、期待どおりの成果を選挙で得ることができず、緑の党の票がまわって党を救済した。フランデレン社会主義者たちは、自由主義者による性急で理不尽な福祉改革案に対抗し勝利した。この選挙で、党は、現代的福祉国家がもつ諸問題にたいする分析を提示することができれば、経済的グローバリゼーションの時代でも責任ある社会政策を提供することが可能であると述べた。

ルイ・トバクが、一九九五年の選挙結果から、党は、みずからが社会保障、労働、そして年金の分野で「市場の指導者」であったという事実を第一にみすえる必要がある、という重要な結論を導き出したのは、理にかなっていた。フランデレンの社会主義者たちは、九八年までおおよそ十年間政権を担い、つねに三つの主たる成果を強調してきた。第一は、貧困を克服するための有効な政策（それはヨーロッパにおいてもっとも成功した例のひとつ）。次に、物価スライド制賃金、年金などの維持（たしかにヨーロッパでは独特の政策）。さらには、社会保障システム――大幅な削減に着手せざるをえなかったが――の（全体構造の）維持である。これらは、ラインラント・モデル〔一二五頁を参照〕を擁護するやや古典的な社会民主主義政党としてのアイデンティティを強めた反面、フランデレン社会党は、環境問題を扱うことについては、それほど強い意志を有していないという印象を与えた。これはもっぱら一面では真実だった。党を現代にマッチさせるためにはまた、社会的移動性を保障するといった課題を、労働、健康、社会的公正の分野で実現するため、相当量の努力が必要とされた。〔これにたいし〕「緑をまとった赤」〔環境〕問題は平党員にはほとんど支持されなかった。しかし、ノルベルト・デ・バッセリールのとき、フランデレンの社会主義者はもっとも活発な（フランデレンの）環境大臣をみずからの党から輩出したことも忘れてはならない。

それでもなお、九〇年代という時代は、概して社会民主主義者にとって、きわめてきびしい時代であった。フランデレンの社会主義者たちは、ヨーロッパの他国の同志と同様に、かなりの程度、経済的自由主義に屈しなければならなかった。経済的民主主義という目標は消え去った。それ以上に、党は、多くの党員が社会民主主義的営為にとって重要であるとは考えていない一連の政策、つまりマーストリヒト基準に従い、国家予算の収支バランスをはかること、およびベルギー国家の連邦化を促進するサン・ミッシェル協定〔一九六〇年代以降、ベルギーの諸政党は与野党を問わず連邦化を促進し、その将来的な制度を決定していくために、一致団結する必要があった。たびたびそうした政党間合意形成が生じたが、サン・ミッシェル協定もそのひとつ。一九九二年十月〕を実行することを承諾した。[18]

マーストリヒト条約は支出の莫大な削減を招く。フランデレン社会党はつごうのよい理由をつけてその削減を正当化した。すなわち七〇年代以降、ベルギー国家は莫大な負債を積み上げており、この処理のためにかなりの程度、財源が枯渇していた。そのため将来的にはベルギー年金システムが解体する恐れがあった。適切に年金を保護し、負債を防ぐ唯一の方法は公債の削減であった。[19] 支出削減は、マーストリヒト基準にかかわらず、なさねばならなかったのである。健全かつバランスのとれた公的予算は、イデオロギーの問題ではなく、正しき政府としての問題と見なされた。しかしながら、この考えを一部の党員たちが支持しなかった。党内左派はこの手段を〔新自由主義に迎合する〕「反社会主義的な政策」とみなしたのである。しかし、ヨーロッパ統合のために支出削減が必要であると人びとを説得することはいっそう困難であった。フランデレン社会党は強く親ヨーロッパ統合的態度をとり、とくに有効な社会民主主義的政策は、〔一国を超えて〕ヨーロッパの次元にまで拡大しつつあることをくりかえし説明した。こうしてフランデレンの社会主義者たちは、他のいくつかの社会民主主義政党とは異なり、ＥＵのなかにおける社会的・財政的協調、および雇用政策の調整の必要性を強く訴えていくことになったのである。

ベルギーに連邦制を決定的に導入させたサン・ミッシェル協定は、同時にまた党内不和の原因にもなったことがわかってきた。なぜなら、地域議会における直接選挙と徐々に活発化する地域政府の登場によって、政治力学や政党支持に新しい変化が現われたからである。フランデレンの社会主義者は現実的かつ合理的に考え、よりいっそうフランデレン問題を取り上げていった。当然ながら、それ〔フランデレン運動という民族運動を支持すること〕は、本来、社会主義運動のインターナショナリズムとは合致しないとして、党員のなかには反対する者もいた。しかし党はサン・ミッシェル協定の実行を強く支持した。国家改革について、その本来の目的と手段をとりちがえる者はいるはずもなかった[20]。サン・ミッシェル協定は、本質的には地方分権政策の一環とみなされるべきであり、制度がより透明で効率的に機能することを目的としていた。民主主義の基本単位が改善されねばならなかった。そしてこの民主主義の改善という問題こそは、一九九一年に極右政党、フラームス・ブロック〔Vlaams Blok〕が台頭（得票率一〇％）して以来、ベルギー政治における最重要の問題であった。

黒い日曜日

一九九一年選挙は、九〇年代の（政党行動を理解するうえで）重要な選挙となった。黒い日曜日と呼ばれているが、それはフランデレン社会党にとってはとくにつらい経験であった。なぜなら、フランデレン社会党がとくに大都市で極右政党にかなりの票を奪われたからである。[21] その結果、反政治的態度〔大衆社会において広く現われるノン・ポリティカルな態度の一種で、自己の堅持する価値が政治そのものと衝突するために政治に反対する態度〕、民族主義、そして極右の台頭を阻止することが、フランデレン社会党の重要課題のひとつとなった。政府の政策も修正され、都市内を再開発するために資金がふたたび配分され、大通りや近隣の治安をよくすることにとくに注意がそそがれるようになった。党の努力は大都市における票獲得へと向けられるようになった。八〇年代の終りには、党はあまりにも多くの問題を処理しようと試み、党綱領が、とくに（都市部の）未熟練労働にたずさわる有権者——かれらは極右にひかれていた——にとって、曖昧なものになっていった。それゆえに、九二年以降、フランデレンの社会主義者たちは、社会保障と雇用に、第一に焦点を合わせたのである。以上述べてきたように、かれらはみずからの社会的・経済的政策についての考えかたを現代的なものとへと転換しながら、また倫理的社会主義にたいする信念を明らかにしつつ、ラインラント・モデル〔二五頁を参照〕を遵守してきた。こうして、党とその八一〇〇〇人の党員たちは、九九年選挙においてかなりの数の票を勝ち得ようと期待しているのである。

（本報告を記すにあたり、次の方々のコメントと協力にたいして、感謝の意を表したい。トーン・コルペルト、フランク・ファンデンブルック、ハリー・クノーレン、ティリー・ファンデルキンデール、ベルナルト・ティテンス、ディールク・ファンデルメーレン、マリナ・ブリューレマンス、そしてレベッカ・セラス各氏である）

原　註

（1）ベルギー人口の七・三%がブリュッセル地域に住んでいる。

（2）本稿の選挙関連の数値はすべて連邦議会の下院のものである。

（3）ベルギーにおけるキリスト教民主主義は主としてフランデレン地方にその足場をおいている。

（4）一九四六年にベルギー社会党は、ワロン選挙区で三六・七%、七七年では三八・六%を獲得した。ベルギー社会党内部では、フランス語圏の社会主義者が多数派であるという事実が、フランス語圏社会主義者とフランデレン社会主義者の手法、政策の相違の原因であった。Serge Govaert, *PS-SP: De scheiding De Nieuwe Maand*, jrg. 26 (1983), nr. 10, p. 687.

（5）一九六七年にフランデレン評議会がクラムスカークで開かれた。

（6）社会主義の家庭に育たず、学歴のある青年層。Huyse Luc, *Het strategisch gevecht om een bredere basis*. Eeuwige dilemma's, Kritak, 1995, p. 152.

（7）Swyngedouw, Marc, *Partijkeuze verklaren. Over determination van stemgedrag in Vlaanderen op 24 november 1991. Kiezen in verliezen*, Acco, Leuven, 1993, pp. 20-23.

（8）一九九五年のはじめ、選挙の三ヵ月まえに、党会計監査役がイタリアのヘリコプター会社、アウグスタ社より賄賂を贈られたために訴えられた。前党首ファンデンブルックは、八〇年代の終りに生じた事件であり、かれが非難される筋はなかったが、この事件の責任をすべて負うこととなった。ファンデンブルックは、じつは九〇年代のはじめに、政党の公的資金を規制する案を導入したひとりであった。

（9）この主張はベルギーのすぐれた社会学者であり、政治学者であるリュック・ヘイスによる。Huyse, Ib. Strategisch gevent, p. 150.

（10）こうした考えは、ノルベルト・デ・バッセリールがその著書 *Kiezen tussen eco en ego* で主張したものである

（11）Frank Vandenbroucke, *De moeizame weg der structuurhervormingen*. Eeuwige dilemma's, Kritak, Leuven, 1985, p. 200.

（12）「国有化」という言葉が廃止され、「社会化」が用いられた。

（13）Frank Vandenbroucke, Ib. Moeizame weg, p. 183.

（14）ただし九〇年代なかごろまでに、政府は財政赤字の是正に若干なりとも成功を収めることができた。

（15）このような合意の欠如こそ、八〇年代以来のベルギー政治における最大の問題のひとつであった。

（16）Tobback Lois, *Afscheid van een stiefzoon*, Kritak, Leuven, 1991.

（17）実際には、フランク・ファンデンブルックは一九九四年十月にその職務を離れ、外務大臣に就任している。

（18）Serge Govaert, *Le Socialistische Partij. Les partis politiques en Belgique*, ULB, Bruxelles, 1996, p. 61.

（19）ベルギーの年金制度は再分割方式である。

（20）フランデレン議会の議長ノルベルト・デ・バッセリールは一九九七年十二月のフランデレン社会党評議会でこの点を指摘した。

（21）極右政党フラームス・ブロックはアントウェルペンでとくに成功をおさめ、二五％の支持を獲得した。

（松尾秀哉訳）

ドイツ社会民主党の綱領をめぐる若干の論評

エアハルト・エプラー

〔この論評はシュレーダー政権誕生前に書かれたものである。エプラーはＳＰＤ連邦議会議員を長く務め、連邦経済協力大臣として入閣したが、一九七四年にシュミット首相と対立して辞任。その後、党の要職やバーデン＝ヴュルテンベルク州のＳＰＤ州議長などを歴任。エコロジー思想家としても著名〕

一九七〇年代の後半に多くの評者が、ドイツには二つの社会民主党〔ＳＰＤ〕があるということに気づいた。ひとつは労働組合に近く、経済成長を促進し福祉国家を擁護する伝統的な党で、ヘルムート・シュミット政権を支持していた。もうひとつはより知的で、ミドル・クラスに基礎をおきエコロジーや平和主義の思想を支持していた。

わたしがＳＰＤの基本価値委員会の議長になったとき、わたしはこうした二つの傾向を党内で統合するために全力を尽くすことを心にきめた。われわれは、新しい運動と古い労働運動とを調和させようとした。われわれには、それが必要なことであり、決定的に重要なことでさえあることがわかっていた。そしてわれわれは、それが可能なことだと思っていた[1]。

われわれの努力はヴィリー・ブラントに支持されていたが、ヘルムート・シュミットはそれを、不毛で子供じみているとさえみなしていた。われわれは、とりわけ一九七七年から八四年にかけて、懸命に努力し成功した。それを可能にしたのはなんといってもリヒャルト・レーヴェンタールで、かれは党内多数派を非公式に代弁しており、左翼的な傾向にたいしきわめて懐疑的であった。論争のポイントは、周知の左右の争いではなく、価値意識《コンシャスネス》の異なる段階のあいだで不可避的に起こる衝突〔エコロジーなど新しい社会運動を支持する脱物質主義的価値と経済成長を重視する物質主義的価値との対立のことなど〕である、ということをわれわれは知った。

一九五九年のバート・ゴーテスベルク綱領に代わる新しい綱領をつくろうという、エッセンの党大会（一九八四年）での決定は、このような努力の基礎にたってはじめて可能だったのである。ヴィリー・ブラントを議長とする委員会が設立され、同委員会は一九八六年にイルゼー草案を公表した。ヨッヘン・フォーゲルとオスカー・ラフォンテーヌを責任者とした新しい委員会が第二草案を作成し、それに若干の修正が加えられて、ベルリン綱領となった。

しかし、この新しい綱領は、ほとんど満場一致で決定されたにもかかわらず、その後すぐさま忘れ去られた。その理由のひとつは、一九八九年十二月にはほとんどのドイツ人が、綱領どころではなく、東ドイツで起こっていることに関心をもっていたからである。他方でSPDは、共産主義体制が崩壊するまさにその瞬間に、民主的社会主義についての新しく、適切な定義を行なった。じつのところ、党指導者のほとんどはもはや綱領には関心を抱いていなかった。オスカー・ラフォンテーヌは、ベルリン党大会での開会のスピーチにおいて、そこで議論されるべき新綱領を引用しなかったばかりか、それに言及しようとさえしなかった。メディアが関心をもっていたのは、党のプロフィールではなく、〔党の指導者たちの〕個人的プロフィールであった。この綱領を読んだドイツ人ジャーナリストはほとんどいなかった。

今日ドイツでは、党の綱領と日々の政治のあいだには巨大なギャップが存在している。そしてこのギャップは緊張感の欠如を意味している。SPDの歴史においてはつねに、党のあるべき姿と党が現実に体現できるものとのあいだに緊張関係が存在していたが、この緊張関係が崩壊しはじめたのであり、それが危険なことであることは言うまでもない。

このように、SPDの綱領には、古い運動と新しい運動の連携をねらった一面があった。だが、SPD綱領のこうした一面によって、連携がうまくいったというわけではない。

連立の選択肢

連立の選択肢ということにかんしていえば、二〇世紀末のSPDは、一五年前あるいは一〇年前と比べてさえも、はるかに有利な状況にある。八〇年代における緑の党の台頭は〔当時〕SPDに破壊的な影響をおよぼした。もはや連邦全体で過半数を得るという可能性はなくなったのである。SPDは緑の党の手を借りずには政権を担当できなかったが、しかし緑の党と連立を組むことはできなかった。この新しい党はいまだ六〇〇〇万人が暮らす社会を統治する能力はなかったし、またかれらはそうしたいと思ってさえいなかった。一九八〇年代における緑の党は一九世紀末のSPDに似ていた。しかしそうしているあいだにも、緑の党はキリスト教民主主義政党を含むすべての政党から国政における参加者として受け入れられるようになった。われわれは、キリスト教民主同盟〔CDU〕と緑の党との連立という考えにもいまや違和感をもたない。それはまだ、地方自治体を別とすれば、可能性がきわめて高いというわけではないが、しかし、もしもSPDが悪しきパートナーであることを示した場合には、緑の党はすでに保守に色目を使い、〔SPDに〕圧力をかけることができるようにまでなっているのである。

緑の党は現在のところ、公式にはSPDとの連立を提案している。同党は自由民主党〔FDP〕よりもはるかに、おそらくは二倍くらいの強さをもっているので、たとえSPDが第一党になれなかったとしても、赤―緑連立政権の可能性がある。わたしは、FDPの得票率が四・八%か四・九%という選挙結果もありうると考えている。リベラル派の消滅――かれらは強硬な新自由主義者になってしまった――は、SPDと緑の党が組めばCDUよりもたしかに強くなる、ということを意味している。SPDは連立のパートナーを選択することができるのである。

もしも、民主社会主義党〔PDS〕の元共産主義者たちが国会にもどり、両陣営、つまり赤―緑連合と現在の連立政権の双方が過半数をとれなかったとすると、ＣＤＵとＳＰＤの大連立が不可避となる。

選挙政治

最後に、選挙政治について少しばかり述べる。緑の党が一〇％程度の得票をすると期待されているので、われわれは四〇％を超えることをめざすことはできないし、またそうする必要もない。もしもＳＰＤがこの目標を超えれば、社会民主主義者が首相になる。しかし、どうやってそこに到達するのか。

われわれはだれと競っているのか。もちろん、緑の党と競うことにも意味はある。どちらの党にも投票する可能性のある人は大勢いるからである。しかし、この両党の合計のみが新しい多数派を形成しうるのである〔ＳＰＤ単独では過半数は取れない〕。したがって、そうすることによって票を緑の党に奪われるかもしれないが、われわれはＣＤＵと競争すべきなのである。他方、われわれの選挙公約には、緑の党とのあいだに多くの点で妥協の余地がある。この公約には、少なくとも新自由主義とは異なる別の選択肢について、その概要を盛り込む必要がある。ドイツ社会には、新自由主義には未来がないという見方が、より正確にいうと、新自由主義の方向性を支持しない国民感情が強い。しかしこの感情を新しい多数派へと変換するためには、われわれは三つの主要な争点を結合しなければならない。すなわち、雇用の増大つまり失業を減らすこと、社会的不公正の是正としての正義、そしてエコロジカルな視点をそなえた近代化である。最初の二つを強調することにより、この三つの争点を結合することは可能である。しかし、そのためには少しばかりの勇気を必要とするだろう。われわれがそれを欠いていないことを願う。

原　註

（1）より詳細な分析としては、Thomas Meyer, 'The transformation of German social democracy', in Donald Sassoon (ed.), *Looking Left: European socialism after the Cold War*, I. B. Tauris Publishers in association with the Gramsci Foundation, Rome; London/New York, 1997, pp. 124-142.〔T・マイヤー「ドイツ社会民主党の転換」ドナルド・サスーン編『現代ヨーロッパの社会民主主義　自己改革と政権党への道』細井雅夫・富山栄子訳、日本経済評論社、一九九九年所収〕

（堀江孝司訳）

オランダの社会民主主義——ブレアとジョスパンのはざまで

フランス・ベッカー／ルネ・クーペルス

ヨーロッパの社会民主主義政党にみられる「進歩のための変革」は、大別すれば、次の二つのモデルに分けられる。ひとつは、〔イギリス労働党モデルのような〕もっぱら機略にとんだ変革をアピールしたもので、そこでは旧労働党から新生労働党へのめざましい変化が強調されている。トニー・ブレアのリーダーシップのもとで労働党は、マンネリ化した野党の立場を脱却し、政権の座につくための準備にとりかかり、そのさい、労働党の方針や政治スタイルに劇的な変化がもたらされた。他方で、リオネール・ジョスパン率いるフランス社会党は〔イギリス労働党とは〕きわめて異なる方法をとった。フランス社会民主党は多元的かつ広汎な左翼連合に参加しているが、にもかかわらず同党は、はっきりと、古典的な国家介入を中心とした社会政策をとっている。このように新生労働党とフランス社会党とは、新しい国際経済と市場にかんして、二つの異なる姿勢を典型的に示している。

　オランダ労働党（ＰｖｄＡ）は以上二つのモデルの中間に位置している。オランダはヨーロッパ大陸の西方にあり、そのためにアングロサクソン世界からの影響を受けている。一九八六年以降、オランダ労働党は政策綱領の刷新や組織改革に取り組んでおり、一九六〇年代から七〇年代にかけて受け継がれてきた、急進的傾向をもつ旧来の政策と決別した。同党は八七年にヴィム・コックをリーダーに選び、「新労働党」へと歩みはじめ、政府の緊縮政策（一九八九年）を受け入れる道を選んだ。もっともこれらの変化は、連合政権という政治形態の内部で生じたために、イギリスのような〔保守・労働党が対立する〕二党体制的な制度内での変化とくらべて、オランダでは劇的な変化をとげたとまではいえない。

社会・経済にかんする政策方針において、オランダ労働党はいわゆるラインラントを重視している。しかし他方で、これまでアングロサクソン的要素を多数取り入れてきたこともたしかである。同党は「自由主義」や新保守主義の政策にたいして全面的に戦うという姿勢をとることなく、しかも社会民主主義のかたちをくずさずに新しい経済編成をめざしている。このことは、結果的には、新しい文化・社会・経済状況に適応する具体的《プラグマティック》な実践といえる。オランダにおける社会民主主義の現代化〔時代の変化に即した変革〕はひとつの学習過程をとっているものと考えられる。つまりそれは、社会民主主義的政治の新たな見取図《パラダイム》を意識的に受け入れるものというよりは、むしろ試行錯誤的段階にあるといえよう。

リーダーシップと組織化にかんしていえば、オランダ労働党は、ドイツ社会民主党（ＳＰＤ）よりも、党の改革を促進してきた。[1] しかし、政党綱領の見通しについては、ドイツ社会民主党とオランダ労働党とのあいだには相互にきわめてよく似たところがあり、両党はともに、戦後の福祉国家の伝統の維持と〔情報技術やグローバリゼーションなどを取り込んだ〕新しい経済への要求とのあいだで揺れ動いている。両党の選挙スローガンは似ており、いずれも党の現代化と福祉政策を結びつけることを目的としている。すなわち、それは「イノベーションと正義」（シュレーダー）、「強力かつ社会的な〔正義をめざす〕オランダ」（コック）と表現されている。

オランダ労働党——野党的立場からの決別にかけた長い年月

一九八〇年代の半ば、オランダ労働党（ＰｖｄＡ）は国全体の停滞ムードに苦慮していた。一九四六年から五八年まで、オランダの社会民主主義は連合政権の座に加わっていた。しかし、その後の三〇年間のうち、オランダ労働党が政権の座についたのはわずか六年余にすぎなかった。一九七三年から七七年にかけて、オランダ労働党は、短期間ではあったが、中道左派のデン・ウィル内閣において政治的リーダーシップを発揮した。社会民主主義者たちは一九七〇年代の急進化した社会状況の追い風に乗って政権を握った。すなわちオランダ労働党は戦後のベビーブーム世代の急進的な心情を代表していた。ベビーブーム世代はネオ・マルクス主義に共感すると同時に、「成長の限界」というレポートにおいて示されたローマ・クラブ〔一九七〇年、スイスで学識者を中心に結成され、地球規模の課題や人類の将来について研究・提言を行なう民間非営利団体〕の考察や、第二波フェミニズム〔一九六〇年代にアメリカで新しい社会運動の高まりとともに女性解放をめざす運動として生まれ、ヨーロッパや日本にも広がった〕の思想を支持していた。このような動きによって、一九二〇年代から六〇年代にかけてオランダ社会を支配してきた列柱状社会分割〔宗派別イデオロギー（カトリック、プロテスタント、自由主義、社会主義）によって、日常生活から政治レベルまで分割された特有の社会構造〕の時代は明らかに終りを告げた。一九五〇年代までのオランダ労働党に特徴的だった実践的で改革主義的な「責任倫理」は、いまや「心情倫理」と感覚的な政治に取って代わられようとしていた。

しかしながら、オランダ労働党はその勢力を維持できなかった。一九七七年の選挙では歴史的な勝利をおさめながら（三分の一以上の得票率を確保した）、その後の〔政党間での組閣のための〕交渉過程において、社会民主主義者たちは新政権の組閣に失敗した。その主たる原因は、右派政党にたいして自党の立場を過大評価したためであった。さらにかれらには、経済の展望や、戦後の福祉国家の危機にたいする理解が不足していたこともあった。急進的な改革の流れが変わっていたが、社会民主主義政党はその事実に無頓着であった。

キリスト教民主主義政党と保守的自由主義政党からなる中道右派政権は、一九八一年と八二年のわずかな期間その座を明け渡した以外には、一二年間その座にとどまることができた。八〇年代の初めには、経済が極度に後退し、失業が急速にひろまった。中道右派政権は、やや穏健なかたちではあったが、レーガノミックスを取り入れること――公共支出と社会保障を削減する計画――に合意した。野党であったオランダ労働党は、これにたいして、一九七〇年代の国内・国際政治において遂行した一連の急進的政策をもちいて抵抗した。オランダの社会民主主義者たちは、労働時間の短縮によって仕事を均等に分配することを提唱した。かれらの狙いは、中央政府の指示をつうじて、週当たりの労働時間を一律に二五時間にまで削減し、男女を問わず、仕事と子育て等が両立できるようにすることだった。オランダ労働党は社会保障の削減策にはきっぱりと反対の態度をとったが、かといって説得力のある代替案を示すまでにはいたらなかった。国際政治の分野では、オランダ労働党は核兵器技術の向上にたいして強固に反対し、巡航ミサイル配備の反対運動にも積極的に参加した。この点で、社会民主主義者たちは、かつてキルヒハイマーが唱えた「議会体制における野党衰退論」〔中間層の拡大などによって、古典的イデオロギーにもとづく野党の存在が変質するという説〕には当てはまらないことを、二〇—三〇年後に身をもって示すことになった。

人気の高かったデン・ウィルのリーダーシップのもとで、オランダ労働党は、世間一般にひろがっていた不安感をめいっぱい煽《あお》り立てた結果、一九八六年には選挙でめざましい勝利をおさめた。選挙民の三分の一以上がオランダ労働党に投票したが、しかし、それだけでは多数を占める中道右派を狼狽させるには不十分であった。オランダ労働党の選挙戦術と連合政権を担うための戦略とのあいだには埋めることのできないギャップがあった。オランダの社会民主主義者が、選挙における勝利がそのまま政権の座に結びつかないことに慣れてしまったことが問題といえよう。すなわち、選挙戦術がうまくいっても、政権へ参加できるというわけではなく、それどころか、国政選挙で成功をおさめてもほとんど政権の座につけなかったということである。

一九八六年の選挙は、「勝利と敗北の共存」〔得票率が大幅に増加したものの政権奪取には失敗したという意味で〕と説明されたが、党の内部に深刻な問題をもたらした。オランダ労働党がもくろんだ急進的な綱領や戦略が現実離れしていたということなのだろうか。党の指導者層は、政党綱領の基本原則や戦略、また内部組織について全体的にみなおすことを決めた。[2] この新しい取組みにさいしてはリーダーの交替も含まれていた。〔ドイツの〕ウィリー・ブラントや、〔スウェーデンの〕オロフ・パルメに匹敵するといってもよいオランダ労働党のデン・ウィルは、運営面で手腕を発揮できそうな、前オランダ労働組合連合（FNV）の委員長であったヴィム・コックに道をゆずった。スウェーデンやスペイン、またイギリスでは、社会民主主義を現実的な政策にあわせようとする過程で、労働組合やその他の運動団体等とのあいだの対立を生んだが、それらとは対照的に、オランダ労働党の革新性は、一九六〇年代や七〇年代の急進的な遺産にたいして、直接的に異議を申し立てたことにあった。

つまり、一九八〇年代にオランダ労働党に突きつけられた課題は、なによりも同党の過去、すなわち、急進的な綱領、二極化戦略〔六六年、民主党および急進党と組んで、それまでの中道右派政党を中心とした政治を二極化させようとしたオランダ労働党のもくろみ〕、そして党内にくすぶる不信感にたいして真剣に取り組むことであった。オランダの社会民主主義を時代の変化にあわせて改革するために、三つの委員会が設立された。これらの委員会は、政党綱領の新たな方向づけや、社会的戦略、また党の再生にかんする重要な報告書を発表した。それらの報告書は、一般党員にたいして、経済の新たな動向や、技術、エコロジーや社会文化的領域の課題に目を向けるように迫った。同報告書は、社会的、政治的な状況がどの程度変化しているのかを指摘し、このような新しい環境に適応するための真剣な取組みがもはや避けられないことを示している。しかし、他方で、同報告書は、新しい綱領をまとめあげることや、新たな方向を詳細に描き出すことについては十分とはいえなかった。結局、これらの報告書は、二、三の閉塞的な状況を突破する以上のことはできなかった。オランダ労働党の指導者層はその後、再生のための具体的な提案を立案することをためらい、新たな政治の方向を打ち立てることに失敗した。

実践をつうじた学習

オランダ労働党の改革過程が道なかばにまでさしかかっていたときに、ルベルス首相率いる中道右派政権が崩壊した。一九八九年の選挙後、社会民主主義政党は、ふたたびキリスト教民主主義政党のルベルスが首相となった中道左派の連合政権に加わった。オランダ労働党は「いまこそ異なった政策を行なう時期」というスローガンを掲げてキャンペーンを張った。きびしい歳出削減の時期も一段落したことから、公共部門を強化していく余裕が少しはできたように思われた。しかし、それは大きな誤算であった。新内閣は不利な経済環境に直面した。さらに前政権が二、三の財政上の「ツケ」を残していったこともあった。したがって、実際には「異なった政策」を行なえるような余裕はほとんどなかったのである。

前政権期において示した〔野党としての〕強固な抵抗や、楽観的な表現が並ぶ綱領があるにもかかわらず、オランダ労働党は中道右派政権とはほんのわずかしか違わないような、限定的な政策を実施せざるをえない状況に追い込まれた。オランダ労働党には大きな圧力がかけられた。政府の責任を果たそうとした結果、かれらは新しい経済・政治政策に適応することを迫られた。このような党内での緊張にもかかわらず、同党は、〔連立政権のなかでの〕財政的、経済的合意に従うことになった。

ヴィアーディ・ベックマン財団は、ルベルスとコックとの連立政権の評価を『統治方法（学習経験をつみながらの統治）』という題名の書物で発表している。その書物には社会民主主義政党の閣僚全員にたいするインタビューが掲載されているが、リーダーシップと確信を欠いた政党のありのままの姿を描いている。社会民主主義政党に属する政治家たちは、政権党として連合を組んでいる相手方のキリスト教民主主義政党の政治家たちと対立していただけでなく、党内でもこれまで削減されつづけてきた予算を奪いあうライバルとして、互いに争っていた。かれらは共通の目的をつくりあげることに失敗した。かれらのうちのひとりは、そのひややかな雰囲気を「南極状態」〔北極よりも南極の方が寒いという意味〕と表現した。医療制度の再編のような重要な政治的目標は実現しなかった。そのほかの計画についても、たとえば、マーストリヒトでのヨーロッパの政治統合（EU）に向けて次のステップを作るという仕事は大失敗に終わってしまい、そのことは、EUの議長国としての役割を果たしていたオランダ政府をおおいに失望させることになった。このためオランダ政府はとりまとめの手腕をもういちど学びなおさなければならなくなったといえよう。

このような学習過程は決して平坦な道ではなく、またかなりのリスクをともなうものであった。このことはとくに、オランダの社会保障制度における雇用障害給付制度（WAO）への「悪名高い」政府の介入のさいに、はっきりと示された。その結果として生じた危機は、痛みをともなない物議をかもす現実的な改革の一段階といえるが、それはオランダ労働党が経験しなければならないものであった。政治的な起爆剤となったのは、「オランダ版第四条項」〔イギリス労働党の象徴として重視されてきた党綱領第四条（主要生産手段の国有化をめざす）が、ブレアによって削除され、それが新生労働党の性格をあらわしていることをたとえている〕であろう。オランダでは、これがどういう意味をもったのだろうか。政府は、雇用障害給付制度の受給者が多いことに驚いた。その数は、ヨーロッパの平均に照らしあわせても、異常ともいえるほどにきわめて多かった。つまり、一九九〇年におよそ九〇万人が雇用障害給付を受給していたのである。社会民主主義政党の閣僚の同意を得て、政府は、社会保障制度のこの分野にかんして、思い切った改革を行なう方針を示した。その方針とは、使用者に、傷病給付や障害給付制度の利用を思いとどまらせるような財政的な誘因を与えることや、受給資格や給付水準を見直すことなどであった。この方法により、同制度〔のための支出〕は大幅に縮小された。[3] 提案された方法は労働組合との信頼関係をいちじるしく侵害する結果となった。組合は反発し、大衆デモが起こり、それはまた社民党の多数の一般党員に支持された。オランダ労働党内では深刻な危機が発生していた。この危機はヴィム・コックのリーダーの座をおびやかしたが、かれは当時、内閣で大蔵大臣の任に就いていた。その活気あふれる政治力に助けられ、また全体的に柔軟な政策方針をとったために、かれはかろうじてその地位を保つことができた。しかしながら、オランダ労働党の核心的な務めともいえる社会問題〔の解決〕にかんする信頼はかなり失われてしまった。

ヴィム・コックのパープル連合

一九九四年の選挙では、オランダ労働党は福祉国家にかんする緊急なる改革法案をかかえて選挙にのぞんだ。オランダ労働党は議席の四分の一を失ったが、それ以前に数万人の党員を失っていた。しかし、キリスト教民主主義政党の選挙結果はさらにひどいものであったから、驚いたことにオランダ労働党は第一党となり、ほぼまちがいなく野党に転落すると思われていた事態をかわすことができた。その結果、オランダ労働党は首相のポスト（ヴィム・コック）を得て政治舞台に再登場した。

キリスト教民主主義政党は広範囲にわたってその影響力を失った。かれらはもはや第一党ではなくなった。さらに「政権党といえばキリスト教民主主義政党」といわれた地位も失った。ヴィム・コックのもとで、社会民主主義政党・進歩的自由主義政党・保守的自由主義政党の連合政権が組まれた。この組合せは「パープル連合」と呼ばれた。なぜなら、社会主義のカラーである赤と、自由主義のカラーである青との協力からなる政権党だったからである。二つの党の政治的な主義・主張には、過去数十年間にわたって、連合政権のパートナーとなりうる機会があったときにも、お互いを排除してきたほどのちがいがあった。

キリスト教民主主義政党を欠いた政権は、オランダではめずらしいことであった。一九一八年から九四年まで、キリスト教民主主義政党は、政権の座にとどまるために、政治的中道を掲げてその中心的地位を利用してきた。一九八〇年代には、「パープル連合」にかんし、社会民主主義者と自由主義者とのあいだで議論がなされたが、それほど大きな成果はなかった。一九九四年の選挙は、「パープル連合」による政権を現実のものにする絶好の機会となった。そうなったのは、キリスト教民主主義政党が危機に陥っただけでなく、オランダの政治にかんする主要な争点について幅広い合意が形成されるようになったからである。外交政策や財政政策、また経済政策のような、それまで明白だった政治的イデオロギーにかんする意見の対立は、容易に解決可能な、具体的な実施方法をめぐる意見の相違というレベルにまで引き下げられた。一九八〇年代に広くみられた、社会民主主義政治と自由主義政治とのあいだの大きな見解の相違は、ここでかなり接近した。キリスト教民主主義政党がもはや中道的な立場でなくなったことで、世俗諸政党による啓蒙〔脱宗教〕のプログラムが何であるかというよりも、連合のパートナーとして手を組めるかどうかということが重要となった。このようにして、オランダの社会民主主義政党は「保革共存政権〔コアビタション〕」の政治〔フランス語で「同居」を意味するが、主にフランスにおいて、大統領と首相がそれぞれ保守と革新のように異なった勢力に所属しているような政治体制〕の渦中にあることを自覚するようになるが、それは、〔連合〕政府のなかに、重要な政治的対立がなくなったことを意味した。(4)

「パープル連合」による政権を担当したことによって、オランダ労働党はルベルス／コック内閣のときよりもさらに力をつけることになった。一九九四年、オランダ労働党はまさに息も絶え絶えの状態から命拾いをした。それ以降、オランダの社会民主主義は存立の危機から脱し、自信を回復した。ボスニアにおける平和維持活動のあいだに生じたスレブレニツァの事件〔同地で起こったイスラム教徒の大量虐殺を駐屯していたオランダ軍が防げなかったという問題〕のような、いくつかの大失敗もある。環境政策面において不本意な結果に終わったケースもあった。しかし、「袋小路」にまよいこんだという感覚からは抜け出せた。そして、いまや変革が進められているが、好調な経済環境が、これらのすべてのことにたいして、救いの手を差しのべたことはたしかである。

オランダの新しい社会民主主義計画のなかでは、二つのテーマが重要な位置を占めている。そのひとつはまず、公共投資計画であるが、それは〔旧来とは異なる〕先進的な意図をもっている点で「サプライサイド経済学」の一形態ともいえる。その主な焦点はインフラ整備計画と教育である。インフラ整備計画はオランダの主要な港湾・空港機能を中心に計画されている。すなわち、ロッテルダム貿易港や、ヨーロッパのハブ空港としてのスキポール空港などである。

また、この分野における公共部門の負の投資を埋め合わせるという視点から、教育にたいして新たに力を入れることも考えられている。この計画は、「主要な港」、そして「頭脳の港」としてのオランダづくり、という考えかたに向けて進められている。つまり、統合が進むヨーロッパと国際化が進む市場におけるオランダの地位を、まずは経済的に強め、それがひいては政治的競争力をも強める、という計画である。予定された税制改革も同じ目的にむかって貢献すると思われている。他方で、このようなアプローチには深刻なマイナス面もあり、それらは政治の争点となっている。たとえば、そうした一国の経済的利益を強調するような政策は、環境保全の目的や、文化的価値を低めることになりはしないか、またそれには国際間の連帯を犠牲にして、一国の利益をより重視して考えるというリスクがありはしないか。政治は経済の論理で動く議会政治になってはなるまい。

社会民主主義政党の計画における第二の主要なテーマは、オランダの福祉国家の変革である。政治の簡素化をめざす改革と福祉国家の見直しは、たんに自由主義尊重という時代精神にひきずられたためばかりではない。〔そこでは〕福祉国家の進歩的な改革の基盤となるような新たな見方が培われたのである。この計画は「福祉国家から参加型社会へ」という呼び名で知られている。旧式の福祉政策は、若年世代から要求された、育児と仕事の両立という領域の新しい流れに合うように変化しつつある。同時に、社会民主主義者は、柔軟性と保障、また集団的な保護と個人責任とのあいだの新しいバランスをつくりあげようとしている。最後に、〔現金給付に依存するだけの〕旧式な福祉国家は、〔雇用に結びつくような〕よりダイナミックで積極的なシステムに変更する必要がある。この課題について焦点を当てるために、以下ではさらに、オランダの「ポルダー・モデル」について議論することにしよう。

オランダの「ポルダー・モデル」

〔ポルダーとは、オランダ語では「干拓地」という意味。政労使のあいだで、賃上げを抑えるかわりに雇用の創出をはかるなどの合意をもとに行なわれた経済改革〕

「エコノミスト」誌に触発されて、外国の新聞はオランダ経済を賞賛した。いわゆる「オランダのポルダー・モデル」は福祉国家の現代化の成功例として取り上げられているが、それは、経済パフォーマンスを改善させながら、同時に社会的連帯を維持できることを証明したものと考えられている。一五年前、オランダ病――福祉国家が急増する失業や新しい経済環境に適応できなくなったこと――について語られた時期にくらべて、オランダ経済は現在、好況である。一五年にわたる政府の財政削減策と社会保障制度の大きな改革を経て、オランダは容易に欧州経済通貨統合（EMU）への参加基準をみたしている。同時に、オランダの「ジョブマシーン」は、驚いたことにほとんどアメリカのそれに近いものになっている。若年失業は一九八〇年代にはきわめて大きな問題となっていたが、実質的にそれは根絶されたといえよう。そしていまや労働力不足さえ見えはじめている。

この変化を、たんに、予定された計画どおりにことが進んだ結果であると解釈することはできない。それは痛みをともなう学習過程の結果であり、また経済政策の試行錯誤から生み出されたものでもある。そのほか、計算ちがいの結果でもあり、また労使間の実りのある協議やはげしい対立などを経て得られたものでもある。これはモデルではない。政府と労使による協議が中心的位置を占める「ポルダー・モデル」は、宗派別のコーポラティズムと、自由市場イデオロギーと、社会民主主義的な社会政策の重視と、政府の介入の組合せからなる。そしてその成果は制度と政策と政治のあいだの相互関係によって説明される。(5)

「オランダ・モデル」について分析するためには、賃金交渉および雇用政策の分野と、社会保障制度の政策領域とを明確に分けてみていく必要がある。飛躍的な雇用の伸びは、長期にわたる賃金抑制と、それにともなうかなり多くのパートタイム労働の増加によって説明される。その賃金抑制は、オランダの労働組合の長いあいだの伝統である「責任をともなった現実主義」に合致するものである。一九八二年に、増加する失業の圧力のもとで、また政府の賃金交渉にたいする介入のおそれから逃れるために、労働組合は賃金抑制について使用者と合意した（ヴァッセナー合意）。それ以来、実質賃金の上昇はほとんどみられなかった。賃金抑制は、組合から打ち出された時短と雇用機会とひきかえに行なわれたものである。

雇用創出がもっぱらパートタイム労働の増加というかたちであらわれた理由は、オランダの労働市場にコンフェッショナリズム〔ここでは列柱状社会分割のことをさす（三四五頁参照）〕の影響がみられることと深く関係している。オランダでは就労女性の数はつねに少なかった。しかし、一九七〇年代末になって、労働市場における女性の数が急速に増えはじめた。こうした動向に対応して、パートタイム労働が急速に増加した。その結果、〔共働きによって〕一・五人分の所得を得る家庭が増加し、それまで支配的だった単一の稼ぎ手による家族形態に取って代わるものとなった。

こうしてみると、八〇年代は、かたちとしては、政労使のあいだでの協議と合意形成というオランダ的な「コーポラティズム」の伝統がひきつづき保たれた時期であるといえよう。ただし、制度的な面からみると、かつてのような政労使の三者による中央集権的な団体交渉のパターンから、（国家の）影響力のもとで、労使間のより分権化された交渉に変化したといえる。(6)

一方、社会政策の分野についてみると、九〇年代は、まさに戦後に形成されたオランダの福祉国家の諸制度と決別し、労使の勢力を抑える時期となった。オランダの福祉国家の設計はキリスト教民主主義の考えにそっており、それはいわゆる「社会的資本主義」と呼ばれるものとなった。キリスト教民主主義の影響は、社会政策の形成とその適用を組織化された労使にゆだねる、というありかたに反映された。一定の法的枠組みのなかで、組織化された労使は、社会保障の諸制度を実施するうえで、主要な責任をもつものとされた[7]。

雇用障害給付制度（WAO）についてみると、コーポラティストによる社会保障の実施方法は非難をあびることになった。そしてこのことが、社会民主主義と組織化された労働者とのあいだにこれまでは決してなかった苦々しい対立や相互不信をまねくことになった。オランダ労働党と労働組合とのあいだの緊張関係はかなり高まった。組合の立場からみれば、社会保障制度への政府の介入は配慮不足であり、まちがったやりかたで行なわれているものにみえた。しかし、同党のなかで政治的リーダーシップを握っている人びとは、雇用障害給付制度は、使用者も組合もあやまって利用していた、と結論づけた。つまり、それは、組織（企業）の再編問題にたいするひとつの解決策とされていた。コーポラティズム的な実践の意図せざる結果は、労働市場の外部におかれている人びとを犠牲にして、内部にいる人びとを過度に保護するものとなった。社会民主主義政党に属する大臣たちもまた、最終的には、この政策のいきづまりを打開するためには、思い切った政府の介入が必要であることを認めた。同党と労働組合との緊張関係はオランダ労働党の内部にも存在した。党派的な争いは、いわゆる労働組合派と社会的自由主義者または市場社会主義者とのあいだで展開された。もっともこの党内部の〔対立〕関係は、現在ではいちおうの落ち着きをみせている。

オランダ経済の回復を強く感じている人びとは、その成功の基礎には、協議と合意の伝統があることを強調する。たしかに、この主張には多くの真実がある。しかしながら、オランダの社会民主主義はこの伝統にたいして矛盾する側面をもっている。それは、協議し合意をつくりあげる過程やその制度的設計と同様に、その結果においてもみられる。コーポラティズム的な協議体制は、満足な結果が得られるかぎりで、賞賛されるものとなる。しかし、雇用障害給付制度のように、ことがらがまちがった方向に進むと、オランダ労働党はこの問題にたいするその政治的役割と責任を強調し、必要ならば、労働組合の意に反することもしなければならない。

「ポルダー・モデル」の結果にかんしていえば、オランダ労働党には反論もあろう。雇用が増加し、経済、財政が強化されたにもかかわらず、そこには深刻なマイナス面も残されている。成功の代償は、主に社会保障に依存している人びとにしわよせされている。一九八三年以来、そのような人びとの購買力は、民間企業に勤めている従業員のそれの三〇%以上も低い状態がつづいている。さらに、毎年一〇万人分の新たな雇用が創出されているにもかかわらず、いわゆる非稼動人口の比率は高いままである。長期失業者の数はほとんど減っていない。公式に示されている失業率は低く、七%を若干下回る水準であるが、それはかなり高い比率で存在する「かくれ」失業者〔完全失業者に数えられない潜在的失業者〕の数をはずしているからである。また、「福祉国家における貧困」をめぐる課題が政策綱領のなかでくりかえしのべられているのは、さまざまなオランダ教会からの批判があるからである。

オランダ・モデルにはほかにも弱点がある。政策綱領でとくに強調されているのは、マクロ経済や、財政・予算にかんする目標、そして規制緩和と民営化である。しかしそれによって、急速な技術革新や生産・工程のイノベーション、また小規模事業や新規起業にたいする関心が薄くなっていることも事実である。

イノベーション戦略

オランダの福祉国家の変革は、それを遅らせようとする強力な政治的・制度的なメカニズムがあるにもかかわらず、イノベーションや変化が可能であることを教えている。しかしながら、その変化の過程をみると、変革は「事前に計画されたもの」というよりは、「偶然」の結果であることが特徴といえよう。(8) 同様のことがオランダの社会民主主義についてもあてはまる。変革が進められつつあるが、オランダ労働党の将来は新しい環境に適応できるかどうかにかかっていることは明らかである。この点にかんしては、とくに二つの問いが重要となろう。

第一の問いは、社会民主主義政党が、社会と国家のあいだを媒介する制度として、活力をもっているかどうか、ということである。低い組織率と、そのほかの団体とのはげしい競争によって、同党は基盤を失いつつあるようにみえる。新しいメンバーとして政治家をいかに補充していくか、また公開討論会や対抗勢力をいかに組織していくか、などの点を含めて、党自体の組織改革が優先すべき項目として挙げられなければなるまい。

このような政党のイノベーション戦略をたてるさいには、現在の政治システムにおけるいくつかの重要な状況を考慮に入れなければならない。メディア時代を迎えて、政党はとかくリーダーたちの陰にかくれている。しかし、党のリーダーたちは、じつは一般大衆によく知られている政治家というにすぎず、かれらの活動範囲は日常政治のレベルにとどまるものである。選挙民は、かれらの問題解決能力とその後の成功または失敗によって、かれらを判断する。党が中心的なリーダーシップを発揮するところで、いかなる結果が引き出されるかという点が、オランダ労働党のイノベーション戦略にかんする重要事項のひとつとなっている。

もうひとつ、これはどの政党の場合にも同様にいえることだが、とくに伝統的な国家主導型の社会民主主義に影響を与えているのは「政治の拡散」という問題である。すなわち、国内政治の場がおのずと政治権力や政治的意思決定の中心となる現状ではなくなった。権力はいろいろな方向に「分散」しつつある。それは、市民自身が自立的で批判的になったというだけでなく、権力側もまた、ヨーロッパ・レベルの各種制度や官僚制、また司法や地方公共団体、そして最先端の技術発展に取り組んでいる企業や団体のなかに分散しているからである。この現象は、説明責任や管理の面で新しい民主的な手続きを必要とし、また政党が果たす役割にたいし避けがたい深刻な影響を与えている。

第二の問いは、現在の社会民主主義の政党綱領にそった党の姿についてである。今日の社会民主主義政策はどのように特徴づけられるのであろうか。この問いは、オランダでは、社会民主主義と進歩的リベラルと保守リベラルからなる、「パープル連合」にかかわって発せられてきた。理論的には、この組合せは、個人責任（保守リベラル）と、民主主義的開放性（進歩的リベラル）と、公共分野での質的水準の確保（社会民主主義）とのあいだに妥協的に折り合いをつけることによって成り立ちうる。実際には、オランダ労働党はリベラルな政治に寄りすぎており、古典的な社会民主主義が擁護してきた利害をなおざりにしている、とまで批判されてきた。オランダ労働党の左派が選挙において得票を増やしていることも以上の理由による。

社会民主主義はまぎれもなく危機状況に遭遇している。変革の過程において、同党は自由主義経済の見解とみずからの立場を区別しなければならない。しかし同時に、同党は、新しい社会・経済動向と無縁ではいられない。社会民主主義政党は、もはやその関心事を福祉の分配にだけかぎることはできない。同党は、経済の中心的問題にたいしても責任をとらなければならない。オランダの社会民主主義を悩ませているのは、いかにして健全な経済と、効果的な環境政策と、公正な社会政策の関係をうまく成り立たせるか、という問題である。

いまのところ、同党の政党綱領自体が大きな問題となっているわけではない。オランダ労働党は、たとえば環境問題については、かなり急進的な立場をとってきた（一九八九年、コック首相は「長期的には、環境面に考慮を払わない政策は経済的にも賢明な策とはいえない」と述べて、「ＳＰＤと連帯しよう」と呼びかけた）。しかしながら、日常政治のなかで、経済の論理は、それとかかわっている環境の論理よりもはるかに優位におかれている。現在、焦眉の急とされるのは、政党綱領と政策とのあいだに信頼できるようなつながりを築くことである。

原注

（1） Franz Walter, "De SPD en haar problemen op de weg naar demacht", in *Socialisme & Democratie*, monthly review of the Wiardi Beckman Foundation, jrg. 54, 1997, nr. 10, pp. 411 e. v., 1977; René Cuperus, "Gefährlicher Alleingang. Die SPD wird zum Problemkind in Europa", in *Die Zeit*, 12 January, Tribüne, p. 8を参照。

（2） くわしくは、Steven B. Wolinets, "Reconstructing Dutch Social Democracy", in R. Gillespie and W. E. Paterson (eds.), *Rethinking Social Democracy in Western Europe*, London, 1993. また、Philip van Praag Jr., "Conflict and cohesion in the Dutch Labour Party", in David S. Bell and Eric Shaw (eds.), *Conflict and Cohesion in Western European Social Democratic Parties*, London, 1994を参照。

（3） Jelle Visser and Anton Hemerijck, *A Dutch Miracle. Job Grouth, Welfare Reform and Corporatism in the Netherlands*, Amsterdam 1997, p. 143.

（4）　現代の政治や社会経済における連合形態は、共和国の時代からオランダ社会を特徴づけてきた協議と合意の文化にもとづいている。オランダのエリートは、政治あるいはイデオロギーにたいしてまったく意見が一致しない場合にも、つねに現実に即した方法で協調をはかってきた。このことは、オランダの列柱状社会分割の時代に、異なった柱に属するエリートたちによって行なわれた「実践的な合意の政治」にもあてはまる。ダールダーは、「オランダには、多元的文化とある種の許容範囲内での対立が議会政治や民主制に先がけて存在していた。そこでは昔ながらのエリートの資質と、エリート間での対立と調和にたいする伝統的な流儀が、持続的に影響をおよぼしてきた」と述べている。Hans Daalder, "The Netherlands: Opposition in a Segmented Society", in Robert A. Dahl (ed.), *Political Oppositions in Western Democracies*, New Haven (Conn.), 1966, p. 188.

（5）　Anton Hemerijck and Kees van Kersbergen, "A Miraculous Model? Explaining The New Politics of the Welfare State in the Netherlands", in *Acta Politica. International Journal of Political Science*, vol. 32, Autumn 1997, pp. 258-280.

（6）　Idem, p. 269.

（7）　K. van Kersbergen, *Social Capitalism: A Study of Christian Democracy and the Welfare State*, London/New York, 1995 を参照。

（8）　A. Hemerijck and Van Kersbergen, p. 278.

（廣瀬真理子訳）

解説――「EU」と社会民主主義

田中　浩

一

二〇〇八年九月、アメリカの大企業リーマン・ブラザーズ社の破綻に始まる世界的な金融危機にさいしては、各国ともに、それを解決するには一国だけの力ではもはや限界があると感じて苦悩している。そういうなかでヨーロッパEU諸国のうちイギリス、アイスランド、スウェーデン、デンマーク、ポーランド、ハンガリーなどでは、ユーロ導入によりいよいよヨーロッパが一体となって未曾有の金融危機を解決しようと考えつつある、という新聞記事（朝日新聞、二〇〇九年一月八日朝刊）がでていた。

このことはひとつには、もはや社会の将来を市場まかせにはできないということを政府も国民も改めて認識したこと、二つには、どの国もグローバル化した現代世界では一九世紀に確立した一国主権主義的な「ナショナリズム」を唱えるだけではもはや時代遅れであり、二一世紀には機能しないと確認したことを示している。そしてこういう記事を見ると、アジアのなかでとかく孤立し、結局はアメリカを頼りにせざるをえない恰好の戦後日本の政治・経済体制と思想・文化状況の危さを感じるし、戦後ヨーロッパのEU化をうらやましくも思うし、同時に、日本はこれまで以上にヨーロッパ型の「思想・制度」再構築のありかたに学ぶべきではないか、と痛感する。

現代の若者たちから見るときわめて奇妙に思われるかもしれないが、いまからほんの三〇数年ほどまえの一九七〇年ごろ——当時は「冷戦対決」の代行戦争と言われたベトナム戦争が続行中で、国内的には保・革両党が「敵・味方」論によって激しくしのぎをけずっていた——の日本の政治・経済・社会思想などの社会科学系の分野では、福祉国家を研究すること自体がナンセンス——社会主義・共産主義国家になれば完全な社会保障制度が実現されるのだから、資本主義の矛盾（失業・貧困）を補正しようとするつぎはぎだらけの「福祉国家論」はしょせんは体制擁護思想以上のなにものでもない——であるとしてあまり歓迎されず、むしろ白い眼で見られていたように思われる。

そしてそれとの関連で、日本では社会民主主義という思想が、ラディカルな左派陣営からは、資本主義体制にたいして真っ向から対決しない、軟弱で日和見主義的な思想とみなされていた。すなわち戦後から「冷戦終結」（一九八九年）ごろまでの約四〇年余りの時期は「社民」という略称は日本では政治的には、一種の軽蔑用語ですらあった。ちなみにこの「社民」という用語はロシア革命期には、レーニン的ボルシェヴィキ（暴力革命論とプロレタリアートの独裁論）がカウツキー的メンシェヴィキ（議会で多数を占めて平和的に社会主義体制へ移行するという考え）を批判した用語にはじまり、戦前日本では社共両党間の「社会主義革命」をめぐる論争のなかで生まれたものであり、その理論的闘争の伝統がそのまま戦後にも受け継がれたことを指摘しておく。

ところで一九九二年の「マーストリヒト条約」によってヨーロッパ一二カ国が政治的・経済的・社会的に相互に協力しあい、国の安全と国際的な平和主義を確立しようとしてＥＵ（ヨーロッパ連合）を創立し、九五年には、スウェーデン、フィンランド、オーストリアが加盟して一五カ国となった。そのさい構成国一五カ国のうち一三カ国の政府が社会民主主義政権であった。これにたいして現代日本では、社会民主主義の本家と目される日本社会党自体がわずか衆参両議員十数名程度の極小政党（一九九六年一月に「社会民主党」と改名）になってしまったので、いまや「社会民主主義」という言葉自体がほとんど死語同然になっている。この事態をどう見たらよいか。そもそも二一世紀現代世界における「社会民主主義」の思想内容とはなにか。こんにちの社会民主主義思想の共通の最大公約数は、伝統的な社会主義思想が資本主義体制の存在そのものを認めず、「社会主義革命」による社会主義国家の建設を求める

――資本主義から社会主義への移行の方式にはさまざまなものがあったが――のとは異なり、資本主義的生産方式は認めつつも、資本主義が必然的に陥りやすい無制限な利潤追求主義を手放しで認める「市場原理」については、これを公共の立場から抑制する、そのためには国家や政府の役割を認める思想と要約できよう。

二

ではヨーロッパではなぜ、このような社会民主主義を標榜する政党が各国で重要な、政権担当可能な政党として活動できるような政治体制・政治文化が生まれたのだろうか。

まず第一に、ヨーロッパ(イギリス、フランス、ドイツ、イタリアおよびオランダ・ベルギー・ルクセンブルグ〔「ベネルクス三国」〕などの西・中欧、スウェーデン、フィンランド、デンマークなどの北欧、スペイン、ポルトガルなどの南欧、チェコ、ハンガリー、ポーランド、ルーマニアなどの東欧)地域では、ギリシア・ローマ以来二〇〇〇年以上にわたって共通の政治・社会思想――自由主義・民主主義などを基礎にする人権尊重主義や平和主義など――を発展させてきたという点である。とくに一七・一八世紀の市民革命の勝利によって、イギリス、アメリカ、フランスなどの西欧諸国で近代民主主義の思想と制度が確立された。もっともヨーロッパにおける民主主義の発展は必ずしも平坦な一本道ではなかった。たとえば一九世紀七〇年代以降、資本主義の発展により帝国主義国家に変質したイギリス・フランス・ドイツなどの列強はアジア・アフリカ地域を植民地化した。また二〇世紀に入ると、その性格は異なるが、いずれも資本主義体制を批判した新しい国家、すなわちヒトラー、ムッソリーニなどの率いるファシズム国家、本来的には人間の自由と平等の実現を目指したマルクス主義の原理からは大きく逸脱したスターリン主義に代表されるソ連邦社会主義体制が出現した。しかし戦後ヨーロッパでは、ソ連に従属させられた東欧諸国はのぞき、ファシズム体制やスターリン主義体制の現出を反省して、のちに述べるような民主主義・福祉社会・平和主義を主軸とするEU共同体が五〇年かけてゆっくりと構築されていった。

戦後日本でも主として戦前の独伊のファシズム体制と、「一五年戦争期」の「昭和ファシズム体制」とを対比して分析しさまざまな反省材料にしてきたが、それらを、ファシズム体制に対抗してきたヨーロッパ・デモクラシー本来の思想や体制と関連づけて、トータルな観点から日本民主主義の構築をはかることには必ずしも成功しなかった。たしかに、戦後日本では、「民主改革」の必要性からナチズムやファシズムの研究が盛んにおこなわれた。しかし明治維新以来の日本における外国研究のつねとして、モデルとすべき外国人研究者の研究蓄積を十分に研究することなく、書かれたものをそのまま借用・引用し、あるいは原著者の問題意識を知るための政治的・経済的・社会的・歴史的・思想的背景を自分の手で調べることもしない日本的外国研究方法によって、せっかくのファシズム研究も「日本ファシズム」を反省して新しい日本民主主義の問題を考究する材料としては十分に活用できていないのである。たとえば、ナチ台頭前のヴァイマル共和国設立初期やヴァイマル憲法制定時にあってはドイツ社会民主党が主導していたこと、第一次世界大戦前のドイツ社会民主党は世界第一のマルクス主義的大政党であったこと、いっぽう当時の日本は、大正デモクラシーが一時期花開いていた時代とはいえ、日本の政治構造はきわめて封建的な非民主主義的・帝国主義的な大日本帝国憲法を基盤にしていたため、同じファシズム国家といっても日独における自由主義・民主主義をめぐる思想・制度の理解度と定着度には大きな差異があったし、またイタリアは古くはローマ共和国、ルネサンスなどの世界的な人文主義の歴史的伝統を有していたことを忘れてはならない。その差が、戦後になっても、日本社会党が保守党の一党支配をはねかえすことができず（その責任は国民の知的レベルの貧困にもある）、他方で戦後ドイツ、イタリアにおいては社会民主主義政党が両国の主要政党として活動した違いとなって現われたことを想起すべきであろう。つまりナチズム、ファシズム研究にしても、一九二〇・三〇年代の短期的な時期だけを研究対象にするのではなく、少なくとも何世紀にもわたる政治・社会思想や制度をはぐくんだ歴史的背景のもとで捉えなければ外国から学んだとはいえないということである。

すなわち、日本では、社会民主主義問題は、戦前から戦後にかけての約七〇年ほどの社会主義陣営内での争点にすぎなかったのにたいし、ヨーロッパでは、一九二〇・三〇年代のファシズムとの対決のなかで、階級闘争や一党独裁を主張する過激《ラディカル》な「社会主義」から、こんにちのEUの重要な構成国である北欧やベネルクス諸国における現実主義的な「社会民主主義」——資本主義を容認するが、福祉社会の創設によって公共福祉をはかる——への転換がはかられたことに注目すべきであろう。しかし戦後日本では、「ファシズム」問題には眼が向けられた——このことはきわめて重要なことであったが——が、「過激社会主義から社会民主主義への転換」という側面がほとんど忘れられていたのである。

こうしたヨーロッパ研究の見落しは随所に見られる。たとえば近年続々EUに加盟しているハンガリー、チェコ、ポーランドなどの東欧諸国は、第二次世界大戦後、不幸なことに一時期スターリン体制の支配下におかれたが、これらの国々はもともとは長い時間をかけてヨーロッパにおける民主主義思想の洗礼を受けてきていたのであって、一九八九年にソ連邦からの離脱いわゆる「東欧革命」をはかったのはきわめて当然なことであった。社会主義・共産主義の本家本元の旧ソ連邦でも、ソ連共産党の最高指導者であるフルシチョフが一九五六年に暴力革命論や階級闘争主義を否定し——それが「ハンガリー事件」（一九五六年）や「プラハの春」（一九六八年）やポーランドの反乱を誘発したが——、それから約三〇年後の一九九〇年にはゴルバチョフが、「共産党一党独裁論の放棄」や「多元主義的政治論」を提起し、ソ連を「ヨーロッパ共通の家」の一員として位置づけ、「ソ連邦の」ヨーロッパ・デモクラシー化を目指したとき、世界中の人びとは驚愕したが、少なくとも、ウラル山脈から西のロシアは、広義にはヨーロッパの一員と考えても決して不思議なことではないのである。このように見れば、将来的にはロシア共和国をふくむ一一共和国を創設メンバーとする「独立国家共同体」（一九九一年十二月二十一日）のうちの大半がEUへの加盟を希望するであろうことは十分に考えられよう。

三

さて、二一世紀現代世界の新しい思想や構造のありかたを考えるためには、これまで以上にヨーロッパ・デモクラシーの歴史と思想を研究する必要があることについて述べてきたが、そのさいアプローチの方法は数々あろうが、EU研究が現代世界の現状と将来を考えるうえでもっとも有効かつ重要な研究方法であると思われる。なぜならEUは、民主的な世界政治や世界経済を確立するうえで必要な世界平和の安全保障機構のモデルであるからである。

一国内の平和と民主的な安全をはかり、そうした諸国家の連携によって国際平和や世界平和を確保することは、ギリシア・ローマ以来、数千年間にわたる人類の悲願であった。アテネの偉大な政治指導者ペリクレス（紀元前四九五年ごろ～前四二九年）は、小国アテネの強さは、その確固たる民主主義にあると誇らしげに述べている。したがって、「平和の条件」は、まず第一に、各国・各地域における民主主義の確立と深く関係していたことがわかる。一六世紀中葉の「三〇年戦争」終結後から一八世紀末にかけてイングランド、オランダ、アメリカ、フランスなどに市民革命や独立戦争が起こり、人権と自由を保障する一国民主主義にもとづく国民国家モデルが生まれ、それによって国内平和が達成された。ホッブズ、ロック、ルソーなどの国家論が基本的には一国民主主義論で完結しているのは――その意味ではグロティウスの『戦争と平和の法』（一六二五年）は将来のヨーロッパ全体を見通した画期的な著作であったと言えよう――、一七・一八世紀の国民国家形成期という成立事情によったものと思われる。もっとも社会契約論者のうちルソーは、サン＝ピエールの『永久平和論』（一七一三年）の影響を受けて『恒久平和論』（一七六一年）を書いていたし、ルソーの政治論に熱中したカントも『永久平和のために』（一七九五年）を書いているのは、いまや国民国家が群生しつつあった一八世紀後半のヨーロッパ大陸の事情を反映したものと言えよう。

ところで、一国民主主義を基礎とする国内政治が安定すると経済（資本主義）が急速に発展し、とくに一九世紀中葉以降、列強間での商品・資本輸出の拡大要求による領土拡張主義や、植民地獲得競争にもとづく「帝国主義戦争」

（レーニン）が激化する。そしてこうした大国間での帝国主義戦争は、ついに二〇世紀前半にヨーロッパの地において英・仏（のちに米も参加）と独・墺間での人類史上初の世界的規模での大戦へと発展し、多大な人命と物資が損傷された。このため大戦直後に国際平和の確立を目指して「国際連盟」（一九二〇年発足）が設立された。しかし国際連盟は、その目的である平和維持機能を十分に果たしえず、一九三三年に日本・ドイツが、三七年にはイタリアが脱退し、三九年九月一日にドイツ軍がポーランドに侵攻して第二次世界大戦が勃発すると、事実上崩壊した。国際連盟崩壊の因としてはその制度的不備があげられるが、もっとも重要な原因は、長谷川如是閑が鋭く指摘していたように、連盟構成国の指導的立場にあったイギリスとフランス――アメリカは連盟不参加――が平和主義という普遍的価値の重要性を真に理解せず、たえず主導権争いを続け反目しあったことにある。

それにもうひとつ、連盟の機能を不十分にした外的要因も見逃せない。まず第一に、第一次世界大戦終結後（一九一八年）いまや金融資本主義が支配する独占資本主義国家を帝国主義戦争の火付け役として糾弾して、それに対決姿勢をとり、全人類の解放を旗印にした世界史上初の社会主義国家ソ連邦がロシアの地に誕生したことである。つぎにもうひとつ、アジア・アフリカ地域に広大な植民地を有したヨーロッパ先進国列強に不満をもつ独・伊・日などの資本主義後発国が資本主義競争に打ち勝つために、新奇のファシズム国家――反資本主義と反社会主義をミックスしたようなモンスター国家――の建設を目指し、「三国同盟」を結成して英米仏と対決したことである。とくに第一次世界大戦後一〇年目に勃発した「世界大恐慌」は、利潤追求至上主義をとる資本主義の弱点を白日のもとにさらしたから、一九三〇年代に入ると資本主義国家対社会（共産）主義国家、資本主義国家対ファシズム国家というかたちでの複雑な国際的対立関係が現出した。戦争の火ぶたは、まず英・仏・米を中心とする資本主義国家群と独・伊・日などのファシズム国家群との間で切って落とされた。この戦争は、基本的には経済的利益をめぐる帝国主義戦争であったが、英仏米は、「反ファッショ」と「自由と民主主義の擁護」を標榜してヨーロッパの大半の国々を糾合し、他方ファシズム国家群は、自国においては、軍国主義や国家主義を強調する強大な国家建設を目指し、そのため国民の人権と自由を抑圧する非民主主義的な政治を強行しつつ、国外にたいしては、民族の優秀性（「ゲルマン民族の優秀性」「八紘為宇」）や抑圧された植民地の解放（「大東亜共栄圏」）を喧伝して対決し、ここに第二次世界大戦が勃発した。

大戦終結後、戦争の悲惨さを痛感した各国は、社会主義国家ソ連をもふくめて全世界的な規模の「国際連合」を設立し、ここにいよいよ真の世界平和が確立・実現されるものと人びとは確信した。しかし、この国際組織をもってしても十分な平和的機能を発揮することができなかった。なぜなら、「民主主義対ファシズム」というキャッチフレーズで戦われた第二次世界大戦も、しょせんは「英米仏」対「日独伊」といったかたちの帝国主義国家間の利害対立であったからである。このさい当初は「高見の見物」を決め込んでいたソ連が、ヒトラーの攻撃（一九四一年）を受けて「祖国防衛戦争」に起ち上がって、最終敵であるべきはずの連合国側について「敵の敵である」ファシズム諸国家と対決し、戦後、戦勝国になると国際的発言力を増して東欧諸国を傘下においた。さらに中華人民共和国（以下中国）が独立（一九四九年十月一日）すると、社会主義勢力はもはや無視できないほどに拡大（領土にして四分の一以上、人口にして三分の一以上が社会主義圏に参入された）し、資本主義陣営――とくにアメリカ――にたいして「闘争宣言」を発したから、ここに新たな対立関係としての「冷戦構造」が現出した。そして、こうした「冷戦対決」姿勢の高揚は、とくに「共産化」の危険のあったアジアを舞台に展開され、「第三次世界大戦」への勃発をも起こしかねない朝鮮戦争（一九五〇～五三年）、ベトナム戦争（インドシナ戦争もふくむ一九四五～七五年）などの「熱戦」へと拡大・進展していった。

ところで、このインドシナ半島を舞台にして始まった資本主義と社会主義の代理戦争であるベトナム戦争はその後もいっこうに決着せず、武力によって社会主義陣営を打倒することはもはや不可能と見たアメリカは、一九七〇年代に入るとソ・中との「平和共存」を承認せざるをえず、ここに世界は「競争的共存」の時代に入った。しかし、これによっても社会主義陣営の優位が確立されたとはいえなかった。それどころか、ソ連邦や東欧諸国の経済状況が資本主義経済に比していちじるしく立ち遅れていたことが明らかになった。それに加えてこれらの国々では、非民主的な政治体制の下で「人権と自由」が抑圧され、そのため国民の不満は高まり、とくに東欧諸国においては反ソ・反政府の運動が頻発した。そして一九八九年六月四日、「鉄の団結」を誇った中国においてさえついに政治の民主化・自由化を求める「天安門事件」が起こり、それ以降、同年秋から冬にかけて、ポーランド、チェコスロバキア、ハンガリー、ルーマニアなどで、反ソ・反政府の民主化闘争が起こり、次々にソ連邦の支配からの離脱をはかった（いわゆる「東欧革命」）。そしてこうした運動はついに、八九年十二月二・三日の米ソ両首脳（父ブッシュとゴルバチョフ）による「冷戦終結宣言」となり、つづいて九一年十二月には「ソ連邦体制」自体が崩壊し、「独立国家共同体」が成立して建国以来七二年間つづいた社会主義国家が消失した。それにともなって戦後四六年間つづいた「超大国米・ソ」による「冷戦対決」も終結した。

しかしこれによっても世界平和は到来しなかった。「冷戦終結」という事態はどちらかといえば、アメリカ側の不戦勝による「アメリカ一極支配」の状況を現出し、「アメリカの平和《パクス・アメリカーナ》」のもとに、世界平和が維持されるかに見えた。冷戦終結によって世界大戦の危機は消滅したかに思われたが、今回の世界的な金融不況が起こる（二〇〇八年九月）までの約一七年間は、「グローバリゼーション」・「市場原理」の美名の下に、日本をはじめアジア・中近東・アフリカなどの世界中の国々は、政治的・経済的にアメリカに翻弄された。では、戦後六〇年間、ヨーロッパはどのように対応したか。

四

くりかえし述べたように、第二次世界大戦の終結と「国際連合」の成立によっても国際平和は真に実現しなかった。それどころか米・ソ間において、和解できない「敵・味方」関係（カール・シュミット）としての「冷戦」・「熱戦」という名の敵対関係がますます顕在化し拡大化したからである（これについては田中浩著『20世紀という時代』〔二〇〇〇年、NHKライブラリー〕、新版『国家と個人』〔岩波書店、二〇〇八年〕を参照されたい）。ともかく、この「冷戦」・「熱戦」は、大戦終結直後から「冷戦終結宣言」までの約半世紀間ほど続き、それらが「第三次世界大戦」の危機要因となった。そして、こうした

「超大国米・ソ」の危険な「綱引き」の動きに幻惑されて世界中の人びとは当初まったく注目していなかったが、ヨーロッパでは戦後間もなく、ひそかに「自立の道」が模索されていた。すなわち、いわゆる「アメリカ型デモクラシー」と「ソ連型デモクラシー」とは一味も二味も異なる「ヨーロッパ型デモクラシー」の思想・制度の構築の準備がなされていたのである。

それは、大戦終結よりわずか五年後の一九五〇年五月九日に、フランスのシューマン外相が発表した「シューマン宣言」(「シューマン・プラン」)に端を発する「ヨーロッパ統合」(EU)計画のなかに盛り込まれていた。この「宣言」の狙いは、まずはヨーロッパの経済統合をはかることによって、アメリカのヨーロッパにおける経済的支配に対抗し(「マーシャル・プラン」、一九四七年)、同時にソ連によるヨーロッパへの政治的侵攻策を阻止しようというものであった。「宣言」では、フランス大革命から第二次世界大戦の終結までの約一五〇年間、不倶戴天の敵としてことあるごとに対立してきたヨーロッパ大陸の二大国フランスとドイツが手を握ることがヨーロッパ地域の平和を確立するための絶対条件であることがうたわれていた。そして、このEUを結成する最終目標は、EUがたんにヨーロッパ地域の平和だけではなく、世界的平和の確立に貢献しようというものであったことは、「宣言」冒頭の「世界平和の流れを脅かす危険を見直す創造的な努力」を果たすべし、という文言からも読み取れよう。EUはしばしば「ユーロ」(統一通貨)に代表される経済的共同体と思われがちだが、じつは現代世界における最強最大の「平和維持機構」たるべきことを目指していたということである。

ではなぜヨーロッパにおいて、EUにみられるような平和的な政治・経済・社会の共同体形成が可能であったのか。「ヨーロッパはひとつの共同体」という考え方は、遠くローマ帝国の時代に求めることができる。ヨーロッパはギリシア・ローマの時代以降、二五〇〇年ほどかけて、人間の自由・平等・平和を実現するためにさまざまな試行錯誤――ときには大きな失敗もあったが――をくりかえしながら努力を重ねてきた。そして二〇世紀に入ると、人類の究極的目標である「世界平和」――それが自由・平等・人権を達成する条件――の実現を目指して、第一次世界大戦後には国際連盟が作られたが、この「連盟時代」には、先の大戦が資本主義列強間の「帝国主義戦争」であったという反省がなされず、結局はイギリスとフランスの主導権争いとなり、日本・ドイツにつづいて、イタリアも脱退したため、事実上、機構の面で崩壊し、第二次世界大戦の勃発を阻止することができなかった。

ついで、第二次世界大戦は「民主主義かファシズムか」というキャッチフレーズをかかげて闘われた――本質的にはこの大戦も「第二次帝国主義的拡大戦争」の性格をもっていたが――ため、戦後それを反省して「自由・平等・平和」「人権の尊重」などの意識が世界中に広まったことは事実である。しかし今度は、戦後ただちに始まった米ソの「冷戦対立」のため、人びとの意識は「資本主義か社会主義か」「自由主義か共産主義か」という点に集中され、「人権・自由」という民主主義の本質をめぐる問題を考える姿勢が背景に退いてしまった。そして、二〇世紀末に「冷戦終結宣言」（一九八九年十二月）がなされ、「ソ連邦の崩壊」（一九九一年十二月）により、ようやく世界の人びとは、ヨーロッパ史上長年にわたって展開されてきた「人権と自由」の本質的問題の検討を政治・経済・社会・思想上の中心課題に真にすえることが可能となった。

したがって第二次世界大戦後、早くもこの「人権と自由」という普遍的な原理を中心においてひとつの地域的統合組織である「平和組織」（EU）を作ることを目指していたのは、わずかにヨーロッパ地域の国々および諸国民だけであったといえる。くりかえすが、この地域の国々や諸国民は二五〇〇年にわたり、「自由・平等・平和」などの思想形成の場に参加してきた長い長い共通の経験をもっていたので、EU形成を思いつくことができ、多くの国々がそれに結集していったのだということができる。

五

ところでEU結集への同意事項は次のようなことをふまえたものだった。すなわちまずこれまでの戦争や紛争の原因は「経済的不平等」（英・仏対独・伊）にあったということ、つぎに「人権と自由」の重要性の認識度の低いところ、つまり民主主義思想の稀薄な国々（ドイツ・イタリア・日本など）では、「ファシズム」や「ナチズム」のような「独裁形態」が生じやすいこと、またそこから「自民族の優秀性」を高唱し、自分とは異なる宗教や文化をもつ民族を抑圧し、あげくの果てには、戦争の手段に訴えてでも支配しようとするようになること、最後に「主権国家」がその「国家利益《ナショナル・インタレスト》」を「個人利益」に優先させて「狭隘なナショナリズム」（スティティズム＝国家主義）を展開し、また自国の利益のためには他国の利益を否定する行動にでるときは、それが戦争誘発の原因となること、といった内容であった。

ＥＵといえばとかく「経済統合」による地域的利益をはかる組織と考えられがちだが、ヨーロッパ共通の問題を論じる「閣僚理事会」（首脳会議）や「ヨーロッパ委員会」「ヨーロッパ議会」「ヨーロッパ司法裁判所」などの組織を通じて各国共通の利益をはかり、一国が身勝手な国家行動をとることを批判できるしくみとなっている。このことは、近代以降、国家の中心的指標とされてきた「国家主権」（国民の利益のために作られた国家権力は、国内的には他の集団の権力よりも上位にあり、また対外的には外国その他、政治・経済・社会のいかなる権力にも主権を譲渡・分割することはできないという考え）の絶対視をやめ、ヨーロッパ共通の利益のためには、場合によっては「国家主権」を制限してもかまわないという立場を認めることを意味する。これは、かつて一九世紀末に人間の経済的不平等を解決するためには、「個人自由」（「思想・信条・言論・出版の自由」「宗教の自由」「人身の自由」「私有財産の保障」〔自分で働いて得た財産は自分のものであり、だれもこれを力で奪ってはならないという思想。資本主義を支える中心思想〕）のうち、とくに「私有財産の保障」にかんして「公共の福祉」のためには個人財産の制限もありうるという「強制的自由」の概念（これがのちの社会権や福祉国家観のもととなった）を唱えたトマス・ヒル・グリーンの思想を「国家間レベル」にまで拡大したものといえよう。そして、現在までのところ、こうしたことが可能である「地球大陸」上の唯一の地域＝ヨーロッパ地域は、他の地域の国々や国民にくらべてなんと幸せなことではないか。

ではこのような「地域統合」は具体的にはどのようにして進められたか。ヨーロッパは、世界政治における一極支配――米・ソいずれであれ――に服することを好まず、自立した地位を確立しようとしたことは前述した。「自立」といえば、まずは「経済的自立」である。そして、そうしたヨーロッパ自立化のための先頭に立ったのが、フランス革命以来の伝統と誇りをもつフランスであった。すなわち、一九五〇年五月にフランス外相シューマンは戦後ヨーロッパ復興のための経済発展の「かなめ」となる石炭と鉄鋼の共同管理を提唱する「シューマン・プラン」を発表し、これによって、翌年四月に、フランス、西ドイツ、ベルギー、オランダ、ルクセンブルク、イタリアの六カ国（小欧州）からなる「ヨーロッパ石炭鉄鋼共同体」（ECSC）が結成された。EUへの出発点である。

ここで重要なことは、近代以降つねにライバル関係にあり、二度の世界大戦では真っ向から衝突したフランスと西ドイツ（現ドイツ）がヨーロッパの生存をかけてがっちりとスクラムを組んだということである。これは第二次世界大戦の悲惨とファシズムの脅威という経験をした仏独両国が共に手をつながなければ、ヨーロッパの自立化ひいては世界平和の保持と経済発展はありえないことを、ようやく自覚的に認識したということである。さらにこの平和同盟に、近代ヨーロッパのなかで一貫して平和主義を貫いてきたベルギー、オランダ、ルクセンブルクの「ベネルクス三国」（一九四四年、関税同盟協定を締結）がパートナーとして参加したことは平和への期待を一段と増進させた。その後、EUを目指す方向は「冷戦期」「熱戦期」（「朝鮮戦争」「インドシナ戦争」「ベトナム戦争」）「東欧革命」「冷戦終結宣言」「ソ連邦の崩壊」までの約四〇年間をかけてゆっくりと着実に進行し、一九九二年に「ヨーロッパ連合条約」（マーストリヒト条約）を結び、九三年十一月に加盟一二カ国（七三年にイギリス、デンマーク、アイルランド、八一年にギリシア、八六年にスペイン、ポルトガル）によってEUが成立した。

これによりヨーロッパでは統合市場が発足し、「モノ」や「サービス」の域内取引の障害が撤廃され、人と資本の自由移動などが実施された。そして九五年にはスウェーデン、フィンランド、オーストリアが加盟して、加盟国は一五カ国となり、二〇〇四年には旧社会主義圏の東欧諸国や地中海諸国など一〇カ国（ポーランド、チェコ、ハンガリー、エストニア、ラトビア、リトアニア、スロバキア、スロベニア、マルタ、キプロス）が加盟、二〇〇七年にはブルガリア、ルーマニアが加盟し（トルコも加盟を希望しているが未定）、二七カ国となり、EUはいまや世界最大の単一市場に成長した。そして九七年に「マーストリヒト条約」は「アムステルダム条約」（新ヨーロッパ連合条約）に改訂され、九九年には仏独を中心に一一カ国が「ユーロ」を導入、二〇〇一年にはギリシアも参加した。

政治的・経済的安定をはかることが「平和の条件」である。そのことは、二〇〇一年にアメリカが仕掛けた「イラク戦争」にたいしては、フランスやドイツが異議を申し立て、「グルジア民族問題」（二〇〇八年）にたいしては、フランスがロシアに苦言を呈したことにみてとれる。ということは二一世紀における安全保障のための最大の機構はEUにあることがわかる。さらにもうひとつ、EUの形成は、ヨーロッパ（思想）、福祉社会（経済的平等）、社会民主主義（政治的安定）の三位一体がととのってはじめて可能であった、ということである。ところが日本では、ヨーロッパ思想やヨーロッパの歴史、福祉国家と福祉社会、社会主義や社会民主主義の研究が個々バラバラに行なわれている。ヨーロッパ、福祉社会、社会民主主義の三分野の関係をどうやったらトータルに研究することができるかが、これからの世界平和を考えていくうえでの基本的前提となろう。

六

私はいまから三〇年ほどまえの一九七八年の夏に、カナダの首都オタワにあるカールトン大学に身を寄せた。その後、私は四年間にわたって毎夏カナダのオタワ、バンクーバー、トロント、モントリオール、ケベックなどの都市に出かけたが、それはイギリス・北欧と並んで、世界でももっとも社会保障制度が発達していると言われたカナダの実情を知るためであった。当時、日本ではまだ福祉国家への関心がきわめて低かったが、「ベトナム戦争」終結（一九七五年）後、世界が「競争的共存」の時代に入ったからには必ずや福祉国家や福祉資本主義の問題が重要になると思ったからである。

ついで私は八三年以後、毎年夏に、イギリス、ドイツ、フランス、イタリア、オーストリア、スイス、スウェーデン、デンマーク、オランダ、ベルギーなどの西欧地域を中心に、ひとつは福祉国家の問題、ひとつは当時まだほとんど注目されていなかったＥＵ問題の実情を調査するために出かけた。イギリスのシェフィールド大学、ドイツのハイデルベルグ大学、オランダのアムステルダム市立大学やライデン大学、ベルギーのルーヴァン大学の教授たちと話をすると、ヨーロッパでは、ヨーロッパ中の大学や研究所のあいだでの連絡網ができていて相互に情報交換が可能であることがわかり、アジアの辺境地帯にある日本で、もっぱら文献を頼りに研究していることとの違いを感じ、ヨーロッパの研究者たちをうらやましく思ったものである。

こうして私は九〇年三月に、約八〇名の研究者の協力を仰いで『現代世界と国民国家の将来』（御茶の水書房）というタイトルの本を出版した。これは冷戦終結前後の国際社会における主権国家のありかたを比較政治の観点から考究しようとしたものであった。福祉国家やＥＵを研究するためにも現代世界における国民国家の位置を確かめておく必要があると考えたからである。ついで私は九七年に約六〇名の研究者の協力を得て『現代世界と福祉国家――国際比較研究』（御茶の水書房）を上梓した。同書は、世界のおよそ八〇カ国の社会保障制度や福祉政策などを地域別・各国別に研究したものであるが、福祉主要国以外の国々の福祉制度についての研究は当時の日本ではほとんどなきに等しく、各国についての日本の歴史研究者や政治・経済に従事していた研究者、あるいは在外大使館員の方々に新たに研究をお願いして――たとえばスペイン、スイス、ポルトガル、ギリシア、アイルランド、ブラジル、アルゼンチン、コロンビア、ペルー、チリ、ウルグアイ、ルーマニア、ポーランド、チェコ、ユーゴー、ハンガリー、エジプト、湾岸諸国、トルコ、シリア、イラン、イラク、バングラディッシュ、マレーシア、インドネシアなど――ようやくまとめたもので、これほどの幅広い福祉国家にかんする比較研究は、こんにちの日本ではもちろんのこと世界的に見てもおそらくなかったのではないか、と思う。

ところでこの比較研究をだす四年ほどまえ（一九九二年）から、私は福祉国家の新進研究者であるイギリスのクリストファー・ピアソンの『曲がり角にきた福祉国家――福祉の新政治経済学』（一九九一年）を一橋大学時代の大学院ゼミ生たちと研究・翻訳し、九六年に未來社から出版した（以上の点については田中浩『思想学事始め――戦後社会科学形成史の一断面』、未來社、二〇〇六年を参照されたい）。

この時期は、一九八〇年代以来のサッチャリズム、レーガニズムなどの推進者たちが「新自由主義」をかかげて経済的自由主義、政治的保守主義を唱えて「大きな政府」から「小さな政府」への転換を提起していた、いわば「福祉国家受難の時代」のまっただなかであった。それに対応したのか、福祉社会の主要な担い手である社会民主主義政党はヨーロッパ中で劣勢にあり、社会民主主義の「死亡宣告」さえだされていた。

ピアソンはこうしたなかで、労働者階級の利益を代表する社会民主主義勢力が、フェミニズム運動家、エコロジスト、反人種差別主義者などの新しい市民勢力と連携して新しい福祉国家の再生・復権を模索し、前述の大著を上梓した。ここでピアソンは福祉社会や福祉国家の建設は旧来の社会民主主義のスタンス――主要産業の国有化や計画経済的規制などによるケインズ主義的対策――だけではもはや成功せず、「冷戦終結」（一九八九年）・「東欧革命」（一九八九年）などの新しい現代世界状況の現出に対応すべきことを提起していたのである。しかし、当時はまだなかなかその方向性が見えなかった。原題を逐語訳するならば「福祉国家を超えて」となるところを、私たちがあえて「曲がり角に来た」福祉国家と命名したのは、そうした困惑と焦りを体感していたからであった。

しかし、ヨーロッパでは、その後ピアソンの提案を受けたかのように、見事に新しい福祉国家と社会民主主義再生へと進んでいったのである。その証拠が本書『ＥＵ時代の到来――ヨーロッパ・福祉社会・社会民主主義』である。すなわちヨーロッパでは九四年にコック（オランダ社会党）が、九七年にはブレア（イギリス労働党）とジョスパン（フランス社会党）らが「第三の道」をかかげて勝利をおさめ、また九五年にヨーロッパ一五カ国がＥＵを設立したとき、加盟国のうちの一二カ国が社会民主主義政権であったことは、本書が述べているような福祉社会の確立と社会民主主義勢力が密接な関係をもっていること、また九〇年代中葉までには、もはやサッチャリズムやレーガニズムの時代が終わったということを証明したものと言えよう。そしてこの書のなかでは、十年まえにはっきりと、「グローバリゼーション」の名による無制限な「市場原理」実行の危さを指摘していた。しかし、日本ではそのことを十分に認識していたとは言えず、とくに小泉政権（二〇〇二〜六年）時代には「市場原理万能主義」に日本が振り回されたことは改めて言うまでもないであろう。

われわれは今回のリーマン・ブラザーズ社の破綻を契機に、ヨーロッパから学ぶことがいかに重要であるかを改めて認識した。二〇〇九年三月十九・二十日のブリュッセルでの「EU首脳会議」の記事（朝日新聞、二〇〇九年三月二十一日朝刊）によると、EU首脳たち（オランダのバルケネンデ首相、フランスのサルコジ大統領）は、景気刺激策を求めるアメリカにたいし、失業手当などの手厚い社会保障制度を背景にするヨーロッパでは、これ以上の追加策は不要との見方で合意した、とある。ヨーロッパ社会民主主義の力強い自信の表明をみる思いがする。

七

さてここで翻訳書の成り立ちについて簡単に述べておく。原書はA５判三〇〇ページほどの大著であり、現在の日本のきびしい出版事情から考えて短縮せざるをえず、訳者メンバーと相談して重要テーマをピック・アップして全体の三分の二に縮小した。そのことは、ここにかかげる「全体目次」の訳文をみていただければおわかりだと思う。（ここで行末に※がついているものが今回訳されたものであり、そのさい理論問題を論じたものを第一部「総論」、国別研究については第二部「国別レポート」として編成替えし、読者が読みやすいようにした。）

序文（ポール・カルマ／トマス・マイヤー）※

一　総論

序論　社会民主主義の驚くべき復調（ルネ・クーペルス／ヨハネス・カンデル）※

二　ヨーロッパの社会民主主義

二〇世紀末の社会民主主義：歴史的考察（ドナルド・サスーン）※
綱領の内実はいかに変容しつつあるのか（マリオ・テロ）※
近・現代《モダニティ》――左派と右派を越えて（トマス・マイヤー）※
社会主義と自由主義（ジェラール・グランバーグ）
国別レポート
フランス社会党の強さと弱さ（アクセル・ケヴァル）※
移行期にあるスウェーデンの社会民主主義（アンネ＝マリー・リンドグレン）※
三　社会民主主義とグローバリゼーション
グローバリゼーション、不平等と社会民主主義（フランク・ファンデンブルック）※
グローバリゼーション――情報技術の重要性（マッツ・ヘルストローム）
グローバリゼーションにたいする社会民主主義的対応（ペルヴェンシュ・ベレス）
国別レポート
イギリスにおける社会民主主義の状態（ジェラルド・ホルサム／ロザリーン・ヒューズ）※
オーストリアの経験――一九六六年から九七年にかけてのオーストリア社会民主党綱領をめぐる論争（エーリッヒ・フレーシュル／カール・デュフエク）※
ベルギーにおける政党改革――新しい修正主義と「黒い日曜日」とのはざまにあるフランデレン社会党（ヤン・フェルメルス）※
四　ヨーロッパと国民国家
近現代の脱旧社会民主主義とヨーロッパの根本的民主化（ヨス・デベウス）
国際主義、地域主義と国民国家（ライムント・ザイデルマン）※

国別レポート
ドイツ社会民主党の綱領をめぐる若干の論評（エアハルト・エプラー）※
オランダの社会民主主義——ブレアとジョスパンのはざまで（フランス・ベッカー／ルネ・クーペルス）※
五　メディア社会・脱近代と民主主義
基本的な価値観、コミュニケーション、党組織を社会民主主義的なものに変革していく策略とチャンス（トマス・マイヤー）※
政治的キャンペーン——クリントンとブレアを超えて（ジャック・モナッシュ）※
だれがだれを支配するのか？　メディアが社会をか、それとも社会がメディアをか（トマス・リーフ）
社会・文化的要素——社会民主主義が直面する脱近代化、個人主義と多文化主義の壁（コーエン・レイズ）

本書の成り立ちは「序文」を見るとわかるように一九九七年の十月に、ドイツのフロイデンベルグにおいて、ヨーロッパ各国から集まった社会民主主義の研究者、各研究財団の研究スタッフ、政党指導者たちによる国際会議の討論をまとめたものである。ちなみに主な執筆者について二・三あげると、編者のルネ・クーペルスは「ヴィアーディ・ベックマン財団」の国際関係部門の理事であり、オランダ労働党のシンクタンクのメンバー、同じくヨハネス・カンデルは「グスタフ・ハイネマン・アカデミー財団」の理事、政治学者・歴史学者である。なおドナルド・サスーン（ロンドン大学教授、歴史学者）、トマス・マイヤー（ドルトムント大学教授、政治学者）は、ヨーロッパの社会民主主義や福祉国家の研究で日本でもよく知られた第一級の研究者である。

最後に本訳書の訳業過程について言えば、月一回程度開かれた研究会後、各分担者が訳文を作成し、田中と柴田が原文および日本語訳文について検討し、各訳者と十数回にわたって意見交換した。その後、全体調整に入ったが、作業は難航を極め、二〇〇八年三月にようやく田中が、六月に柴田が読了した。そして、その後の最終調整については松尾秀哉と岡本和彦があたり、ゲラ段階では神谷直樹が協力してくれた。三氏に感謝する。そして当然のことながら訳文の誤りについては田中が全責任を負うものである。なお、いつものことながらヨーロッパ問題については、シェフィールド大学教授グレン・フック氏に、英文については敬和学園大学学長新井明氏に御教示いただき、細かい点の処理については桜美林大学太田哲男氏に協力いただだいた。感謝申し上げる。ともあれ、ようやく訳文が完成し、日本の読者にお見せできるようになったことについて、いまは安堵の気持ちで一杯であるが、これまで長年にわたって忍耐強くお待ちいただいた未來社社長西谷能英氏と編集部の皆さんに心から感謝の意を表する次第である。

＊＊＊

五ヵ月ほどまえまでは、本書の若い共同監訳者である柴田寿子さんの追悼文を書くことになろうなどとはついぞ思ってもいなかった。

二〇〇八年六月に本書の最終チェックがようやく終わり、暮までには発刊する運びになっていた。ところが九月の術後の回復がはかばかしくなく、柴田さんは十二月上旬に再入院し、わずか二ヵ月後の二〇〇九年二月四日、そのまま帰らぬ人になってしまった。柴田さんは、私が一橋大学に赴任したときの院生第一号として私のまえに現われた。それからこんにちまでの二六年間、私のもっとも信頼する、もっとも強力な研究上の同志であった。

柴田さんについて書きたいことは山ほどある。しかしいまは書く気力がない。ただただ柴田さんの御冥福を心から祈るのみである。

二〇〇九年三月二十三日

岡本和彦（おかもと・かずひこ）
1966 年大分県生まれ。一橋大学大学院社会学研究科博士課程単位取得。現在、東京成徳大学人文学部国際言語文化学科准教授。国際関係史専攻。著書に『スペイン内戦とガルシア・ロルカ』（共著、南雲堂フェニックス、2007 年）ほか。訳書にクレアほか『アメリカ共産党とコミンテルン』（共訳、五月書房、2000 年）。
松尾秀哉（まつお・ひでや）
1965 年愛知県生まれ。一橋大学社会学部卒。東京大学大学院総合文化研究科博士課程修了。現在、聖学院大学政治経済学部准教授。比較政治学専攻。論文に「コンセンサス・デモクラシーにおける『ワンマン』型リーダーの台頭」（「日本比較政治学会年報」第 10 号、2008 年）ほか。
延末謙一（のぶすえ・けんいち）
1967 年山口県生まれ。一橋大学社会学部卒。上智大学大学院外国語学研究科修了。政治学専攻。のちに高知大学医学部医学科卒。現在、国立病院機構長崎川棚医療センター呼吸器科医師。
鈴木弘貴（すずき・ひろたか）
1961 年愛知県生まれ。一橋大学社会学部卒。米国コロンビア大学国際関係大学院修士課程修了。東京大学人文社会系研究科後期博士課程単位取得。現在、十文字学園女子大学社会情報学部准教授。著書に『テレビニュースの解剖学』（共著、新曜社、2008 年）ほか。訳書にアーウィン『異文化理解のコミュニケーション』（共訳、ブレーン出版、1998 年）。
小澤　亘（おざわ・わたる）
1956 年東京都生まれ。一橋大学大学院社会学研究科博士課程単位取得。現在、立命館大学産業社会学部教授。文化社会学専攻。著書に『「ボランティア」の文化社会学』（編著、世界思想社、2001 年）、『グローバル化時代の政治学』（共著、法律文化社、2008 年）ほか。
穴見　明（あなみ・あきら）
1954 年東京都生まれ。東京教育大学文学部卒。名古屋大学大学院法学研究科後期博士課程単位取得。現在、大東文化大学法学部教授。政治学専攻。論文に「スウェーデンにおけるリージョナリズムの展開」（「季刊 行政管理研究」第 109 号、2005 年）ほか。訳書にグスタフソン『スウェーデンの地方自治』（早稲田大学出版部、2000 年）ほか。
堀江孝司（ほりえ・たかし）
1968 年大阪府生まれ。一橋大学大学院社会学研究科後期博士課程修了。現在、首都大学東京都市教養学部准教授。政治学専攻。著書に『現代政治と女性政策』（勁草書房、2005 年）ほか。論文に「福祉国家と世論」（「人文学報」第 409 号、2009 年）ほか。
大坪稚子（おおつぼ・わかこ）
1967 年福岡県生まれ。一橋大学経済学部卒。現代世界研究所主任研究員。福祉国家論専攻。著書に『現代世界と福祉国家』（共著、御茶の水書房、1997 年）。訳書にピアソン『曲がり角にきた福祉国家』（共訳、未來社、1996 年）。
廣瀬真理子（ひろせ・まりこ）
1954 年東京都生まれ。日本女子大学大学院文学研究科前期博士課程修了。現在、東海大学教養学部教授。社会保障法政策専攻。著書に『現代世界と福祉国家』（共著、御茶の水書房、1997 年）、『グローバル化のなかの福祉社会』（共著、ミネルヴァ書房、2009 年）ほか。

訳者紹介

監訳者

田中 浩（たなか・ひろし）

1926年佐賀県生まれ。東京文理科大学哲学科卒。東京教育大学、静岡大学、一橋大学、大東文化大学教授、立命館大学客員教授を経て現在、聖学院大学大学院教授、一橋大学名誉教授。政治思想専攻。著書に『近代日本のジャーナリスト』（編著、御茶の水書房、1987年）、『長谷川如是閑研究序説』（未來社、1989年）、『カール・シュミット』（未來社、1992年）、『近代日本と自由主義』（岩波書店、1993年）、『〔改訂増補版〕ホッブズ研究序説』（御茶の水書房、1994年）、『近代政治思想史』（講談社学術文庫、1995年）、『戦後日本政治史』（講談社学術文庫、1996年）、『現代世界と福祉国家』（編著、御茶の水書房、1997年）、『ホッブズ』（研究社出版、1998年）、『戦後世界政治史』（講談社学術文庫、1999年）、『日本リベラリズムの系譜』（朝日新聞社、2000年）、『20世紀という時代』（NHKライブラリー、2000年）、『「第三の開国」は可能か』（NHKライブラリー、2003年）、『ヨーロッパ　知の巨人たち』（NHKライブラリー、2006年）、『思想学事始め』（未來社、2006年）、『〔新版〕国家と個人』（岩波書店、2008年）、『思想学の現在と未来』（編著、未來社、2009年）ほか。訳書に『世界の大思想　ホッブズ』（共訳、河出書房新社、1966年）、『世界の大思想　ミル』（共訳、河出書房新社、1967年）、シュミット『政治的なものの概念』（共訳、未來社、1970年）、『政治神学』（共訳、未來社、1971年）、ウィリアムズ『帝国主義と知識人』（岩波書店、1979年）、ミルトン『教会統治の理由』（共訳、未來社1986年）、タック『トマス・ホッブズ』（共訳、未來社、1995年）、ピアソン『曲がり角にきた福祉国家』（共訳、未來社、1996年）、ホッブズ『哲学徒と法学徒との対話』（共訳、岩波文庫、2002年）、フィルプ『トマス・ペイン』（共訳、未來社、2007年）ほか。

柴田寿子（しばた・としこ）

1955年長野県生まれ。一橋大学大学院社会学研究科博士課程単位取得。元東京大学大学院総合文化研究科教授。国際社会科学専攻。著書に『スピノザの政治思想』（未來社、2000年）、『グローバル化の行方』（共著、新世社、2004年）、『思想学の現在と未来』（共著、未來社、2009年）。論文に「人民主権論の思想的系譜」（「思想」第769号、1988年）、「スピノザ政治思想における聖書解釈の意義」（「一橋論叢」第105巻、1991年）、「J・アルトジウスの政治論における〈共生〉と〈主権〉」（「社会科学紀要」第44号、1995年）、「フランス啓蒙思想とスピノザ」（「一橋論叢」第108巻、1992年）、「〈光の物語〉と〈闇の記憶〉」（「現代思想」1997年7月号）、「神は嫉妬深いか？」（「現代思想」1998年4月号）、「コノリーをめぐるニーチェとスピノザの対話」（「スピノザーナ」第1号、1999年）、「力の政治と法の政治」（「現代思想」2003年12月号）、「ポストモダン的啓蒙と脱構築としてのスピノチスムス」（「スピノザーナ」第9号、2007年）ほか。2009年逝去。

訳　者

神谷直樹（かみや・なおき）

1956年東京都生まれ。学習院大学大学院人文科学研究科修士課程修了。現在、健康科学大学健康科学部教授。国際福祉学専攻。著書に『社会福祉総説』（共著、学芸図書、2007年）ほか。訳書にピアソン『曲がり角にきた福祉国家』（共訳、未来社、1996年）。

EU時代の到来——ヨーロッパ・福祉社会・社会民主主義

発行——二〇〇九年四月三十日　初版第一刷発行

定価——（本体四八〇〇円＋税）

編　者——ルネ・クーペルス、ヨハネス・カンデル

監訳者——田中浩、柴田寿子

発行者——西谷能英

発行所——株式会社　未來社
東京都文京区小石川三—七—二
振替〇〇一七〇—三—八七三八五
電話〇三—三八一四—五五二一（代表）
http://www.miraisha.co.jp/
Email:info@miraisha.co.jp

印刷・製本——萩原印刷

ISBN 978-4-624-30109-5 C0031

（消費税別）

クリストファー・ピアソン著／田中 浩・神谷直樹訳

曲がり角にきた福祉国家

〔福祉の新政治経済学〕七〇年代以降さまざまな危機に直面している福祉国家の歴史的動態と現代的課題について、理論的、思想史的にかつ実証的に論じた政治経済学的な比較研究。三八〇〇円

カール・シュミット著／田中 浩・原田武雄訳

政治神学

「主権者とは、例外状況にかんして決定をくだす者をいう」。国家と法と主権の問題を踏査するコアな思考の展開。カール・レヴィットによる決定的なシュミット批判なども併録。一八〇〇円

田中 浩編

思想学の現在と未来

〔現代世界――その思想と歴史①〕自由思想・啓蒙思想から神学・経済学まで多彩な視座より先哲の歩みを分析し、来たるべき社会を基礎づける方法論の課題に迫る十二論文を収録。二四〇〇円

柴田寿子著

スピノザの政治思想

〔デモクラシーのもうひとつの可能性〕思想史に異彩を放つスピノザ思想の政治的側面。六〇年代以降のスピノザ研究を批判的に吸収しつつ、民主政のオルタナティブを提示する試み。五八〇〇円

丸山眞男著

〔新装版〕現代政治の思想と行動

発表より半世紀たった現在にいたるまで繰り返し読まれ、言及され、論じられるロングセラー。著者没後十年を機に新組・新装カバー装に。「超国家主義の論理と真理」他収録。三八〇〇円

ユルゲン・ハーバーマス著／河上倫逸・耳野健二訳

事実性と妥当性（上・下）

〔法と民主的法治国家の討議理論にかんする研究〕社会の国家化・国家の社会化の時代に市民的公共圏はいかに可能か。ラディカル・デモクラシーが構築する法治国家への指針を示す。各三八〇〇円

ユルゲン・ハーバーマス著／細谷貞雄・山田正行訳

〔第2版〕公共性の構造転換

〔市民社会の一カテゴリーについての探究〕市民的公共性の自由主義的モデルの成立と社会福祉国家におけるその変貌をカント、ヘーゲル、マルクスにおける公共性論を援用しつつ論じる。三八〇〇円